Bernd Ott

Grundlagen des beruflichen Lernens und Lehrens

Ganzheitliches Lernen in der beruflichen Bildung

Cornelsen

Bildquellen

Soweit Abbildungen mit freundlicher Genehmigung der Urheber aus Fremdquellen entnommen wurden, ist dies in den Bildunterschriften angegeben; in den Literaturhinweisen befindet sich jeweils eine vollständige Quellenangabe.

Die Abbildungen 1.5, 1.7, 4.1, 4.7 und 4.15 wurden von Jutta Golombek-Boden (Kürten) gezeichnet, die Abbildungen 1.8 und 6.10 von Holger Stoldt (Düsseldorf) gestaltet. Alle übrigen Abbildungen stammen vom Verfasser, die Umsetzung erfolgte durch Typo Art (Grevenbroich).

Die Deutsche Bibliothek – CIP-Einheitsaufnahme

Ott, Bernd:

Grundlagen des beruflichen Lernens und Lehrens : ganzheitliches Lernen in der beruflichen Bildung / Bernd Ott – Berlin : Cornelsen Girardet, 1997
ISBN 3-464-49126-9

Verlagsredaktion: Erich Schmidt-Dransfeld
Technische Umsetzung: Typo Art, Grevenbroich

1. Auflage ✔   Druck 4 3 2 1   Jahr 2000 99 98 97

Druck: Lengericher Handelsdruckerei, Lengerich/Westfalen

ISBN 3-464-49126-9

Bestellnummer 491269

 gedruckt auf säurefreiem Papier, umweltschonend hergestellt aus chlorfrei gebleichten Faserstoffen

Vorwort

Zielaspekt des vorliegenden Buches ist es, in relativ leicht verständlicher Form, grundlegende Aspekte des beruflichen Lernens und Lehrens zu vermitteln. Das Buch wendet sich an alle im Umfeld von Arbeit, Technik und Bildung Tätigen und damit insbesondere an

- Studierende und Studienreferendare für das Lehramt an (berufsbildenden) Schulen, insbesondere des Faches Technik, die lernen wollen, welche grundlegenden Aspekte Unterricht und Ausbildung bedingen,
- Lehrer, Mentoren, Fachleiter und Seminarleiter, denen der Widerspruch zwischen theoretischer Planung und praktischer Umsetzung häufig Unbehagen bereitet, und die anhand der vorliegenden Schwerpunktsetzungen für das eine oder andere Problem (wieder neu) sensibilisiert werden,
- Planende und Verantwortliche in Verbänden, Behörden, Ausbildungsabteilungen, die eine knappe Zusammenfassung zum aktuellen Diskussionsstand suchen und nicht zuletzt an
- Ausbilder in der Praxis, die kurz und bündig die wesentlichen Aspekte des beruflichen Lernens und Lehrens erfahren und studieren wollen.

Um die komplexen und facettenreichen Aspekte des beruflichen Lernens und Lehrens möglichst strukturiert darzustellen, ist das Buch in zwölf Kapitel gegliedert, wobei mehrere Kapitel thematisch verbunden sind:
- lernstrukturelle und bildungstheoretische Aspekte (Kap. 1 und 2)
- lernpsychologische, gruppendynamische und motivationale Aspekte (Kap. 3, 4 und 5)
- allgemeindidaktische und technikdidaktische Aspekte (Kap. 6 und 7)
- methodische und zielplanerische Aspekte (Kap. 8 und 9)
- unterrichtsstrukturelle und ausbildungsstrukturelle Aspekte (Kap. 10 und 11)
- prüfungsmethodologische Aspekte (Kap. 12)

Leser/innen und Lerner werden nicht als Objekte der Belehrung, sondern als Subjekte ihres Lernens erachtet. Zur Nutzung als Studienbuch sind deshalb die einzelnen Kapitel so strukturiert, dass jeweils am Anfang Lernfragen stehen, die im Text beantwortet werden und sowohl zur Lernkontrolle als auch zur späteren Prüfungsvorbereitung geeignet sind. Der Text ist möglichst einfach gehalten. Bibliografische Angaben werden auf die Kennzeichnung fremden Eigentums begrenzt, auf Querverweise wird weitgehend verzichtet. Dafür ist am Ende jedes Kapitels weiterführende Literatur angegeben um dem Leser / der Leserin ein intensiveres Studium der oftmals nur sehr knapp gehaltenen Lerninhalte zu ermöglichen.
Das Buch ist aus der Vorlesung „Grundlegende Aspekte des beruflichen Lernens und Lehrens" sowie „Allgemeine Technikdidaktik" entstanden. An dieser Stelle möchte ich deshalb allen Studierenden und Tutoren danken, die durch kritische Nachfragen in den Vorlesungen und Übungen meinen Blick für das Wesentliche schärften.

Dortmund, im Juli 1997   Bernd Ott

Über den Autor

Bernd Ott ist Professor für Technikdidaktik an der Universität Dortmund.
Nach einem Ingenieurstudium und dem Studium für das Lehramt an berufsbildenden Schulen (Maschinentechnik und Physik) absolvierte er das Referendariat
und das zweite Staatsexamen. 1981 wurde er an der Universität Kaiserslautern
zum Dr. phil. promoviert. Insgesamt arbeitete er mehr als zwanzig Jahre im
Schuldienst und in der beruflichen Aus- und Weiterbildung, davon fünfzehn
Jahre als Fachleiter (Studiendirektor) für Physik- und Technikdidaktik, Allgemeine Didaktik und Berufspädagogik. Außerdem war er langjähriger Lehrbe-
auftragter an verschiedenen Universitäten und Weiterbildungsinstituten.
1993 habilitierte ihn die Fakultät für Geistes- und Sozialwissenschaften der
Universität Karlsruhe zum Dr. phil. habil. 1994 folgte die Berufung zum Professor für Berufspädagogik und Technikdidaktik an die Universität. 1997 wurde er auf den Lehrstuhl „Technik und ihre Didaktik" an die Universität Dortmund berufen. Seine derzeitigen Arbeitsschwerpunkte in Forschung und Lehre
beziehen sich auf

- technikdidaktische Lehr- und Lernforschung
- ganzheitliche Berufsbildung und ganzheitliches Lernen
- handlungsorientierte Unterrichts- und Ausbildungskonzeptionen
- Teamentwicklung in Berufsschulen und Ausbildungsbetrieben
- Methodentraining für Lehrer, Ausbilder und Weiterbildner

Inhalt

1	**Lernstrukturelle Aspekte des beruflichen Lernens und Lehrens** 7		**4**	**Gruppendynamische Aspekte des beruflichen Lernens und Lehrens** ... 49
1.1	Was bedeutet Lernen? 7		4.1	Gruppendynamik oder 1 + 1 = 3 49
1.2	Was bedeutet Lernen unter dem Aspekt der beruflichen Qualifizierung? . 9		4.2	Gruppenmerkmale und Gruppenarten . . 51
1.2.1	Welche Zielaspekte verfolgt der kognitiv-motorische Lernbereich? 9		4.3	Gruppenstrukturen und Gruppenprozesse 53
1.2.2	Welche Intentionen verfolgt der psycho-soziale Lernbereich? 11		4.4	Gruppenleitung 57
1.2.3	Welche Inhalte und Strukturen kennzeichnen methodisch-operatives Lernen? 12		4.4.1	Die vier Lebenspositionen 57
			4.4.2	Lehrerrollen und Führungsstile 59
1.3.	Wie lerne ich am zweckmäßigsten? 14		4.4.3	Themenzentrierte Interaktion und Zukunftswerkstatt 62
1.3.1	Lernen und Gedächtnis 14		4.5	Gruppenkonflikte 66
1.3.2	Selbstlerntechniken 17			
			5	**Motivationale Aspekte des beruflichen Lernens und Lehrens** ... 69
2	**Bildungstheoretische Aspekte des beruflichen Lernens und Lehrens** ... 22		5.1	Was bedeuten Motiv und Motivation? . 69
2.1	Emanzipatorischer Ansatz 23		5.2	Bedürfnisorientierte Konzeption 70
2.2	Antizipatorischer Ansatz 24		5.3	Anreiztheoretische Konzeption 75
2.3	Subjektorientierter Ansatz 26		5.4	Humanistische Konzeptionenen 77
2.4	Ganzheitlicher Ansatz 30		5.4.1	Maslow-Theorie 77
			5.4.2	Herzbergs Zwei-Faktoren-Theorie ... 79
3	**Lernpsychologische Aspekte des beruflichen Lernens und Lehrens** ... 34		5.4.3	X-Y-Theorie nach McGregor 80
			5.5	Kognitive Konzeption 82
3.1	Klassifizierung von Lerntheorien 34		5.5.1	Prozessmodell der Lernmotivation ... 83
3.2	Behavioristische Konzeptionen 36		5.5.2	Einflussgrößen auf die Lernmotivation 84
3.2.1	Klassische Konditionierung 36			
3.2.2	Instrumentelle Konditionierung 37		**6**	**Allgemeindidaktische Aspekte des beruflichen Lernens und Lehrens** ... 86
3.2.3	Operante Konditionierung 37			
3.3	Kognitions- und handlungspsychologische Konzeptionen 38		6.1	Bedeutungsspektrum und Ausprägungsformen der Didaktik 86
			6.2	Analyse didaktischer Gegenwartsmodelle 90
3.3.1	Konstruktivistischer Ansatz 38		6.2.1	Bildungstheoretische Didaktik 90
3.3.2	Handlungstheoretischer Ansatz 40		6.2.2	Lern- bzw. lehrtheoretische Didaktik .. 94
3.3.3	Theorie des bedeutungsvollen rezeptiven Lernens 42		6.2.3	Subjektorientierte Didaktik 97
3.3.4	Theorie des Entdeckungs- und Problemlösungslernens 42		**7**	**Technikdidaktische Aspekte des beruflichen Lernens und Lehrens** .. 103
3.4	Lernen am Modell 44		7.1	Stellung und Aufgaben der Fachdidaktik 103
3.5	Lernpsychologische Strukturmerkmale des ganzheitlichen Lernens 44		7.2	Begründungen für eine ganzheitliche Technikdidaktik 105
3.6	Lernartenpyramide 46			

7.2.1   Geändertes Technikverständnis 105
7.2.2   Geänderte Qualifikations-
        anforderungen 107
7.2.3   Geänderte Lernkultur 110
7.3   Ansatzpunkte für eine ganzheitliche
        Technikdidaktik 112
7.3.1   Erweiterte Techniklehre 112
7.3.2   Erweitertes Curriculum 113
7.3.3   Erweiterte Technikdidaktik 117

**8   Methodische Aspekte des
        beruflichen Lernens und Lehrens** . . 124
8.1   Unterrichtsmethoden 124
8.1.1   Lehrmethoden 124
8.1.2   Lernmethoden 130
8.2   Moderationsmethode 132
8.3   Computerunterstütztes Lernen
        (CUL) 139
8.3.1   Konzeptionelle Aspekte des
        computerunterstützten Lernens 140
8.3.2   Gestaltungsaspekte des
        computerunterstützten Lernens 142

**9   Zielplanerische Aspekte des
        beruflichen Lernens und Lehrens** . . 145
9.1   Curricularer Ansatz des Unterrichts . . 145
9.2   Lernzielanalyse 150
9.2.1   Lernzielstufen 150
9.2.2   Lernzieloperationalisierung 151
9.2.3   Lernzielarten 152
9.2.4   Lernzielbereiche 153
9.2.5   Lernzieltaxonomien 153
9.2.6   Lernzielbeschreibung in Lehrplänen . . 156
9.3   Lernzielfeld 158
9.3.1   Inhaltlich-fachliche Lernziele 158
9.3.2   Methodisch-problemlösende
        Lernziele 159
9.3.3   Sozial-kommunikative Lernziele 159
9.3.4   Affektiv-ethische Lernziele 159
9.4   Lernzielplanung 160

**10   Unterrichtsstrukturelle Aspekte des
        beruflichen Lernens und Lehrens** . . 163
10.1   Didaktische Struktur 165
10.2   Methodische Struktur 168

10.3   Prozessstruktur 170
10.3.1 Problemstellung 171
10.3.2 Problemstrukturierung 173
10.3.3 Problemlösung 173
10.3.4 Anwendung der Problemlösung 176
10.4   Interaktionsstruktur 176
10.5   Lernplanungsstruktur 179
        . . . .

**11   Ausbildungsstrukturelle Aspekte des
        beruflichen Lernens und Lehrens** . . 183
11.1   Schlüsselkategorien betrieblicher
        Ausbildung 184
11.1.1 Kompetenzen 185
11.1.2 Qualifikationen 186
11.2   Betriebliche Ausbildungs-
        organisation 190
11.2.1 Lernorte 190
11.2.2 Lernorganisation 191
11.3   Handlungsorientierte
        Ausbildungsmethoden 198
11.3.1 Lehrgangs-Methode 198
11.3.2 Leittext-Methode 201
11.3.3 Projekt-Methode 203

**12   Prüfungsmethodologische Aspekte des
        beruflichen Lernens und Lehrens** . . 207
12.1   Erfolgskontrolle 209
12.2   Erfolgssicherung 211
12.3   Leistungsbeurteilung 213
12.3.1 Funktion der Notengebung 213
12.3.2 Güte und Genauigkeit der
        Notengebung 214
12.3.3 Beurteilungstypen und
        Beurteilungsfehler 215
12.4   Ganzheitliche Beurteilungen und
        berufliche Prüfungen 216
12.4.1 Was soll beurteilt werden? 219
12.4.2 Wann soll beurteilt werden? 221
12.4.3 Wie soll beurteilt werden? 222
12.4.4 Wie soll geprüft werden? 224

Stichwortverzeichnis 226

Literaturverzeichnis 229

1 Lernstrukturelle Aspekte des beruflichen Lernens und Lehrens

Lernfragen
① Was bedeutet ganzheitliches Lernen?
② Welches Ziele, Aspekte und Strukturen kennzeichnen ganzheitliches Lernen unter berufsqualifizierenden Aspekten?
③ Wie lerne ich am zweckmäßigsten, bezogen auf
  – Art und Darbietung des Lernstoffes,
  – Beziehung zum Lernstoff,
  – Eingangskanäle und
  – Lernatmosphäre?

> „Lernen ist wie Rudern gegen den Strom. Sobald man aufhört, treibt man zurück."
> *Benjamin Britten*

1.1 Was bedeutet Lernen?

Nach Martin Heidegger ist Lehren schwerer als Lernen, weil Lehren heißt: Lernen lassen! Der „eigentliche" Lehrer lässt sogar nichts anderes lernen als – das Lernen.
Es stellt sich dann aber sofort die Grundfrage: Was bedeutet eigentlich Lernen? Machen Sie dazu bitte folgendes Gedankenexperiment: Stellen Sie sich ein Kind vor, das in die Schule kommt; geben Sie ihm gedanklich einen Namen; vielleicht haben Sie sogar ein bestimmtes Kind vor Augen? Ich möchte dieses Kind Anna-Maria nennen.

Ausgangsproblem: den Lernbegriff klären

Was wird Anna-Maria bis zu ihrem Schuleintritt gelernt haben? Sie kann sich mit anderen Kindern und mit Erwachsenen sprachlich verständigen, sie macht seit einigen Wochen selbstständig kleinere Einkäufe in der Nähe und sie überquert sicher eine verkehrsreiche Straße an der Ampel. Zudem bleibt sie gelegentlich mit ihrem älteren Bruder alleine zu Hause, wenn ihre Eltern ausgehen. Sie schaut sich gerne Bilderbücher an, lässt sich vorlesen, spielt gerne mit anderen Kindern, versteht Zusammenhänge und erfindet kleinere Geschichten.

intuitives Lernen beim Kind

Versuchen wir die Lerngeschichte von Anna-Maria ein wenig zu systematisieren: Sie hat in ihren ersten sechs Lebensjahren zahlreiche Begriffe gelernt, sie kann diese Begriffe richtig aussprechen und anwenden (Wortschatz, Satzbau). Sie kann sich für andere verständlich ausdrücken und verstehen, was jemand sagt (Artikulation und Kommunikation). Anna-Maria weiß, welche Kleidung sie bei welcher Witterung benötigt, wenn sie das Haus verlässt (Sachwissen). Sie beachtet Signale, kennt sich in der näheren Umgebung aus und schätzt Gefahren richtig ein (Orientierungssinn). Sie übernimmt kleine Aufträge und vermutlich ist sie dann auch selbst stolz auf ihre Leistung (Leistungs- und Reflexionsfähigkeit).
Wenn wir Anna-Marias Lernfortschritt vom Babyalter bis zum Schulanfang beurteilen, so haben wir allen Grund zuversichtlich zu sein, dass die bisherigen Lernmethoden so effektiv waren, dass auf ihnen auch in Zukunft (bis in die Berufs- und Arbeitswelt hinein) aufgebaut werden kann.

Wodurch zeichnen sich diese vorschulischen (offenbar sehr effektiven) Lernmethoden aus?

Charakteristika effektiven vorschulischen Lernens ...

- Lernen geschieht in **Handlungseinheiten:** Es umfasst nicht nur kognitive Fähigkeiten (wie logische Verknüpfungen und Spracherwerb), sondern auch affektiv-emotionale und soziale Fähigkeiten (wie z.B. Angstbewältigung und Hilfsbereitschaft).

- Lernen ist das **Ergebnis von Prozessen:** Teilweise sind diese Lernprozesse beabsichtigt (Verhalten im Straßenverkehr), teilweise werden sie quasi nebenbei spielerisch erworben (neue Begriffe lernen, Geschichten erfinden).

- Lernen ist **ganzheitlich:** Es bezieht sich nicht nur auf einzelne Funktionsbereiche, sondern betrifft den ganzen Menschen (nach Pestalozzi: Kopf, Herz und Hand).

An dieser Lerngeschichte von Anna-Maria erkennen wir, was wir im Grunde bereits alle wissen: Lernprozesse geschehen vielfältig, verlaufen gelenkt oder frei, bewusst oder unbewusst, einmal mit Konzentration und Anstrengung, aber auch entspannt und spielerisch. Es gibt eben kein allgemein gültiges Lernrezept!

... und wie findet Lernen in der Schule statt?

Doch wie funktioniert Lernen in Schule und Ausbildung, wie ist es organisiert? Wir werden spontan äußern, dass Lernen in Schule und Ausbildung eher anders organisiert ist, und das war der Ausgangspunkt für mehrere Schulkritiker und zugleich der Ansatzpunkt, Lernen durch Rückführung auf ganzheitliche Prozesse optimaler zu gestalten.

Zielrichtung von Schulkritik

So kritisiert der südamerikanische Reformpädagoge Paolo Freire, dass Schüler häufig in ihrer Selbstbestimmung und Freiheit eingeengt und zum „Anlageobjekt" ihrer Lehrer reduziert werden, denn der Lehrer lehrt und die Schüler werden belehrt; der Lehrer weiß alles, die Schüler wissen nichts; der Lehrer redet und die Schüler hören zu; der Lehrer wählt den Lehrplan aus und die Schüler passen sich an. Paolo Freire fordert eine Bildung als Praxis der Freiheit, die den Leitprinzipien der Bewusstmachung der eigenen Lebenssituation und einem kommunikativen Lernverständnis verpflichtet ist.

Der Erziehungswissenschaftler Hartmut v. Hentig bringt diese eher gesellschaftspolitischen Forderungen Freires auf den pädagogischen Punkt, indem er die Aufgaben der Schule mit „Die Sachen klären und die Menschen stärken" umreißt – und zwar in einer „Schule der Selbstständigkeit", wie sie bereits der Reformpädagoge Hugo Gaudig in den zwanziger Jahren unseres Jahrhunderts forderte, indem er die Schule in den „Dienst der werdenden Persönlichkeit" stellte, die Ablösung der „Lernschule" durch die „Arbeitsschule" verlangte und die „Methodenschulung" der Schüler zu seinem Credo erhob.

ganzheitliches Lernen für mehr Handlungskompetenz der Schüler/innen

Ziel ganzheitlichen, lebendigen Lernens ist es, Schülern eine Handlungskompetenz zu ermöglichen, bei der die fachliche, allgemeine, soziale, ethische und politische Dimension gleichermaßen integriert ist. Aus (berufs-)pädagogischer Sicht stellt sich sofort die Gretchenfrage: „Wie muss ganzheitliches, lebendiges Lernen in Unterricht und Ausbildung geplant und organisiert werden, damit Schüler befähigt werden, in sich fortwährend verändernden Berufs- und allgemeinen Lebenssituationen selbstständig und eigenverantwortlich zu handeln?"

1.2　Was bedeutet Lernen unter dem Aspekt der beruflichen Qualifizierung?

In der beruflichen Bildung begründet sich die Notwendigkeit für ganzheitliches Lernen aus dem veränderten Qualifikationsbegriff, denn ein zeitgemäßer Qualifikationsbegriff geht von einem aktiven Aneignungsprozess fachlicher wie übergreifender und personaler Kompetenzen aus. Es geht dabei (vor dem Hintergrund neuer Ausbildungsinhalte und Qualifikationen) auch um neuere Methoden, didaktische Konzepte und Ausbildungsmittel. Von zentraler Bedeutung aber ist eine Schwerpunktverlagerung in den pädagogischen, didaktischen, unterrichts- und ausbildungspraktischen Grundsätzen der Bildungs- und Erziehungsarbeit, insbesondere

zeitgemäße berufliche Qualifikation fordert ganzheitliches Lernen

- von singulärem Denken und Tun zum vernetzten Denken und ganzheitlichen Handeln,
- von einseitiger Fachbildung zum ganzheitlichen Qualifikationserwerb und
- von Einzelarbeit und Einzelanweisung zur Teamarbeit und Eigeninitiative.

Hauptintention des ganzheitlichen Lernens ist es, Schülerinnen und Schülern bzw. Auszubildenden zu ermöglichen sich über ihre Denk-, Speicher-, Problemlöse- und Orientierungskapazitäten- und fähigkeiten klarzuwerden und ihr künftiges kognitives, psychosomatisches, emotionales und soziales Lernen planend, steuernd und kontrollierend zu gestalten. Kurzum – es geht letztlich um neue Lernkultur in der (Berufs-)Pädagogik: von der lehrerzentrierten Didaktik mit linearer Vermittlungsstruktur zu einer auf die Lernenden zentrierten Didaktik mit vernetzter Selbstlernstruktur!

neue Lernkultur in der (Berufs-) Pädagogik

Ganzheitliches Lernen wird grundsätzlich von zwei Lernbereichen geprägt (vgl. Abb. 1.1 auf der folgenden Seite), nämlich

- dem kognitiv-motorischen (objektbezogenen) Lernbereich und
- dem psycho-sozialen (subjektbezogenen) Lernbereich.

Im Folgenden wird dieses Strukturmodell anhand von drei Leitfragen interpretiert.

1.2.1　Welche Zielaspekte verfolgt der kognitiv-motorische Lernbereich?

Der kognitiv-motorische Lernbereich betont die Inhalte und Verfahren zukunfts-bedeutsamer Handlungssituationen. Konstitutive Faktoren des inhaltlich-fachlichen Lernens sind demnach beruflicher Sachverstand, Selbstständigkeit im Denken und Handeln und Sachinteresse als motivationaler Faktor. Zielaspekt ist die Sach- bzw. Fachkompetenz der Schüler, d.h. die Befähigung zum zielgerichteten, effektiven und selbstständigen Arbeiten. Dieses Ausbildungsziel ist bereits im Berufsbildungsgesetz (BBiG) von 1969 festgeschrieben: „Die Berufsbildung hat eine breit angelegte berufliche Grundbildung und für die Ausübung einer qualifizierten beruflichen Tätigkeit notwendigen fachlichen Fertigkeiten und Kenntnisse in einem geordneten Ausbildungsgang zu vermitteln. Sie hat ferner den Erwerb der erforderlichen Berufserfahrung zu ermöglichen" (§1, Abs.2 BBiG). Berufliche Problemlösungen stehen in einem

Ziele des kognitiv-motorischen Lernens

dynamischen Bedingungsgefüge von Planung, Ausführung und Kontrolle.

Was dies konkret bedeutet, mag exemplarisch daran verdeutlicht werden, welche weitgespannte Erkenntnisperspektive inhaltlich-fachliches Lernen im Technikunterricht unter ganzheitlichen Aspekten umfasst:

Erkenntnis-perspektive inhaltlich-fachlichen Lernens

– Technologische Kenntnisse über die Struktur, Gestaltung und Folgen (sozio-)technischer Systeme einschließlich Arbeitsprozess-Wissen und berufliches Erfahrungswissen;
– ökologische Kenntnisse als Moment ökologischer Voraussetzungen (Ressourcen/Recycling) und Technikfolgen;
– ökonomische Kenntnisse von den wirtschaftlichen Bedingungen, Interessen und Zwecken der Technik, einschließlich der betriebs-, volks- und weltwirtschaftlichen Nützlichkeitsbetrachtung (Technikbewertung).

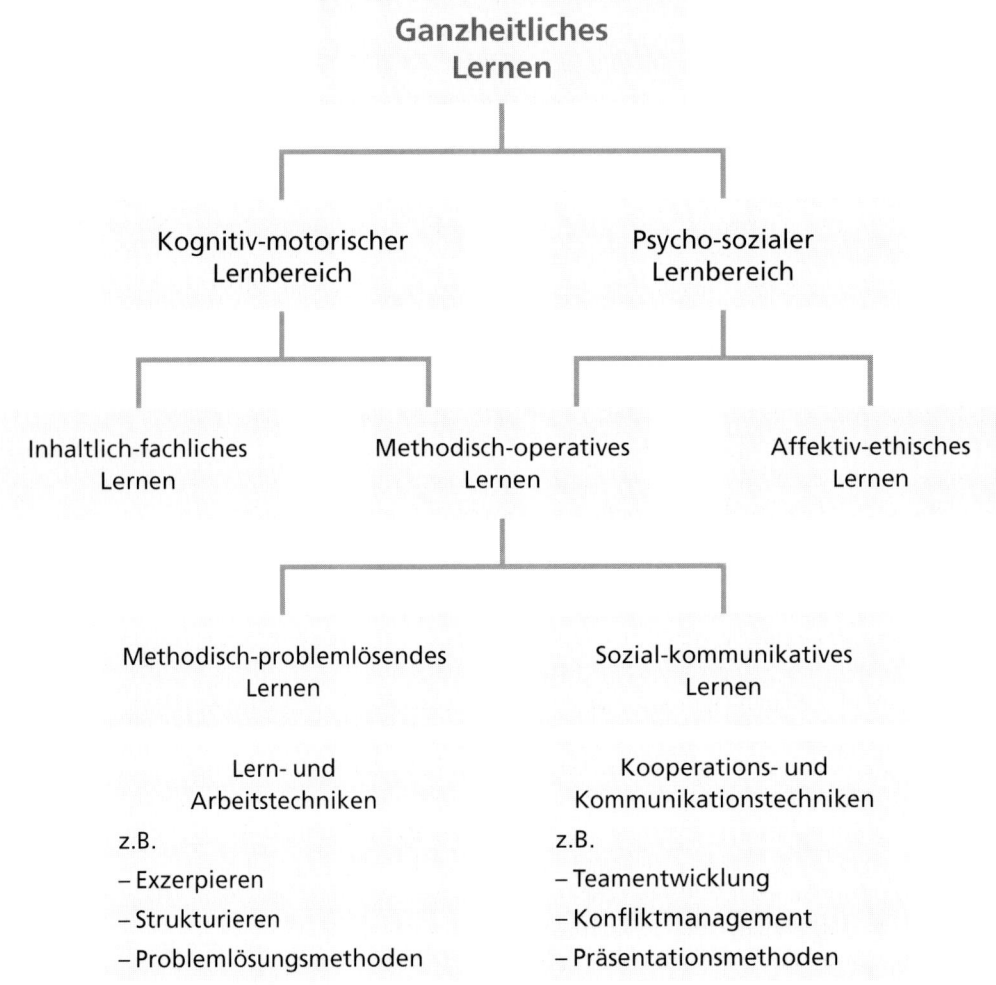

Abb. 1.1: Strukturmodell des ganzheitlichen Lernens

1.2.2　Welche Intentionen verfolgt der psycho-soziale Lernbereich?

Der psycho-soziale Lernbereich erfasst die affektiv-ethische, d.h. die subjekt-bezogene Seite ganzheitlichen Lernens. Zielaspekt ist die Persönlichkeitsent-wicklung der Lernenden, verstanden als Individualkompetenz, d.h. die Ent-wicklung des eigenen Urteilsvermögens (einschließlich Selbstkritik) und Einübung des sozialen Verhaltens und politischen Handelns. Sozial-politisches Handeln bedeutet nicht regelausführendes, sondern interpretierendes Handeln, derart, dass der Mensch Gegebenheiten, Ereignisse und Erfahrungen seiner Lebenswelt (anhand seiner Deutungsmuster und Wertmaßstäbe) interpretiert und danach reflexiv handelt. Reflexives Lernen bzw. Selbstreflexion ist die Fähigkeit, die Bedingungen und Folgen des eigenen Denkens und Handelns zu durchschauen, sich des Sinns und der Legitimation der eigenen Tätigkeit zu vergewissern und diese zu verantworten. Bei alledem geht es letztlich um die soziokulturelle Identität, das Lebensgefühl der Menschen, ihre persönliche Perspektive innerhalb ihrer Lebenswelt.

Persönlichkeits-entwicklung und Individual-kompetenz

Dazu gehört einerseits sich auf technische, ökonomische und arbeitsorganisato-rische Entwicklungen flexibel einzustellen, andererseits aber auch die Bereit-schaft sich auf Werte einzurichten und Verantwortung zu übernehmen.

Lehrer und Ausbilder dürfen gerade diesen Fragen nach den Normen und Werten ethischen Handelns nicht ausweichen, weil ihnen die Erziehung junger Men-schen zur Mündigkeit aufgetragen ist. „Berufliche Mündigkeit bedeutet aus berufspädagogischer Sicht einmal – im engeren Sinne – berufliche Autonomie als Summe der Qualifikationen, die erforderlich sind um sich im Erwerbsleben nach vorgegebenen Leistungsnormen zu bewähren und gleichzeitig diese Normen in Frage stellen zu können, zum anderen – im weiteren Sinne – um-schließt der Begriff Mündigkeit des Menschen Selbstreflexion und Reflexion gesellschaftlicher Strukturen und Prozesse mit den Zielen, verinnerlichte Zwän-ge auflösbar zu machen, den Verhaltensspielraum des Einzelnen zu erweitern, Gegebenheiten, die einer solchen Entfaltung entgegenstehen, als veränderbar begreifbar zu machen und den Menschen zu befähigen, rational zu denken und zu handeln" (Lipsmeier, 1982, 233).

berufliche Mündigkeit

Ein großes Problem unserer Zeit ist die „Rationalisierung der Sinnlichkeit". Technik und Kalkül, Planung und Kontrolle prägen mehr denn je unsere Hand-lungen und Beziehungen untereinander. Menschliche Interaktion wird immer mehr verfeinert und durch äußere Disziplinierung ersetzt. Schulisches Lernen wird allzu oft (wertneutral) als Verhaltensänderung deklariert und allein im intellektuell-kognitiven Bereich angesiedelt und dabei zu sehr von Begriffen wie Effektivitäts- und Erfolgskontrolle beherrscht. Selbstverständlich sind Lernerfolgskontrollen wichtig und notwendig. Es darf dabei aber nicht über-sehen werden, dass nicht alles überprüfbar, kontrollierbar, testierbar ist, sonst trifft auch auf unsere (Berufs-)Schüler jenes Mephistowort aus Goethes Faust zu: „Dann hat er die Teile in seiner Hand, fehlt, leider! nur das geistige Band".

Es gilt, für die Schule eine „neue Sinnlichkeit" zu entwickeln! Schulische Erziehung i.d.S. bedeutet Sozialerziehung und beinhaltet sowohl (ethische) Individualerziehung als auch (kritische) Gesellschaftserziehung. Beides ist

„neue Sinnlichkeit" Sozialerziehung

Zielstellungen des psychologischen Lernens

untrennbar miteinander verbunden, die Individualerziehung muss der Gesellschaftserziehung vorauslaufen und sie begleiten. Psycho-soziales Lernen hat demnach im ganzheitlichen Technikunterricht folgende Zielstellungen:

- **Geistig-normative Fähigkeit**, z.B. Sinnhaftigkeit technisch bestimmter, berufsförmig organisierter Facharbeit offen zu legen, zu bewerten und mögliche Normenkonflikte einschließlich moralischer Fragen aufzuarbeiten;
- **künstlerisch-ästhetische Fähigkeit**, z.B. das Verhältnis von Technik und Kreativität, Emotionalität und Körperlichkeit zu bestimmen, auch auf der Basis von kulturellem Orientierungswissen und dem Bewusstsein von der historischen Gewordenheit der Technik;
- **politische und soziale Fähigkeit**, z.B. Wissen von den Möglichkeiten (arbeits-)politischer Partizipation, Mitbestimmung und Selbstkontrolle, bezogen auf Arbeitsplätze und Sozialsystem sowie die Fähigkeit eigene und fremde Macht zu beschränken.

Komponenten des methodisch-operativen Lernens

1.2.3 Welche Inhalte und Strukturen kennzeichnen methodisch-operatives Lernen?

Beim ganzheitlichen Lernen bilden der kognitiv-motorische und der psycho-soziale Lernbereich keinen Gegensatz, sondern beide durchdringen und ergänzen sich (in der gemeinsamen Schnittmenge) zum methodisch-operativen Lernen – dessen Weg und Ziel ist das „Lernen zu lernen"!

Die kognitiv-motorische Komponente (methodisch-problemlösendes Lernen) bilden Lern- und Arbeitstechniken, wie z.B.
- selbstständige Informationsgewinnung,
- produktive Informationsverarbeitung,
- selektives Lesen und Exzerpieren,
- Markieren und Strukturieren,
- Metaplanmethode,
- Leittextmethode,
- Problemlösungsmethoden,
- Arbeitsplanung und Arbeitsgestaltung,
- Fallanalyse.

Die psycho-soziale Komponente (sozial-kommunikatives Lernen) bilden Kooperations- und Kommunikationstechniken, z.B. mit den Einzelqualifikationen:
- schriftliche und mündliche Ausdrucksfähigkeit,
- Sachlichkeit in der Argumentation,
- Offenheit und Integrationsfähigkeit,
- Entwicklung von Gesprächsregeln und Feed-back-Methoden,
- aktives Zuhören,
- Teamentwicklung und Gesprächsleitung,
- Konfliktmanagement und Metakommunikation,
- Anwenden von Präsentationsmethoden.

Die Lerninhalte des methodisch-operativen Lernens sind somit in erster Linie operationalisierbare Techniken. Sie haben eine
- kognitive Dimension, insofern es sich um elementare Methoden des selbstständigen Lernens bzw. Erarbeitens einer komplexen Aufgabe handelt,

– psychomotorische Dimension, insofern spezifische manuelle Fertigkeiten Anteil an ihnen haben bzw. wenn es um die Automatisierung einer Technik geht, und eine
– soziale Dimension, insofern sie kommunikativen Zwecken dienen.

Fazit:
Ganzheitliches Lernen umfasst vier Dimensionen (vgl. Abb 1.2):

Dimensionen ganzheitlichen Lernens

① **Inhaltlich-fachliches Lernen** bezieht sich auf die kognitiven Fähigkeiten und motorischen Fertigkeiten, die durch die neuen Ausbildungsordnungen festgeschrieben sind – es zielt auf das Erreichen von FACHKOMPETENZ.

② **Methodisch-problemlösendes Lernen** bezieht sich auf die Aneignung grundlegender Lern- und Arbeitstechniken – es zielt auf das Erreichen von METHODENKOMPETENZ.

③ **Sozial-kommunikatives Lernen** bezieht sich auf die Aneignung grundlegender Kooperations- und Kommunikationstechniken – es zielt auf das Erreichen von SOZIALKOMPETENZ.

④ **Affektiv-ethisches Lernen** bezieht sich auf den Umgang mit sich selbst. Seine Intentionen liegen im Selbsterkennen, im eigenverantwortlichen (sozialen und politischen) Handeln, im Aufbau eigener Interessenfelder und Lebenspläne – es zielt auf das Erreichen von INDIVIDUALKOMPETENZ.

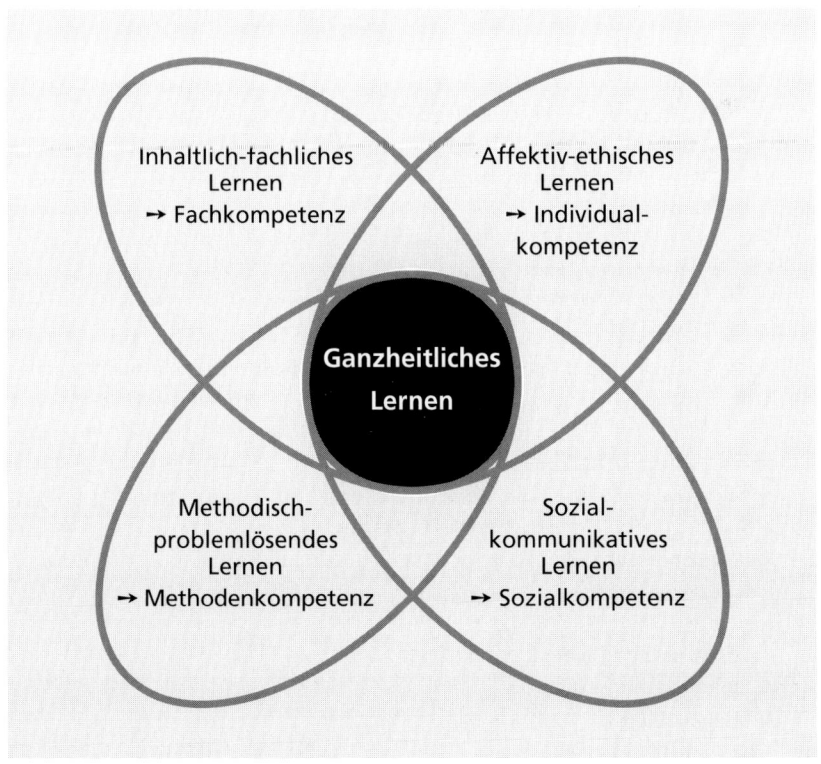

Abb. 1.2: Dimensionen ganzheitlichen Lernens

Inhaltlich-fachliches Lernen	Methodisch-problemlösendes Lernen	Sozial-kommunikatives Lernen	Affektiv-ethisches Lernen
Zielaspekt: Fachkompetenz	Zielaspekt: Methodenkompetenz	Zielaspekt: Sozialkompetenz	Zielaspekt: Individualkompetenz
Technologische Kenntnisse	Selbstständige Informationsgewinnung	Sachlichkeit in der Argumentation	Geistig-normative Fähigkeit
Ökologische Kenntnisse	Produktive Informationsverarbeitung	Offenheit und Integrationsfähigkeit	Künstlerisch-ästhetische Fähigkeit
Ökonomische Kenntnisse	Problemlösungs-fähigkeit	Entwickeln von Gesprächsregeln	Politische und soziale Fähigkeit
Strukturkenntnisse	Metaplanmethode	Aktives Zuhören	Selbstvertrauen
Systemkenntnisse	Leittextmethode	Gesprächsmoderation	Selbstkritik
Transferfähigkeit	Fallanalyse	Konfliktmanagement	Reflexionsfähigkeit
Beurteilungs-fähigkeit	Arbeits-/ Zeitplanung	Feed-back-Methoden	Mündigkeit

Abb. 1.3: Ziele und Inhalte des ganzheitlichen Lernens

1.3   Wie lerne ich am zweckmäßigsten?

Analyse und Technik des Lernens

Wenn wir in diesem Buch „Lernen und Lehren" zum Thema machen, ist es nur folgerichtig, dass wir uns nach der einführenden Vorstellung des Konzepts ganzheitlichen Lernens nun der Analyse und Technik des Lernens zuwenden.

1.3.1   Lernen und Gedächtnis

Überprüfen Sie zunächst Ihr eigenes Lernverhalten! Dazu finden Sie auf der gegenüberliegenden Buchseite eine Checkliste.

Die Aussagen dieser „Checkliste" können natürlich bei verschiedenen Lernern stark differieren, denn sie sind abhängig von persönlichen Lernpräferenzen, bezogen auf

– Art und Darbietung des Lernstoffes,
– Beziehung zum Lernstoff,
– Eingangskanäle,
– Lernatmosphäre und
– Lernumgebung.

Überprüfung des Lernverhaltens

Lesen Sie bitte die folgenden Sätze aufmerksam durch und vermerken Sie dahinter den Grad Ihrer Zustimmung zu den einzelnen Aussagen!

Ich verstehe bzw. behalte besonders gut (+), mittelmäßig (0), schlecht (–), wenn	Verstehen	Behalten
1. der Lernstoff mit Worten vorgetragen wird		
2. Dias oder Folien dazu gezeigt werden oder wenn Skizzen an die Tafel gezeichnet werden		
3. ein Film darüber gezeigt wird		
4. mir Grafiken, Diagramme etc. zu den Lerninhalten geboten werden		
5. ich aus einem Schulbuch lerne		
6. ich aus Büchern lerne, die ich selbst ausgewählt habe		
7. ich aus meinen Mitschrieben des Unterrichts lerne		
8. ich in Ruhe alles selbst erarbeite		
9. ich Informationen in einem Gespräch vermittelt bekomme		
10. die größeren Zusammenhänge des Lernstoffes aufgezeigt werden		
11. ich den Lernstoff selbst strukturiere und nach großen Zusammenhängen in Schemata ordne		
12. Details besprochen werden		
13. der Lernstoff auf eine einzige Art oder an einem Beispiel erklärt wird statt auf verschiedene Arten wiederholt zu werden		
14. dem Lernstoff reale Vorgänge zugrunde liegen		
15. der Lernstoff zufällig mit meinen persönlichen Erfahrungen zusammenhängt		
16. ich über den Lernstoff gewisse Vorkenntnisse habe		
17. ich mir zum Lernstoff eigene Notizen mache und Zusammenfassungen schreibe		
18. ich etwas auf meine Weise umgeschrieben habe		
19. mir die Beschäftigung mit einem Thema Spaß macht		
20. ich mich anstrengen muss und viel von mir verlangt wird		

Kreuzen Sie bei den folgenden Feststellungen an, was für Sie jeweils zutrifft.

– Einen Sachverhalt oder Vorgang aus dem Bereich der Naturwissenschaften lerne ich am leichtesten, wenn
  … ich ein Modell auseinander nehme und wieder zusammensetze
  … ich ein übersichtliches Schema auf einer Folie oder auf einem Blatt Papier sehe
  … mir jemand den Sachverhalt oder Vorgang ausführlich erklärt
  … ich einen guten Text darüber lese

– Ich lerne besonders gut, wenn
  … beim Lernen Musik läuft
  … mich kein Geräusch ablenkt
  … ich allein im Raum bin
  … jemand im Raum ist, den ich sympathisch finde
  … ich mit anderen zusammen bin

Abb. 1.4: Überprüfung des Lernverhaltens (nach Vester 1978)

Grundlage jedes menschlichen Lernens ist die Motivation!
Die folgende Tabelle zeigt systematische Regeln dafür auf, sich selbst bei der Arbeit zu motivieren. Tragen Sie zu jedem der „fünf Motivatoren" Beispiele, die für Sie zutreffen, in die nachstehende Tabelle ein.

Möglichkeiten der Selbstmotivation	Beispiele, die für mich zutreffen
① Planen Sie Ihren Lernerfolg! (Lernplan) – Was will ich erreichen? – Womit fange ich an?	
② Suchen Sie sich Belohnungen! („Zuckerbrotmethode") – Wie kann ich entspannt lernen? – Womit kann ich mich belohnen?	
③ Sorgen Sie dafür, dass Lernen Spaß macht! – Was macht mir beim Lernen Spaß? – Wie kann ich aktiv lernen?	
④ Stellen Sie Ihre Motive klar! – Warum lerne ich? – Wie kann ich das Wissen verwerten?	
⑤ Suchen Sie sich Lernpartner! – Mit wem könnte ich zusammen lernen? – Wie kann ich das organisieren?	

Abb. 1.5

Neben der Motivation ist das Aufnehmen und Behalten von Wissen für erfolgreiches Lernen unabdingbar. Deshalb ist das Wissen über das Lernen (Metakognition) relevant:
Lernen und Gedächtnis hängen auch mit verschiedenen Gehirnfunktionen zusammen. Die linke Hirnhemisphäre arbeitet vorwiegend „digital", d.h. mit Zahlen, Wörtern oder Symbolen, denkt „logisch" und in Zeitbegriffen. Die rechte Hirnhemisphäre arbeitet dagegen „analog", d.h. bildhaft, denkt „kreativ" und in Raumbegriffen. Die Crux liegt nun darin, dass bei Erwachsenen die Wissensaufnahme durch Lehren und das Behalten durch Lernen weit auseinander liegen.

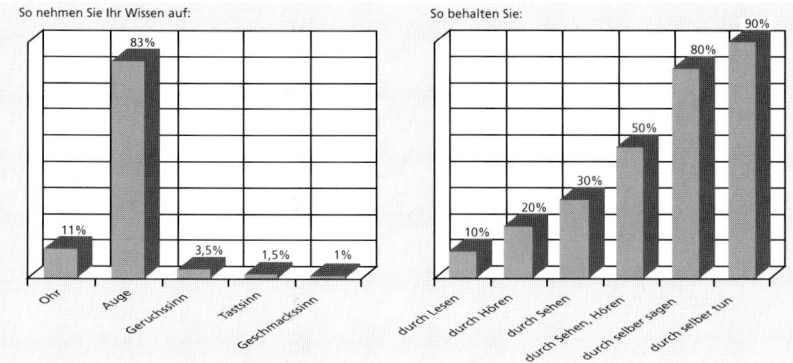

Abb. 1.6: Aufnahme und Behalten von Wissen

Auf Grund dieser Abbildung wird deutlich, dass erfolgreiches Lernen immer subjektintern abläuft und deshalb „handlungsorientiert" und selbstgesteuert organisiert werden muss.

Statt einer komplizierten neurolinguistischen Erklärung wird Ihnen in Abb. 1.7 „Homunculus" vorgestellt, dessen „Eingangskanäle" (Hände, Augen, Ohren, Nase und Mund) entsprechend der Größe der zugehörigen „Empfangsstationen" im Gehirn proportioniert sind.

Diese Begründung für handlungs-orientiertes Lernen spiegelt auch be-reits ein altes chinesisches Sprich-wort:

„Ich höre und vergesse,
ich sehe und erinnere mich,
ich tue es und verstehe es."

Abb. 1.7: Homunculus und die richtige
           Nutzung der Eingangskanäle
           (British Museum London)

1.3.2   Selbstlerntechniken
Für die Arbeit mit diesem Buch ist eine aktive Lerntechnik empfehlenswert, die SQ3R-Methode in Verbindung mit Mind-Mapping:

1.3.2.1   Lesetechnik: SQ3R-Methode

die Formel zum Lesen: SQ3R

Survey	=	Überblicklesen
Question	=	Fragen
Read	=	Lesen
Recite	=	Rekapitulieren
Review	=	Repetieren

Beispiel:

Schritt 1: Machen Sie sich mit dem Aufbau des Buches vertraut (Inhaltsverzeichnis, Umschlagklappe, Lernfragen usw.)!

Schritt 2: Stellen Sie selbst (Lern-)Fragen an den Text!

Schritt 3: Achten Sie beim Lesen auf Überschriften; suchen Sie Hauptaussagen; achten Sie auf hervorgehobene Textteile, Fachausdrücke, Fremdwörter, Abbildungen und Definitionen!

Schritt 4: Fertigen Sie Notizen über das Gelesene an und/oder erklären Sie es einem Kollegen bzw. einer Kollegin!

Schritt 5: Überfliegen Sie nochmals alle Überschriften der einzelnen Kapitel; versuchen Sie die wichtigsten Aussagen in Erinnnerung zu rufen!

1.3.2.2 Strukturierungstechnik: Mind-Mapping

Mind-Mapping ist eine grafische Darstellungsmethode, die die vernetzte Struktur des menschlichen Gedächtnisses beachtet und für viele Anwendungsmöglichkeiten geeignet ist.

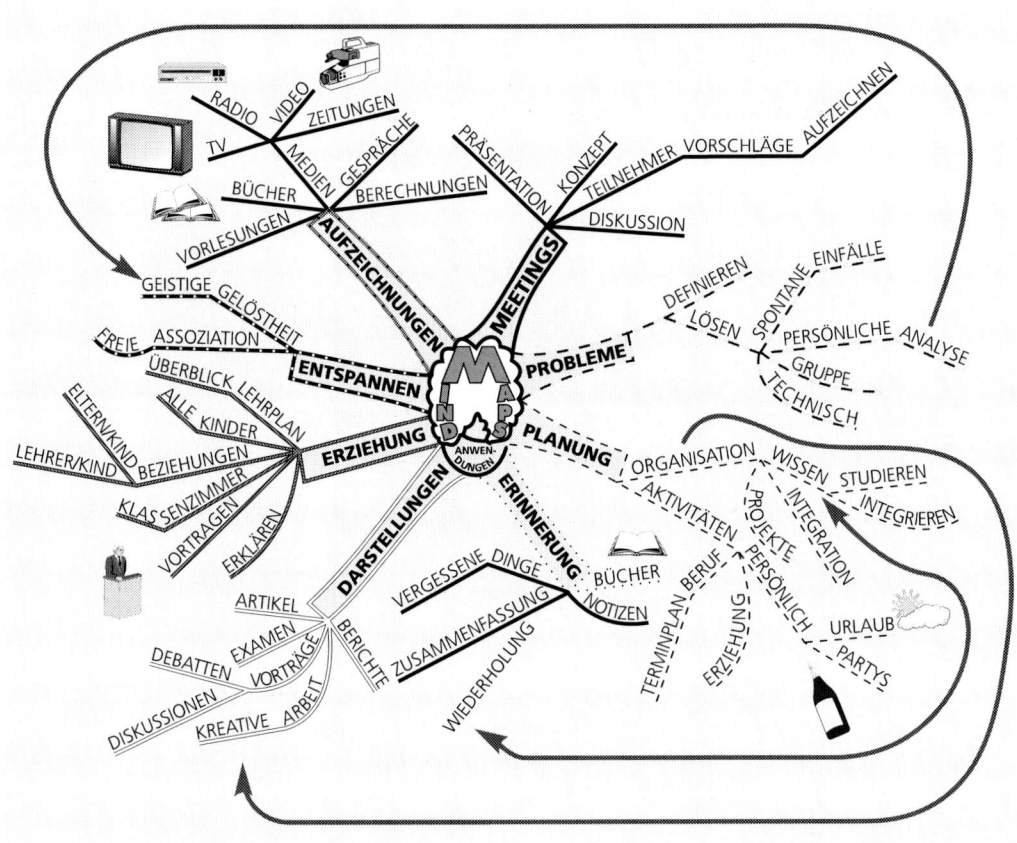

Abb. 1.8: Mind-Map über die Anwendungsmöglichkeiten von Mind-Maps (nach Buzan 1984)

Ein Mind-Map ist ähnlich aufgebaut wie „ein Baum in der Draufsicht" – in der Mitte ist der Stamm, davon gehen radial Haupt- und Nebenäste ab. Diese Struktur lässt sich hervorragend benutzen um die hierarchische Struktur eines Sachthemas wiederzugeben. Vernetzungen zwischen Ästen lassen sich durch zusätzliche Verweispfeile einbringen, so wie dies in Abb. 1.8 zu sehen ist. Es gibt nur wenige Grundregeln der Mind-Map-Technik:

Regel 1:   Beginnen Sie möglichst mit einem (farbigen) Bild oder Symbol in der Mitte. Ein Bild sagt mehr als tausend Worte und regt Ihr kreatives Denken und Ihre Merkfähigkeit an!

Regel 2:   Ausgehend vom „Stamm" werden zunächst die einzelnen Hauptäste mit den Hauptaspekten des jeweiligen Themas beschriftet, dann die daraus abgeleiteten Nebenäste mit den Subaspekten. Die Wörter sollten in Druckschrift mit Großbuchstaben geschrieben werden und ggf. durch Bilder (Piktogramme, Symbole u.ä:) ergänzt werden.

Regel 3:   Verwenden Sie möglichst durchgängig Farben, sie erhöhen die Übersichtlichkeit und lassen Zusammenhänge deutlicher erkennen.

Grundregeln des Mind-Mappings

Übung:
Bearbeiten Sie den folgenden (ungegliederten) Text nach der SQ3R-Methode, fassen Sie die „Kerninformationen" in einem Mind-Map übersichtlich zusammen!

Viele Schüler haben erhebliche Schwierigkeiten sich zu konzentrieren. Zwei Hauptgruppen von Konzentrationsmängeln sind wissenschaftlich belegt: die Konzentrationsstörung und die Konzentrationsschwäche. Die Konzentrationsschwäche resultiert entweder aus einer angeborenen oder unfallbedingten Gehirnschädigung oder sie ist die Folge einer Sozialisations- bzw. Milieuschädigung, die ebenfalls die Gedächtnisleistung beeinträchtigt. Die erstgenannte Gehirnschädigung kann bereits vor der Geburt durch bestimmte Krankheiten der Mutter, durch Röntgenstrahlung oder Blutgruppenunverträglichkeit der Eltern ausgelöst werden. Sie kann aber auch während der Geburt, etwa durch Sauerstoffmangel, oder nach der Geburt, etwa durch Schädelverletzungen oder Gehirnhautentzündung, auftreten. Die milieubedingte Konzentrationsschwäche hat ihre Ursache vor allem darin, dass in einer besonders anregungsarmen Umwelt die Verbindungen zwischen den einzelnen Gehirnzellen, die sogenannten „Synapsen", nur unzureichend ausgebildet werden können. Nach offiziellen Schätzungen weisen etwa 6% aller Schulkinder eine leichte Gehirnschädigung auf und leiden deshalb unter Konzentrationsschwäche. Konzentrationsstörungen sind weitaus häufiger anzutreffen. Prinzipiell sind alle Menschen davon betroffen. Die Ursachen sind vielfältig: Liebeskummer, Überarbeitung und Prüfungsangst gehören ebenso dazu wie die schlichte Tatsache, dass man vielleicht gerade ein Fachbuch lesen muqss und dazu überhaupt keine Lust hat.

die Formel zum
Zuhören: TQ3L

1.3.2.3   Zuhörtechnik: TQ3L-Methode

Diese Methode ist hilfreich, wenn Ihnen Lerninhalte in Vorlesungen oder Seminaren mündlich vorgetragen werden:

Tune in	=	Einstimmen auf den Vortrag
Question	=	Fragen
Look at the speaker	=	Schauen Sie den Vortragenden an
Listen	=	Richtig hinhören
Look over	=	Überschauen Sie Ihre Notizen

Beispiel:

Schritt 1: Nehmen Sie sich fest vor zuhören zu wollen!

Schritt 2: Stellen Sie (sich still selbst und – wenn möglich und vorgesehen – dem Vortragenden) Fragen. Denn nichts erhöht Ihr Interesse mehr als eine neugierige Fragehaltung.

Schritt 3: Schauen Sie auf den Vortragenden, denn seine Gestik und Mimik enthalten deutliche Hinweise auf das, was er für wichtig hält.

Schritt 4: Unterscheiden Sie Wichtiges von Unwichtigem, etwa anhand von Hervorhebungen, Tafelanschriften, Literaturhinweisen usw.

Schritt 5: Vergewissern Sie sich fortlaufend, ob der „rote Faden" anhand Ihrer Notizen noch erkennbar ist.

1.3.2.4 Gruppentechniken

Methoden für
Grupppenarbeit

Zur Erarbeitung von Lerninhalten in Seminaren bzw. Kleingruppen gibt es eine Fülle von aktiven Lernmethoden:

- **Blitzlicht**: Die Gruppenteilnehmer sitzen im Kreis. Jeder nimmt der Reihe nach kurz (!) Stellung. Die Aussagen werden von der Gruppe nicht kommentiert. Niemand darf sich zum zweiten Mal äußern. Erst wenn alle gehört wurden, beginnt ggf. die Diskussion.
- **Kugellager:** Die Seminarteilnehmer bilden einen Innenkreis und einen Außenkreis in der Art, dass sich jeweils zwei Partner zugewandt sind. Die Paare diskutieren eine begrenzte Zeit eine vorgegebene Problemstellung. Danach rücken die Teilnehmer des Innenkreises zwei Plätze weiter. Nach der erneuten Diskussion wird die Problemstellung im Plenum erörtert.
- **Pro-und-Contra-Debatte:** Zwei (oder auch mehrere) Seminarteilnehmer diskutieren stellvertretend für die Gesamtgruppe ein kontroverses Thema. Die Argumente werden zunächst jeweils in der Pro-und-Contra-Gruppe vorbereitet und nach der Diskussion ausgewertet.
- **Fish-bowling:** Eine Teilgruppe (Delegierte) argumentiert und diskutiert stellvertretend für die Gesamtgruppe. Die Teilgruppe bildet einen Innenkreis, die übrigen Teilnehmer plazieren sich in einem Außenkreis und beobachten die Diskussion (wie in einem Aquarium).
- **Bienenkorb:** Eine Seminargruppe wird in Kleingruppen aufgeteilt um ein Problem zu diskutieren und Lösungsvorschläge zu unterbreiten. Jede Kleingruppe bestimmt zunächst einen Gesprächsleiter, Protokollanten, Gruppensprecher, Regelbeobachter und Zeitnehmer. Am Ende tragen die Gruppen-

sprecher jeweils die Arbeitsergebnisse der Kleingruppen im Plenum vor. Die Teilergebnisse werden zusammengetragen und das Gesamtergebnis (ggf. in einem Mind-Map) visualisiert.

*   **Gruppenpuzzle**: Voraussetzung für diese Methode ist es, dass die Lerninhalte in abgrenzbare Teilmengen zu gliedern sind. Zunächst bilden sich „Expertengruppen", die jeweils für eine Teilmenge ein Statement vorbereiten. Anschließend werden die Gruppen neu zusammengesetzt: In jeder neu gebildeten Kleingruppe ist (mindestens) ein Experte, der zunächst sein Statement vorträgt und anschließend die Gruppendiskussion leitet.

Weiterführende Literatur

OTT, B.: Ganzheitliche Berufsbildung. Theorie und Praxis handlungsorientierter Techniklehre in Schule und Betrieb. Franz Steiner Verlag. Stuttgart 1995.
SCHRÄEDER-NAEF, R.: Der Lern-Trainer für die Oberstufe. Weinheim 1988.
KLIPPERT, H.: Methodentraining. Weinheim und Basel 1994.

2 Bildungstheoretische Aspekte des beruflichen Lernens und Lehrens

> „Die Gültigkeit bzw. Dignität der Praxis ist unabhängig von der Theorie; die Praxis wird mit der Theorie nur eine bewusstere."
>
> *Friedrich Daniel Ernst Schleiermacher*

Lernfragen

① Welche bildungstheoretischen Leitmaximen kennzeichnen den emanzipatorischen, antizipatorischen und subjektorientierten Ansatz?

② Was versteht man unter der „Dreidimensionalität pädagogischer Theorien"?

③ Was muss ein neuerer Bildungsbegriff aus berufspädagogischer Sicht leisten?

④ Welche bildungstheoretischen Sichtweisen und Perspektiven nehmen der emanzipatorische, antizipatorische und subjektorientierte Ansatz ein?

⑤ Bewerten Sie die einzelnen Positionen im Kontext einer ganzheitlichen Berufsbildung!

die Ausgangsposition: Bildung durch den Beruf

Bildungstheoretische Ansätze und Positionen haben in der Berufs- und Wirtschaftspädagogik eine sehr bewegte Entwicklungsgeschichte.

Schon quasi bei ihrer Geburt um 1900 wurde die wesentlich mit dem Namen Georg Kerschensteiner verbundene Berufsbildungstheorie für staatserhaltende Ziele gebraucht, später wurde sie dann politisch missbraucht und heute wird sie häufig missverstanden. Zudem scheint eine Theoriebildung der Berufe nachhaltig mit dem Stigma ihrer obrigkeitsstaatlichen Vergangenheit belastet. Noch oft wird im Rückgriff auf Kerschensteiner und Spranger die Einheit von Beruf (Berufsausbildung und Berufsausübung) und Menschentum (staatsbürgerliche Erziehung und staatsbürgerliches Verhalten) beschworen und als (zumindest latentes) Legitimationsmuster für einen umfassenden Bildungs- und Erziehungsanspruch der Berufspädagogik verwendet.

Allerdings ist das Schema „Bildung durch den Beruf" heute nicht mehr glaubwürdig und der Verlust der Begründungskraft der klassischen Berufsbildungstheorie ist inzwischen zum berufspädagogischen Allgemeingut geworden. Auch der bislang vertretene umfassende Erziehungsanspruch der Berufspädagogik erweist sich zumindest unter den heutigen Bedingungen weitgehend als Illusion. Die Kategorie „Beruf" (im klassischen Begriffsverständnis) ist demnach zur Theoriebildung der Berufe ein unbrauchbarer Begriff geworden.

heutiger Stand: keine geschlossene Berufsbildungstheorie

Trotz vieler wissenschaftlicher Theorieansätze, die nach sehr unterschiedlichen Gesichtspunkten klassifiziert werden können, ist eine geschlossene Berufsbildungstheorie nicht in Sicht und in einer pluralistischen Gesellschaft sicherlich auch nicht erwartbar. Diskutiert werden vielfältige Positionen und je nach wissenschaftstheoretischem Standpunkt auch sehr gegensätzliche Theorieansätze zur Konstituierung der beruflichen Bildung.

Im vorliegenden Kapitel werden aus der Fülle denkbarer Positionen zunächst drei Theorieansätze exemplarisch vorgestellt. Diese Ansätze wurden deswegen ausgewählt, weil sie einerseits sehr kritisch (teilweise sogar antagonistisch) aufeinander bezogen sind und weil diese wissenschaftstheoretischen Grundpositionen andererseits das breite Spektrum der berufspädagogischen Theoriebildung markieren:

- **Emanzipatorischer Ansatz:** berufliche Bildung als Beitrag zur gesellschaftlichen Demokratisierung
- **Antizipatorischer Ansatz:** berufliche Bildung als Qualifikationsvermittlung für künftige Handlungssituationen
- **Subjektorientierter Ansatz:** berufliche Bildung als Chance zur (kritischen) Persönlichkeitsentwicklung

drei wesentliche Positionen ...

Zunächst werden diese bildungstheoretischen Positionen knapp referiert und kommentiert. Dann wird ein weiterer Ansatz modellhaft entwickelt:

- **Ganzheitlicher Ansatz:** berufliche Bildung als Symbiose von beruflicher Handlungskompetenz und Persönlichkeitsentwicklung

... und Versuch eines ganzheitliches Ansatzes

2.1   Emanzipatorischer Ansatz

Die emanzipatorische Pädagogik orientiert sich wissenschaftstheoretisch an der Sozialphilosophie der „Frankfurter Schule" (Adorno, Horkheimer, Habermas). Bezugspunkt von Wissenschaft ist im Sinne der „kritischen Theorie" die Emanzipation als Befreiung des Menschen aus Zwängen, die seine Selbst- und Mitbestimmung verhindern.

Unter diesem Aspekt erfolgt bei der emanzipatorischen Berufspädagogik eine Bedeutungsverschiebung von Allgemeinbildung und Berufsbildung. Fachlicher Qualifikationserwerb wird zwar als Bestandteil beruflicher Ausbildung anerkannt; Berufsbildung bedarf aber unbedingt des „Korrektivs" allgemeiner Qualifikationen, um den Einzelnen zu befähigen, die gesellschaftlichen Bedingungen seiner Arbeit zu reflektieren. „Mündigkeit" heißt das Leitziel der kritischen Erziehungswissenschaft! Diese hat demnach die Aufgabe die Bedingungen für Mündigkeit zu erforschen und zur Herstellung solcher Bedingungen beizutragen.

Verschiebung zur Allgemeinbildung

Mündigkeit als Leitziel

Wolfgang Lempert hat diese „kritische" berufspädagogische Position sehr intensiv ausgeformt: Er stellt den engen Zusammenhang von beruflicher und politischer Bildung her, indem er „Berufliche Bildung als Beitrag zur gesellschaftlichen Demokratisierung" (Lempert, 1974) erkennt. Nach seiner Meinung sind technisches und organisatorisches Wissen und Können Voraussetzungen für fachliche Kompetenz und ebenso ist ein aufgeklärtes, gesellschaftliches Bewusstsein für die Ausbildung sozialer Kompetenzen erforderlich. Arbeit und Lernen stehen in enger Interdependenz. Folglich muss auch Berufsbildung in den Dienst des arbeitenden Menschen gestellt werden, denn der pädagogische Anspruch (Persönlichkeitsentwicklung) und der politische Anspruch (Humanisierung und Mitbestimmung) gehören untrennbar zusammen. Lempert fragt deshalb nach den notwendigen Bedingungen um in industriell organisierter Arbeit Bildungsprozesse und Persönlichkeitsentwicklungen in Gang zu setzen und erhebt die Forderung, dass die Berufserziehung zur aktiven Mitwirkung an

Berufsbildung im Dienst der Arbeitenden

der Humanisierung und Demokratisierung der Betriebe zu befähigen habe. Ziel sei die Durchsetzung einer erweiterten Mitbestimmung, die langfristig in Selbstverwaltung übergehen soll. Hierfür sei eine spezifische Ausbildung, Bildung und Erziehung erforderlich.

Autonomie und Emanzipation als Maxime bei Lempert

Maxime seiner Berufsbildungstheorie sind „Autonomie" und „Emanzipation". Unter „Autonomie" versteht er nicht nur subjektive Handlungspotentiale und unter „Emanzipation" nicht nur subjektive Entfaltungsmöglichkeiten, sondern er versucht mit diesen Begriffen Wechselwirkungen zwischen subjektiven Qualifikationen einerseits und objektiven Handlungschancen andererseits zu erfassen. Deshalb ist auch für Lempert das moralische Urteilsvermögen eine unerlässliche Komponente der Mündigkeit; seine Ausbildung gehört deshalb notwendig zur Subjektwerdung des Menschen, auf die alle Anstrengungen gerichtet sind, die den Namen „Bildung" verdienen. Aus diesem Grunde komme auch in den Schulen der Diskussion hypothetischer moralischer Konflikte und der Behandlung berufsspezifischer Moralfragen ein hoher Stellenwert zu.

Auch für die betriebliche Ausbildung ist nach Lempert eine „Perestroika" erforderlich, weil die „Sozialisation durch den heimlichen Lehrplan des Betriebes" eher die Herausbildung autoritärer und egoistischer Denk- und Verhaltensmuster begünstige. Die Arbeits- und Ausbildungsprozessse im Betrieb würden wieder lehrreicher, wenn in regelmäßigen Gesprächskreisen soziale Handlungsfolgen nicht nur im betrieblichen, sondern auch im gesellschaftlichen Kontext erörtert und dabei auch Rollen-, Normen- und Wertkonflikte besprochen würden. Damit könnte frühzeitig politische Partizipation eingeübt und moralische Verantwortung fähigkeitsangemessen zugewiesen werden.

Ableitungen: Verbindung von technischer und sozialer Bildung, selbstgesteuerte Lernprozesse

Die berufspädagogischen Konsequenzen aus diesen Grundsätzen liegen auf der Hand: die Verbindung von technischer, wirtschaftlicher, gesellschaftlicher und politischer Bildung im theoretischen Unterricht, die Erfahrung der sozialen Strukturen und Prozesse der Betriebe in der praktischen Ausbildung, die selbstständige Bewältigung komplexer Arbeitsaufgaben durch Gruppen von Lernenden und deren Mitwirkung bei der Gestaltung ihrer Lernprozesse. So sind beispielsweise zur Förderung der technischen Intelligenz, des moralischen Bewusstseins und der Lernmotivation die Lernziele gemeinsam abzustimmen, Lernprozesse möglichst selbstgesteuert durchzuführen und die Lernerfolge selbst zu bewerten. Dabei kommt dem ganzheitlichen und forschenden Lernen große Bedeutung zu, da es Prozesse des kognitiven, affektiven und psychomotorischen Lernens verbindet und zur Ausbildung einer „solidarischen Orientierung" (durch Gruppenarbeit) beiträgt.

2.2   Antizipatorischer Ansatz

Ausgangspunkt: rascher Strukturwandel

Begründungsansatz für die „antizipative Berufsbildung" sind der rasche gesellschaftliche und technologische Strukturwandel und die damit einhergehende schnelle Veralterung des Wissens. Die antizipierende Didaktik versucht deshalb im Lernprozess die Konfrontation mit jenen Situationen vorwegzunehmen, denen der Einzelne in seinem künftigen Berufsleben begegnen wird. Kennzeichnend für die „Antizipationisten" sind ein ausgeprägter, technologischer Fortschrittsglaube und ein grundlegender Optimismus in die Planbarkeit und die „didaktische Vorwegnahme" künftiger Qualifikationsanforderungen bzw. in die „technologische Machbarkeit" beruflicher Bildung (vgl. Bunk, 1982; Achtenhagen, 1984; Zabeck, 1984).

didaktische Vorwegnahme von Anforderungen

Gegenstand und Kernstück einer antizipativen Berufspädagogik sind die Lebens- und Arbeitsqualifikationen, die zukünftige Änderungen der Arbeitswelt so weit wie möglich vorwegnehmen respektive miteinschließen. Der antizipativen Berufspädagogik fällt demnach die Aufgabe zu die Auswirkungen des gesellschaftlichen Wandels, untergliedert in die Bereiche wirtschaftlicher, technischer und sozialer Wandel, auf die „Arbeitsqualifikationen in der Industriegesellschaft" zu untersuchen. Aus diesen Gründen kommt auch den verschiedenen Qualifikationen große Bedeutung zu:

Qualifikationen als Ansatzpunkt

– berufsbezogene Qualifikationen wie Kenntnisse, Fertigkeiten und Einstellungen vorberuflicher, grundberuflicher, fachberuflicher und beruflich weiterführender/polyvalenter Art
– berufsübergreifende Qualifikationen wie Fähigkeit und Bereitschaft zur beruflichen Mobilität, Flexibilität, Partizipation und Akzeptanz
– nicht-berufliche Qualifikationen wie Kenntnisse, Fertigkeiten, Einsichten und Haltungen politischer, kultureller, ethischer, familialer und lebenssichernder Art, soziale Konsensfähigkeit

Dabei geht es um die Frage, welche Bedeutung der Beruf für die menschliche Lebensbewältigung habe. Unter „Beruf" versteht Zabeck (1991, 559) „institutionell verselbstständigte, auf Menschen bezogene, mehr oder minder komplexe Kombinationen spezieller Leistungen, die den funktionalen Erfordernissen der Arbeitsteilung entsprechen". Die Platzierung des Einzelnen erfolge realiter unter restriktiven Bedingungen. Voraussetzung für eine wirtschaftlich selbstständige Lebensführung sei die Bereitschaft und Fähigkeit sich mit Übernahme eines Berufes auch in die durch Arbeitsteilung entstandenen gesellschaftlichen Strukturen einzufügen. Den Erkenntnisstand über Arbeitsplatzstrukturen zusammenfassend skizziert Zabeck (1989, 84f) vier Strukturmerkmale beruflicher Anforderungen, auf die hin im Interesse der Förderung von Flexibilität und Mobilität zu qualifizieren wäre:

– Vermittlung der Fähigkeit zur repetetiven beruflichen Tätigkeit
– Umstellungsfähigkeit und Umstellungsbereitschaft
– Vermittlung eines allgemeinen beruflich-betrieblichen Orientierungswissens und eines beruflich-betrieblichen Urteilsvermögens
– Organisationsverständnis und Organisationsfähigkeit

berufliche Anforderungen zur Förderung von Flexiblität und Mobilität

Er geht davon aus, dass die „Hauptkennzeichen des Berufes", nämlich Arbeit oder Leistung oder Dienstleistung, weitgehend hingenommen werden müssen und es dem Menschen aufgetragen sei, „ein inneres Verhältnis" zu seiner Tätigkeit zu gewinnen um das Arbeitsleben menschlich zu führen. In pädagogischer Sicht erscheint damit der Beruf als die sittlich verstandene innere Bindung des Menschen an eine Tätigkeit in der arbeitsteiligen Wirtschaft und arbeitsteilig organisierten Gesellschaft. Die „ethische Leistung" des Menschen bestünde demnach darin, sich unter den gegebenen Rahmenbedingungen der Sachnormen, auf denen die Funktionalität der Gesellschaft beruht, in das Gemeinschaftswerk der Arbeitsteilung einzufügen und sich in Selbstbeschränkung berufliche Pflichten aufzuerlegen.

2.3   Subjektorientierter Ansatz

neues Verständnis: Beruf als soziales Konstrukt

Kritik am traditionellen Berufsbegriff erwuchs in den 70er-Jahren aus berufssoziologischen Überlegungen zum Verhältnis von Bildung und Produktion (vgl. Beck/Brater, 1978). Ziel dieser Arbeiten war die Entwicklung einer subjektbezogenen Theorie der Berufe. Danach sind Berufe (in ihrer subjektbezogenen Dimension) ein soziales Konstrukt. Der Beruf zeige als Subjektstruktur unmittelbare Wirkung auf die Person des Arbeitenden, seine Lebensgestaltung und persönliche Entwicklung. Die persönlichkeitsbildende Bedeutung des Berufes könne Quelle der Selbstbestätigung und des Selbstwertgefühles werden und damit persönliche Identität verleihen („Identitätshypothese"). Gleichzeitig werde aber auch die persönliche Identität durch den Beruf begrenzt, weil gesellschaftlich determinierte „Berufsschablonen" bestimmte Bereiche der Persönlichkeitsentwicklung, wie subjektive Handlungs-, Orientierungs- und Denkweisen, quasi ausblenden. Unter bildungstheoretischen Aspekten stelle deshalb diese Berufsform ein subjektives Entwicklungshemmnis dar! Hinzu komme noch die weit verbreitete Sichtweise eines technologischen Funktionalismus, wonach sich Inhalte und Ziele der beruflichen Aus- und Weiterbildung am privatwirtschaftlichen und gesellschaftlichen Qualifikationsbedarf orientieren.

Arbeit als Schnittmenge von Sozial- und Selbstgestaltung

Berufsbildung als Persönlichkeitsentwicklung

Die Berufsarbeit werde zur entscheidenden Stelle, an der individuelles Handeln in gesellschaftspolitische Dimensionen hineinwächst, denn die Berufstätigen wirkten in ihrer technisch-funktionellen Arbeit auch immer an der Erhaltung und Entwicklung gesellschaftlicher und politischer Strukturen mit. „Wenn Menschen arbeiten, geht ihr individuelles Sein über in gesellschaftliches und erhält Bedeutung für Leben und Entwicklung anderer Menschen. Zugleich nimmt der Einzelne dadurch teil an der gemeinsamen Gestaltung der Welt" (Brater u.a., 1988, 10). Arbeit sei somit die gemeinsame Schnittmenge aus Sozialgestaltung, Weltgestaltung und Selbstgestaltung. Brater und Mitarbeiter sehen in dieser „kritischen Berufspraxis" eine historische Möglichkeit des individuell initiierten, beruflich vermittelten sozialen Wandels. In ihrem genuin berufspädagogisch gewendeten Ansatz zur „Berufsbildung und Persönlichkeitsentwicklung" fordern sie eine Überwindung der Entfremdung bei der Erwerbsarbeit. Aus anthroposophischer Perspektive kämen dazu drei Arbeitsrichtungen in Betracht:
–   Erstens gehe es darum, die Aufgabenstellungen transparent zu machen um dem Einzelnen die Bezugspunkte seiner Arbeit zu erschließen.
–   Zweitens ginge es darum, Wege zur Gestaltung der sozialen Verhältnisse zu finden und Herr der sozialen Beziehungen zu werden.
–   Drittens seien Arbeitsverhältnisse so zu gestalten, dass sie dem Entwicklungs- und Lernprozess der Arbeitenden dienen.

Voraussetzung für eine kritische Subjektentwicklung sei eine geänderte Berufsbildung, denn in ihrer Orientierung an den Anforderungen des Beschäftigungssystems verlängere die herkömmliche Berufsbildung quasi die tayloristischen
Arbeitsstrukturen in die Berufsbilder und personalen Fähigkeitsstrukturen hinein. Auf diese Art und Weise reproduziere sich eine Denkweise, die sich im Wesentlichen darauf beschränke, vorgegebene und fachlich festgeschriebene
Tätigkeitsabläufe einzutrainieren. Zudem sei die herkömmliche Berufsbildung
nicht in der Lage Wege zur Förderung personaler Handlungsfähigkeit zu be-
schreiten. Die Berufsausbildung könne nur weiterkommen, wenn sie künftig
„subjektorientiert" angelegt werde, und dazu sei ein Paradigmenwechsel in der
Berufsausbildung fällig: „Während sie sich nämlich bisher vor allem an dem orientieren konnte, was ‚Bedarf‘ des Beschäftigungssystems war, und ihre Aufgabe hauptsächlich darin bestand, Wege zu finden, wie der Einzelne an diesen Bedarf anzupassen war, so muss sich nun ihr Blick primär auf die Person des
Lernenden und ihre je spezifischen individuellen Entwicklungsmöglichkeiten
richten" (Brater, 1990, 85). Zu einer subjektorientierten Berufsausbildung ge-
höre ein Lernen in realen Handlungssituationen, das fachliche, personale und
soziale Kompetenzen verbinde. Personennahe Schlüsselqualifikationen wie
z.B. Selbstständigkeit, Teamfähigkeit und Flexibilität könnten nicht vermittelt
werden, sondern müssten im Alltagslernen bewältigt werden. In Hinblick auf
jene Schlüsselqualifikationen erhielten auch die Fachinhalte einen anderen Stellenwert – vom Ziel des Lernens zu dessen Mittel.

Voraussetzung: tradierte Denkweisen aufbrechen

Lernen in Handlungssituationen und Umsetzung von Schlüsselqualifikationen

Aus dem pädagogischen Grundmotiv einer allseitig entwickelten Persönlichkeit
werde auch das Verhältnis zwischen Berufsbildung und Allgemeinbildung neu
bestimmt. Ein wesentlicher Entwicklungsschritt läge darin, vom Beruf als Ori-
entierungsgröße der Ausbildung abzugehen und stattdessen zu fragen, welche
Fähigkeiten die Person benötigt um den betrieblichen Anforderungen des Be-
rufslebenslaufes gerecht zu werden. Es gelte nicht mehr, ein festes Qualifikati-
onsbündel zu vermitteln, sondern Fähigkeiten zu veranlagen um auf neue Qualifikationsanforderungen angemessen zu reagieren. Allerdings seien für diese
Entwicklung im Bereich der Berufsausbildung neue didaktische Konzepte und
neue methodische Lernwege notwendig. In der betrieblichen Bildung gebe es
dafür zwei Ansatzpunkte:

Erfordernisse: neue Didaktik, neue Lernwege

Einerseits sei bei grundsätzlich unveränderten Fachinhalten das *Lernarrangement* der Ausbildung *methodisch* neu zu gestalten, beispielsweise die Projekt-
methode sowie Formen des entdeckenden, selbstgesteuerten und kooperativen
Lernens. Andererseits seien die bisherigen Ausbildungsinhalte durch ein
„schlüsselqualifikationsförderliches Angebot" zu ergänzen, beispielsweise so-
zialpädagogische Wochen, Erlebnispädagogik und künstlerische Übungen.

z.B. Projekte

**z.B. sozialpäda-
gogische Wochen**

Zusammenfassung:
Pädagogische Theorien unterliegen immer den Kriterien der
–   Wahrheit,
–   Nützlichkeit,
–   Moralität,
der sog. „Dreidimensionalität pädagogischer Theorien" (vgl. Abb. 2.1).

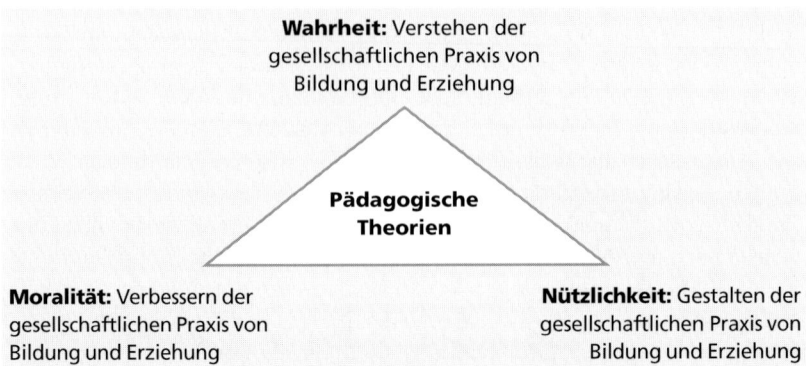

Abb. 2.1: Dreidimensionalität pädagogischer Theorien (nach Arnold, 1994)

Ansätze im Vergleich

Der gemeinsame Nenner der vorgestellten berufspädagogischen Theorieansätze liegt darin, dass sie auf das Verstehen, Gestalten und Verbessern der beruflichen Bildung zielen (vgl. Arnold, 1994, 85 ff.). Diskrepanzen und Divergenzen resultieren aus unterschiedlichen wissenschaftstheoretischen Grundpositionen respektive aus verschiedenen bildungstheoretischen Leitmaximen und Intentionen:

- Der emanzipatorische Ansatz versucht, mit den Leitmaximen Autonomie und Emanzipation, Mündigkeit und Kritikfähigkeit, Selbstbestimmungs- und Mitbestimmungsfähigkeit einen Beitrag zur gesellschaftlichen Demokratisierung zu leisten, marginalisiert jedoch die Komponente der beruflichen Tüchtigkeit, zumindest in der Mehrzahl der Positionsbestimmungen.
- Der antizipatorische Ansatz zielt mit den Leitmaximen technologische Akzeptanz, Mobilität und Flexibilität und soziale Konsensbereitschaft auf die Bewältigung des technologischen Wandels, eines an sich konsensfähigen Zieles, wenn damit nicht Anpassung und Einfügung legitimiert würden.

Emanzipatorischer Ansatz	**Antizipatorischer Ansatz**	**Subjektorientierter Ansatz**
Autonomie und Emanzipation	Technologische Akzeptanz	Selbsttätigkeit und Selbsterfahrung
+	+	+
Mündigkeit und Kritikfähigkeit	Mobilität und Flexibilität	Selbstreflexion und Ich-Stärke
+	+	+
Selbstbestimmung und Mitbestimmungsfähigkeit	Soziale Konsensbereitschaft	Selbstgestaltung und Sozialgestaltung
▼	▼	▼
Beitrag zur gesellschaftlichen Demokratisierung	Bewältigung des technologischen Wandels	Förderung individueller Entwicklungsmöglichkeiten

Abb. 2.2: Synopse – Leitmaximen berufspädagogischer Theoriebildung

- Der subjektorientierte Ansatz will mit den Leitmaximen Selbsttätigkeit und Selbsterfahrung, Selbstreflexion und Ich-Stärke, Selbstgestaltung und Sozialgestaltung zur Förderung spezifisch-individueller Entwicklungsmöglichkeiten beitragen, wobei – wie auch beim emanzipatorischen Ansatz – die Tüchtigkeitskomponente etwas aus dem Blick gerät.

Die Unterschiede dieser bildungstheoretischen Ansätze werden noch transparenter, wenn man sich verdeutlicht, aus welcher Perspektive die einzelnen Positionen die „Berufsbildung" beleuchten.

Dazu ist es allerdings erforderlich, zunächst diesen Begriff der „Berufsbildung" zu erläutern, denn schon die Verwendung des Terminus „Beruf" ist wegen seiner bildungstheoretischen „Vorlasten" nicht ganz unproblematisch. Auch der Begriff „Bildung" ist mit „Erblasten" beladen. Aber trotz der kritischen Reflexion und Unzulänglichkeiten, die mit dem (klassischen) Bildungsbegriff verbunden sind, bleibt „Bildung" meines Erachtens eine zentrale (berufs-)pädagogische Kategorie, denn Bildung als Zielperspektive menschlichen Lernens und persönlicher Entwicklung umschließt eine Reihe zentrale Fragen einer kritischen Selbstbildung (vgl. Gudjons, 1993, 188f.), nämlich

Klärungsbedarf: Begriffe Berufsbildung und Bildung

- Selbstvergewisserung: „Wer bin ich?"
- Sinnkonstitution: „Wozu lebe ich?"
- Zeitgeschichliche Ortsbestimmung: „Was will ich in meinem Leben tun und leisten?"

Hinzu kommen Persönlichkeitsmerkmale, die üblicherweise als Selbstbestimmung, Mündigkeit, Autonomie, Authentizität und persönliche Identität gekennzeichnet werden. Dabei sind Rücksichtnahme auf andere Menschen und die moralische Verantwortung immer mit gemeint. Mit diesem Bildungsverständnis wird ein ganzheitlicher Anspruch postuliert, der sich auf alle Fähigkeiten und Möglichkeiten des Menschen und alle Bereiche gesellschaftlicher Existenz bezieht. Unter ganzheitlichem Aspekt bezeichnet demnach Bildung „einen Persönlichkeitszustand, der den Einzelnen befähigt sein Handeln auf Einsicht und Sachkompetenz zu gründen und es kritisch-prüfend unter dem Prinzip der Selbstbestimmung zu verantworten. Der Bildungsbegriff ist entwickelt als dialektische Synthese aus den Begriffen Mündigkeit und Emanzipation: Bewahrt sind die Motive des Individuellen, der Urteils- und Verantwortungsfähigkeit (Mündigkeitsaspekt) sowie der Selbstbestimmung, des Kritischen und der Verwiesenheit des Individuums auf den politisch-sozialen Kontext (Emanzipationsaspekt)" (Kaiser/Kaiser, 1987, 65/66).

Bildungsverständnis als ganzheitlicher Anspruch

Was ein neuerer Bildungsbegriff aus berufspädagogischer Sicht leisten muss, ist
- (im engeren Sinne) die **Verbindung von Theorie und Praxis** bzw. von Lernen und Arbeiten und
- (im weiterenSinne) die **Verzahnung zwischen Arbeits- und Lebenswelt**.
Die allgemeinen Zielorientierungen Mitbestimmung, Mitgestaltung und Mitverantwortung verleihen diesem Bildungsbegriff eine normative Basis.

Forderungen an einen neuen Bildungsbegriff

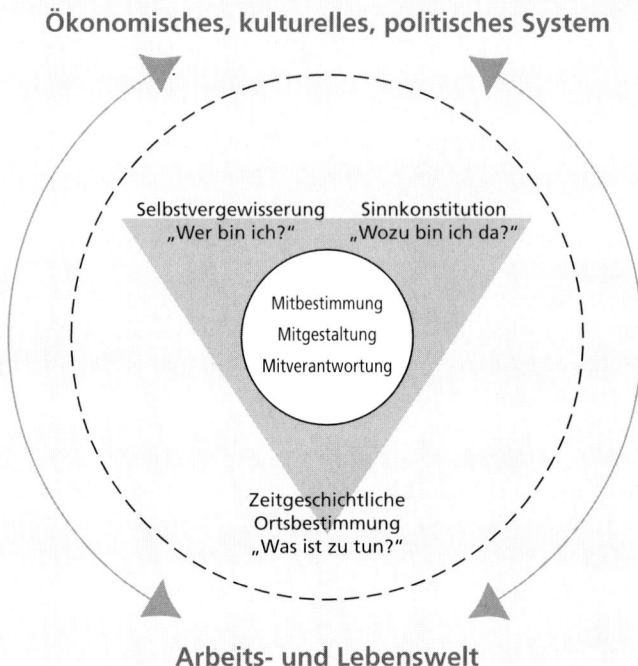

Ökonomisches, kulturelles, politisches System

Selbstvergewisserung   Sinnkonstitution
„Wer bin ich?"   „Wozu bin ich da?"

Mitbestimmung
Mitgestaltung
Mitverantwortung

Zeitgeschichtliche
Ortsbestimmung
„Was ist zu tun?"

Arbeits- und Lebenswelt

Abb.2.3: Struktur berufspädagogischer Theoriebildung (in Anlehnung Gudjans, 1993)

2.4   Ganzheitlicher Ansatz

Ganzheitliche Berufsbildung ist eine Symbiose aus beruflicher Handlungskompetenz und Persönlichkeitsentwicklung!

berufliche Handlungskompetenz – mehr als nur fachliche Qualifikation

Berufliche Handlungskompetenz ist ein unstrittiges Ziel der beruflichen Bildung. Bisher war berufliche Handlungskompetenz gleichbedeutend mit rein fachlicher Qualifikation, vermittelbar durch Kenntnisse und Fertigkeiten. Dieser Anspruch ist jedoch für die heutige Berufs(aus-)bildung alleine nicht mehr hinreichend. Die Einführung neuer Techniken bewirkt tief greifende Änderungen in vielen Bereichen unserer Gesellschaft. Arbeitsorganisation und Qualifikationsanforderungen sind im Umbruch. Angesichts dieser unaufhaltsamen Änderungen wird verstärkt nach Wegen gesucht die berufliche Bildung so zu verändern, dass, neben dem Fachwissen für den erlernten Beruf, Fähigkeiten

hoher kognitiver Anspruch, personale und methodische Kompetenz

vermittelt werden, die es ermöglichen, auch auf lange Sicht für die Berufs- und Arbeitswelt gerüstet zu sein. Berufliche Handlungskompetenz bedeutet deshalb heute neben gestiegenen kognitiven Ansprüchen vor allem eine deutlich ausgeprägte personale und methodische Kompetenz, vermittelbar durch sogenannte Schlüsselqualifikationen, materialer, formaler und sozialer Art wie z.B. Kommunikations- und Kooperationsfähigkeit, Beherrschung von Lern- und Arbeitstechniken oder Entscheidungs- und Gestaltungsfähigkeit. Konstitutive Faktoren beruflicher Handlungsfähigkeit sind demnach beruflicher Sachverstand, Selbstständigkeit im Denken und Handeln, zwischenmenschliche Kooperation und Sachinteresse als motivationaler Faktor.

Erst durch das Zusammenwirken in diesem komplexen Lern-, Kommunikations- und Beziehungsnetz entsteht aus der Vielfalt eine Einheit, die mehr ist als die Summe aller Einzelleistungen – kurz: „Synergie".

Berufliche Handlungskompetenz ist zur Erklärung ganzheitlicher Berufsbildung zwar notwendig, aber aus berufspädagogischer Sicht noch nicht hinreichend, denn berufliche Bildung soll ja nicht nur befähigen in der Berufs- und Arbeitswelt, sondern auch im gesellschaftspolitischen und im privaten Bereich selbstständig und eigenverantwortlich zu wirken. Zur beruflichen Handlungskompetenz muss deshalb noch die Persönlichkeitsentwicklung hinzukommen.

Persönlichkeitsentwicklung bezieht sich in erster Linie auf den Umgang mit sich selbst. Ihre Intention liegt im Selbsterkennen, im eigenverantwortlichen Handeln, im Aufbau eigener Interessenfelder und Lebenspläne. Sie zielt auf das Erreichen von Individualkompetenz.

Dazu gehört einerseits sich auf technische, ökonomische und arbeitsorganisatorische Entwicklungen flexibel einzustellen, andererseits aber auch die Bereitschaft sich auf Werte einzurichten, diese kritisch zu reflektieren und Verantwortung zu übernehmen. Individualkompetenz ist aber meines Erachtens auch die Voraussetzung für gesellschaftlich-politische Kompetenz. Beide sind untrennbar miteinander verbunden, die (ethische) Individualkompetenz muss der (kritischen) Gesellschaftskompetenz vorauslaufen und sie begleiten. Zielaspekt ist die „berufliche Mündigkeit".

„Berufliche Mündigkeit bedeutet aus berufspädagogischer Sicht einmal im engeren Sinne – berufliche Autonomie als Summe der Qualifikationen, die erforderlich sind um sich im Erwerbsleben nach vorgegebenen Leistungsnormen zu bewähren und gleichzeitig diese Normen in Frage stellen zu können, zum anderen – im weiteren Sinne – umschließt der Begriff ‚Mündigkeit des Menschen' Selbstreflexion und Reflexion gesellschaftlicher Strukturen und Prozesse mit den Zielen, verinnerlichte Zwänge auflösbar zu machen, den Verhaltensspielraum des Einzelnen zu erweitern. Gegebenheiten, die einer solchen Entfaltung entgegenstehen, als veränderbar begreifbar zu machen und den Menschen zu befähigen, rational zu denken und zu handeln" (Lipsmeier, 1982, 233).

Ganzheitliche Berufsbildung, verstanden als die Symbiose aus beruflicher Handlungskompetenz und Persönlichkeitentwicklung, stellt sich somit dar als „gemeinsame Schnittmenge" aus Fach-, Methoden-, Sozial- und Individualkompetenz.

In diesem Berufsbildungsmodell nehmen die drei vorgestellten bildungstheoretischen Ansätze sehr unterschiedliche Sichtweisen und Perspektiven zur Theoriebildung der Berufe ein:

– Der emanzipatorische Ansatz zielt aus einer gesellschaftspolitischen Perspektive auf die Sozial(-politische)kompetenz der Auszubildenden. Bei einer Überbetonung dieser Perspektive gehen Fach- und Methodenkompetenz leicht verloren.

- Der antizipatorische Ansatz beleuchtet die Berufsbildung aus einer funktionalistischen Perspektive. Individual- und Sozialkompetenz geraten dabei leicht in den „Kernschatten" bildungstheoretischer Bemühungen.
- Der subjektorientierte Ansatz zielt aus einer betont individualistischen Perspektive auf die Individualkompetenz der Auszubildenden. Tendenzielle Defizite liegen in der Fach- und Methodenkompetenz der Zielgruppe.

Abgesehen davon, dass diese drei Positionen quasi durch „selektive Wahrnehmung der Berufsbildung" tendenzielle Defizite aufweisen, bezieht sich die Kritik auch darauf, dass sie mehr oder weniger auf der paradigmatischen Ebene verhaften.

notwendig: Konkretion bis zur curricularen Ebene

Es reicht aber für die heutige Berufsbildung nicht mehr aus, Leitmaximen zu explizieren und diese auf einer „Meta-Ebene" abzulegen. In einem weiteren Schritt müssen vielmehr diese Strukturen der Berufsbildung auf die Unterrichts- und Ausbildungsebene didaktisch-curricular rückbezogen werden, damit sie für den Unterrichts- und Ausbildungsprozess auch wirksam werden können.

Ziel ist eine Curriculumkonstruktion, die fachwissenschaftliche Rückbezüge und lebenspraktische Elemente verbindet sowie den Implikationszusammenhang von Zielen, Inhalten und Verfahren beachtet. Es gilt, Zusammenhangwissen aufzudecken, und dies ist nur möglich bei einem Denken in Wechselwirkungen von Strukturen und Prozessen.

Fazit:

Eine Annäherung der unterschiedlichen bildungstheoretischen Positionen, die im Zusammenhang mit dem „handlungsorientierten Unterricht" wieder heftig diskutiert werden, ist in der bildungs- und wissenschaftstheoretischen Diskussion nicht auszumachen. Damit dürfte sich der „Paradigmenstreit" auch künftig noch fortsetzen, wobei die gegenseitige Akzeptanz auf der Basis eines „Paradigmenpluralismus" die in vielen Fällen vorerst einzig erreichbare Form der Annäherung gegensätzlicher theoretischer Positionen darstellt. Sofern es aber um die Analyse berufsbezogener (ganzheitlicher) Lernprozesse und um die Begründung relativ enttäuschungsfester Regeln beruflicher Ausbildung geht, ist die Theorieverknüpfung ein Erfordernis berufspädagogischer Praxis und dann muss die Berufsbildung nicht nur interdisziplinär, sondern auch „theorieübergreifend" betrieben werden.

Weiterführende Literatur:

ARNOLD, R.: Berufsbildung. Schneider Verlag. Hohengehren 1994.
BRATER, M./BÜCHELE, U./FUCKE, E./HERZ, G.: Berufsbildung und Persönlichkeitsentwicklung. Stuttgart 1988.
OTT, B.: Ganzheitliche Berufsbildung. Franz Steiner Verlag. Stuttgart 1995.

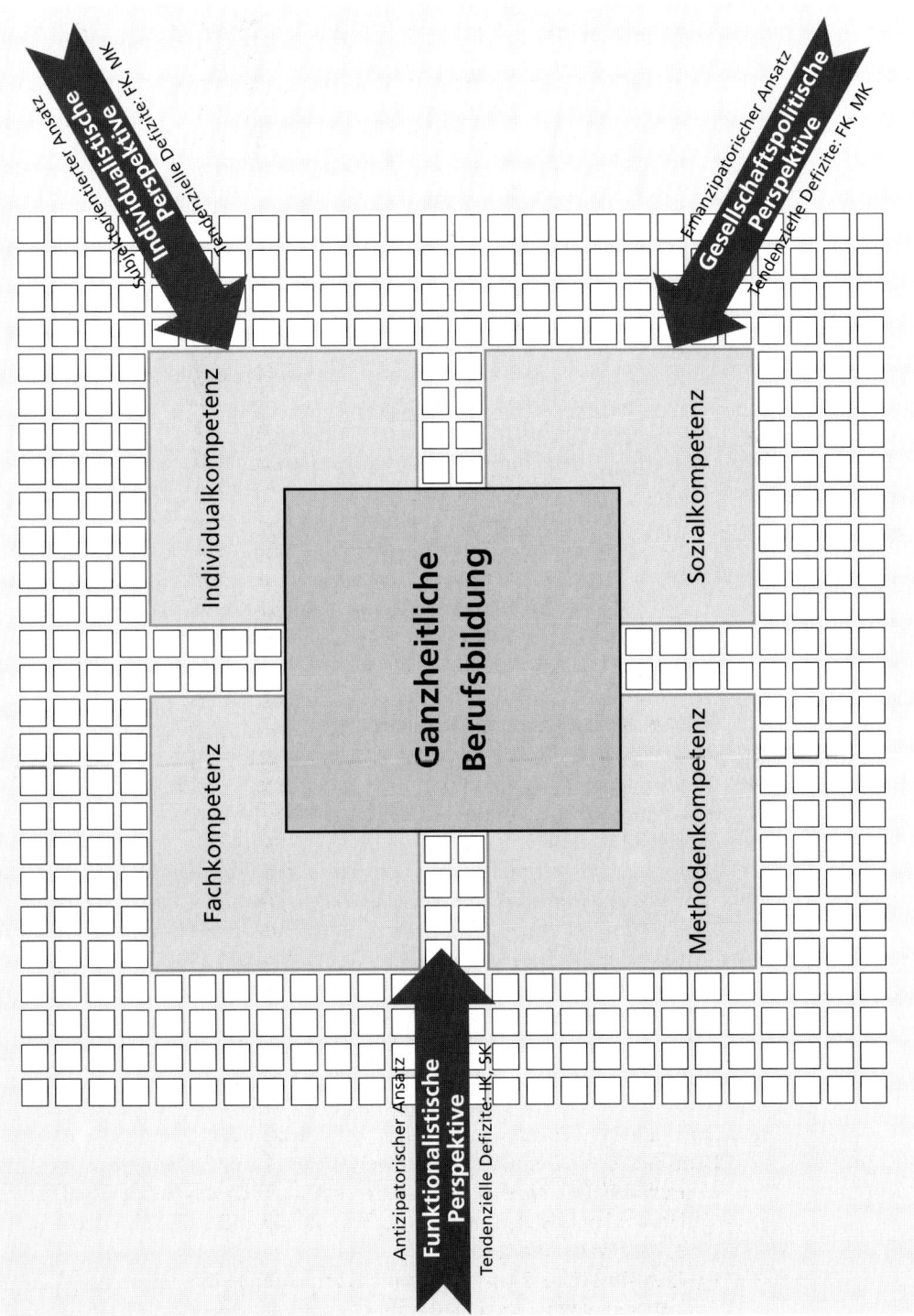

Abb. 2.4: Perspektivmodell berufspädagogischer Theorieansätze

3 Lernpsychologische Aspekte des beruflichen Lernens und Lehrens

„Der Nachteil der Intelligenz besteht darin, dass man ununterbrochen gezwungen ist dazuzulernen."
George Bernard Shaw

Lernfragen

① Wie können Lerntheorien klassifiziert werden?
② Nennen Sie einige charakteristische Merkmale des Behaviorismus und nehmen Sie zu dieser Position kritisch Stellung.
③ Beschreiben Sie den Lernvorgang nach der Theorie
  – der klassischen Konditionierung,
  – durch Versuch und Irrtum,
  – der operanten Konditionierung.
④ Welche Intentionen verfolgen kognitions- und handlungspsychologische Konzeptionen?
⑤ Skizzieren Sie in einem Mind-Map
  – den kognitionspsychologischen und handlungstheoretischen Ansatz,
  – die Theorie des bedeutungsvollen rezeptiven Lernens,
  – die Theorie des Entdeckungs- und Problemlösungslernens,
  – die Stufen beim Modelllernen und bei der Lernartenpyramide.
⑥ Beschreiben Sie die lernpsychologischen Strukturmerkmale des ganzheitlichen Lernens.

3.1 Klassifizierung von Lerntheorien

„In welcher Situation haben Sie in der vergangenen Woche gelernt?"
Auf diese Frage haben Lehramtsstudenten und Mitarbeiter der Erwachsenenbildung geantwortet:
– Ich nehme seit einem halben Jahr Tanzunterricht. Ich habe dadurch ein neues, verändertes Körpergefühl gelernt.
– Ich habe gelernt, wie unser Wahlsystem funktioniert, weil ich es in einer Klasse erklären musste.
– Ich habe mich mit Freunden getroffen, die gerade aus Peru kamen. Von ihnen habe ich etwas über dieses Land und dessen Einwohner gelernt.
– Ich habe das Buch „Siddhartha" von Hermann Hesse gelesen und dabei gelernt, dass mein Leben zu hektisch und oberflächlich verläuft.

Die Antworten machen deutlich: Es gibt sehr unterschiedliche Lerninhalte, Lernsituationen, Lernarten, Lernmethoden und Lernbedingungen:
• **Lerninhalte** beziehen sich auf Bereiche des eigenen Handelns, die soziale Umwelt, politische Tatbestände, fachwissenschaftliche Verfahren usw., d.h. auf die Frage: **Was lerne ich?**
• **Lernsituationen** beziehen sich z.B. auf Alltagssituationen, berufliche Situationen, Selbststudium, Bildungsveranstaltungen usw., d.h. auf die Frage: **Wann lerne ich?**

- **Lernarten** beziehen sich auf die unterschiedlichen Bereiche der menschlichen Erfahrung und des menschlichen Empfindens (kognitiv, affektiv, psychomotorisch u.a.), d.h.auf die Frage: **Wodurch lerne ich?**
- **Lernmethoden** beziehen sich auf Lernen durch Lesen, durch Beobachtung, durch Zuhören, durch praktisches Tun usw., d.h.auf die Frage: **Wie lerne ich?**
- **Lernbedingungen** bezieht sich auf den Lernkontext, z.B. Lernen in angstfreier, gewohnter Umgebung, unter Prüfungsdruck, extrinsisch und intrinsisch motiviertes Lernen usw., d.h.: **Wo lerne ich?**

Die Antworten zeigen aber auch, dass Lernen vielfach mit anderen Begriffen synonym verwendet wird, wie Erfahrung, Erkennen, Denken, usw. Es ist daher notwendig, Lernen zu definieren – als Kern der vielfältig existierenden Definitionen kann zusammengefasst werden:

Lernen ist der relativ dauerhafte Erwerb einer neuen oder die Veränderung einer schon vorhandenen Fähigkeit, Fertigkeit oder Einstellung. Dazu zählen nicht: Körperliche Reifungsvorgänge (z.B. Stimmbruch) oder Verhaltensänderungen, z.B. auf Grund von Alkohol- oder Drogeneinwirkung.

Definition von Lernen ...

Bei der Erklärung des Lernvorganges stehen sich zwei Grundpositionen gegenüber:
- **Behavioristische Konzeptionen:** Verhaltenstheorien, die dem universellen Schema von Reiz und Reaktion folgen (Vertreter: Pawlow, Watson, Thorndike, Skinner).
- **Kognitions- und handlungspsychologische Konzeptionen**: Lerntheorien, die Sinn und Einsicht beim Lernen betonen (Vertreter: Piaget, Aebli, Ausubel, Bruner Bandura).

... und die beiden Grundpositionen

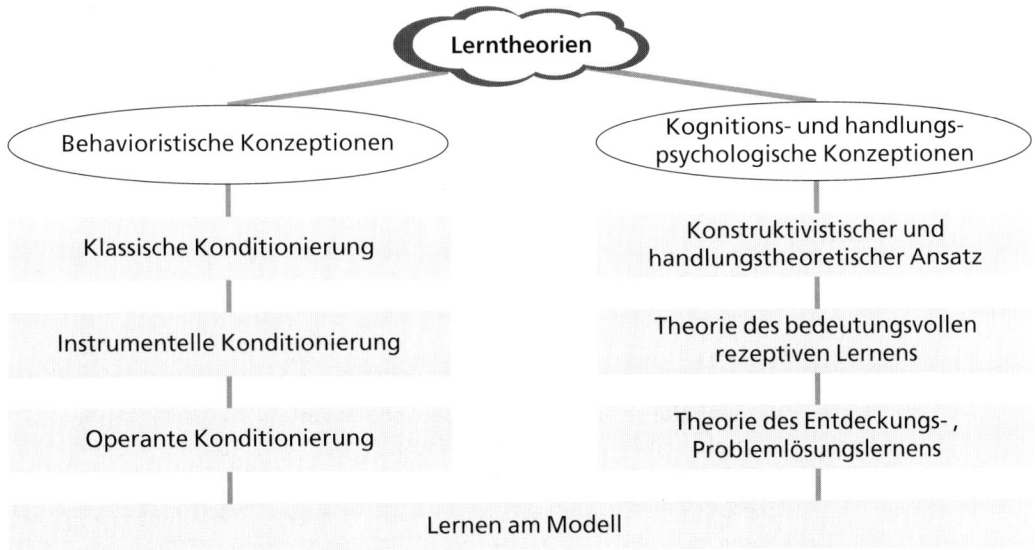

Abb. 3.1: Lerntheorien

3.2   Behavioristische Konzeptionen

Grundmodell:
„Blackbox" mit
Input und Output

Grundbegriffe des Behaviorismus (to behave = sich verhalten) sind Reize, Reaktionen und deren Abhängigkeitsgesetze. Verkürzt zusammengefasst stellt man sich den Organismus als „Blackbox" vor, in die man nicht hineinsehen kann. Man kann lediglich beobachten, „was hineinkommt und was herauskommt". Als „Input" zählen Reize bzw. Informationen; „Output" sind Reaktionen bzw. Verhalten. Mensch und Tier würden demnach den gleichen Lerngesetzmäßigkeiten gehorchen. Aus diesem Grunde wurde auch die behavioristische Lernforschung oft mit Tieren durchgeführt, mit der Intention möglichst „objektiv messbare" Lernsituationen zu schaffen.

3.2.1   Klassische Konditionierung

Pawlow:
Reiz-Reaktions-
Lernen

Dieses Modell des „Reiz-Reaktions-Lernens" geht auf das weit bekannte PAWLOW-Experiment zurück:
Bietet man einem Hund Futter an, so löst bereits der Anblick des Futters (unkonditionierter bzw. unbedingter Reiz) beim Hund einen Speichelfluss (unkonditionierte bzw. unbedingte Reaktion) aus. Wenn jetzt die Futtergabe mit einem ursprünglich neutralen Reiz, etwa einem Glockenton, gekoppelt wird, so wird nach einiger Zeit der anfangs neutrale Reiz auch alleine den Speichelfluss auslösen. Der Glockenton wird zum konditionierten (bedingten) Reiz, der Speichelfluss nur auf den Glockenton hin wird als konditionierte (bedingte) Reaktion bezeichnet. Die konditionierte Reaktion wird ausgelöscht, wenn der bedingte Reiz mehrmals allein gegeben wird (Extinktion).

Beispiel: „Tafelangst"
Ein Schüler, der bei der Arbeit an der Tafel mehrfach Misserfolge erlebt hat, wird bereits bei der nächsten Aufforderung zur Tafel zu gehen Angst entwickeln.

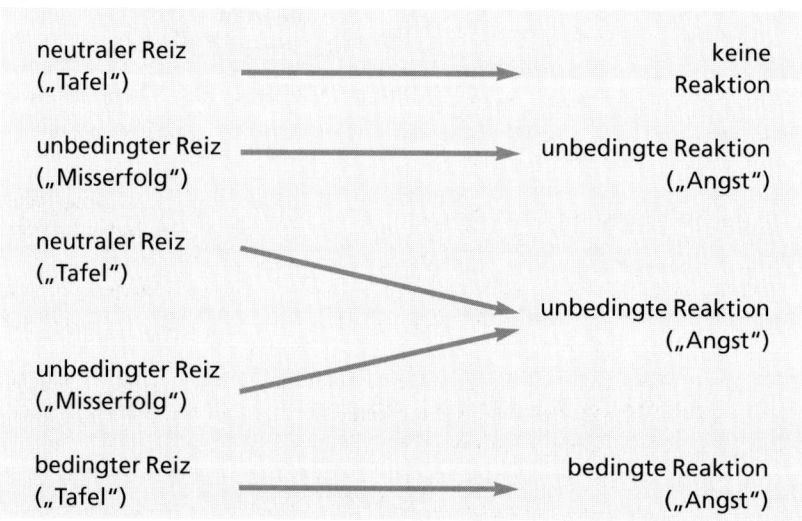

Abb. 3.2: Modell der klassischen Konditionierung

3.2.2   Instrumentelle Konditionierung

Diese Theorie wurde von THORNDIKE entwickelt. Nach seiner (behavioristischen) Sicht erfolgt Lernen durch Versuch, Irrtum und zufälligen Erfolg (learning by trial and error and by accidental succes). Lernen ist demnach ein Suchprozess, bei dem die zufällig richtige Reaktion durch den Erfolg verstärkt wird. Beispiel: Eine hungrige Katze wird in einen Problemkäfig gesperrt, d.h., der Käfig lässt sich nur durch einen besonderen Mechanismus öffnen um an das außenliegende Futter zu gelangen. Wenn die Katze zum ersten Mal in den Käfig gesperrt wird, wird sie versuchen sich durch planlos erscheinende Aktivitäten zu befreien, bis sie schließlich durch Zufall den Öffnungsmechanismus auslöst. Bei Wiederholungsversuchen wird die Katze in immer kürzeren Zeiten den Mechanismus auslösen (können) um zum Futter zu gelangen.

Thorndike: Versuch, Irrtum und zufälliger Erfolg

Thorndike hat aus diesen Tierversuchen Lerngesetze abgeleitet:

zwei Lerngesetze

*   **Effektgesetz:** Verhaltensweisen (Reiz-Reaktions-Verbindungen) werden verstärkt, wenn sie erfolgreich sind.
*   **Frequenzgesetz:** Erfolgreiche Reiz-Reaktions-Verbindungen werden durch Wiederholen und Übung weiter verstärkt.

Demnach ist Lernen immer abhängig von Bekräftigung (Lob) und Übung!

3.2.3   Operante Konditionierung

SKINNER markiert einen deutlichen Unterschied zur klassischen Konditionierung und verfeinerte die instrumentelle Konditionierung zur operanten Konditionierung. Klassisches Konditionieren (S-Typ) verstärkt nur eine schon verfügbare Reaktion: Auf einen Reiz (S = Stimulus) folgt eine Reaktion. Operantes Konditionieren (R-Typ) entwickelt hingegen neue und vor allem gezielte Reaktionen („Operatoren"): Eine zufällige Reaktion wird verstärkt (R = Reinforcement), dadurch erhöht sich die Auftrittswahrscheinlichkeit.

S-Typ und R-Typ der Konditionierung

Beispiel: Verhaltensformung durch Partialverstärkung
Macht ein Versuchstier irgendeine geringfügige Bewegung zum gewünschten Endverhalten hin, so wird dies sofort verstärkt. Damit sind bereits in kurzer Zeit große Dressurerfolge zu erreichen. Bekannt geworden sind Skinners „Tanzende Tauben" durch Partialverstärkung.

Klassisches Konditionieren ist typisch für Lernen bei Tieren und kann beim Menschen negative Wirkungen vermeiden helfen (vgl. das Beispiel Tafelangst – hat man das Wirkungsprinzip verstanden, lässt sich gegen die Angst angehen). Operantes Konditionieren ist als Lernprinzip beim Menschen einsetzbar. Skinner hat dafür Regeln zur Verhaltensänderung abgeleitet:

klassisch: Negatives vermeiden

operant: auch als Lernprinzip

*   **Positive Verstärkung:** Folgt auf eine Handlung ein angenehmer Zustand (z.B. Lob beim Lernen = positiver Verstärker), so nimmt die Wahrscheinlichkeit der Handlungshäufigkeit zu.
*   **Negative Verstärkung:** Hört nach einer Handlung ein unangenehmer Zustand auf (z.B. Tadel = negativer Verstärker), so erhöht sich die Wahrscheinlichkeit der Handlungshäufigkeit.

Anwendung:
programmierter
Unterricht

Praktische Anwendung fand die operante Konditionierung im programmierten Unterricht durch

– Eingehen auf die Lernvoraussetzungen und Lernschwierigkeiten eines jeden Einzelnen,

– Erhöhung der Lernbereitschaft und Fixieren der richtigen Reaktion durch sofortige Verstärkung und

– Begrenzung der einzelnen Lernschritte (Prinzip der small steps).

Kritische Anmerkung zum Behaviorismus:

Hauptkritik:
verkürzte Sicht
menschlichen
Handelns

Der normative Anspruch der Behavioristen, dass alles Lernen (auch das menschliche) einem simplen Reiz-Reaktions-Muster folgt und dass es weder Sinn noch Motiv noch Wille als Handlungsgründe gibt, ist nicht haltbar. Gegen diesen normativen Anspruch stehen die Selbstwidersprüche des Behaviorismus: Der Behaviorist verhält sich nicht nur, sondern entwickelt seine Theorie als sinnhaftes Konstrukt. Beispiele für Lernsituationen, in denen der Mensch mittels Sinn und Sprache lernt, sind auch dem Behavioristen nicht fremd wie z.B. Auto fahren, Problemlösungslernen usw.

Menschliches und tierisches Verhalten können nicht gleichgesetzt werden, der größte Unterschied liegt in der Reflexivität des Menschen: Der Mensch ist nicht durch Instinkte festgelegt, sondern er kann sein Verhalten durch Selbstbewusstwerdung und Selbstkritik frei bestimmen und verantworten, dies ist die höchste Form des Lernens!

3.3 Kognitions- und handlungspsychologische Konzeptionen

Kognitives Lernen kann aufgefasst werden als ein Prozess der Informationsaufnahme und -verarbeitung, an dem das lernende Subjekt aktiv beteiligt ist. Der Lernprozess zielt auf Verhaltensmuster und Wissensstrukturen und nicht auf relativ isolierte Verbindungen zwischen Reiz und Reaktion.

Ansatzpunkt:
Handlungs-
steuerung

Handlungstheorien sind zwar auch kognitive Theorien, sie befassen sich aber in besonderer Weise mit der internen Handlungssteuerung. Sie fragen primär nach den internen (im Subjekt ablaufenden) „Strategien des Handelns", die den Menschen zu zielgerichtetem, erfolgreichem (dynamischem) Handeln befähigen.

3.3.1 Konstruktivistischer Ansatz

genuin: Ansatz
von Piaget

Von genuiner Bedeutung für die Ausformung der Handlungstheorie war die Entwicklungs- und Kognitionspsychologie von PIAGET. In einem zusammenwirkenden Dualismus von Denken und Handeln führt Piaget das Denken strukturell auf das Handeln zurück und versteht es gleichzeitig als dessen Regulativ.

Handlungslernen erfolgt demnach in einem Prozess von (objektverändernder) Assimilation (= Angleichung) und (subjektverändernder) Akkomodation (= Anpassung).

Dieser Dualismus verweist auf die Kernaussage des radikalen Konstruktivismus: Es gibt keine Beobachtung, die unabhängig vom Beobachter ist. Der radikale Konstruktivismus steht mit seinen Einsichten in scharfem Gegensatz zum traditionellen Denken, wonach wahr ist, was mit einer absolut unabhängigen, objektiven Wirklichkeit übereinstimmt. Die Theorie des radikalen Konstruktivismus behauptet dagegen, dass die Wirklichkeit, die wir zu entdecken und zu erforschen glauben, unsere eigene Konstruktion sei, ohne dass wir uns dabei des Aktes der Erfindung bewusst sind. Indem der Mensch auf die Umwelt einwirkt und dabei seine individuellen kognitiven Strukturen auf neue Sachverhalte und Handlungssituationen anwendet, assimiliert er die Umwelt, d.h., er nimmt das wahr, was er in seine bereits bestehenden Strukturen einpassen kann. Nach Piaget stellt kein Verhalten einen absoluten Anfang dar, selbst dann nicht, wenn es für das Individuum völlig neu ist. Es gründet immer auf vorhandene Handlungsschemata und bedeutet daher die Assimilation neuer Elemente durch bereits konstruierte Strukturen. In umgekehrter Richtung wirken (als Handlungsfolge) die Handlungssituationen auf den Menschen zurück, verändern seine kognitiven Strukturen (Wahrnehmungsmuster) und demzufolge auch (durch Akkomodation) seine Handlungsmuster. Um einen Ausgleich bzw. einen Gleichgewichtszustand zwischen den Wirkungen des Organismus auf die Umwelt und den Wirkungen der Umwelt auf den Organismus herzustellen (= Äquilibration) reagiert ein Mensch nicht nur, sondern ist auch spontan aktiv. Demzufolge sind störende (ungewollte) Handlungsresultate oft die Anregung zum Lernen!

Postulat: Wirklichkeit als eigene Konstruktion

Handeln durch Assimilation

und

Akkomodation

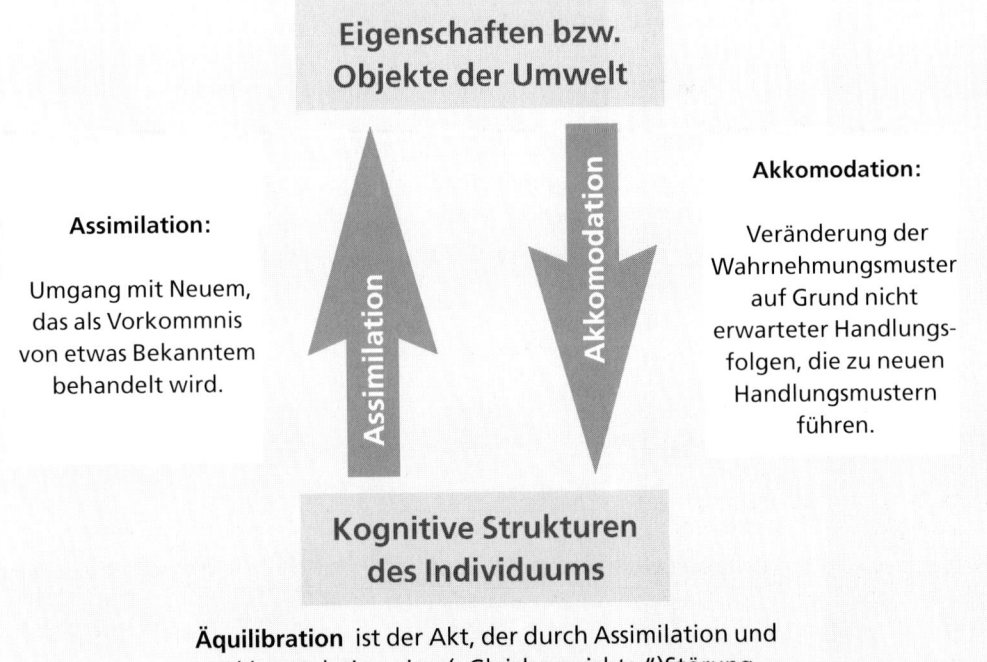

Eigenschaften bzw. Objekte der Umwelt

Assimilation:

Umgang mit Neuem, das als Vorkommnis von etwas Bekanntem behandelt wird.

Assimilation

Akkomodation

Akkomodation:

Veränderung der Wahrnehmungsmuster auf Grund nicht erwarteter Handlungsfolgen, die zu neuen Handlungsmustern führen.

Kognitive Strukturen des Individuums

Äquilibration ist der Akt, der durch Assimilation und Akkomodation eine („Gleichgewichts-")Störung ausschalten will.

Abb. 3.3: Handlungslernen als „Fließmodell" von Assimilation und Akkomodation

3.3.2 Handlungstheoretischer Ansatz

Weiterführung: Aebli

Im Anschluss an Piaget hat AEBLI (1980) die Kognitionstheorie handlungstheoretisch erweitert und damit handlungsorientiertes Lernen lernpsychologisch begründet.

Demnach müssen Lernprozesse immer mit der Handlung einsetzen, denn Handlungen sind nach Aebli (1985, 182) „zielgerichtete, in ihrem inneren Aufbau verstandene Vollzüge, die ein fassbares Ergebnis erzeugen". Denken und Handeln bilden eine dialektische Einheit: Handlungen bilden den Ausgangspunkt für geistige Operationen, denn nach AEBLI ist „eine Operation eine geistige Handlung". Eine Handlung kann demnach als effektive (konkrete) Handlung oder als Handlungsvorstellung (formale Handlung) realisieren.

Denken u. Handeln als dialektische Einheit

Ausbildung von Handlungsschemata ...

Voraussetzung für die Ausführung komplexer Handlungen ist die Beherrschung operativer Handlungsroutinen (sog. Handlungsschemata). Sie umfassen einerseits elementare Arbeitstechniken wie z.B. Nachschlagen, Exzerpieren, Strukturieren, Planen, Kooperieren und Gestalten, andererseits aber auch geistige Grundtechniken wie Vergleichen, Ordnen, Abstrahieren und Analysieren. Diese Handlungsschemata sind durch drei Eigenschaften gekennzeichnet: sie sind als Ganzes gespeichert, sie sind immer reproduzierbar und sie sind auf neue Situationen übertragbar!

... und Handlungsregulation

Beim handlungsorientierten Lernen wird der Erkenntnisgewinn nicht nur durch das Handlungsergebnis bestimmt, sondern ebenso vom Weg und der Lösungsmethode (Handlungsregulation). Hacker hat (1980) den psychologischen Prozess der Handlungsregulation näher untersucht. Diese bezieht er explizit auf die Merkmale „vollständiger Tätigkeiten". Handeln ist demnach immer bewusst und zielgerichtet, es besteht (in der einfachsten Modellvorstellung) aus den Schritten Planen, Durchführen und Kontrollieren (vgl. S. 187). Beim Planen und Durchführen werden aus Oberzielen Teilziele abgeleitet und daraus wiederum untergeordnete Ziele bestimmt – es entsteht eine hierarchische Ordnung von Zielen, die nacheinander (sequentiell) abgearbeitet werden (hierarchisch-sequentielle Handlungsregulation).

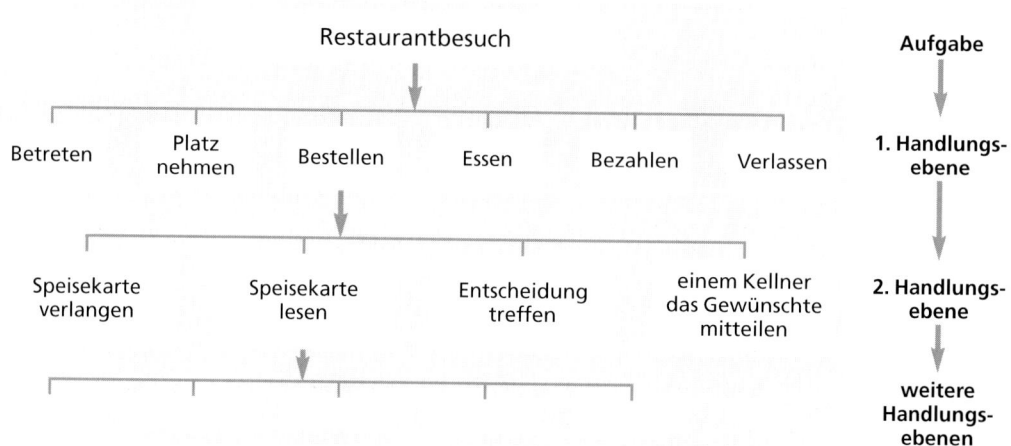

Abb.3.4: Handlungsregulation: Restaurantbesuch

Aus der Sicht des bzw. der „Handelnden" sind dabei drei Aufgabenkomplexe systematisch zu bewältigen:

– **Definition des Soll-Zustandes**: Die angestrebten Zustandsausprägungen werden definiert und handlungsbezogen operationalisiert.
– **Erfassung des Ist-Zustandes**: Der Ist-Zustand des Objektsystems wird rational erfasst und objektiv beschrieben.
– **Handeln**: Der Ist-Zustand wird durch zielbezogenes Handeln in den Soll-Zustand transformiert.

Aufgaben beim zielgerichteten Handeln

Zielgerichtetes Handeln basiert demnach auf der Grundlage rationaler Problemlösungen, verstanden als „Ist-Soll-Zustandstransformation".

Bei technischen Problemlösungen orientiert man sich zweckmäßigerweise an der „Ishikawa-Analyse", d.h., man geht den Weg vom Soll-Zustand (beabsichtigte Wirkung, abzustellender Zustand) „rückwärts" und betrachtet die möglichen Einflussfaktoren, z.B. in technischen Problemfeldern die Dimensionen

Anwendung: Ishikawa-Analyse

– **Mensch**: Arbeitsfeld und Arbeitsumfeld
– **Methoden**: Organisations-, Steuerungs- und Kommunikationssysteme
– **Maschinen**: Technische Einrichtungen und Anlagen
– **Material**: Technikfolgen

Der Vorteil besteht darin, Lösungen zu finden, die nicht allein auf einen monokausalen Zusammenhang hin abgestellt sind.

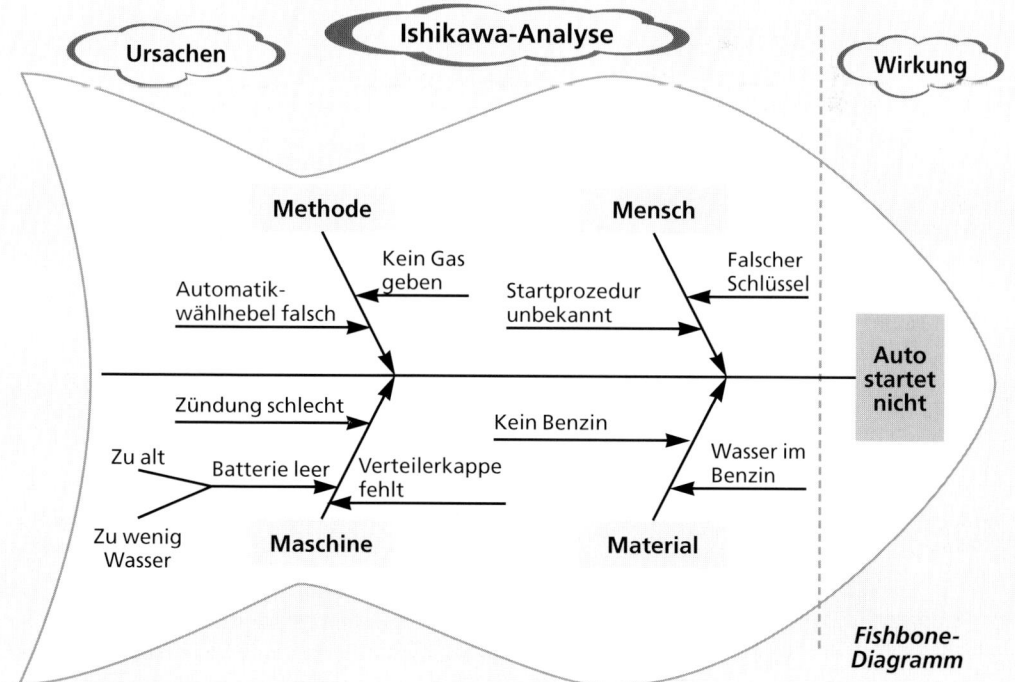

Abb. 3.5: Ishikawa-Analyse des Problems „Auto startet nicht"

3.3.3   Theorie des bedeutungsvollen rezeptiven Lernens

**Lernen als Auf-
bau kognitiver
Strukturen**

Der lehr-lern-theoretische Ansatz Ausubels (1974) verfolgt eine klare, stabile, vielfältig verknüpfte, kognitive Wissensstruktur (Struktur von Bedeutungen). Durch Lehren wird das Wissen in der Form dargeboten, dass die Integration in die bereits bestehende kognitive Struktur des Lernenden ermöglicht wird. Der Lernende vollzieht den Aufbau seiner kognitiven Struktur durch rezeptives Lernen. Vermittlungshilfen sind nach Ausubel

– **inhaltliche Prinzipien** (Orientierung an der Struktur der Disziplin) und
– **programmatische Prinzipien** (vorstrukturierte Organisationshilfen, fortschreitende Differenzierung, integrierendes Verbinden, sequentielle Organisation und Übungen).

**Lehren =
Wechsel von
„exposition" und
„practice"**

Die Handlungsstruktur des expositorischen Lehrens besteht in einem ständigen Wechsel von Lehrerdarbietungen (exposition) und Schülerübungen (practice). Bei guter Lernorganisation sollen die Phasen selbstständiger Schülerübungen umfangreicher sein als die Phasen der Lehrerexposition.

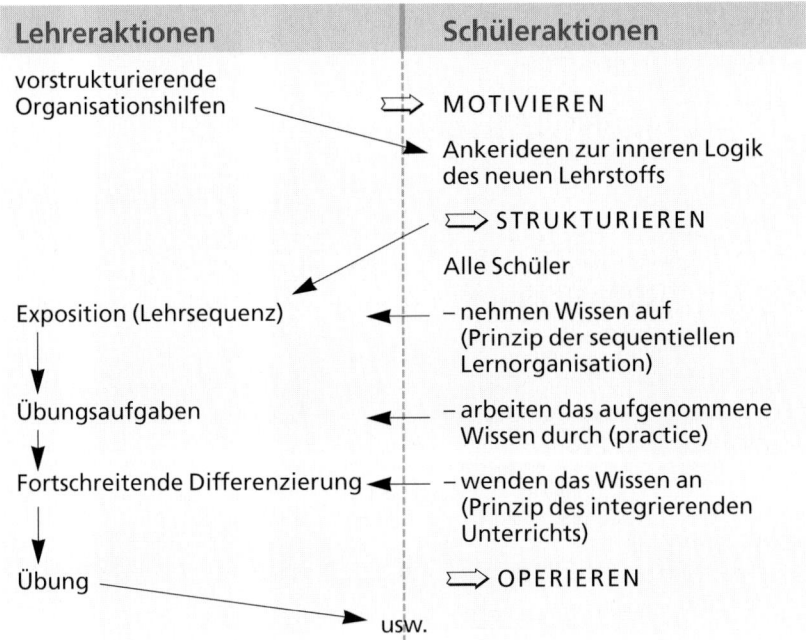

Abb. 3.6: Handlungsstruktur des rezeptiven Lernens nach AUSUBEL

3.3.4   Theorie des Entdeckungs- und Problemlösungslernens

Ziel des lehr-lern-theoretischen Ansatz von Bruner (1981) ist die Problemlösefähigkeit. Ein Problem ist dann gegeben, wenn ein Mensch ein bestimmtes Ziel erreichen will, jedoch nicht weiß, wie er zu diesem Ziel gelangen kann, also nicht auf bekannte Verfahren, Techniken und reproduktive (Denk-)Operationen zurückgreifen kann, sondern eine heuristische Struktur als Strategie des

Suchens und Findens entwickeln muss. Der Problemlöseprozess ist so weit mit selbstständiger geistiger Tätigkeit und Wissenserwerb verbunden, wie dies für den „Entdeckungsakt" notwendig ist. Lernen ist somit auf die Entdeckung von bisher unbekannten Zusammenhängen ausgerichtet und besteht aus drei simultan ablaufenden Prozessen, der Wissensaneignung, Wissensumwandlung und Wissensbewertung. Der Lernende durchläuft im Lernprozess verschiedene Stadien, und zwar von der Problemstellung über die Problemstrukturierung bis hin zur Problemlösung respektive Bewertung der Problemlösung.

Bruner: Problemlösungsstrategie suchen und finden …

… durch simultane Prozesse

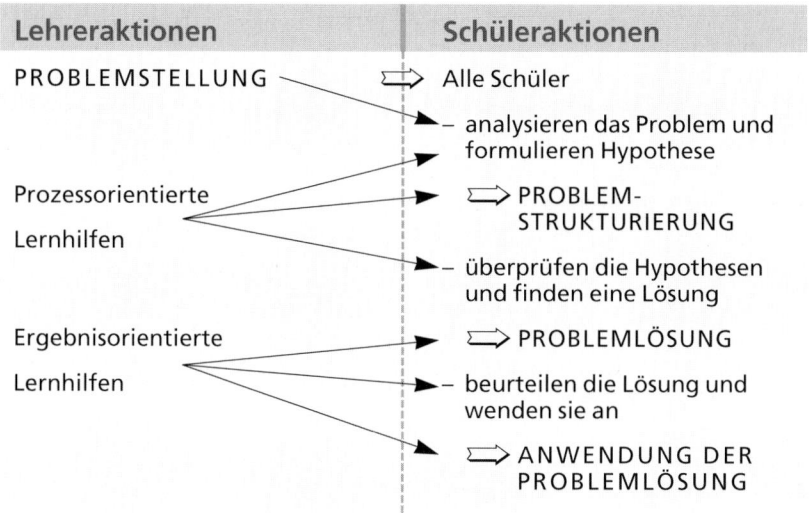

Lehreraktionen	Schüleraktionen
PROBLEMSTELLUNG	Alle Schüler
	– analysieren das Problem und formulieren Hypothese
Prozessorientierte Lernhilfen	PROBLEM-STRUKTURIERUNG
	– überprüfen die Hypothesen und finden eine Lösung
Ergebnisorientierte Lernhilfen	PROBLEMLÖSUNG
	– beurteilen die Lösung und wenden sie an
	ANWENDUNG DER PROBLEMLÖSUNG

Abb. 3.7: Handlungsstruktur des entdecken-lassenden Lernens nach BRUNER

Das Wesen des problemlösenden Lernens liegt darin, dass Schüler das im Lerngegenstand enthaltene Problem verstehen, eine Lösung planen, diese Lösung möglichst autonom ausführen und die gefundene Lösung selbstständig überprüfen.

Forderungen für problemorientiertes Lernen

Aus lernpsychologischer Sicht erheben sich für problemorientiertes Lernen folgende Forderungen:

– Schüler/innen bzw. Auszubildende müssen durch eine geeignete Problemstellung für den Lerngegenstand motiviert werden und die Eingangsmotivation muss während des Lernprozesses als Verlaufsmotivation erhalten bleiben.

– Der Lerner/die Lernerin muss sich den Lerngegenstand aktiv erarbeiten, indem er/sie während des Lernprozesses formal oder konkret operiert.

– Der Lerner/die Lernende muss die Struktur des Lerngegenstandes durch das Herausarbeiten der Strukturmomente und durch das Herstellen von Beziehungen zwischen den Strukturmomenten einsichtig erfassen.

– Der Lerner/die Lernerin muss durch verstärktes Einlernen in den Besitz des Lerngegenstandes gebracht werden, indem das Gelernte im Gedächtnis verankert, eine Geläufigkeit angebahnt und eine Automatisierung angestrebt wird.

3.4   Lernen am Modell

**Modelllernen:
sozialer Kontext
und kognitiver
Vorgang**

Modelllernen (vgl. Bandura, 1976) vollzieht sich durch Nachahmung beobachteter Verhaltensweisen und ist durch zwei Komponenten gekennzeichnet:
Es bezieht sich auf Lernen, das im sozialen Kontext stattfindet, und es versteht Lernen wesentlich als kognitiven Vorgang. Deshalb gehört Modelllernen zum Typ des sozial-kognitiven Lernens, beispielsweise die Imitation von Kleidung, Frisur oder Verhalten eines Filmstars durch Jugendliche. Modelllernen ist tendenziell eine der stärksten Lernarten mit mehreren Lernphasen:

- **Aufmerksamkeitsprozesse**: Man konzentriert sich auf ein Modell und beobachtet es.
- **Gedächtnisprozesse**: Die beobachteten Verhaltensweisen werden im Gedächtnis symbolisch gespeichert.
- **Motorische Reproduktionsprozesse**: Das beobachtete und symbolisch gespeicherte Verhalten wird nachgeahmt.
- **Verstärkungsprozesse**: Der Lerner erfährt „sozialen Erfolg", z.B. durch Anerkennung in der peer-group (Freundschaftsgruppe), d.h.: Verstärkung ist förderliche, aber nicht notwendige Bedingung des Lernens am Modell!

Im engen Kontext des Modelllernens steht H.v. Hentigs Diktum (1993, 248ff), nach dem die Person des Lehrers sein bestes Curriculum sei, weil Lernen hochgradig durch Vorbildwirkung gesteuert werde.

3.5   Lernpsychologische Strukturmerkmale des ganzheitlichen Lernens

**selbstorganisiert
und
selbstgesteuert**

Ganzheitliches Lernen erfolgt durch selbstorganisierte und selbstgesteuerte Prozesse. Es ist entdeckendes statt rezeptives, einsichtiges statt mechanistisches und innengesteuertes statt außengesteuertes Lernen mit einer mehrdimensionalen lernpsychologischer Struktur, wie sie in Abbildung 3.8 dargestellt ist.

Wissensstruktur (epistemische Struktur)
Sie ist notwendig um Kenntnisse über die Strukturen und Objektbeziehungen zu erhalten, aber auch um Verfahrensweisen, Normen und Werte als Abbild der realen und geistigen Umwelt zu verstehen. Die Wissensstruktur bezieht sich auf
- Wissensaneignung: deklaratives Wissen (Was lerne ich?)
- Wissensumwandlung: prozedurales Wissen (Wie lerne ich?)
- Wissensbewertung: kontextuelles Wissen (Wann und warum lerne ich?)

Problemlösungsstruktur (heuristische Struktur)
Diese ist notwendig um erstens mit mentalen Operationen unvollständiges Wissen zu Denkabläufen zu verknüpfen, um Lösungswege anzubahnen und zweitens um mit geeigneten Strategien (Strukturregeln)und Repräsentationsregeln einen (unbefriedigenden) Anfangszustand in den erwünschten Zielzustand zu transformieren – dazu gehören in den einzelnen Phasen entsprechende Regeln:

Abb. 3.8: Lernpsychologische Strukturmerkmale ganzheitlichen Lernens

– Problemanalyse: Regeln für die Planung des Vorgehens
– Problemstrukturierung: Regeln für das Aufstellen und Prüfen von Lösungshypothesen
– Problemlösung: Regeln für das Erreichen und die Überprüfung des Zielzustandes

Selbstreflexion
Die Selbstreflexion erwächst aus der dynamischen Verbindung epistemischer und heuristischer Kompetenzen, verstanden als Kontrolle des problemlösenden Denkens (Metakognition) und des eigenen Tuns. Selbstreflexion ist „ein sowohl mächtiges wie einfach zu erlernendes Instrument zur Verbesserung der Problemlösefähigkeit" (Dörner, 1982, 145). Selbstreflexion wird durch „exekutive Prozesse" (Kluwe, 1982, 126) induziert, sie umfassen die Kontrolle und Steuerung des eigenen Lernhandelns:

Selbstkontrollprozesse beziehen sich auf die Identifikation, Prüfung, Bewertung und Prognose bei der Problemlösung:
– Identifikation: Was tue ich eigentlich?
– Prüfung: Habe ich die Aufgabe richtig verstanden?
– Bewertung: Ist es gut, was ich hier tue?
– Prognose: Was kann eintreten, wenn ich so fortfahre?

Selbststeuerungsprozesse beziehen sich auf den Gegenstand, die Aufmerksamkeit, Intensität und Geschwindigkeit bei der Informationsverarbeitung:

– Gegenstand: Was ist wichtig?
– Aufmerksamkeit: Beachte ich alle wesentlichen Dinge?
– Intensität: Gibt es noch andere Lösungswege?
– Geschwindigkeit: Arbeite ich zu schnell/zu langsam?

3.6   Lernartenpyramide

R. M. Gagne hat den Versuch unternommen die verschiedenen Lernarten hierarchisch zu ordnen und miteinander zu verbinden. Er gelangt damit zu einer Lernartenpyramide mit acht verschiedenen Lerntypen. Diese Lernartentaxonomie ist nach zunehmender Komplexität strukturiert, d.h., die höheren Lernarten setzen die niedrigeren voraus (Abb. 3.9).

In dieser Lernartenpyramide ist das problemlösende Lernen die „höchste Lernart". Das Wesen des problemlösenden Lernens liegt darin, dass Schüler bzw. Auszubildende das im Lerngegenstand enthaltene Problem verstehen, eine Lösung planen, diese möglichst autonom ausführen und die gefundene Lösung selbstständig überprüfen.

Dabei ist traditonelles Problemlösen durch ganzheitliches Problemlösen zu ersetzen. Traditionelles Problemlösen geht von einem monokausalen Lösungsansatz aus: Jedes Problem ist die Folge einer Ursache und lässt sich aus einer IST-Situation verstehen und lösen. Ganzheitliches Problemlösen ist dadurch gekennzeichnet, dass die Problemsituation durch die Ermittlung der Vernetzung und Erfassung der Dynamik einzelner Beziehungen in einem ganzheitlichen Zusammenhang betrachtet wird. Auf diese Weise entwickeln Schüler/Auszubildende beim ganzheitlichen problemlösenden Lernen einen Set an heuristischen Methoden und eine wachsende Kompetenzmotivation. Sinnvolles (problemlösendes) Lernen erfolgt demnach immer in zwei Phasen (Lernphasenmodell):

Phase 1 – Kennenlernen als Motivieren, Strukturieren und Operieren und
Phase 2 – verstärktes Einlernen (Lernkonsolidierung) durch Wiederholung, Übung, Zusammenfassung und Anwendung des Gelernten (vgl. Kap. 12.2)

Fazit:
In diesem Kapitel wurde deutlich, dass „Lernen" ein sehr komplexes und facettenreiches Konstrukt ist. Für Lernende und Lehrende ist deshalb wichtig zu wissen, dass es eine allgemein gültige, „optimale Lernmethode" auf Grund der anthropologischen Vielfalt der Menschen nicht geben kann. Dennoch werden aus den vorgestellten Lerngesetzen und Lernvoraussetzungen grundlegende Auswirkungen und praktische Folgerungen für den Lernenden deutlich. Die wichtigsten Regeln werden nachfolgend in einer Lerntabelle (Abb. 3.10) zusammengefasst – Zielaspekt ist das ganzheitliche Lernen.

Ganzheitliches Lernen heißt alle Lernbereiche anzusprechen und zu entwickeln. Es gilt nicht nur kognitives Wissen und Fähigkeiten zu entwickeln, sondern auch psychomotorische und affektive sowie soziale Aspekte zu fördern. Demnach

8. Problemlösendes Lernen
= Anwenden von Regeln in
schwierigen Situationen

7. Regellernen
= Lernen von Begriffsketten,
welche Begriffe in Beziehung setzen
wie z.B.:
Gase dehnen sich bei Erwärmung aus!
Wenn die Nachfrage steigt
(= Ursache),
dann werden die Preise steigen
(= Wirkung)!

6. Begriffslernen
= Lernen von Oberbegriffen oder „Super"zei-
chen; z.B. Legierung als Oberbegriff für
Messing und Bronze

5. Unterscheidungslernen (Multiple Diskrimination)
= Lernen Farben, Größen, Formen, Zeichen usw.
auseinander zu halten; z.B. den passenden
Schraubenschlüssel aus dem kompletten Satz
auswählen!

4. Sprachliche Ketten (Sprachliche Assoziation)
= Lernen sprachliche Ketten zu bilden, also Wahrnehmun-
gen mit Begriffen zu verbinden.

3. Motorische Ketten
= Lernen mehrere Reiz-Reaktions-Verbindungen miteinander zu
verknüpfen, sodass eine Folge oder Sequenz entsteht;
z.B. Radfahren; beim Autofahrer: Bremsen, Kupplung treten,
Gang zurücknehmen.

2. Reiz-Reaktions-Lernen
= Lernen durch Versuch und Irrtum nach Thorndike sowie operantes
Konditionieren nach Skinner.

1. Signal-Lernen
= Klassisches Konditionieren nach Pawlow und Watson: Reagieren auf Signale
akustischer und optischer Natur, z.B. Ampel schaltet auf Rot – der Autofahrer
tritt auf die Bremse; Reaktionen beim Telefonklingeln u.ä.

Abb. 3.9: Lernartenpyramide nach Gagne (nach Golas, 1993)

wird in Unterricht und Ausbildung ganzheitliches Lernen gefördert, indem Wissensstrukturen (durch Strukturlernen) gebildet, prozedurales Wissen (Heuristiken) geschult, verschiedene Lernpotentiale, Repräsentations- und Lerntechniken (Mnemotechniken) genutzt, alle Lernbereiche sowie vernetztes Denken und Handeln angesprochen und autonomes Lernen (META-Lernen) angeregt werden. Diesem Orientierungsrahmen liegt ein Menschenbild zu Grunde, dessen Merkmale erstmals von Groeben/Scheele (1977, 22) als „epistomologisches Subjektmodell" beschrieben wurden.

Lerngesetz Lernvoraussetzung	Grundlegende Auswirkungen	Praktische Folgerungen für den Lernenden
1. Signallernen	Frühere Erfahrungen werden mit Lernsituationen verbunden	Prüfen, worauf Ängste und Widerstände zurückzuführen sind
2. Lernen am Erfolg	Gelernt wird, was zu wünschenswerten Ergebnissen führt	Bestätigung (Lob, Erfolg) sind wichtig für das Lernen
3. Aufbau und Gliederung	Leichteres Lernen in kleinen Schritten von gegebenem Wissensstand	Eigenes Lerntempo, systematischer Aufbau
4. Soziales Lernen	Vorbilder, Verhalten anderer werden nachgeahmt	Lernen in Gruppen
5. Kognitives Lernen	Lernen durch Einsicht in Zusammenhänge, Strukturen	Von Zusammenhängen, Übersicht ausgehen, Beziehungen herstellen, verknüpfen
6. Eigene Aktivität	Eigenes Tun fördert das Lernen	Eigene Gliederungen, Tabellen, Zeichnungen herstellen
7. Zeiteinteilung	Mehrere kürzere Lernetappen führen zu besseren Leistungen	Rechtzeitig Pausen einschalten, Wechsel der Tätigkeiten
8. Gedächtnishemmungen	Die Aufnahmeähigkeit ist begrenzt	Nicht zuviel Stoff auf einmal, wiederholen
9. Lerntypen	Es gibt verschiedene Lernwege und Lerntypen	Eigenen Lerntypus erkennen, anwenden
10. Motivation	Einstellung zum Lernen und zum Stoff spielt eine wichtige Rolle	Klarwerden über eigene Ziele und Motive

Abb. 3.10: Lerntabelle

Weiterführende Literatur:

Edelmann, W.: Lernpsychologie. Eine Einführung. München/Weinheim 1986 (2. Aufl.).
Aebli, H.: Das Ordnen des Tuns. (2 Bde.) Stuttgart 1980 und 1981.
Weidenmann, B./Krapp, A. (Hrsg.): Pädagogische Psychologie. München/Weinheim 1986.

4 Gruppendynamische Aspekte des beruflichen Lernens und Lehrens

Lernfragen

① Definieren Sie den Begriff Gruppendynamik und beschreiben Sie seine Bedeutung.

② Welche Gruppenmerkmale und Gruppenarten lassen sich unterscheiden?

③ Wie können die Beziehungen innerhalb einer Gruppe analysiert werden?

④ Fassen Sie die Merkmale eines Teams zusammen (im Unterschied zur Gruppe).

⑤ Beschreiben Sie die Phasen der Teamentwicklung.

⑥ Welche Lebensskripts und Führungsstile gibt es, wodurch sind sie gekennzeichnet?

⑦ Bewerten Sie das Konzept der Themenzentrierten Interaktion als Modell zur Gruppenleitung und Konfliktlösungsstrategie.

Wer andere
zu leiten strebt,
muß fähig sein,
viel zu entbehren.
Goethe

4.1 Gruppendynamik oder 1 + 1 = 3

Im Allgemeinen bezeichnet man als **Gruppendynamik den Prozess der gegenseitigen Beeinflussung von Gruppenmitgliedern.** Indem sowohl die Anlässe und Folgen der Bildung einer Gruppe als auch die in ihr ablaufenden Vorgänge wechselseitiger Beeinflussung untersucht werden, kann die Gruppenstruktur rational erfasst werden. Diese Kenntnisse kann man in entsprechenden Situationen gezielt anwenden und einsetzen um menschliche Beziehungen besser zu gestalten. Der Begriff Gruppendynamik kann demnach auf drei unterschiedlichen Bedeutungsebenen verwendet werden – als Bezeichnung für

**Gruppen-
dynamik: drei-
fache Begriffs-
benutzung**

– die in jeder Gruppe ablaufenden Prozesse,
– das Forschungsgebiet, das sich mit Gruppenprozesse befasst, und
– die Methode zur Verbesserung zwischenmenschlichen Verhaltens.

Seit Aristoteles wird der Mensch als „zoon politicon" (Gemeinschaftswesen) bezeichnet. Soziale Gruppen haben demnach im Leben eines Menschen wichtige Funktionen:

**Bedeutung der
Gruppe für den
Einzelnen**

- **Sozialisation:** Gruppen vermitteln Normen und Werte zwischen dem Anspruch des Einzelnen und dem Bedarf der Gesellschaft.
- **Schutz und Sicherheit:** Die Zugehörigkeit zu einer Gruppe gibt dem Einzelnen physische und psychische Sicherheit für sein Handeln.
- **Selbstbewusstsein und Prestige**: Durch ständige Kommunikation und wechselseitige Kontrolle in der Gruppe wird ein „Abgleich" von Selbstbild und Fremdbild und damit eine eigene Standpunktbestimmung (Selbstbewusstsein) ermöglicht. Darüber hinaus kann die Mitgliedschaft in bestimmten Gruppen dazu beitragen, gesellschaftliche Anerkennung zu erreichen.

Wenn Mennschen in soziale Interaktion treten, sind diese Prozesse ständigen Veränderungen unterworfen, weil jeder individuelle Bedürfnisse artikuliert und persönliche Interessen verfolgt. In diesem Zusammenhang soll die Gleichung

$$1 + 1 = 3$$

Eigendynamik von Gruppen

besagen, dass es in jeder Beziehung eine Eigendynamik (Synergieeffekte) gibt, die sich nicht nur aus der Summe des Verhaltens der einzelnen Interaktionspartner erklären lässt. Bei einer voll entwickelten Gruppe setzen die Teilnehmer auf diese Synergieeffekte, indem sie sich die Verschiedenheit der Eigenschaften und Fähigkeiten der einzelnen Gruppenmitglieder in Form von Stärken zu Nutze machen (Abb. 4.1). Die wechselseitige Beeinflussung von Gruppenmitgliedern kann sich auf unterschiedliche Art und Weise abspielen und verschiedene Bereiche betreffen.

Beispiel: Meinungsbildung

Ein Beispiel hierfür ist die Meinungsbildung in der Gruppe. Dazu hat H. Clark (1916) ein Experiment durchgeführt, mit dem diese Meinungsbildung in einer Gruppe gut veranschaulicht wird:

Während einer Vorlesung forderte H. Clark seine Zuhörer auf, sich zu melden, sobald sie den von einem eben geöffneten Fläschchen ausströmenden Geruch wahrnehmen würden. Dabei handelte es sich aber um eine geruchlose Flüssigkeit. Trotzdem liefen aus den ersten Reihen des Saales die frühesten Meldungen schon nach wenigen Sekunden ein. Mehrere Zuhörer aus den dahinter liegenden Reihen meldeten ebenfalls, dass sie den Geruch wahrgenommen hätten.

Es zeigte sich, dass die Personen in der ersten Reihe alleine durch die Behauptung Clarks, dass ein Geruch entströmen werde, dazu verleitet wurden, zu glauben und zu behaupten einen Geruch wahrzunehmen. Die Personen in den dahinter liegenden Reihen unterlagen nicht nur dem Einfluss Clarks, sondern auch dem ihrer „Vordermänner".

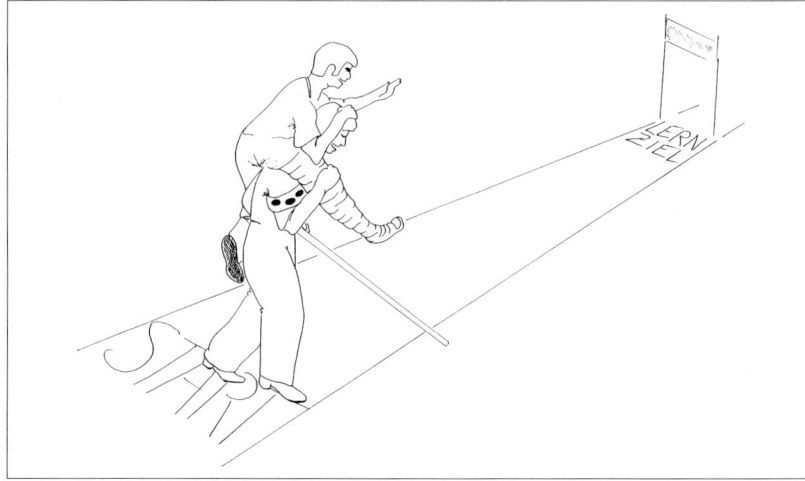

Abb. 4.1: Synergieeffekt einer Gruppe

4.2 Gruppenmerkmale und Gruppenarten

Jeder Mensch kann gleichzeitig Mitglied mehrerer Gruppen sein, z.B. kann er in einen Familienkreis integriert sein, in Sportvereinen aktiv sein, in Arbeitsgruppen (Schulklassen) tätig werden oder als Kinobesucher mit anderen Menschen zusammenkommen.

Familien oder Fußballmannschaften sind Beispiele für soziale Gruppen. Kinobesucher oder Patienten im Wartezimmer sind dagegen keine sozialen Gruppen, weil ihnen wichtige Gruppenmerkmale fehlen. Wesentliche Gruppenmerkmale sind in der folgenden Übersicht zusammengestellt:

**Gruppen-
merkmale**

Gruppenziel	Bewältigung einer gemeinsamen Aufgabe bzw. Erleben einer gemeinsamen Freude (Verhaltenssicherheit)
Gruppenbewusstsein	Zusammengehörigkeitsgefühl und gegenseitige Hilfsbereitschaft (Solidarität)
Gruppenwerte	Festlegung, was die Gruppe sein soll oder vermitteln soll (Wertgefühl)
Gruppennormen	Allgemein anerkannte Überzeugungen und Vorstellungen um gemeinsame Ziele zu verwirklichen (Verhaltensregeln)
Interaktion	„Face-to-face"-Beziehungen beeinflussen wechselseitig die Arbeits- und Verhaltensweisen aller Gruppenmitglieder.
Dauerhaftigkeit	Gruppen sind, abhängig von den Gruppenzielen, in der Regel längerfristig angelegt.

Demnach stellt sich eine soziale Gruppe „als eine begrenzte Anzahl von Personen (Gruppenmitgliedern) dar, die als Folge gemeinsamer Interessen (Gruppeninteressen) und eines damit verbundenen ausgeprägten Wir-Gefühls hinsichtlich bestimmter Gegenstände und Probleme längere Zeit annähernd gleiche Ziele (Gruppenziele) durch gemeinsame Interaktion (Gruppenhandeln) verfolgen" (Burghardt, 1972, 217).

**typisch:
gemeinsame
Interessen und
Wir-Gefühl**

Gruppen unterscheidet man
- nach Interaktionsnähe in   – primäre Gruppen und
                                                 – sekundäre Gruppen und
- nach Entstehungsgründen in   – formelle Gruppen und
                                                           – informelle Gruppen.

**Formen von
Gruppen**

Auf der folgenden Seite sind diese vier Gruppentypen in einer Tabelle näher charakterisiert.

Primärgruppe: Sie ist durch persönliche und emotionale Beziehungen organisch gewachsen und primär in ihrer Bedeutung für Sozialverhalten und Persönlichkeitsentwicklung (z.B. Familie, Freundesgruppe).	**Sekundärgruppe:** Sie ist bewusst geplant und rational organisiert im Hinblick auf die Bewältigung vorgegebener Aufgaben (z.B. Arbeitsgruppe oder Kerngruppe).
Formelle Gruppe: Die Zusammensetzung erfolgt auf Grund organisatorischer Zuweisungen (z.B. Schulklasse) und ist durch klare Zielsetzung, definierte Aufgabenstellung und deutliche Rollenzuweisung gekennzeichnet.	**Informelle Gruppe:** Diese Gruppen bilden sich freiwillig auf Grund persönlicher Sympathien (z.B. Cliquen). Die Ziele sind vielschichtig, Regeln werden nur bedingt aufgestellt, persönliche Beziehungen bilden sich meist intuitiv.

Team als besondere Gruppe ...

Eine besondere Form der formellen Gruppe, die insbesondere im Zusammmhang beruflichen Lernens Beachtung finden muss, ist das **Team**, das z.B. innerhalb eines Betriebes mit der Bewältigung einer gemeinsamen Aufgabe beauftragt ist. Die in Abschnitt 2.4 angesprochenen notwendigen beruflichen Qualifikationen umfassen im Umfeld der Sozialkompetenz zum Beispiel Teamfähigkeit. Die Mitglieder eines Teams werden meist von Vorgesetzten oder der Betriebsleitung gezielt im Hinblick auf die Effizienz der jeweiligen Aufgabe oder der Arbeit, die bewältigt werden soll, zusammengestellt.

Eine formelle Arbeitsgruppe wird dann als Team bezeichnet, wenn sie besondere Merkmale aufweist:

... mit zwei Merkmalen

- **Teamwork,** d.h. zeitlich befristetes Projekt in (teil-)autonomer Arbeitsform
- **Teamspirit,** d.h. gemeinsame Zielsetzung und Verantwortung bei ausgeprägtem Gemeinschaftsgeist

Teamarbeit = mehr als Gruppenarbeit

Die in vielen Betrieben bereits eingeführte Gruppenarbeit ist demnach noch nicht Teamarbeit im Sinne einer Hochleistungsorganisation, denn bei Gruppenarbeit bestehen nur gewisse formale Kriterien, d.h., „mehrere Personen bearbeiten über eine gewisse Zeit, nach gewissen Regeln und Normen gemeinsam eine Arbeitsaufgabe um gemeinsame Ziele zu erreichen" (Antoni, 1994, 25). Teamarbeit verlangt darüberhinaus einen höheren Grad an Selbststeuerung (Autonomie), sodass individuelle Verantwortung bei deutlich ausgeweitetem Handlungsspielraum zur kollektiven Verantwortung verschmilzt.

Der Übergang von Gruppenarbeit zur Teamarbeit ist fließend. Der Gruppenarbeit werden im Allgemeinen eher formelle (organisatorische) Sachverhalte zugeordnet, während Teamarbeit eher als informelle (sozialpsychologische) Einstellung und Verhalten rekonstruiert wird.

4.3   Gruppenstrukturen und Gruppenprozesse

Die aus der Gruppendynamik gewonnenen Erkenntnisse lassen sich nur dann gezielt verwerten oder anwenden, wenn man die innerhalb der Gruppe bestehenden Beziehungen, also die Sympathien oder Antipathien der Gruppenmitglieder, erkennt und berücksichtigt. Ziel der Untersuchung der Gruppenstruktur ist es herauszufinden, welche Person in der Gruppe welche Rolle (Status) einnimmt bzw. welche Funktionen oder Positionen die einzelnen Gruppenmitglieder wahrnehmen.

Beziehungen in Gruppen ...

Mittels soziometrischer Befragung der einzelnen Gruppenmitglieder versucht man die bestehenden Beziehungen von Sympathie, Antipathie oder Gleichgültigkeit herauszufinden. Daraus lässt sich die Stellung der einzelnen Mitglieder ablesen. Für diese Befragung müssen bestimmte Voraussetzungen erfüllt sein (Moreno, 1954):

... ermitteln durch Soziometrie und

- Die Gruppe ist genau bestimmt; sie besteht aus einer festgelegten Anzahl von Mitgliedern, die alle (unbeobachtet) befragt werden.
- Zweck der Befragung soll die Verbesserung des Gruppenaufbaus sein; der Zweck soll allen Befragten bekannt sein.
- Die Befragung findet einheitlich nach bestimmten, vorher festgelegten und für alle Befragten gleichen Kriterien statt, auf deren Grundlage sich die Befragten für oder gegen andere Gruppenmitglieder entscheiden sollen.
- Die Anzahl der Personen aus der Gruppe, für oder gegen die man sich entscheidet, ist beliebig.

Die Ergebnisse lassen sich in einer soziometrischen Matrix (Soziomatrix) oder in soziogrammatischer Form (Soziogramm) darstellen. Angezeigt werden jeweils die Wahlen in bezug auf Zuneigung, Ablehnung oder Gleichgültigkeit.

... geeignet darstellen

Soziomatrix

Hier werden die Ergebnisse der Befragung in Tabellenform dargestellt. Zu beachten ist hierbei, dass jeweils nur eine einzige Frage zu einem bestimmten Sachverhalt pro Matrix abgebildet werden kann. In dem nachstehenden Beispiel wurden sechs Mitglieder einer Arbeitsgruppe befragt.

	A	B	C	D	E	F
A	–	1	–1	0	0	0
B	0	–	0	1	–1	0
C	0	1	–	0	–1	0
D	0	1	0	–	–1	0
E	0	1	–1	0	–	0
F	0	1	–1	0	–1	0
Σ	0	5	–3	1	–4	0

1 = „wählt"   0 = „verhält sich gleichgültig   –1 = „lehnt ab"

Abb. 4.2: Soziomatrix (Golas, 1993)

Soziogramm

Die Darstellung der Ergebnisse in Form eines Soziogramms zielt stark auf eine optische Wirkung ab. Im Soziogramm werden die Strukturen innerhalb der Gruppe sichtbar gemacht.

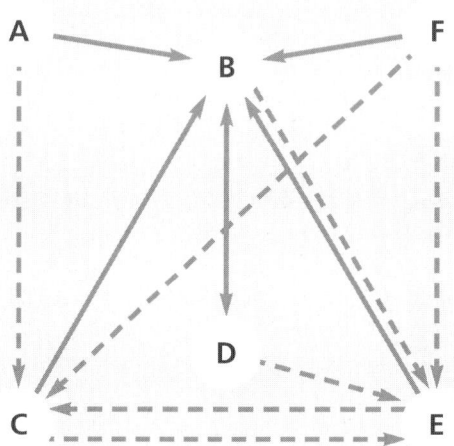

In der nebenstehenden grafischen Umsetzung des tabellarisch dargestellten Beispiels (Abb. 4.2) sind Wahlen durch durchgezogene Pfeile gekennzeichnet, Ablehnungen sind gestrichelt eingezeichnet.

Abb. 4.3: Soziogramm (Golas, 1993)

typische Konstellationen und Rollen

Sowohl aus der Soziomatrix als auch aus dem Soziogramm lässt sich ablesen, wer in der Gruppe besonders beliebt, besonders unbeliebt oder unbeachtet ist. Typisch für eine Gruppe ist z.B. die Figur des „Stars" (B), der beliebtesten und oft auch der gleichzeitig für kompetent gehaltenen Person. Ebenfalls häufig kommt es vor, dass bestimmte Personen innerhalb der Gruppe wiederum eine Gruppe bilden, häufig als „Paar" (B und D) oder als „Dreieck". Der „Außenseiter" vereinigt die meisten Negativstimmen auf sich, lehnt aber auch selbst Gruppenmitglieder ab (C und E).

Mit Hilfe der Soziometrie ist auch erkennbar, welche Rollen die einzelnen Personen in der Gruppe einnehmen. Üblicherweise werden drei Gruppenrollen unterschieden (Abb. 4.4), die von den einzelnen Mitgliedern ausschließlich oder im „Mix" wahrgenommen werden (vgl. Antons, 1992, 326f):

–   Aufgabenrollen,
–   Störrollen und
–   Erhaltungsrollen.

in der Praxis: Unbedingt professionell vorgehen!

An dieser Stelle noch eine Warnung: Wir behandeln hier die soziometrischen Verfahren systematisch im Zusammenhang von Gruppenstrukturen. Ihr Einsatz in der Praxis darf keinesfalls naiv erfolgen, sondern erfordert hinreichende Kenntnisse und Erfahrungen, da man damit ins Gruppengeschehen eingreift und die Individuen der Gruppe auch emotional tangiert. Es versteht sich von selbst, dass die Bekanntgabe und Diskussion von Ergebnissen entsprechend sensibel erfolgen muss! Zudem sind Gruppenstrukturen nie „statisch", d.h. sie können insbesondere bei Jugendlichen leicht „umkippen".

Das Haus der Gruppe

Aufgabenrollen	Störrollen	Erhaltungsrollen
zur Zielerreichung der Gruppe, z.B.	mit negativem Einfluss auf das Gruppenergebnis, z.B.	zur Förderung der Gruppenzufriedenheit, z.B.
– Initiative und Aktivität	– Aggressives Verhalten	– Ermutigung
– Informationssuche	– Blockieren	– Grenzen wahren
– Meinungserkundung	– Rivalisieren	– Regeln bilden
– Meinung geben	– Spezialplädoyer	– Gruppengefühle nennen
– Ausarbeiten	– Clownerie	– Diagnostizieren
– Koordinieren	– Beachtung suchen	– Vermitteln
– Zusammenfassen	– Sich zurückziehen	– Spannungen vermindern

Geschäftsordnung: Regeln und Normen (z.B. TZI-Postulate)

– Sei deine eigene Chairperson!
– Störungen haben Vorrang!

Abb. 4.4: Das Haus der Gruppe

Gruppenbildung

Phasen der Gruppenbildung

Bei der Gruppenbildung werden unterschiedliche Phasen oder Stufen durchlaufen, innerhalb derer sich eine Anzahl von Individuen erst zu einem Team entwickelt. Dabei werden nach und nach Ängste und Vorbehalte des Einzelnen abgebaut bzw. neue Fähigkeiten entwickelt, die für die Zusammenarbeit nötig sind. Der Prozess der Gruppenbildung lässt sich in vier Phasen beschreiben, die mehr oder weniger deutlich von den meisten Gruppen durchlaufen werden. Sie sind in der Tabelle auf der folgenden Seite zusammengefasst.

Anhand einer „Teamentwicklungsuhr" lassen sich diese gruppendynamischen Phasen bzw. entsprechenden Teamentwicklungsphasen darstellen und in einem Feed-back-Gespräch auswerten.

Es ist zu beachten, dass die einzelnen Phasen der Teamentwicklungsuhr durchaus von unterschiedlicher Länge sein können. Außerdem wird von den einzelnen Gruppenmitgliedern das „Entwicklungsstadium des Teams" unterschiedlich wahrgenommen.

Phasen der Gruppenbildung

Phase	Gruppenstruktur	Aufgabenverhalten
1. Forming: Testphase oder Formierungsphase	Unsicherheit bis Angst; starke Orientierung am Gruppenleiter; Ausprobieren, welches Verhalten in der Situation akzeptabel ist	Gruppenmitglieder definieren Aufgaben, Regeln und geeignete Arbeitsmethoden
2. Storming: Nahkampfphase oder Konfliktphase	Konflikte zwischen den Gruppenmitgliedern durch Polarisierung von Meinungen; Widerstand gegen den Gruppenleiter	emotionaler Widerstand gegen die Aufgabenanforderungen, evtl. Positionskämpfe; Ablehnung von Gruppendruck (Kontrolle)
3. Norming: Orientierungsphase oder Normierungsphase	Entwicklung von Gruppenkohäsion (WIR-Gefühl), Gruppennormen und Rollendifferenzierung	offener Meinungsaustausch; Kooperationen und gegenseitige Unterstützung bahnen sich an
4. Performing: Verschmelzungsphase oder Arbeitsphase	Gruppe ist an der Aufgabenerfüllung orientiert; Rollenverhalten ist flexibel und funktional	Problemlösungen tauchen auf und werden konstruktiv bearbeitet; Energie wird auf die Aufgabe konzentriert

Abb. 4.5: Gruppenbild

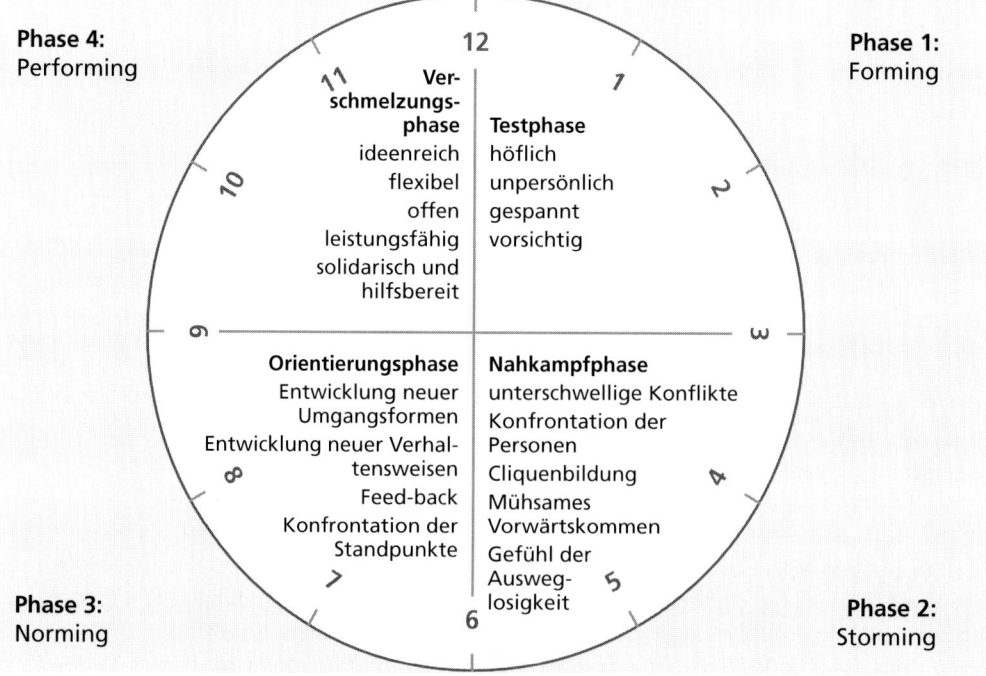

Abb. 4.6: Teamentwicklungsuhr (Francis/Young, 1982)

4.4   Gruppenleitung

Auf Grund der anthropogenen Unterschiede der Gruppenmitglieder kommt es immer wieder zu unterschiedlichem Rollenverhalten und zu Gruppenbeziehungen, die für den funktionalen Prozess der Gruppenentwicklung prägend sind. Entscheidend für eine gute Zusammenarbeit mit und in der Gruppe ist die Grundeinstellung des Leiters anderen Menschen gegenüber (Lebensposition) und der daraus resultierende Führungs- bzw. Leitungsstil. Abbildung 4.7 karikiert eine Gruppenzusammensetzung, benennt aber zugleich Rollen, nach denen Gruppenmitglieder ernsthaft typisiert werden können.

Grundeinstellung des Gruppenleiters

4.4.1   Die vier Lebenspositionen

Eine Lebensposition ist die Grundeinstellung zum Leben und zu den Mitmenschen, d.h. die Haltung, die ich die meiste Zeit einnehme, bzw. eine feste, unreflektierte, emotionale Einstellung oder Meinung, die wir von uns selbst und von anderen um uns herum bilden.

dispositive Grundhaltungen

Die Begründer der Transaktionsanalyse gehen davon aus, dass Lebenspositionen/Lebensskripts bereits in der frühen Kindheit angelegt werden und sich auf Grund von Sozialisationserfahrungen zu vier Grundmustern verdichten (vgl. Harris, 1973, 54ff):

ich bin o.k. – du bist o.k.	ich bin nicht o.k. – du bist o.k.
ich bin o.k. – du bist nicht o.k.	ich bin nicht o.k. – du bist nicht o.k.

Abb. 4.7: Gruppenteilnehmer (wie der Leiter sie sieht)

Reflexionsaufgabe:
Welche Einstellung haben *Sie* gegenüber sich selbst und gegenüber den meisten anderen Menschen?

☐ Ich bin o.k. und die meisten anderen sind auch o.k., d.h., ich komme mit mir und den anderen zurecht.	☐ Ich bin nicht o.k., aber die meisten anderen sind o.k., d.h., ich versuche, anderen aus dem Weg zu gehen.
☐ Ich bin o.k., aber die meisten anderen sind nicht o.k., d.h., ich versuche andere schnell wieder loszuwerden.	☐ Ich bin nicht o.k. und die meisten anderen sind auch nicht o.k., d.h., ich komme mit mir und den anderen nicht zurecht.

Im Folgenden werden die „Wirkungen" dieser Lebensskripte am Beispiel der Lehrer-Schüler-Interaktion verdeutlicht (was sich natürlich ganz allgemein auf Interaktionsbeziehungen zwischen Lehrenden und Lernden übertragen lässt):

Ich bin o.k. – du bist o.k.
Aus dieser Lebenseinstellung resultiert einerseits eine positive Selbsteinschätzung des Lehrers, aber andererseits auch das Erkennen der Fähigkeiten und Bedeutung des Schülers. Aus dieser bewussten Grundhaltung heraus lassen sich Probleme bewusst erkennen und konstruktiv lösen.
Beispiel: Ich freue mich jedesmal, wenn ich mit meinen Schülern auch in der Freizeit zusammen bin.

Ich bin o.k. – du bist nicht o.k.
Wer von diesem Lebensskript ausgeht, leidet an Selbstüberschätzung (Arroganz). Er schwimmt auf „Wellen", die er selbst verursacht, und sammelt „Ja-Sager" um sich, die seine Meinung loben (Streicheleinheiten). Selbstreflexionen verdrängt er und beruhigt sich damit, dass die Schuld immer bei anderen liegt.
Beispiel: Bei dieser Klasse von Faulenzern ist es doch nur normal, dass die Klassenarbeit weit unter dem Durchschnitt liegt.

Ich bin nicht o.k. – du bist o.k.
Hier entsteht ein Minderwertigkeitsgefühl, aus dem heraus sich der Lehrer oft ohnmächtig und verloren vorkommt. Da andere ihm scheinbar überlegen sind, gibt er schnell nach oder sucht (z.B. im Lehrerzimmer) starke Verbündete, die ihn zumindest in Nebensächlichkeiten bestärken.
Beispiel: Ich möchte gern engeren Kontakt zu meinen Schülern pflegen, aber selbst bei Klassenfahrten grenzen sie mich aus.

Ich bin nicht o.k. – Du bist nicht o.k.
Ein Lehrer oder Ausbilder, der diesem Lebensskript folgt, hat sich praktisch aufgegeben. Er entwickelt keine Initiative mehr, er resigniert. Selbst gut gemeinte Zuwendungen will er nicht mehr registrieren, neue Erlebnisse und positive Erfahrungen werden meistens negativ uminterpretiert.

Beispiel: Ich sehe keinen Sinn mehr darin, mich ständig mit den Problemen pubertierender Jugendlicher auseinander zu setzen.

Diese Grundeinstellungen von Lehrenden, die natürlich selten in einseitig ausgeprägter Form auftreten, wirken sich unmittelbar auf deren Verhalten in Unterricht, Unterweisung etc. aus. Typische Verhaltensmuster sind in Abb. 4.8 zusammengestellt.

Übertragung auf Grundhaltungen von Lehrenden

	Ich bin o.k.	Ich bin nicht o.k.
Du bist o.k.	– klärt Ziele – stellt Fragen – gibt Bestätigung – greift Aussagen auf – präzisiert Standpunkte – klärt Divergenzen auf – holt Meinungen ein – sorgt für eine entspannte Atmosphäre	– steuert wenig – überlässt vieles der Gruppe – stellt wenig Fragen – blockiert u.U. die Gruppe – lässt die Gruppe zu viel alleine entscheiden – gibt nicht ausreichend Richtung vor – verhält sich unklar
Du bist nicht o.k.	– provoziert – ironisiert – unterbricht oft – hört nicht zu – rügt viel – weist zurecht – dominiert die Gruppenautorität	– sitzt lustlos herum – ergreift wenig Initiative – greift nicht viel auf – distanziert sich – zweifelt an Kompetenzen der Gruppe – zeigt sich desinteressiert – stellt die Umsetzung in Frage

Abb. 4.8: Lebenspositionen und Lehrerverhalten

4.4.2   Lehrerrollen und Führungsstile

Aus den Lebensskripts resultieren „typische Lehrerrollen":

Lehrerrollen

*   **Opfer:** Der Lehrer, der seine eigenen pädagogischen Fähigkeiten unterschätzt, der sich unterlegen und hilflos vorkommt, der glaubt, dass er stetes Pech hat und übergangen wird und dass überhaupt alles keinen Sinn hat, der folgt dem Lebensskript „Ich bin nicht o.k. – du bist o.k."
*   **Verfolger:** Der Lehrer, der sich stets überlegen fühlt und aus seiner „überhöhten" Position heraus ständig maßregelt, tadelt, belehrt oder verurteilt, der folgt dem Lebensskript „Ich bin o.k. – du bist nicht o.k."
*   **Retter:** Der Lehrer, der (gerufen oder nicht gerufen) immer „zur Hilfe eilt", sich bemüht und seine Fähigkeit scheinbar selbstlos zur Verfügung stellt, folgt auch dem Lebensskript „Ich bin o.k. – du bist nicht o.k."

**Rollenänderung
nach „Dramen-
Dreieck"**

Charakteristisch ist, dass die eingenommenen Rollen jederzeit ausgetauscht werden können, z.B. wird aus dem Retter leicht ein Verfolger. Diese Rollen wirken dann als „Dramen-Dreieck". Die Bezeichnung verweist darauf, dass diese gruppendynamischen Grundkonstellationen von Dramatikern erkannt und häufig in ihren Bühnendramen aufgegriffen worden sind. Auf der Bühne stellen solche Rollenwechsel einen dramatischen Höhepunkt dar. Im Schul- und Ausbildungsalltag vollziehen sie sich als „Krise" oder „Umschlagpunkt".

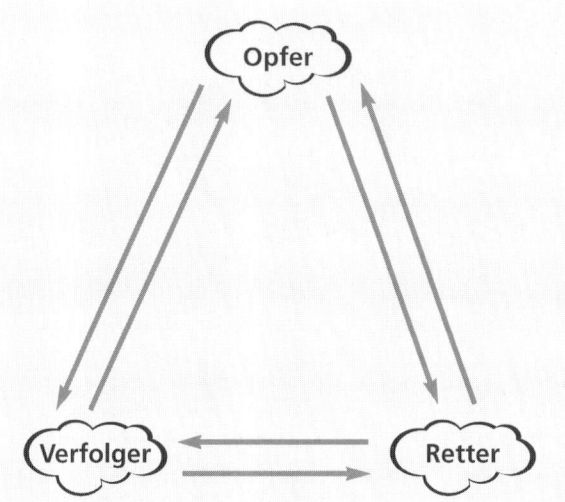

Abb. 4.9:
Dramen-Dreieck

**Rolle und
Führungsstil**

**zwei Kategorien
des Leitungsver-
haltens**

Das individuelle Lebensskript und die daraus resultierenden Rollen bestimmen das pädagogische Handlungsfeld und damit die Führungsstile des Gruppenleiters, die unterschiedliche Auswirkungen auf die Arbeitshaltung und Arbeitsergebnisse haben. Grundsätzlich wird das „pädagogische Handlungsfeld" des Lehrers/Ausbilders durch die beiden Verhaltenskategorien „Teilnahme" und „Anregung" abgesteckt (vgl. Tausch/Tausch, 1977):

- Bei der **„Teilnahme"** handelt es sich um ein Leitungsverhalten, das durch Vertrauen, Anerkennung, Wertschätzung und emotionale Wärme zur Lerngruppe gekennzeichnet ist. Die Lernenden können grundsätzlich an Entscheidungen teilnehmen, Kommunikation wird bewusst gefördert. Lehrer und Ausbilder dieses Typs folgen dem individuellen Rollenverständnis:

  „Ich bin Pädagoge für erwerbstätige Jugendliche."

- Bei der **„Anregung"** handelt es sich um ein Verhalten, bei dem der Lehrer/Ausbilder den Lernprozess organisiert und lenkt. Er verteilt Aufgaben, macht Arbeitspläne, probiert neue Lehrmethoden aus und regt zu immer höherer Lernleistung an. Dieser Lehrer- bzw. Ausbildertyp folgt dem Grundsatz:

  „Ich bin Didaktiker für berufliche Kompetenzvermittlung."

Je nach Ausprägungsgrad von „Teilnahme" und „Anregung" sind unterschiedliche Führungsstile im Unterricht bzw. in der Ausbildung vorherrschend:

Autoritärer Führungsstil
Niedrige Teilnahme und hohe Anregung werden als autoritär bezeichnet. Der   **starres Gruppen-**
autoritäre Führungsstil zeichnet sich durch starres Unterrichts- bzw. Ausbil-   **management**
dungsmanagement aus. Der Leiter bestimmt die Ziele der Gruppe, erteilt die
jeweiligen Anweisungen und überwacht die Durchführung der Tätigkeiten,
individuelle Lernbedürfnisse finden nur geringe Berücksichtigung. Lernen und
Arbeiten ist i.d.R. auf die Ausführung von Anweisungen beschränkt. Geringes
Mitspracherecht der Lerngruppe führt zu geringer Eigenitiative und Kreativität.

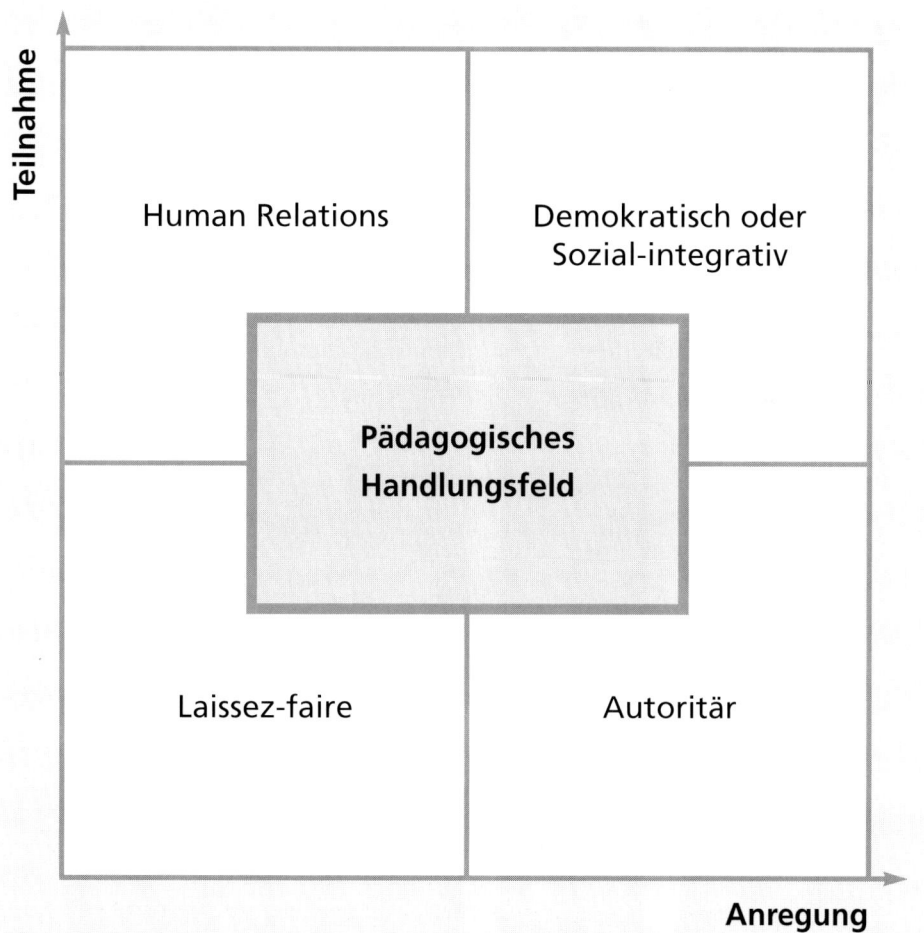

Abb. 4.10: Pädagogisches Handlungsfeld

Mensch im Mittelpunkt

Human Relations

Hohe Teilnahme und niedrige Anregung wird wegen des besonderen Anliegens den „Lerner bei Laune zu halten" als Human Relations bezeichnet. Der Gruppenleiter tritt oft zurück oder arbeitet an (und auf) der Beziehungsebene. Der Mensch allein steht im Mittelpunkt, die Inhaltskomponente der Ausbildung wird dabei allerdings leicht übersehen.

orientierungslos und unsicher

„Laisser-faire"-Stil

Der „Laisser-faire"-Stil wird durch niedrige Teilnahme und niedrige Anregung bestimmt. Der Leiter ist dem Gruppengeschehen gegenüber eher passiv und gleichgültig. Er gibt keine verbindlichen Regeln für die Gruppe, die Gruppe bleibt sich selbst überlassen. Extrem praktiziert bewirkt der Grundsatz „Lass es laufen, wie es läuft" Orientierungslosigkeit, Ratlosigkeit und Unsicherheit innerhalb der Gruppe und führt zu keinem oder nur sehr geringem Lernerfolg.

Team-bewusstsein

Demokratischer Führungsstil

Hohe Teilnahme und hohe Anregung kennzeichnen einen demokratischen (sozial-integrativen) Führungsstil mit Gruppendiskussion und weitgehend selbstständiger Arbeit der Gruppe. In der demokratisch oder kooperativ geführten Gruppe haben alle Mitglieder das gleiche Mitspracherecht, kollegiale und soziale Verhaltensweisen werden dabei eingeübt. Der Leiter gibt Anregungen und Ratschläge, nimmt Vorschläge von den Gruppenmitgliedern entgegen und lässt von der Gruppe beschließen, wie vorgegangen werden soll. Kreativität und Eigeninitiative können sich ausbilden. Die Lösung von Schwierigkeiten und Problemen erfolgt durch die Gruppe, dadurch bildet sich ein gemeinsames Verantwortungsbewusstseins (Teambewusstsein) aus.

Auswahl einer bedeutsamen Praxismethode aus der Vielfalt:

Natürlich zielt die Aus- und Fortbildung von Lehrern und Ausbildern darauf ab, den eigenen Führungsstil in der Gruppe zu erkennen, zu reflektieren und zu optimieren. Auf die Vielzahl der Methoden praktischer Psychologie kann hier kaum eingegangen werden – es werden zwei zunehmend verbreitete, auf die Unterstützung ganzheitlicher Lernprozesse zielende Ansätze vorgestellt.

4.4.3 Themenzentrierte Interaktion und Zukunftswerkstatt

Die Begründerin der „Themenzentrierten Interaktion (TZI)", Ruth Cohn, entwickelte aus den Erkenntnissen der Psychoanalyse und der Gruppentherapie ein Konzept, das auch für Gruppenprozesse zunehmende Bedeutung gewinnt. Dieser humanistisch-ganzheitliche Ansatz beruht auf zwei grundlegenden Postulaten:

TZI – beruhend auf zwei Postulaten

– „Sei deine eigene Leitperson (Chairman)! Mache dir deine innere und äußere Wirklichkeit bewusst! Benutze deine Sinne, deine Gefühle, gedanklichen Fähigkeiten und entscheide dich verantwortlich von deiner eigenen Perspektive her" (Cohn, 1975, 179).
– „Beachte Hindernisse auf deinem Weg, deine eigenen und die von anderen. Störungen und Betroffenheiten haben Vorrang; ohne ihre Lösung wird Wachstum verhindert oder erschwert" (ebd. 121).

Das Konzept der TZI weist auf vier Faktoren hin, die in einer Gruppeninteraktion zum Tragen kommen (vgl. Langmaack, 1996, 18ff):

– das ICH (die Persönlichkeit und ihre Interessen),

– das WIR (die Gruppe und ihre Interessen),

– das ES (das Thema bzw. die gemeinsame Aufgabe) und

– der GLOBE (die Wirkungszusammenhänge der Umwelt wie z.B. finanzielle und zeitliche Begrenzungen, anthropogene und soziokulturelle Voraussetzungen usw.).

**vier Faktoren
der Gruppen-
interaktion**

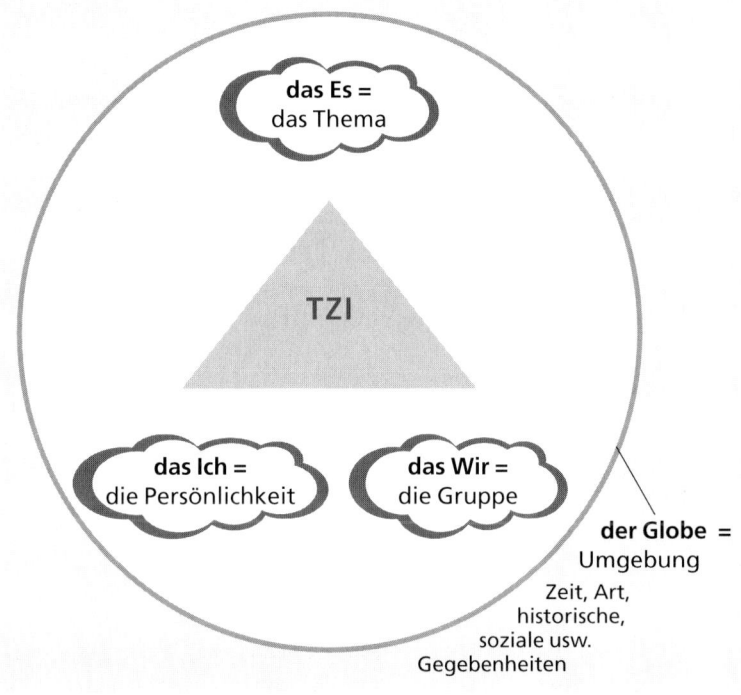

Abb. 4.11: Grundsätze themenzentrierter Interaktion

Dieses ganzheitliche, lebendige Lernen bedingt eine Lernorganisation, die durch Ernstnehmen und Zulassen kreativer und visionärer Elemente im Gruppenprozess gekennzeichnet ist. Diese Art und Weise des gemeinschaftlichen Zusammenwirkens in einem „sozialen Versuchslabor" bietet die „Zukunftswerkstatt", mit oft überraschenden Ergebnissen und Synergieeffekten bei der Suche nach sozialverträglichen Zukünften wie z.B.: Erfindung neuer Arbeitsplätze, Müllvermeidung statt Müllverwertung, Entwicklung eines multimedialen Internet-Cafes usw.

**Zukunfts-
werkstatt:
soziales
Versuchslabor für
ganzheitliches
Lernen**

Damit alle Werkstattteilnehmer ihre Kritiken, Meinungen, Einfälle, Phantasien und Wünsche einbringen können, ist der Gruppenprozess in mehrere intuitiv-emotionale und rational-analytische Phasen gegliedert. Bei einer typischen Zukunftswerkstatt (Abb. 4.12) wird zwischen der Vorbereitungsphase und drei Werkstattphasen unterschieden (vgl. Jungk/Müller, 1990, 221ff).

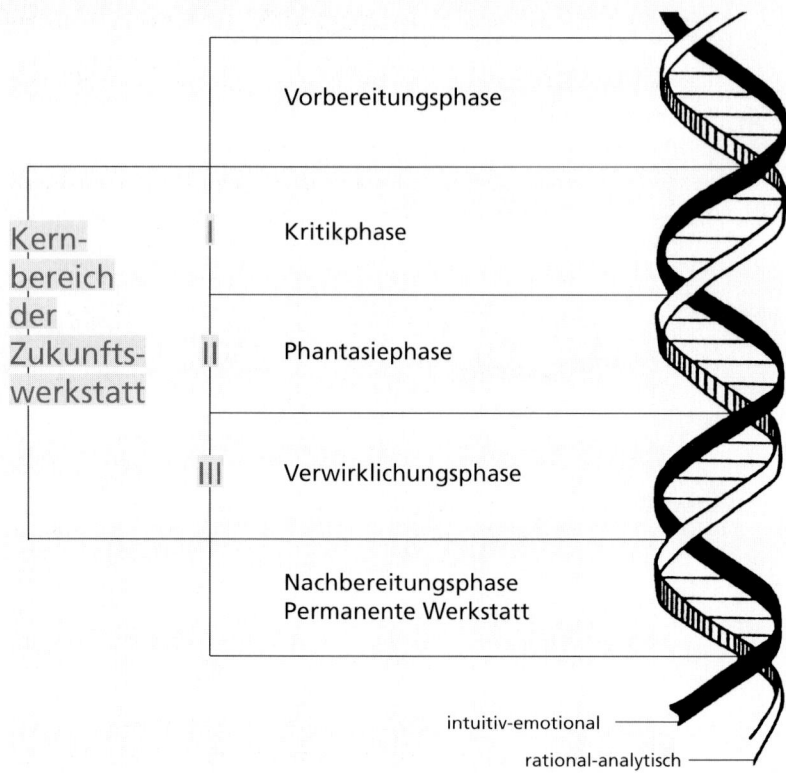

Abb. 4.12: Phasen der Zukunftswerkstatt mit Doppelspirale (Jungk/Müller, 1990)

Werkstatt-phasen

- In der **Vorbereitungsphase** wird das Thema festgelegt und organisatorische Vorkehrungen werden getroffen, z.B. Wahl des Werkstattortes, Bereitstellung der Arbeitsmaterialien, Einführung in die Arbeitsweise usw.
- In der **Kritikphase** äußern die Gruppenteilnehmer ihren Unmut und ihre negativen Erfahrungen zum Werkstatt-Thema. Aus der Kritiksammlung werden die wichtigsten Kritikthemenkreise zur Bearbeitung ausgewählt.
- In der **Phantasiephase** werden in kleinen Arbeitsgruppen (im Brainstorming) Wünsche, Vorstellungen, Träume (utopische Entwüfe) in Phantasiethemenkreisen präzisiert.
- In der **Verwirklichungsphase** werden die Durchsetzungschancen der Lösungen abgeschätzt und ein Aktionsplan (Verwirklichungsschritte) erstellt.
- In der **Nachbereitungsphase** werden Ziele verfolgt, Ergebnisse verbreitet und Vorschläge zur Weiterarbeit entwickelt (permanente Werkstatt).

Für den Gruppenleiter besteht nun die Aufgabe darin, innerhalb des „Bedingungsfeldes" (Globe) das ICH, WIR und ES/Thema in einer „dynamischen Balance" zu halten um lebendiges Lernen und Lehren zu gewährleisten. Damit wird deutlich, dass an einen erfolgreichen Gruppenleiter große Verhaltenanforderungen gestellt werden, wie in Abb. 4.13 zusammengestellt.

Der Gruppenleiter / die Gruppenleiterin

Als Person	In der Gruppe	Zum Ablauf
– bringt er/sie Sachkenntnis ein,	– sorgt er/sie für gute Atmosphäre ,	– stellt er/sie Rahmenbedingen,
– zeigt er/sie Durchsetzungs-vermögen, manipuliert aber nicht,	– achtet er/sie darauf, dass niemand bloßgestellt wird,	– achtet er/sie auf den roten Faden,
– formuliert er/sie verständlich und rhetorisch gut,	– hilft er/sie Hemmungen abzubauen,	– sorgt er/sie für Transparenz,
– gibt er/sie sich positiv und ge-lassen,	– dämmt er/sie Vielredner freundlich ein,	– stellt er/sie Fragen,
– kann er/sie gut zuhören,	– ermuntert er/sie Schweiger,	– berät, vermittelt, bemüht er/sie sich um Konsens,
– zeigt er/sie Integrität, wirkt nicht autoritär,	– vermittelt er/sie Zugehörig-keitsgefühl,	– fragt er/sie nach Meinungen, integriert diese,
– gibt er/sie Fehler zu,	– hält er/sie stets Blickkontakt,	– bleibt er/sie selbst neutral,
– bemüht er/sie sich um freund-liche Ausstrahlung.	– stellt er/sie sich selbst auf die Gruppe ein.	– agiert er/sie steuernd, bringt spielerische Elemente ein.

Abb. 4.5: Gruppenbild

Selbstverständlich beziehen sich diese Verhaltensanforderungen nicht nur auf die Gruppenleiter, sondern auf alle Gruppenmitglieder. Die themenzentrierte Interaktion ist deshalb auch eine gute Basis für eine Gruppen-Bilanz am Ende eines gemeinsamen Arbeitsprozesses, z.B. mit Hilfe eines „Bilanzbogens":

	0	1	2	3	4	5
ICH						
... habe mich in der Gruppe wohl gefühlt						
... konnte mich einbringen und verwirklichen						
... fühlte mich angenommen und ermutigt						
... habe bei der Gruppenarbeit eine Menge gelernt						
... bin mit dem Arbeitsprozess zufrieden						
WIR						
... haben gut zusammengearbeitet						
... sind freundlich miteinander umgegangen						
... haben keinen links liegen lassen						
... sind sachlich und fair geblieben						
... haben Probleme offen angesprochen						
DIE AUFGABE						
... wurde nie aus den Augen verloren						
... wurde zielstrebig angegangen						
... wurde eingehend erörtert						
... wurde überzeugend gelöst						

Abb. 4.14: Gruppen-Bilanz zum Ankreuzen (keine Zustimmung = 0, größte = 5)

4.5   Gruppenkonflikte

Störungen menschlicher Interaktion

Wenn in einer Beziehung „die Persönlichkeiten aufeinanderprallen", dann sind Gesprächs- und Verhaltensreaktionen möglich, die man nicht voraussehen konnte, auch wenn man glaubt, die Streitpartner einzeln zu kennen. Demnach ist es weniger hilfreich, jeden Einzelnen unter die Lupe zu nehmen. Helfen kann in dieser Situation nur eine „systemtheoretische Betrachtungsweise", die bei Störungen einzelner Individuen die Art des Miteinander-Umgehens, also ihre Spielregeln, untersucht und verändert. „Die systemtheoretische Betrachtungsweise, die den Relationen zwischen den Elementen größere Aufmerksamkeit widmet als den Eigenschaften der Elemente selbst, unterstellt ferner Kreisförmigkeit, d.h. eine wechselseitige Einflussnahme, bei der die Frage nach dem Anfang ohne Sinn ist und nur willkürlichen Interpunktionen Vorschub leistet. Entsprechend entfällt eine moralische Betrachtungsweise, entfällt die Frage nach Schuld und Recht" (Schulz v. Thun, 1981, 88). Grundlegende Steuerungsprozesse menschlicher Interaktion zeigt das Interaktionsmodell „Erleben und Verhalten":

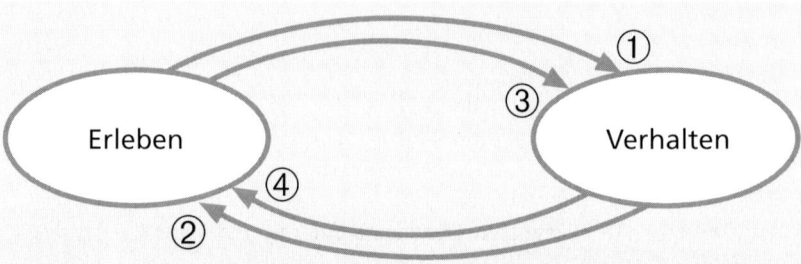

① Mein Erleben steuert mein Verhalten   ② Sein Erleben steuert sein Verhalten
② Mein Verhalten steuert sein Erleben   ④ Sein Verhalten steuert mein Erleben

Abb. 4.15: Interaktionsmodell „Erleben und Verhalten"

Zur Konfliktlösung in menschlichen Interaktionsprozessen gibt es mehrere Modelle, die in Bezug auf das Problemlösungsverhalten zugleich den sozialen Reifungsprozess der Menschen widerspiegeln:

Modelle zur Konfliktlösung

- **Flucht:** Das Problem wird ignoriert, verdrängt oder verleugnet. Häufig vergrößert das Aufschieben auf die lange Bank das Problem und führt zur offenen Aggression.
- **Kampf:** Beide Parteien versuchen ihre Interessen durchzusetzen und „Recht zu behalten". Der Kampf dauert so lange, bis eine Partei die andere unterworfen hat.
- **Anpassung:** Sie ist die Schwestertugend des Kampfes. Der Unterlegene „folgt" der anderen Meinung, allerdings bleiben Arbeitsmotivation und Kreativität häufig auf der Strecke.
- **Kompromiss:** In dieser entwickelten Form der Konfliktlösung versuchen beide Parteien den eigenen Standpunkt zu überdenken und sich die gegnerischen Motive bewusst zu machen.
- **Konsens:** In dieser am weitesten entwickelten Form der Konfliktlösung wird zunächst herausgearbeitet, worin der Konflikt besteht. Für Lern- und Arbeitsgruppen heißt das danach zu fragen, wer im „Problembesitz" (mein Problem vs. dein Problem) ist. Anschließend wird gemeinsam eine „niederlagenlose Konfliktlösung" erarbeitet.

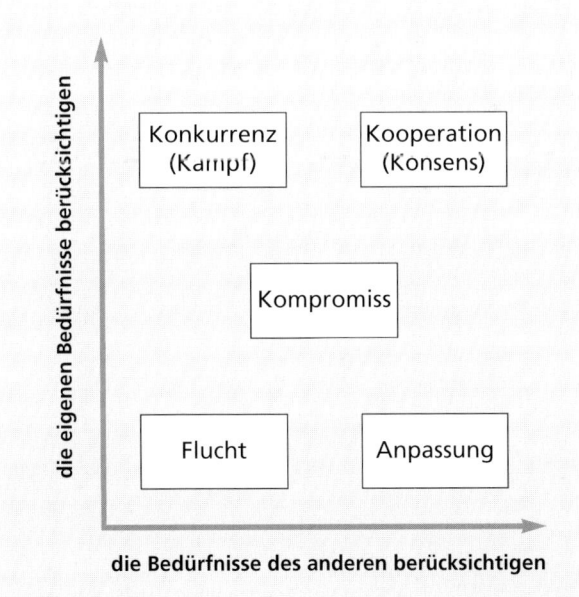

Abb. 4.15: Konflikt-
lösungsstrategien

Entwickelte Konfliktlösungen resultieren in der Regel aus einem niederlagenlosen Konfliktgespräch.

Ein allgemein gültiges „Schema" für Konfliktgespräche ist nur schwer anzugeben. Dennoch gibt es gewisse Grundregeln und Phasen, die für diese Gesprächsführung hilfreich sind, etwa das Problem-Analyse-Schema „S T O P":

Grundregeln zur Konfliktlösung – Schema „STOP"

Phase des Konfliktgesprächs		Ankeraussagen
S – Stop:	Konfrontationsphase Konflikt benennen	„Ich will mit Ihnen sprechen … mich stört …"
T – Think:	Problematisierungsphase Nennung des eigenen Ziels und Feststellung des Ziels des anderen	„Ich möchte … mein Ziel" „Was ist Ihr Ziel?"
O – Organize:	Lösungsphase Suche nach gemeinsamen Lösungen	„Was wollen wir beide?"
P – Set Priorities:	Vereinbarungsphase Ziel- und Zeitpunktvereinbarung der Lösung	„Was vereinbaren wir?"

Weiterführende Literatur:

RECHTIEN, W.: Angewandte Gruppendynamik. München 1992.

SADER, M.: Psychologie der Gruppe. München 1994 (4).

SCHÄFERS, B. (Hrsg.): Einführung in die Gruppensoziologie. Wiesbaden 1994 (2).

5 Motivationale Aspekte des Lernens und Lehrens

Lernfragen

① Unterscheiden Sie Motiv von Motivation!
② Welche motivationalen Auswirkungen haben Frustration und Stress?
③ Was bedeuten Zug- und Druckmotivation?
④ Was besagt die Maslow-Theorie? Bewerten Sie diese Theorie kritisch!
⑤ Beschreiben Sie die X-Y-Theorie nach McGregor.
⑥ Welche Bedeutung hat das „Neugier-Motiv" für die Lern-motivation?
⑦ Beschreiben Sie das „Prozessmodell der Motivation" an einem praktischen Beispiel!
⑧ Welche Variablen bestimmen (nach Heckhausen) die Lern-motivation?

„Wenn das Leben keine Vision hat, nach der man strebt, nach der man sich sehnt, die man verwirklichen möchte, dann gibt es auch kein Motiv sich anzustrengen."
Erich Fromm

5.1 Was bedeuten Motiv und Motivation?

Die Bedeutung der Motivation für menschliches Handeln ist unstrittig, die Suche nach Möglichkeiten der Motivationssteigerung zentrales Element pädagogischer Bemühungen. Trotz ihrer großen Bedeutung ist der Einfluss der Motivation auf zielgerichtetes menschliches Handeln noch nicht wissenschaftlich gesichert erklärbar, denn dieser Einfluss folgt nicht einfachen Ursachen-Wirkungs-Ketten, sondern besteht aus einem Bündel kurzlebiger, sich überlagernder Prozesse, die nicht notwendigerweise bewusst ablaufen. Versuche zur inhaltlichen Präzisierung des Motivationsbegriffs (lat. movere = bewegen) umfassen viele Erklärungshypothesen, aber keine sicher geklärten Muster. Demnach bleibt für „Motivation" eine nur allgemeine und abstrakte Definition – die Frage nach Beweggründen (dem „Warum") menschlichen Handelns und Verhaltens. Begrifflich abzugrenzen ist zunächst das Motiv von der Motivation:

pädagogisches Bemühen: Motivations-steigerung

Begriffsklärung

• Motive sind relativ stabile, überdauernde Persönlichkeitsmerkmale bzw. Verhaltensdispositionen, die ein Mensch im Laufe seiner Sozialisation herausgebildet hat (vgl. Heckhausen, 1989, 9f). Bei verschiedenen Personen sind natürlich auf Grund der individuellen Lebenswelt, Deutungsmuster und Vorerfahrung eine Fülle von Motivstrukturen in unterschiedlichen Ausprägungsgraden angelegt, wie z.B. Angst, Aggression, Neugier oder Toleranz.

konstant: Motive in der Persönlichkeit

• Motivation dient zur Erklärung der gesteuerten Dynamik des zielgerichteten Verhaltens, der Erwartung von Handlungsfolgen und der gefühlsmäßigen Besetzung von Absichten, wenn ein Motiv durch eine Situation angeregt wird. Ist ein Motiv bei einer Person stark ausgeprägt, so reagiert sie in einer äußeren (das Motiv betreffenden) Situation so, dass sie eine Spannung aufbaut, die durch bestimmte Handlungen verringert werden kann.

situativ: Motivation des Handelns

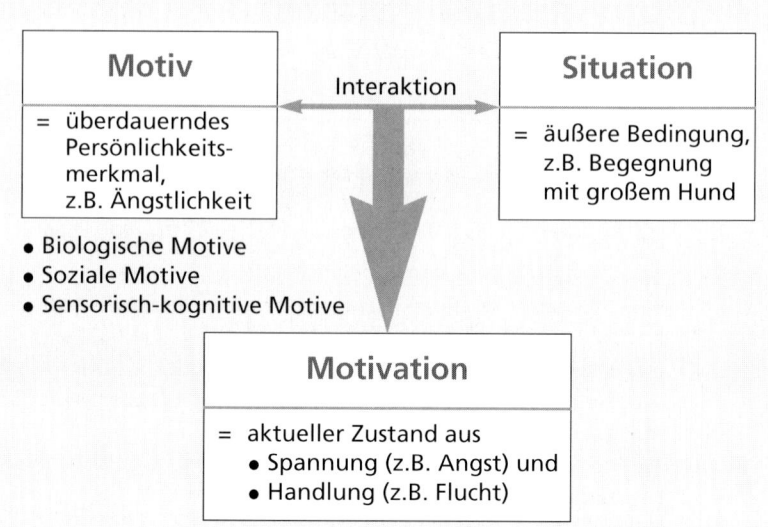

Abb. 5.1: Motiv und Motivation

Modellkonzeptionen zur Motivation:
– **bedürfnisorientiert**
– **anreiztheoretisch**
– **humanistisch**
– **kognitiv**

Infolge der Vielschichtigkeit und Komplexität der Motivationshypothesen ist es schwer, ein Ordnungsschema zu erstellen, das zur Klassifizierung der Lern- und Arbeitsmotivation dienen kann. Trotz dieser Problematik werden in diesem Kapitel die zahlreichen Hypothesen der Motivationspsychologie auf vier grundlegende Modelle zurückgeführt. In verkürzter Form werden vor allem die Grundprinzipien der Theorien vorgestellt, die speziell auf die Lern- und Arbeitsmotivation bzw. Arbeitszufriedenheit übertragen und angewendet wurden oder sich direkt darauf beziehen. Diese Modelle können infolge der starken Vereinfachung selbstverständlich nur eine allgemeine Orientierung bieten (vgl. Neuberger, 1974).

5.2   Bedürfnisorientierte Konzeption

Motivationsabläufe zyklisch erklärt ...

... über Mangelzustand

Bedürfnisse sind Motiven vorgeordnet. Sie sind durch ein physiologisches Mangelgefühl (Hunger, Durst etc.) gekennzeichnet, das einen Menschen zum Handeln motiviert. Das bedürfnisorientierte Prinzip beruht auf einer zyklischen Erklärung der Motivationsabläufe. Dabei wird angenommen, dass der Mensch verschiedene Bedürfnisse hat, die immer wieder befriedigt werden müssen um sein inneres Gleichgewicht herzustellen bzw. zu erhalten. Das Bedürfnis wird nur dann bemerkt bzw. das Motiv aktiviert, wenn der Mangelzustand eine bestimmte Stärke erreicht und damit die Bewusstseinsschwelle überschritten hat. In unserer Kultursphäre muss in diesem Modell der starke Einfluss von Stabilitätsgaranten wie Geld, Freunde usw. und auch die Überformung durch gesellschaftliche Normen und Werte berücksichtigt werden. Diese einfachste Definition der Zufriedenheit als aktueller Zustand der Bedürfnisbefriedigung muss demnach durch dauerhafte Motive erweitert werden, die ein Bestandteil der Persönlichkeit darstellen.

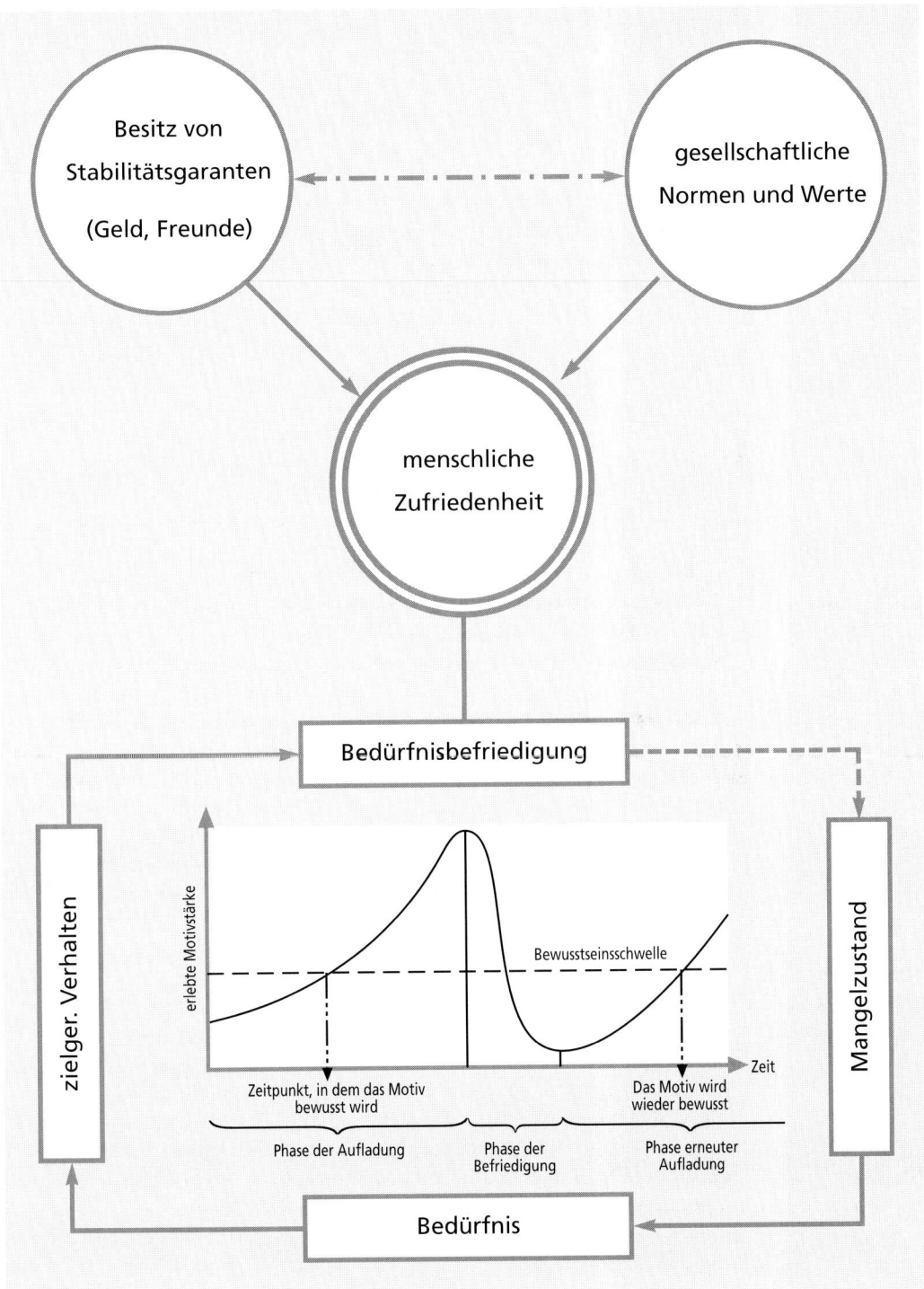

Abb 5.2: Bedürfnisorientierte Konzeption

Stress überlagert Motive

Die positive, überdauernde Motivstruktur eines Menschen geht allerdings oft in Frustrations- bzw. Stresssituationen verloren. Grundsätzlich ist Stress ein Aktivierungszustand, der sowohl angenehm (eustress) als auch belastend (distress) wirken kann. Distress erhält als „Motivations-Killer" besonderes Gewicht, wenn man „Frustration" als das Gegenteil von „Zufriedenheit" betrachtet. Der „Umgang mit Unzufriedenheit" hat, von Mensch zu Mensch verschieden, viele (negative) Folgen. Dazu hat Gehm eine Übersicht zusammengestellt, die sich insbesondere durch die auf den Beruf bezogenen Beispiele auszeichnet (vgl. die folgenden beiden Seiten, Abb. 5.3).

Distress bringt Unzufriedenheit

Hält dieser Frustrationszustand längere Zeit an und wird nicht nur die Aufgabenerfüllung in Frage gestellt, sondern auch die eigene Selbsteinschätzung und Persönlichkeit, wird die Stressschwelle überschritten. Stress ist demnach ein Zustand, in dem Menschen sich durch „Ich-nahe-Einflüsse" bedroht fühlen, z.B. in Arbeitssituationen, die gekennzeichnet sind durch hohe Arbeitsintensität, geringe Freiheitsgrade und fehlende soziale Unterstützung (Isolation).

Hierbei wird die rationale Problemlösungsaktivität zunehmend durch eine Selbstsicherung ausgeschaltet. In Stresssituationen stellt sich der Organismus unter Mobilisierung aller Energien auf die Istsituation ein (vgl. Hoberg/Vollmer, 1988, 17ff):

- **Gesteigerte Emotionalität** zeigt sich kurzfristig in psychosomatischen Symptomen wie Pupillenreaktion, Schweißsekretion, erhöhter Pulsfrequenz usw., wie z.B. in einer entscheidenden Prüfung.
- **Subjektiv emotionale Bedrängnis**, wie Versagensangst, Angst vor Mitarbeitern oder Vorgesetzten ect., führt langfristig häufig zu psychosomatischen Erkrankungen bzw. zum sog. „Burn-out-Syndrom".

Die Anwendung der bedürfnisorientierten Konzeption als Erklärungsmodell für Primärbedürfnisse (z.B. Essen, Trinken, Schlafen) ist evident. Bezogen auf die Arbeitsmotivation sind bedürfnisorientierte Erklärungsmuster eher marginal. So berichtete beispielsweise ein Ingenieur von einem Entwicklungshilfeprojekt, dass einheimische Mitarbeiter nach dem ersten Zahltag so lange der Arbeit fern blieben, bis ihr Lohn aufgebraucht war und sich „logischerweise" erst dann ein neues Arbeitsbedürfnis einstellte.

Ansatz punktuell anwendbar – kaum für Arbeitsmotivation

Die Grenzen der bedürfnisorientierten Konzeption für unseren Kulturkreis sind deutlich: Moderne Arbeitnehmer haben eher eine disponierende Arbeitsauffassung, deren Grund in dauerhaften Motiven liegt wie z.B. der Erhaltung des Lebensstandards, der Besitzstandswahrung und der längerfristigen Arbeits- und Lebenszufriedenheit. Aus diesen Gründen gewannen auch die anreiztheoretischen Motivationshypothesen größere praktische Bedeutung, während die anwendungsorientierten Ableitungen aus der bedürfnisorientierten Konzeption eher für die Erklärung und Bearbeitung punktueller Krisen und Konflikte (im Sinne nebenstehender Übersicht) herangezogen werden.

Umgang mit Unzufriedenheit

Bezeichnung	Erläuterung	Beispiel
1. Konversion ("Flucht in die Krankheit")	Emotionale Spannung und Konflikte drücken sich in einer Vielzahl von seelisch bedingten Krankheiten aus (Kreislaufbeschwerden, Asthma, Hautkrankheiten, Magengeschwür).	Einen Tag nachdem ein von ihm entwickeltes Projekt abgelehnt wurde, fesseln starke Kopfschmerzen einen Projektleiter ans Krankenbett.
2. Verschiebung	Umlenkung aufgestauter Gefühle auf Personen, Ideen oder Sachen, die mit der eigentlichen Ursache nicht in Beziehung stehen.	Nachdem ein Meister von seinem Chef kritisiert worden ist, schikaniert er deswegen seine Mitarbeiter.
3. Flucht in die Phantasie	Tagträume oder andere Formen von Gedanken verhelfen zur Flucht aus der Wirklichkeit und zu erlebter Befriedigung.	Ein wenig geschätzter Arbeiter träumt den ganzen Tag davon, bei einer Besprechung einen Vorschlag zu machen, der von allen als Rettung aus einer schwierigen Situation begrüßt wird.
4. Identifikation	Eine Person erhöht ihr Selbstwertgefühl, indem sie ihr Verhalten ganz nach dem einer anderen Person ausrichtet, häufig verinnerlicht sie auch die Werte und Überzeugungen des anderen. Damit hat sie in der Gedankenwelt Teil an dessen Erfolgen.	Nicht selten findet man, dass ein Assistent oder Stellvertreter einer Führungskraft deren Sprache, Gestik, Kleidung oder Geschmack übernimmt.
5. Trotz, Ablehnung (Neinsagen)	Aktiver oder passiver Widerstand, der unbewusst und ohne ausreichende reale Begründung abläuft.	Ein Mitarbeiter, der gegen seinen Willen in einen Ausschuß entsandt wurde, kritisiert jede Äußerung, die dort fällt.
6. Projektion	Das Individuum schützt sich selbst vor den eigenen unerwünschten Eigenschaften oder nicht akzeptierten Gefühlen, indem es sie anderen zuschreibt.	Erfolglose Mitarbeiter, die selbst keine Karriere gemacht haben, blockieren den Aufstieg anderer, denen sie vorwerfen, sie wären überehrgeizig.
7. Rationalisierung	Inkonsequente oder unerwünschte Verhaltensweisen, Überzeugungen oder Motive werden "verschleiert", indem akzeptable Erklärungen vorgeschoben werden.	Als Ursache für Probleme wird geringer Verdienst angegeben und dies auch laufend kritisiert, aber nicht der eigentliche Grund, Ärger mit dem Vorgesetzten.
8. Reaktionsbildung	Nicht verwirklichte Wünsche werden verdrängt und an ihrer Stelle werden die entgegengesetzten Einstellungen oder Verhaltensweisen mit großem Nachdruck vertreten.	Ein unerwarteterweise nicht beförderter Mitarbeiter verteidigt mit Eifer seinen Chef und ist ein Vorbild für die Befolgung von Firmengrundsätzen.

Abb. 5.3: Umgang mit Unzufriedenheit (Gehm 1997)

9. Regression	Die Person fällt auf eine frühere, weniger „entwickelte" Verhaltensweise zurück.	Eine Führungskraft ist bei irgendeinem Vorhaben gescheitert und flüchtet sich nun in Büroarbeit und Kleinkram, der besser von Mitarbeitern ausgeführt würde.
10. Verdrängung	Antriebe, Wissen, Erfahrungen und Gefühle werden vollständig aus dem Bewusstsein ausgeschlossen, um Angst oder Schuldgefühle zu vermeiden.	Ein Mitarbeiter „vergisst" völlig seinen Chef über eine unangenehme Situation zu informieren.
11. Fixierung	Die Aufrechterhaltung einer bestimmten Reaktion, auch wenn sich wiederholt gezeigt hat, dass sie zu keiner Lösung der Probleme führt.	Eine bestimmt Vorschrift, die sich längst als unsinnig erwiesen hat, wird weiter eingehalten um es „denen da oben" zu zeigen.
12. Resignation (Apathie, Desinteresse)	Der psychische Kontakt mit der Umwelt wird abgebrochen und jede emotionale oder persönliche Beteiligung abgebaut.	Ein Mitarbeiter, der trotz großer Anstrengungen nicht gelobt oder ermutigt wurde, erledigt seine Arbeit dann achtlos und unbeteiligt.
13. Flucht	Rückzug aus dem Bereich, in dem man Erniedrigung, Frustration, Konflikte usw. erfahren musste.	Ein bei seinen ersten Kontaktversuchen gescheiterter Mitarbeiter kapselt sich völlig ab, wird zum Einzelgänger und fehlt häufig.
14. Aggression	Eine Person „rächt" sich für eine erlittene oder empfundene Niederlage oder Beeinträchtigung, indem sie andere unterdrückt, beherrscht oder schädigt. Die Aggression kann sich auch auf Sachen verschieben.	Ein Mitarbeiter, der von seinen Kollegen ständig gehänselt und verlacht wurde, sieht „Rot" und fängt eine Rauferei an oder beschädigt absichtlich eine Maschine.
15. Verleugnung der Wirklichkeit	Eine Person verschließt die Augen vor der Realität um damit Beeinträchtigungen ihres Selbstwertgefühls zu entgehen; bestimmte Vorkommnisse werden einfach nicht wahrgenommen.	Ein Mitarbeiter, der auf Grund mangelnder Fähigkeiten bei Beförderungen übergangen wurde, will nicht wahrhaben, dass seine Fähigkeiten nicht ausreichen, sondern glaubt, dass allein Alter und Beziehungen wichtig sind.
16. Selbstbeschuldigung	Anstatt seine Aggressionen auf die Ursache zu richten kehrt ein Mensch sie gegen sich selbst: Indem er vorbeugend sich selbst bezichtigt und erniedrigt, nimmt er anderen die Möglichkeit, ihn zu kritisieren.	Ein Mitarbeiter macht sich selbst schlecht und sichert sich dadurch den Trost und die Hilfe von Vorgesetzten und Kollegen.
17. Überkonformität („Jasagen")	Dadurch, dass eine Person alle Anweisungen pedantisch genau befolgt, sichert sie sich gegen Vorwürfe ab und hat beim Versagen vor sich und anderen eine Rechtfertigung.	Ein Mitarbeiter, der von seinem Chef wegen einer Unachtsamkeit kritisiert worden war, arbeitet nun übergenau.
18. Kompensation	Die Person verfolgt irgendein Vorhaben mit hohem persönlichen Einsatz um damit eine erlebte oder tatsächliche Unzulänglichkeit auf einem anderen Gebiet wettzumachen.	Ein Arbeiter, dem der Aufstieg in seiner Firma versagt geblieben ist, wird zum engagierten Vorsitzenden eines Vereins und reduziert sein Engagement in der Firma.

noch Abb. 5.3

5.3   Anreiztheoretische Konzeption

Die Anreiztheoretiker orientieren sich an der ethischen Lehre der griechischen
Philosophie des Hedonismus, nach der Glück und Ziel des Menschen im Gefühl
der Lust bestehen.

Um dieses hedonistische Ziel zu erreichen wird ein Individuum immer zu zwei
grundlegenden Verhaltenstendenzen neigen:

   – Vermeiden von persönlichen Nachteilen und

   – Erstreben von persönlichen Vorteilen.

**Ausgangspunkt:
Nachteile ver-
meiden, Vorteile
erstreben**

Aus dieser recht einfachen Erkenntnis lassen sich zwei Motivationsarten ableiten, die einen Menschen zur Arbeits- bzw. Lernanstrengung veranlassen:

**= zwei Motiv-
arten**

- Durch **„Zug-Motivation"**, in dem man ein attraktives Ziel anbietet, das die
  Person trotz Hindernissen zu erreichen versucht, wie z.B. der Besuch einer
  weiterführenden Schule oder eine Fortbildungsmaßnahme, mit der Aussicht
  auf einen attraktiven Beruf.

- Durch **„Druck-Motivation"**, indem negative Konsequenzen bei unerwünschtem Verhalten angedroht werden, wie etwa schlechte Schulnoten
  oder Gehaltskürzung bei nachlassender Leistung.

Hier wird ein Grundsatzproblem aller motivationalen Erklärungsansätze deutlich: die Unterschiedlichkeit und Subjektivität menschlichen Empfindens. So ist
es denkbar, dass eine Arbeit, die einem Außenstehenden als monoton und geist-
tötend erscheinen mag, von dem Arbeitenden selbst ganz anders erlebt werden
kann.

Bezogen auf die Arbeitsmotivation bedeutet dies, dass ein allgemein gültiges
Werteschema für bestimmte Arbeitsanforderungen nicht zu erstellen ist. Dennoch gibt es natürlich allgemein gültige Zug-Anreize. Dies ist in unserer Kultursphäre in erster Linie Geld als universelle Verrechnungseinheit, aber auch
Motivationsfaktoren wie gesellschaftlicher Status, Geltung usw. Hinzu kommen noch Druck-Anreize wie etwa Pflichtgefühl und andere.

**Voraussetzung
der Theorie:
Werteschema …**

Die anreiztheoretische Konzeption ist ein häufig verwendeter Ansatz zur Bestimmung der Arbeitszufriedenheit. Dabei werden nicht nur subjektive Bedürfnisse, sondern auch objektive Zufriedenheitsfaktoren der Arbeitssituation ermittelt.

**… z.B. anhand
Arbeitszufrie-
denheit**

Beispiel:

In einer empirischen Untersuchung zur Bestimmung der Arbeitszufriedenheit
von Jugendlichen wurden ca. 400 Berufsschüler in der dualen Ausbildung zu
acht Arbeitsfaktoren befragt (vgl. Ott, 1978, 512ff):

– Bezahlung	– Firmenleitung
– Gesicherter Arbeitsplatz	– Arbeitsbedingungen
– Kollegen	– Arbeitsinhalte
– Vorgesetzter	– Entwicklungsmöglichkeiten

Diese Faktoren wurden mit Hilfe einer statistischen Erhebung in einer „Gut-
Schlecht-Skala" und einer „Wichtig-Unwichtig-Skala" abgebildet (Abb. 5.4).

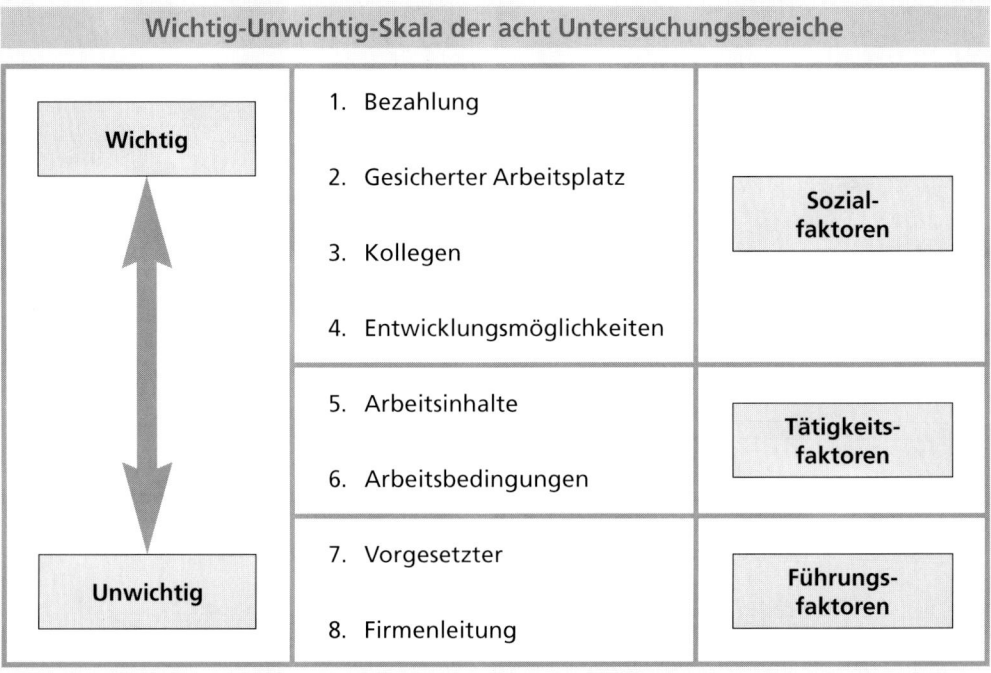

Abb. 5.4: Arbeitszufriedenheit bei Jugendlichen in der dualen Berufsausbildung

Gut-Schlecht-Skala:
Man erkennt, dass die Faktoren mit großem Zufriedenheitsgrad (1-4) vorwiegend den eng begrenzten, persönlichen, zwischenmenschlichen Bereich erfassen. Diese Einflussgrößen werden als *„direkte Arbeitsfaktoren"* bezeichnet. Die „schlechten Faktoren", die mehr das Arbeitsumfeld beinhalten, sind dann *„indirekte Faktoren"*. Diese Klassifizierung ist wichtig, wenn es um die Erforschung der Bedingungen geht, die zur Arbeitszufriedenheit führen.

Wichtig-Unwichtig-Skala:
In dieser Hierarchie sind drei Abschnitte erkennbar: Am ranghöchsten waren nach Meinung der Schüler die (zukunftorientierten) Sozialfaktoren. Das bedeutete, dass für die befragten Jugendlichen die Existenzsicherung absolute Priorität hat. Im Mittelfeld lagen die Tätigkeitsfaktoren, die den direkten Bezug zur Arbeit beinhalten. Die tiefsten Rangplätze belegten die Führungsfaktoren.
Eine solcher Untersuchungsbefund ist natürlich nicht „stabil", d.h., diese Rangreihen können sich im Zeitverlauf schnell verschieben.

5.4   Humanistische Konzeptionen

Vertreter der humanistischen Psychologie (z.B. Maslow und Rogers) sehen motivationale Prozesse in einem übergeordneten Lebenszusammenhang, wobei die Sinnerfüllung und die Selbstverwirklichung des Menschen in den Mittelpunkt ihrer Theorien rückt. Grundsätzlich bejaht der humanistische Ansatz zwar die Annahme, dass aus der Tendenz nach Bedürfnisbefriedigung die stärksten Handlungsimpulse ausgehen. Einzelanalysen menschlichen Verhaltens werden aber zu Gunsten einer ganzheitlichen Betrachtungsweise abgelehnt. Primäre Informationsquelle ist die Selbsterfahrung. Bezogen auf die Arbeitsmotivation wurden vor allem zwei Theorien populär:

Ausgangspunkt: Sinnerfüllung, Selbstverwirklichung

zwei Theorien:
– **Maslow**
– **Herzberg**

5.4.1   Maslow-Theorie
Grundlage der Maslow-Theorie ist die Annahme, dass der Mensch von zwei Grundbedürfnissen gesteuert wird: von Defizit-Motiven und Wachstumsbedürfnissen:

– Wachstumsbedürfnisse behandeln die menschliche Daseinsbewältigung und Lebenserfüllung, also das Streben, mehr und mehr das zu werden, was man werden kann.

– Defizit-Motive sind nach Maslow „leere Löcher, die um der Gesundheit willen gefüllt werden müssen". Die Hauptklassen von Defizit-Motiven hat Maslow entsprechend ihrer Mächtigkeit geordnet.

Grundannahme: Defizit-Motive und Wachstumsbedürfnisse

Dieser Hierarchie liegt auch die populäre Maslow-Pyramide zu Grunde, deren Bedürfnisse nacheinander aktiviert werden:

• **Physiologische Bedürfnisse** wie Essen, Trinken, Atmen, Schlaf, Sexualität, usw., aber auch (auf die Industriearbeit bezogen) ausreichende Bezahlung und gesunder Arbeitsplatz

• **Sicherheitsbedürfnisse** wie Schutz oder Vorsorge, bezogen auf Arbeitsplatzsicherung, Kündigungsschutz und Altersversorgung

- **Soziale Bedürfnisse,** verweisend auf Sozialkontakte, Zuneigung, Freundschaften, Kommunikation, Angliederung an andere (Teamarbeit) und Zugehörigkeit zu Gruppen
- **Ich-Bedürfnisse,** bezogen auf Selbstvertrauen, Kompetenz, Wertschätzung, Achtung, Anerkennung, Prestige und Status (z.B. Titel oder Bezahlung)
- **Bedürfnis nach Selbstverwirklichung,** bezogen auf Selbstentfaltung im Beruf und Anerkennung des Ichs

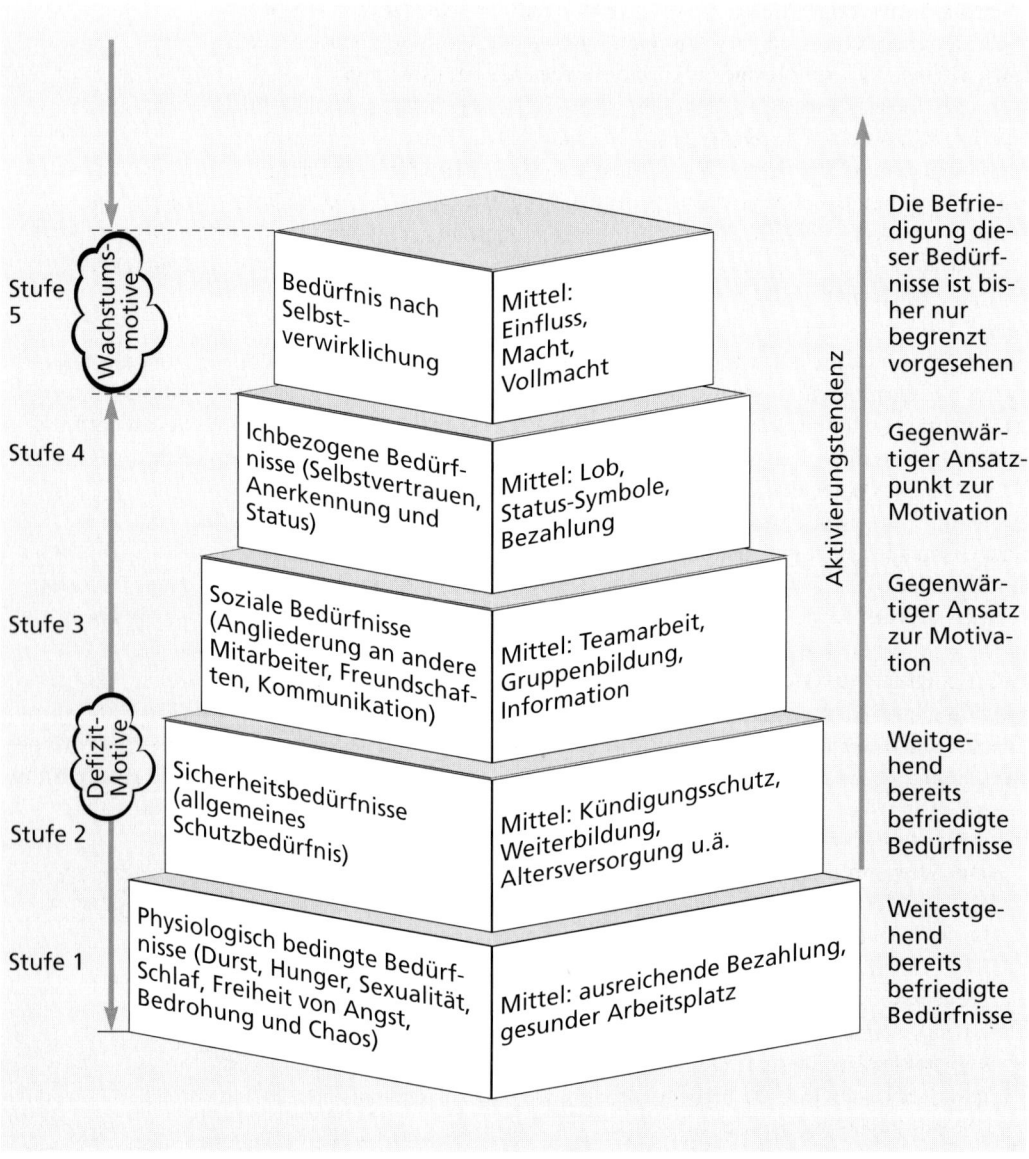

Abb. 5.5: Maslow-Pyramide

Nach Maslow müssen die Defizit-Motive befriedigt werden, bevor die höher-
wertigen Wachstumsmotive Bedeutung erlangen. Sobald ein Defizit-Motiv befriedigt ist, verringert sich dessen Wichtigkeit und die nächsthöhere Ebene ist
stärkstes Verhaltensmotiv. Dieser Vorgang gilt aber nur für die Defizit-Motive,
denn auf der Stufe der Wachstumsmotive erhöht (nach Maslow) die Bedürfnisbefriedigung die Motivation, anstatt sie zu verringern.

Maslow hat mit seiner Theorie zwar viele (plausible) Probleme aufgezeigt, er
konnte aber keine Lösungen anbieten. Seine sehr idealistische Theorie kann
auch nicht für alle Bevölkerungsgruppen gelten, denn das Modell vernachlässigt
die Situationsgebundenheit des Handelns. Zudem ist die Abfolge der einzelnen
Hierarchiestufen nicht zwingend und nicht empirisch nachgewiesen.

5.4.2   Herzbergs Zwei-Faktoren-Theorie

Herzberg entwickelte (1959) seine Zwei-Faktoren-Theorie (Motivator-Hygiene-
Theorie) auf der Basis der sogenannten „Pittsburgh-Studie". In dieser Studie
wurden bei 203 Ingenieuren und Buchhaltern Arbeitsfaktoren für Zufriedenheit
(Motivatoren) und Faktoren für Unzufriedenheit (Hygiene-Faktoren) ermittelt
(Abb. 5.6).

**Ausgangspunkt:
Zwei Faktoren –
Motivator und
„Hygiene"**

Die Faktoren der Arbeitszufriedenheit waren getrennt und verschieden von den
Faktoren, die Arbeitsunzufriedenheit bewirken. Die wichtigsten Motivatoren
waren Leistungserfolg, Anerkennung, Arbeitsinhalte, Verantwortung, Auf-
stiegsmöglichkeiten und Entfaltungsmöglichkeiten. Die wichtigsten Hygiene-
Faktoren (dieser eher verwirrende Begriff soll darauf hinweisen, dass Hygiene
Gesundheitsrisiken entfernt) bezogen sich auf Gehalt und Status, interpersonel-
le Beziehungen, technische Aspekte der Führung, Firmenpolitik, physische Arbeitsbedingungen und Arbeitsplatzsicherheit.

Herzberg und Mitarbeiter erkannten, dass die Motivatoren primär die Aufgaben
und die Ergebnisse der Arbeit selbst beschreiben (intrinsische Motivation!),
während die Hygiene-Faktoren den Kontext der Arbeit beinhalten (extrinsische
Motivation!). Die Motivatoren wirken antreibend und führen zur Befriedigung.

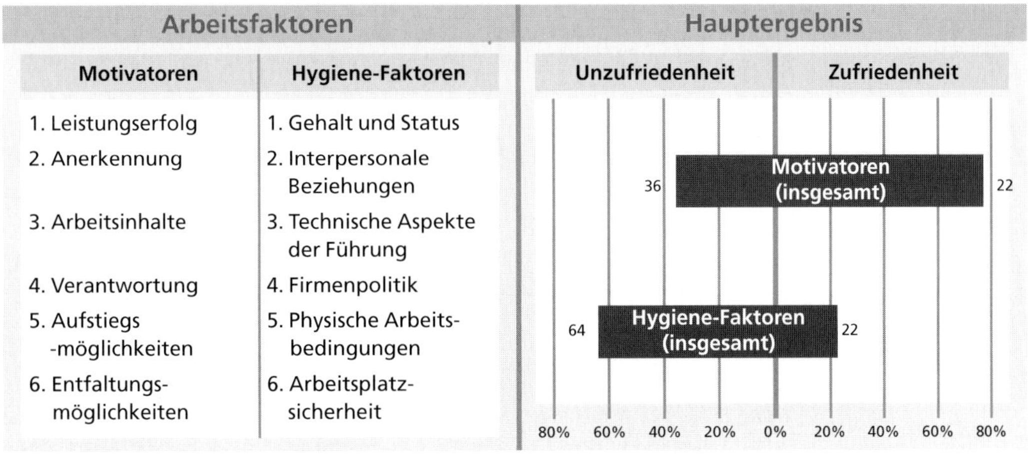

Abb. 5.6: Herzberg-Studie

Hygiene-Faktoren werden zwar (bei positiver Ausformung) als angenehm empfunden, durch die schnelle Gewöhnung ist jedoch keine Dauerwirkung auf die Motivation zu erwarten. Fehlende oder negativ besetzte Hygiene-Faktoren führen allerdings zur Demotivation!

Nach der Zwei-Faktoren-Theorie sind Zufriedenheit und Unzufriedenheit nicht zwei Pole eines Kontinuums, sondern zwei voneinander völlig unabhängige und durch verschiedene Einflüsse verursachte Gefühlsreaktionen. Dementsprechend ist das Gegenteil von Zufriedenheit nicht Unzufriedeheit, sondern „fehlende Zufriedenheit". Der Gegenpol von Unzufriedenheit ist nicht Zufriedenheit, sondern „fehlende Unzufriedenheit".

Bei aller Kritik, wie z.B. nicht eindeutige Formulierungen und methodologische Unschärfen, geht aus der Pittsburgh-Studie aber hervor, dass Arbeitszufriedenheit nicht allein durch äußere Arbeitsumstände gesichert wird, wie z.B. gute Bezahlung oder sicherer Arbeitsplatz, sondern durch die Arbeit selbst im Hinblick auf die Entfaltung und das Erlebnis der eigenen Leistungstüchtigkeit.

Damit wird auch ein Grundproblem der Lern- und Arbeitsmotivation angesprochen, nämlich die grundsätzliche Einstellung von Lehrern und Ausbildern zu Schülern und Auszubildenden sowie deren Auswirkung auf den Lern- und Arbeitsprozess.

5.4.3   X-Y-Theorie nach McGregor

Ausgangspunkt: Menschenbild

Einen wichtigen Einfluss auf die Arbeitsmotivation und Arbeitszufriedenheit hat das „Menschenbild" eines Vorgesetzten (Ausbilder/Lehrer). Ein dualistisches (idealtypisches) Modell zur Beschreibung von Menschenbildern hat McGregor (1973, 33ff) in seiner X-Y-Theorie vorgelegt.

X = autoritärer Vorgesetzter

- **Theorie „X"**: Der X-Vorgesetzte sieht Mitarbeiter grundsätzlich als faul, Verantwortung vermeidend und nach Sicherheit strebend. Deshalb müssen (und wollen auch) die meisten Menschen geführt und kontrolliert werden um die Organisationsziele zu erreichen.

  Der Führungsstil ist vorwiegend auf Lenkung und Bestrafung bei unerwünschtem Verhalten gerichtet. Kennzeichen dieses autoritären Vorgesetztenverhaltens ist der geringe Einbezug von Mitarbeitern in Entscheidungsprozesse. Teamentwicklung ist kaum möglich. Die Mitarbeiter werden vielmehr Kontakte vermeiden um Schwierigkeiten und Konflikten aus dem Wege zu gehen.

Y = kooperativer Vorgesetzter

- **Theorie „Y"**: Der Y-Vorgesetzte geht davon aus, dass sich Menschen über ihre Arbeit definieren und sich daher von selbst engagieren. Wichtigster Arbeitsanreiz ist das Streben nach Selbstverwirklichung. Um seine Phantasie, Erfindungsgabe und Kreativität ausleben zu können wird ein Mitarbeiter nach Übernahme von Verantwortung streben.

  Der Führungsstil ist auf Beteiligung bei der Arbeitsplanung und Arbeitsorganisation angelegt. Kennzeichen dieser kooperativen Leitung sind große menschliche Handlungsspielräume und geringe Kontrollen bei der Arbeit. Die Mitarbeiter arbeiten konstruktiv im Team zusammen, beteiligen sich an der Arbeitsplanung und Arbeitskontrolle und sind in der Lage Probleme und Konflikte in der Gruppe autonom zu lösen.

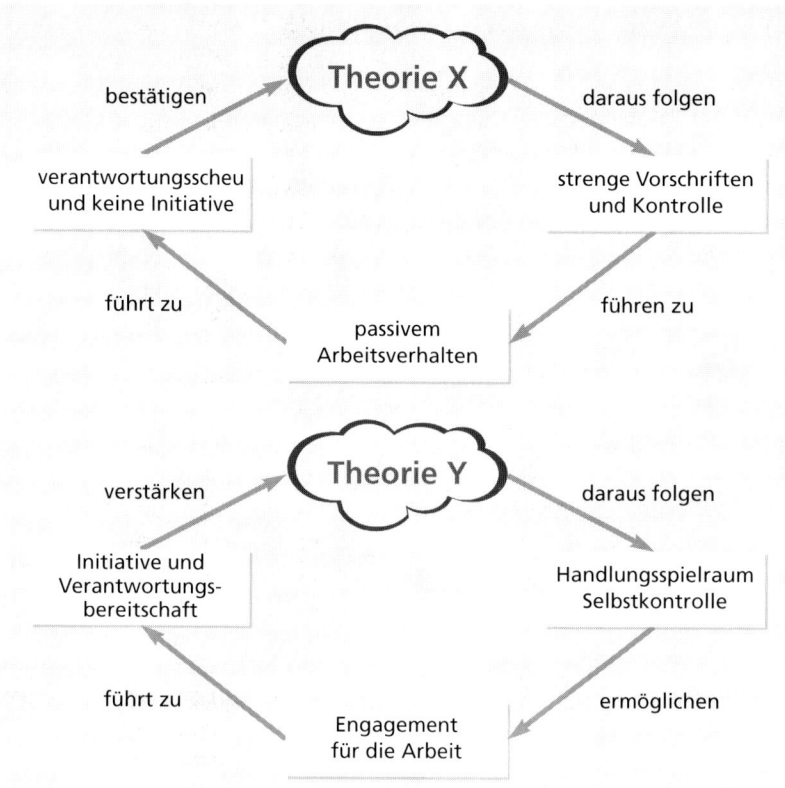

Abb. 5.7: McGregor – Menschenbilder

Vergleich

Theorie X	Theorie Y
Mechanistische Konzeption	Humanistische Konzeption
Menschen	Menschen
– scheuen Arbeit	– definieren sich über ihre Arbeit
– vermeiden Verantwortung	– streben nach Verantwortungsübernahme
– erwarten Lenkung und Kontrolle	– möchten ihre Erfindungsgabe ausleben
– streben nach Sicherheit	– streben nach Selbstbestätigung
– engagieren sich nur unter Zwang	– engagieren sich aufgrund ihrer Kreativität

McGregor folgert aus dieser dualistischen Diskussion von Menschenbildern, dass nicht die Befriedigung materieller Bedürfnisse (X-Theorie), sondern die sozialen Bedürfnisse (Y-Theorie) in erster Linie menschliche Arbeitsmotivation bedingen. McGregor versäumt es allerdings, konkrete Bedingungen zu nennen, unter denen die X- bzw. Y-Theorie gelten soll. Zudem liefert seine Theorie stark simplifizierende Beschreibungen zweier extrem unterschiedlicher Menschenbilder.

dualistische Diskussion:
– materiell (X)
– sozial (Y)

In der Praxis tritt zudem oft ein Mechanismus in Kraft, der als „selbsterfüllende Prophezeiung" (self-fullfilling-prophecy) bezeichnet wird und beiden Einstellungen Recht gibt: Ob sich ein Mensch bei der Arbeit als „Mit-Arbeiter" oder als „Mit-Läufer" fühlt, ist entscheidend davon abhängig, inwieweit er seinen Arbeitsbereich eigenverantwortlich gestalten kann.

Starke Fremdkontrolle und strenge Vorschriften führen zwangsläufig zu passivem Arbeitsverhalten mit wenig Eigeninitiative und Verantwortungsbereitschaft: Die X-Theorie bestätigt sich.Umgekehrt führen große Handlungsspielräume und ausgeprägte Selbstkontrolle zu besserem Engagement mit verstärkter Eigeninitiative und Verantwortungsbereitschaft: Die Y-Theorie hat Gültigkeit.

Es schlagen also, und das ist natürlich stets zu beachten, nicht nur Faktoren auf die Motivation durch, die sich aus dem Menschenbild erklären lassen, sondern letztlich in der Sache liegende.

5.5   Kognitive Konzeption

Ausgangspunkt: rationales Verhalten ...

Bei den kognitiven Modellen wird die rationale Verhaltensweise des Menschen herausgestellt, also künftiges Verhalten „berechnet". Die Stärke des persönlichen Antriebes wird abhängig von der Verwirklichungschance des angestrebten Ziels. Damit liegt das Hauptgewicht der kognitiven Motivationstheorien auf der Umweltorientierung des Individuums, denn Diskrepanzen und Ungleichgewichte in der sozialen Umwelt erzeugen Spannungen, die den Menschen zum Handeln zwingen. Demnach ist „Neugierde" die potentiell wichtigste Motivationsart beim sinnvollen Lernen.

... „kognitiver Trieb"

Entsprechend dem „kognitiven Trieb" (Ausubel, 1974) oder auch der „intrinsischen Motivation" (Berlyne, 1974) zeigen Menschen ein grundlegendes Bedürfnis nach aktiver Erkundung ihrer Umwelt. Sie zeigen sensorische und kognitive Neugierde:

– Sensorische Neugierde ist das Streben sich durch neuartige, wechselnde Sinneseindrücke anregen zu lassen.

– Kognitive Neugierde strebt nach Umweltbedingungen, die unsere kognitiven Fähigkeiten herausfordern.

Dieser „kognitive Trieb" wird umso stärker angesprochen, je mehr der Lernprozess ein grundlegendes Verständnis des jeweiligen Sachgebietes erwarten lässt und entdeckendes Lernen ermöglicht. Wenn man das Entdecken beim Lernen betont, so wirkt sich das auf den Lernenden gerade so aus, dass aus ihm ein Konstrukteur wird. Deshalb kommt dem Lehrer und Ausbilder die Aufgabe zu Lerninhalte so zu strukturieren, dass eine kognitive Durchdringung möglich wird. Was bei diesem Motiv die Spannung verringert, ist das subjektive Erlebnis

Zwei Modelle auf dieser Basis:
– Prozessmodell
– Einflussgrößen

der Kompetenzentwicklung. Das bedeutet aber, dass hierbei das Lernen selbst zur Spannungsverringerung führt bzw. sinnvolles Lernen seine eigene Belohnung beinhaltet.

In der Motivationsforschung wurden auf dieser Grundlage mehrere Motivationstheorien entwickelt, wovon zwei für die Lernmotivation bedeutend sind.

5.5.1 Prozessmodell der Lernmotivation

In seinem „Prozessmodell der Motivation" unterscheidet Heckhausen (1974, 151ff) mehrere Abschnitte eines Handlungsverlaufs: Aufforderung, Motivierung, Ausführung, Selbstbewertung und weitere Folgen (vgl. Abb. 5.8).

Heckhausen: Handlungsverlauf

Beispiel:

Versetzen wir uns in einen Berufsschüler, der an einem schönen Sommernachmittag überlegt, ob er jetzt seine Zeichnung für den Berufsschulunterricht machen soll oder ins Schwimmbad gehen soll, wo er seine Kollegin Petra treffen wird.

Das gestellte Konstruktionsproblem reizt ihn zwar, aber er sieht noch nicht so recht, ob und wie er damit fertig wird. Er erinnert sich auch an seine letzte Zeichnung, die vom Lehrer gut benotet wurde. Aber die Anerkennung des Lehrers war ihm fast weniger wichtig als der Eindruck, den dies auf Petra machte. Seine Gedanken kehren darauf zurück, dass ihm die Zeichnung sicher in zwei bis drei Stunden gelungen sein könnte, zumal diese Note auch das Abschlusszeugnis der Berufsschule noch positiv beeinflussen könnte. Endlich entschließt er sich und beginnt mit der Zeichnung. Nach ein paar Stunden angestrengter Arbeit ist er fertig, allerdings findet er sie eigentlich nicht so gut, wie er es erwartet hatte. Er ist mit sich unzufrieden und legt die Arbeit beiseite, nachdem er sich vorgenommen hat daran abends noch einmal zu arbeiten.

Versuchen wir diese Szene mit dem Prozessmodell der Motivation von Heckhausen zu deuten – danach lässt sich (stark verkürzt) der Motivations- und Handlungsprozess folgendermaßen erklären:

- **Aufforderung:** Der Schüler wird in eine Situation hineingestellt (Hausaufgabe), die Einfluss nimmt auf dessen Motivsystem (z.B. Leistungsmotiv, Aussicht auf Erfolg). Selbstverständlich ist seine Motivation auch wesentlich von der Aufgabenstellung abhängig. Es gilt (nach Heckhausen) das „Prinzip der optimalen Passung", d.h., Probleme sollen so schwierig sein, dass sie Schüler fordern (sonst werden sie nicht ernst genommen), aber sie müssen leicht genug sein, damit die Schwierigkeit bewältigt werden kann, denn der Misserfolg ist der Todfeind der Motivation!

„optimale Passung"

- **Motivierung:** In einem kognitiven Zwischenprozess wird der Schüler die auf ihn einwirkenden positiven Anreize (Zufriedenheit mit sich selbst, gute

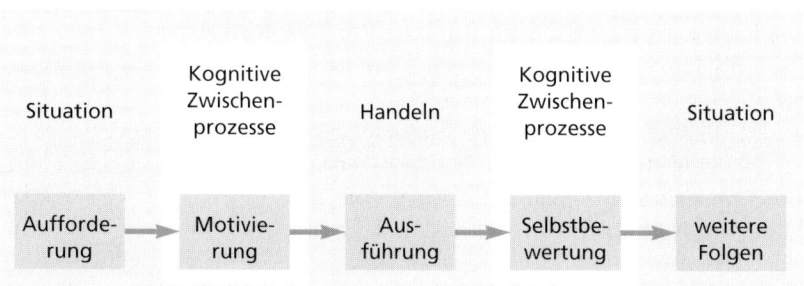

Abb. 5.8: Prozessmodell der Motivation (Heckhausen, 1974)

Antizipation

Note, positiver Eindruck auch bei Petra) und die negativen Anreize (kein Schwimmbad und keine Möglichkeit Petra zu treffen) abwägen, wobei er schon eine Reihe konkreter und allgemeiner Folgen des Handlungsausganges vorwegnimmt und in seine Überlegungen mit einbezieht. In der Sprache der Handlungstheoretiker geht es hier um die Phase der „Antizipation".

Motivstärke

● **Ausführung:** Die vorgenannten Überlegungen bestimmen sein Handeln. Die Entscheidung wird dabei auch sehr stark davon beeinflusst, mit welchem Wahrscheinlichkeitsgrad die vermuteten Folgen eintreten.

$$\text{Motivstärke} = \text{Anreizwert} \times \text{Eintrittswahrscheinlichkeit}$$

Kausal-attribuierung

Da Anreizwert und Eintrittswahrscheinlichkeit multiplikativ verknüpft sind, geht in unserem Beispiel die Motivstärke gegen Null, wenn beispielsweise der Berufsschullehrer die Hausaufgaben nie kontrolliert.

● **Selbstwertung und weitere Folgen**: Kommt der Schüler zu der Einsicht dem Motiv zu folgen und die Handlung auszuführen, so wird er nach abgeschlossener Ausführung das erzielte Ergebnis einer Selbstbewertung unterziehen und daraus weitere Folgen für sein künftiges Handeln ableiten.

Er wird dabei das Handlungsergebnis (z.B. zufriedenstellende Zeichnung) mit dem Gütestandard (angestrebte Note „gut") vergleichen. Er wird aber auch dabei berücksichtigen, wie die Handlung zustande kam, z.B. zu geringe Anstrengung, vom Lösungsheft abgezeichnet usw. Diesen Vorgang nennt man **Kausalattribuierung.** Interessant ist eine Untersuchung darüber, wie unterschiedlich Schüler Erfolg bzw. Misserfolg erklären:

Kausalattribuierung:	bei Erfolg	bei Misserfolg
Erfolgsorientierte Schüler nennen als Ursache vergleichsweise häufiger	Begabung und Anstrengung	Zufall und mangelnde Anstrengung
Misserfolgsorientierte Schüler nennen als Ursache vergleichsweise häufiger	Zufall	mangelnde Begabung

5.5.2   Einflussgrößen auf die Lernmotivation

Motivations-variablen

Die Lernmotivation wird nach Heckhausen (1970) von zwei Variablen bestimmt (Ab. 5.9):

– der situationsabhängigen Anregungsvariable und
– der überdauernden Persönlichkeitsvariable.

Der Erreichungsgrad, Neuigkeitsgehalt und Anreiz von Aufgaben (situationsabhängige Anregungsvariable) dürfen nach dem Prinzip der multiplikativen Verknüpfung nicht den Wert Null erreichen. Dazu kommen psychische Persönlichkeitsparameter (überdauernde Persönlichkeitsvariable), die für den Lern-

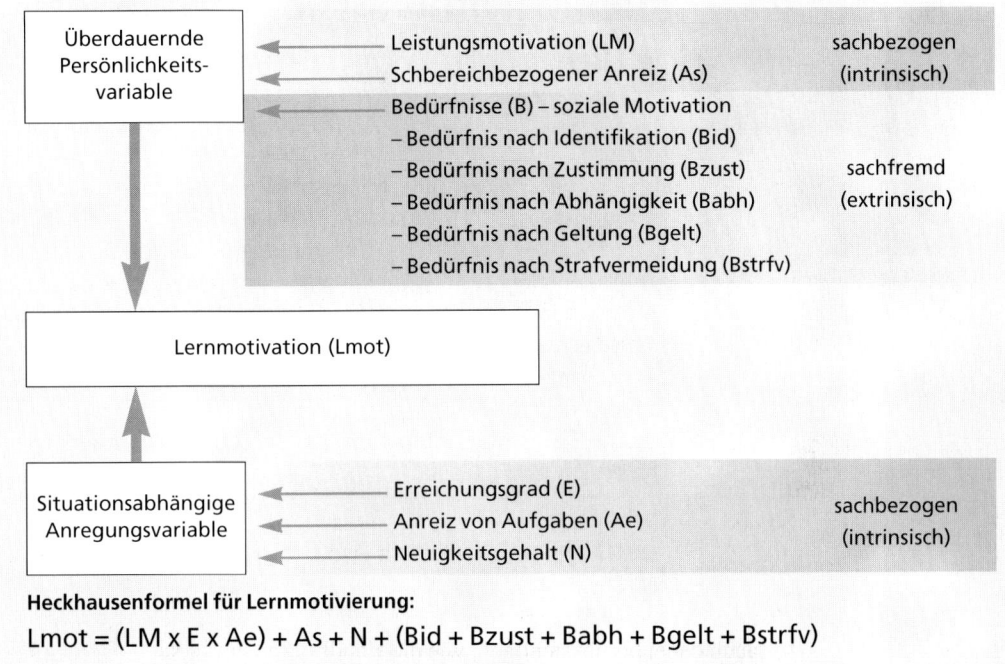

Abb. 5.9: Lernmotivierung nach Heckhausen

prozess genutzt werden können. Den intrinsischen Motivationen (Leistungsmotivation und sachbereichsbezogener Anreiz) sind im Hinblick auf das selbstständige Lernen besondere Aufmerksamkeit zuzuwenden, wenngleich auch die extrinsischen Motivationen (Bedürfnis nach Identifikation, Zustimmung, Abhängigkeit, Geltung und Strafvermeidung) den Lernprozess überlagern und mit beeinflussen. Das In-Gang-Bringen und In-Gang-Halten des Lernprozesses kann demnach durch ein anregendes Lernarrangement erreicht werden!

herausragend Intrinsisches, mit beeinflussend Extrinsisches

Die Frage, was menschliche Motivation ist und was sie beeinflusst, kann wegen der anthropologischen Vielfalt von Menschen nicht allgemein gültig und schlüssig beantwortet werden. Ein Ansatzpunkt für die Beantwortung dieser für alle Lehrer so wichtigen Frage und eine Zusammenfassung vieler Motivationstheorien liegt möglicherweise in einer Aussage von Antoine de Saint-Exupéry:

❞ *Wenn dich jemand fragt, wie er ein gutes Boot bauen soll,*
erzähle ihm nicht, woher das Holz kommen soll,
wie man es schneidet und zusammenfügt.
Erzähle ihm stattdessen von der unendlichen Schönheit des Meeres. ❝

Weiterführende Literatur:

Heckhausen, H.: Motivation und Handeln. Heidelberg 1989.
Keller, J.A.: Grundlagen der Motivation. München 1981.
Neuberger, O.: Theorien zur Arbeitszufriedenheit. Stuttgart 1974.

6   Allgemeindidaktische Aspekte des beruflichen Lernens und Lehrens

> „Lehren heißt:
> Lernen lassen.
> Der eigentliche
> Lehrer lässt sogar
> nichts anderes
> lernen als
> – das Lernen."
> *Martin Heidegger*

Lernfragen

① Beschreiben Sie das Bedeutungsspektrum und die Aus-prägungsformen der Didaktik.
② Unterscheiden Sie materiale, formale und kategoriale Bildung.
③ Formulieren Sie fünf Grundfragen der didaktischen Analyse.
④ Unterscheiden Sie exemplarisches, elementares und funda-mentales Lernen.
⑤ Skizzieren Sie das Strukturmodell der lern- bzw. lehrtheoreti-schen Didaktik.
⑥ Welche Zielformulierungen sind in der subjektorientierten Didaktik auszumachen?

6.1   Bedeutungsspektrum und Ausprägungsformen der Didaktik

Der Begriff der „Didaktik" ist seit der Aufklärung in der Pädagogik verankert. J.A. Comenius hatte in dieser Zeit eine universelle Vorstellung von Didaktik. Er verstand darunter „die vollständige Kunst, allen Menschen alles zu lehren".

pragmatische Abgrenzung und ...

Heute wird in der Unterrichts- und Ausbildungspraxis Didaktik häufig in Abgrenzung zur Methodik gebraucht:

- **Didaktik** beantwortet die Frage nach dem WAS (Inhaltsfrage),
- **Methodik** beschäftigt sich mit der Frage nach dem WIE (Vermittlungsfrage).

... umfassendes Verständnis des Begriffs Didaktik

Dies Begriffsverständnis von Didaktik ist pragmatisch reduziert und in manchen Situationen auch nützlich, aber es ist viel zu eng, denn Didaktik beantwortet weitaus mehr Fragen (vgl. Kap. 3.1):

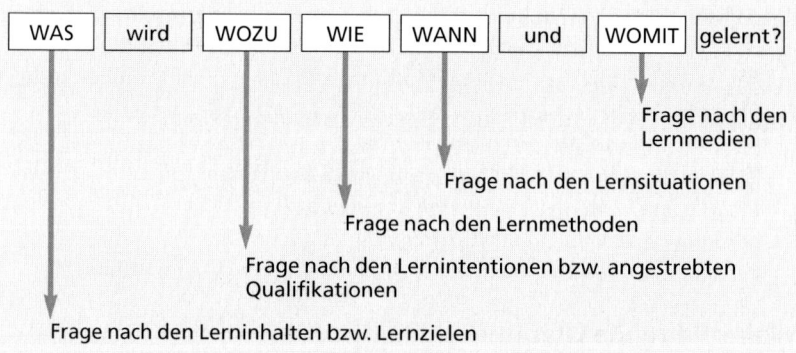

Das Wort „Didaktik" stammt vom griechischen Verb „didaskein" ab und kann sehr verschieden übersetzt und interpretiert werden:

im aktiven Sinne   = Lehren oder unterrichten
im passiven Sinne   = Lernen, belehrt werden oder unterrichtet werden
im medialen Sinne   = aus sich selbst heraus lernen oder sich etwas aneignen

Dieses weite Begriffsverständnis kann man zu einer knapp formulierten, aber inhaltlich umfassenden Arbeitsdefinition zusammenfassen:

Didaktik ist die „Theorie und Praxis des Lernens und Lehrens".

Didaktik im wissenschaftlichen Sinne existiert, seit sich die Pädagogik von der Philosophie loslöste und sich als eigene Wissenschaftsdisziplin etablierte. Diese Entwicklung vollzog sich erst in unserem Jahrhundert und ist eng mit dem Namen Wilhelm Dilthey (1833-1911) verbunden. In seinem epochalen Werk (von 1888) „Über die Möglichkeit einer allgemein gültigen pädagogischen Wissenschaft" leitete er die „Selbstwerdung der Pädagogik" als Wissenschaft ein. Grundgedanke der Dilthey-Schule war es, für die Bereiche der menschlichen Kultur (Sprache, Geschichte, Psychologie, Pädagogik) ähnlich objektive Methoden anzuwenden, wie sie in den Naturwissenschaften üblich sind – die Begründung der Geisteswissenschaften. Das erste und noch heute diskutierte didaktische Modell nennt sich konsequenterweise in Anlehnung an diese Entwicklung „geisteswissenschaftliche Didaktik" (bzw. auch bildungstheoretische Didaktik) und richtete sich gegen die bis dahin üblichen *normativen* Konzepte.

**Dilthey:
Mit-Begründer
der Didaktik**

**geisteswissen-
schaftliche
Didaktik ...**

**... gegen
normative
Konzepte**

EXKURS:

Normative Didaktik versucht aus obersten Prinzipien bzw. Normen konkrete Forderungen abzuleiten. Es lässt sich aber unschwer zeigen, dass ein solcher Ableitungsmechanismus nur scheinbar zwingend ist.
Der normativen Didaktik liegt ein logisches Doppelverfahren von Induktion und Deduktion zu Grunde: Konkrete Erfahrungen werden zu Prinzipien verallgemeinert und auf neue Fälle angewandt. Diese Vorgehensweise ist nicht allgemein gültig haltbar, denn die neuen Fälle müssen (ethisch) neu verhandelt werden!

BEISPIEL

Das allgemein anerkannte ethische Prinzip „Niemanden im Streit erschlagen" wird induktiv auf das normative Prinzip „Du sollst nicht töten"! verallgemeinert. Durch Deduktionschluss würde dann daraus z.B. das allgemeine Prinzip „Kein Kriegsdienst" hergeleitet. Da dieser Deduktionschluss aber in seiner Allgemeingültigkeit nicht haltbar ist, hat sich das Wissenschaftsverständnis der Didaktik von normativen Konzepten nachdrücklich abgesetzt.

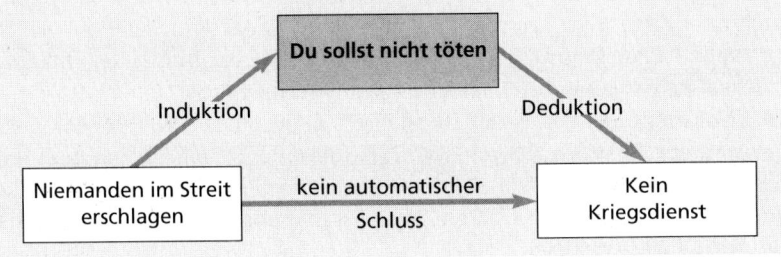

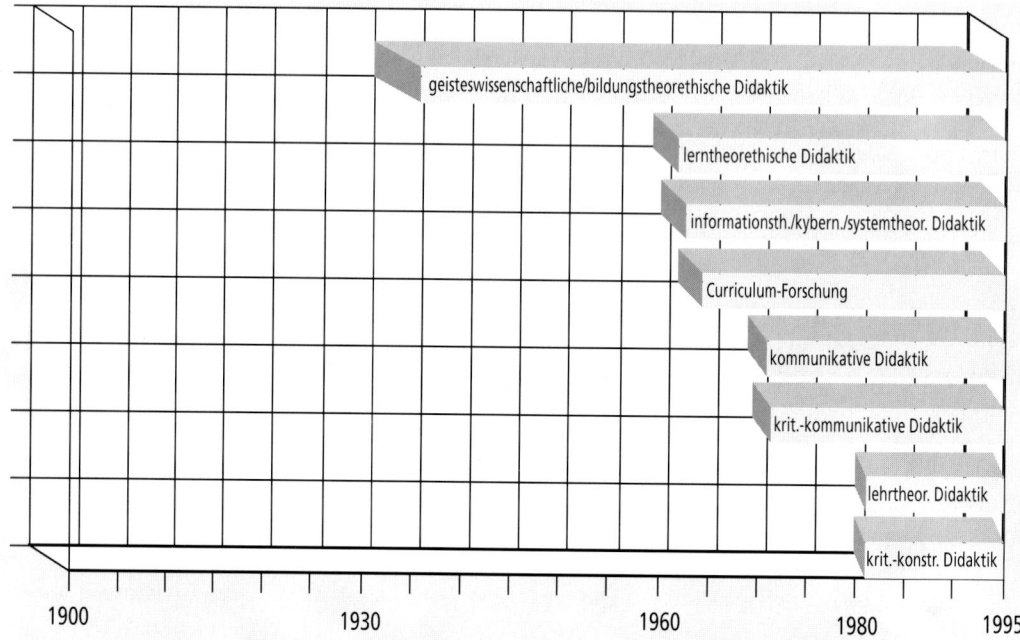

Abb. 6.1: Chronologie didaktischer Modelle

Die bildungstheoretische Didaktik der „Göttinger Schule" (Weniger, Klafki) orientierte sich an der geisteswissenschaftlichen Pädagogik und zielte primär darauf, Bildungsziele und Bildungsinhalte in einem verbindlichen Kanon zu regeln.
In den 60er-Jahren versuchten die Vertreter der sog. „Berliner Schule" (vor
allem Paul Heimann und Wolfgang Schulz) in ihrer lerntheoretischen Didaktik
alle am Unterricht beteiligten Faktoren zu erfassen und damit eine rationale Unterrichtsplanung und -gestaltung zu ermöglichen.

Ende der 60er-Jahre wurden unter dem Eindruck neuer Forschungsdisziplinen
informationstheoretische, kybernetische und systemtheoretische Konzepte entwickelt und entsprechende Übertragungsversuche auf die Pädagogik unternommen.

Ob man die Curriculumforschung der 70er-Jahre als eigene Wissenschaft auf-
fassen kann oder sie als didaktisches Modell bezeichnen soll, ist schwer ent-
scheidbar. Auf jeden Fall erlebte die „lernzielorientierte Didaktik" in den 70er-
und auch noch Anfang der 80er-Jahre einen ungemeinen Boom.

Bedingt durch gesellschaftliche Veränderungen wurden in den 70er-Jahren
(kommunikative bzw. kritisch-kommunikative) Didaktikmodelle entwickelt,
die explizit Demokratisierung, Humanisierung und gesellschaftliche Mündigkeit auch in pädagogischen Interaktionsprozessen betonten.

Die didaktische Diskussion der 80er-Jahre war vor allem durch Reflexion und
Revision des Bestehenden geprägt. Dies führte nicht nur zur gegenseitigen
Annäherung und (teilweiser) Akzeptanz der unterschiedlichen didaktischen Positionen, sondern auch zur Überwindung der ursprünglich sehr starren, monoli-
thischen Didaktikmodelle.

Didaktik umfasst im denkbar weitesten Sinne die ganze Theorie und Praxis des Lehrens und Lernens. Für Lernen in Unterricht und Ausbildung wird in heute genutzten Modellen dieses große Bedeutungsspektrum stufenweise eingegrenzt – mit Beschränkung bezüglich der Aspekte, denen man sich zuwendet:

Bedeutungs-spektrum von Didaktik

- **Didaktik als Wissenschaft vom Lehren und Lernen:** Diese Begriffsbestimmung verweist auch auf außerschulische didaktische Elemente wie etwa Predigt, Poesie usw.
- **Didaktik als Wissenschaft vom Unterricht** (lern- bzw. lehrtheoretische Didaktik) legt zu Grunde, dass Didaktik es mit einer geplanten und organisierten Form des Lehrens und Lernens zu tun hat, deren Hauptpraxisfeld der (Schul-)Unterricht ist.
- **Didaktik als Theorie der Bildungsinhalte und des Lehrplanes:** Diese Einengung auf Inhaltsfragen (geisteswissenschaftliche Didaktik) oder Lehrplantheorie (Curriculumforschung) führt zu einer umständlichen Trennung zwischen Didaktik im weiteren Sinne (die Methodik einschließend) und Didaktik im engeren Sinne (als Theorie der Bildungsinhalte). Außerdem bekommt dieser Ansatz die gegenseitige Abhängigkeit von Inhalts- und Methodenfragen nur schwer in den Griff. Es gilt heute aber das Prinzip der Interdependenz von Zielen, Inhalten und Methoden.
- Zu einer fast grotesken Umkehrung des pädagogischen Sprachgebrauchs kommt es in der **kybernetischen Didaktik**, als Wissenschaft von der Verhaltensänderung. Hier sind nur wissenschaftlich überprüfbare Verhaltensänderungen, also methodische Fragen, relevant, die Didaktik genannt werden.

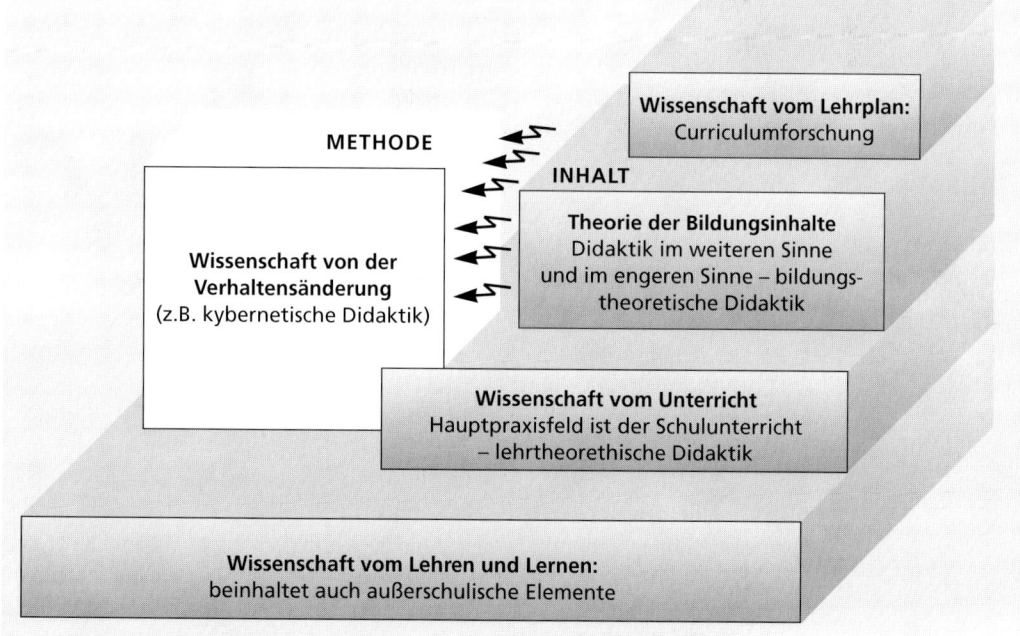

Abb. 6.2: Bedeutungsspektrum von Didaktik

6.2   Analyse didaktischer Gegenwartsmodelle

didaktische Modelle und Unterrichtstheorien

Als wissenschaftliches Theoriegebäude zielen **didaktische Modelle** auf die Analyse und Modellierung didaktischen Handelns. Sie verlieren jedoch erst in Verbindung mit konkreten didaktischen Theorien ihren formalen Charakter. Die didaktische Theoriebildung als Steuerungsinstrument des Lernens und Lehrens bezieht sich sowohl auf den Bereich didaktischer Handlungsempfehlungen mit möglichst wissenschaftlich gesicherten und erprobten didaktischen Aussagen als auch auf den Bereich des didaktischen Handelns im Sinne der Unterrichtstheorie des Lehrers.

didaktische Differenzierungen

Die in der allgemeinen Didaktik anzutreffenden **„didaktischen Differenzierungen"**, z.B. in Allgemeine Didaktik, Bereichsdidaktik, Stufendidaktik oder Fachdidaktik, erfahren in der beruflichen Bildung eine weitere Differenzierung in

– **Lernortdidaktiken:** Berufsschule, betriebliche und überbetriebliche Lernorte, und
– **Lernphasendidaktiken:** vorberufliche Bildung, berufliche Ausbildung und berufliche Weiterbildung.

didaktische Strukturmomente

Die Aufgabe der Didaktik als Wissenschaft vom Lernen und Lehren (Unterrichtstheorie) liegt darin, die Strukturmomente des Lernens und Lehrens zu ermitteln und Unterrichts- bzw. Lernprozesse so zu „arrangieren", dass effektiv, d.h. lebendig und nachhaltig gelernt werden kann. Insbesondere gilt es

– aufzuzeigen, wie „guter" Unterricht (bzw. Unterweisung) aussehen sollte **(Planungsaspekt),**
– vorzuschlagen, wie effektives Unterrichtshandeln/Unterweisungshandeln gestaltet werden könnte **(Durchführungsaspekt)**, und
– festzustellen, wie aktueller Unterricht/Unterweisung beschaffen ist **(Analyseaspekt).**

Der Zusammenhang ist in Abb. 6.3 dargestellt.

didaktisches Dreieck

Didaktische Modelle unterscheiden sich in erster Linie durch ihre verschiedenen Schwerpunktsetzungen in den grundlegenden Strukturmomenten des Unterrichts – im „didaktischen Dreieck" von Schüler, Lehrer und Lerninhalte dargestellt. Stark vereinfacht kann man diesen Strukturmomenten entsprechende Didaktikmodelle zuordnen (Abb. 6.4):

– Lerninhalte: bildungstheoretische Didaktik
– Lehrer: lern- bzw. lehrtheoretische Didaktik
– Schüler: subjektorientierte Didaktik

6.2.1   Bildungstheoretische Didaktik

Das Wort Bildung gehört in Deutschland zu den in der Pädagogik am häufigsten benutzten Begriffen, es gibt aber keine gehaltvolle Definition, die der faktischen Begriffsverwendung voll gerecht werden könnte. Das Problem liegt vor allem darin, wie Bildung in der Unterrichts- und Ausbildungspraxis mit „Leben", d.h. mit Inhalten und handhabbaren Lernzielen, gefüllt werden kann.

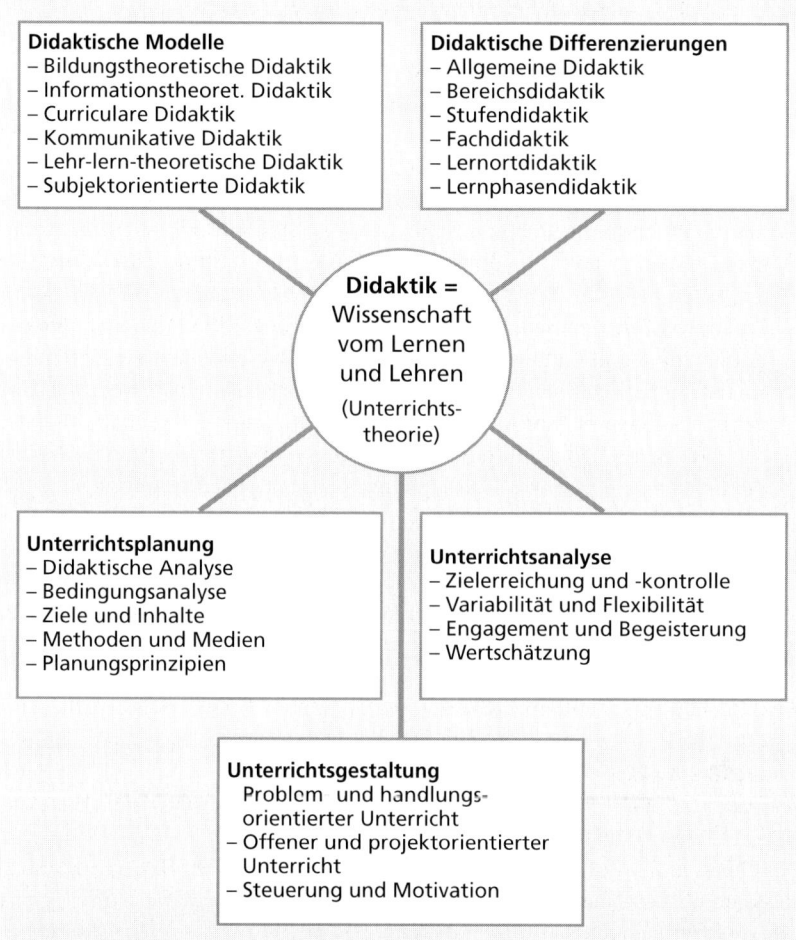

Abb. 6.3: Aufgaben der Didaktik als Unterrichtstheorie

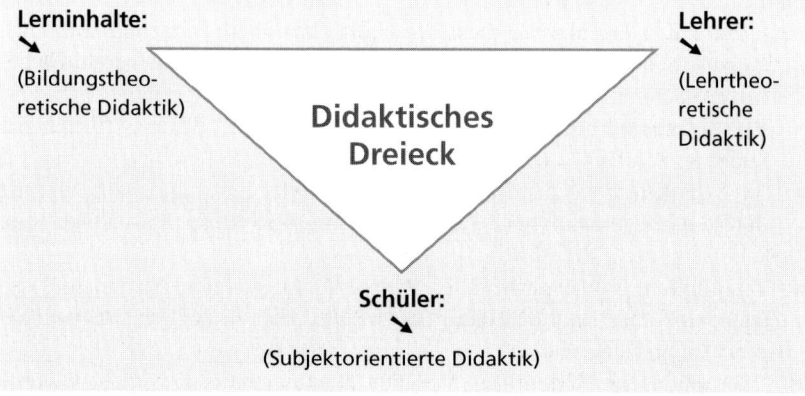

Abb. 6.4: Didaktisches Dreieck

Inhalte des Bildungsbegriffs ...

Materiale und formale Bildungstheorien sind zwei gegensätzliche Versuche den Bildungsbegriff inhaltlich zu füllen:

... von den Inhalten her

- **Materiale Bildungstheorien** definieren Bildung von den Inhalten her, d.h., sie tendieren dazu, Bildung vom Besitz „bildender" Inhalte abhängig zu machen. Bezugspunkt ist das Objekt. Gebildet ist, wer möglichst viel Wissen angehäuft hat, also beispielsweise über umfangreiches Faktenwissen verfügt (und mit diesem, was dann oft negativ angemerkt wird, auch „imponiert"). Orientierungsrahmen der materialen Bildungstheorien ist der Szientismus (Wissenschaftsgläubigkeit), in dem man als Bildungsinhalt nur gelten lassen will, was sich aus der Struktur der Wissenschaften ableiten lässt.

... vom Subjekt aus

- **Formale Bildungstheorien** definieren Bildung vom Subjekt aus, von der Entwicklung und Förderung seiner Möglichkeiten und nicht von den Inhalten und ihrer objektiven Bedeutung her. Gebildet ist demnach, wer seine körperlichen, geistigen und seelischen Kräfte entfaltet hat, die Inhalte sind dabei zweitrangig. Diese Bildungsvorstellung vertrat bereits der griechische Philosoph Heraklit (500 v.Chr.), indem er verkündete: „Bildung ist nicht das Abfüllen von Fässern, sondern das Entzünden von Flammen". So sind beispielsweise im formalen Bildungsverständnis Latein und Mathematik gleichrangige Bildungsmittel zum logischen Denken. Eine aktuelle Form formaler Bildungstheorien wird derzeit unter dem Stichwort „Schlüsselqualifikationen" diskutiert.

... verschränkt in kategorialer Bildung (Klafki)

Klafki versuchte die Einseitigkeiten materialer und formaler Bildungstheorien dialektisch zu verschränken – er nannte diese Synthese aus materialer und formaler Bildung kategoriale Bildung: Die Aneignung von Inhalten soll demnach stets verbunden sein mit der Erschließung, Formung und persönlichen Entwicklung des Lernenden.

Gehalt ermitteln: didaktische Analyse ...

Der Lehrer soll in der „didaktischen Analyse" klären, welcher Bildungsgehalt in den Lerninhalten stecken könnte, und diesen Bildungsgehalt quasi „freilegen". Das können (nach Klafki) nur Inhalte sein, die im „Besonderen das Allgemeine" enthalten. Zur Strukturierung dieses Klärungsprozesses hat Klafki (1958) fünf Grundfragen formuliert, die als „Kern der Unterrichtsvorbereitung" in der bildungstheoretischen Didaktik einen besonderen Stellenwert besitzen und bis heute zur Unterrichtsplanung (besonders bei Lehrproben) verwendet werden:

anhand von fünf Grundfragen

- **Gegenwartsbedeutung:** Welche Bedeutung hat dieser Inhalt bereits im Leben der Schüler/Auszubildenden bzw. welche Bedeutung sollte er haben?
- **Zukunftsbedeutung**: Worin liegt die Bedeutung des Themas für die Zukunft der Schüler/Auszubildenden?
- **Sachstruktur:** Welche Struktur (übergreifender Zusammenhang) hat der durch die Gegenwarts- und Zukunftsbedeutung in die spezifisch pädagogische Sicht gerückte Inhalt?
- **Zugänglichkeit** (adäquate Fälle): Welche konkreten Fälle, Phänomene, Versuche usw. machen die Struktur des Inhaltes „fragwürdig", interessant, begreiflich und anschaulich?
- **Exemplarische Bedeutung**: Welchen allgemeinen Sachverhalt, welches allgemeine Problem erschließt der betreffende Inhalt?

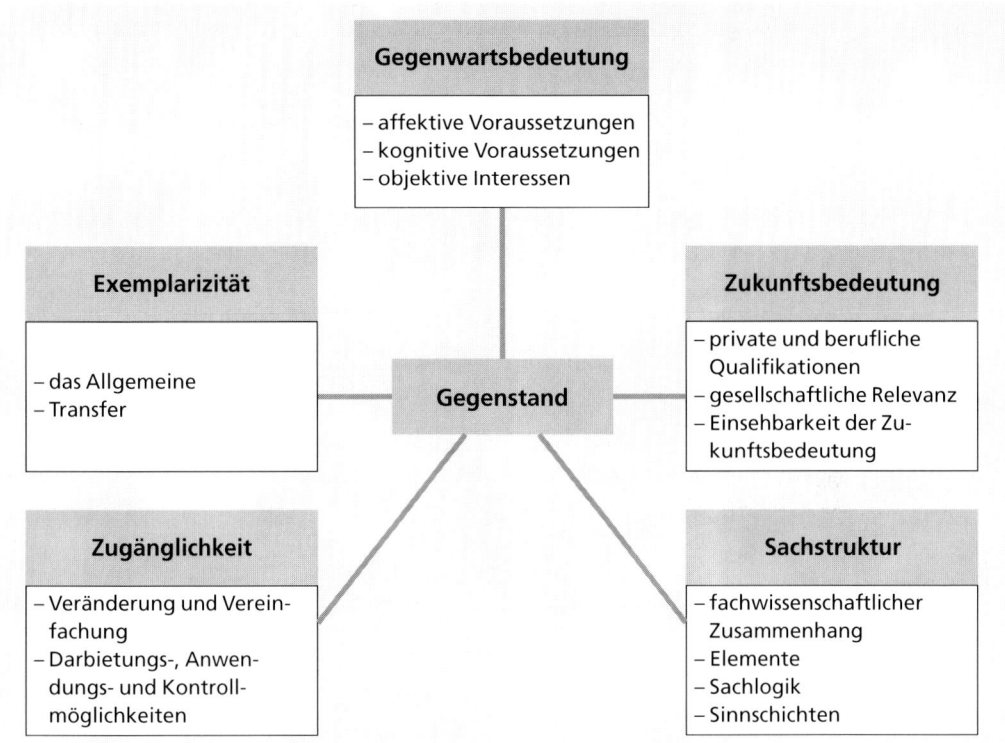

Abb. 6.5: Fünf Grundfragen zur didaktischen Analyse

In der bildungstheoretischen Didaktik ist die didaktische Analyse der zentrale Bezugspunkt jeder Unterrichtsplanung und sie hat sich als hilfreich für die Unterrichtsvorbereitung erwiesen.

Die fünf Grundfragen zur didaktischen Analyse haben drei Funktionen:

– Sie führen zu Lernzielen und zur Begründung (Legitimation) von Lernzielen.
– Sie führen dazu, dass aus einem fachwissenschaftlichen Gegenstand ein Unterrichtsgegenstand wird.
– Sie geben Hinweise für die Unterrichtsgestaltung.

bildende Kategorien:
– exemplarisch
– elementar
– fundamental

Die bildungstheoretische Didaktik betont, dass lange nicht alles, was gelehrt und gelernt werden kann, auch bildet. Drei Begriffe sind in diesem Zusammenhang von den Bildungstheoretikern geprägt worden:

Das **Exemplarische** (bzw. exemplarisches Prinzip) betont die Qualität des Gelernten vor der Quantität.
Beispiel:
Im Deutschunterricht werden nicht etwa drei Dramen aus der Zeit der deutschen Aufklärung bearbeitet, sondern „nur" (exemplarisch und dafür dann ggf. ausführlicher) Lessings „Nathan der Weise".

Elementar ist, was am besonderen Fall ein dahinter liegendes Prinzip erfahrbar macht.
Beispiel:
Im Technikunterricht wird die Leiterschleife im Magnetfeld als elementares elektromotorisches Prinzip behandelt.

Fundamental sind Erfahrungen, wenn grundlegende Einsichten auf prägende Weise gewonnen werden – wenn sozusagen plötzlich „ein Licht aufgeht".
Beispiel:
Bei einer künstlerischen Übung im Berufsschulunterricht erfährt ein Schüler seine eigene Kreativität und Freude am künstlerischen Gestalten.

Kritikpunkte:
Die bildungstheoretische Didaktik wurde Ende der 60er- und Anfang der 70er-Jahre heftig kritisiert. Die Kritik bezog sich vorrangig auf drei Aspekte (vgl. Blankertz, 1975, 28ff):
–   Geringe Anwendungsrelevanz, weil sie die empirisch belegbare Unterrichtsrealität nicht in ihre Lernplanungen miteinbeziehe. Insbesondere wurde das von Klafki beanspruchte „Primat der Didaktik vor der Methodik" attackiert, da zwischen beiden immer eine Interdependenz bestehe.
–   Gesellschaftsferne, weil ihre bildungstheoretischen Überlegungen die tatsächlichen gesellschaftspolitischen Lebensverhältnisse und soziokulturellen Lernbedingungen der Schüler ignoriere.
–   Impliziter Konservatismus, weil der unterlegte Bildungsbegriff lediglich eine Fortschreibung der jeweiligen Schul- und Unterrichtsverhältnisse sei.

6.2.2   Lern- bzw. lehrtheoretische Didaktik

Berliner Schule

Die lerntheoretische Didaktik („Berliner Schule") wurde zunächst in Frontstellung gegen die Methodenvernachlässigung der bildungstheoretischen Didaktik konzipiert und wollte alle im Unterricht wirkenden Faktoren erfassen, denn, so

Heimann: kategoriale Grundbestimmung

Paul Heimann (1970), das „bildungsphilosophische Stratosphärendenken der bildungstheoretischen Didaktik lasse die Formulierung klarer Lern- und Unterrichtsziele kaum zu". Diese Intentionen prägten auch seinen „kategorial-analytischen Ansatz". Nach Paul Heimann (1976, 105) stellt sich Unterricht dar als eine Beantwortung von sechs Grundfragen:
1.   In welcher Absicht tue ich etwas?
2.   Was bringe ich in den Horizont der Lernenden?
3.   Wie tue ich das?
4.   Mit welchen Mitteln tue ich das?
5.   An wen vermittle ich das?
6.   In welcher Situation vermittle ich das?

Schulz: Strukturmodell

Wolfgang Schulz baute diese „kategorialen Grundbestimmungen" in seinem „Strukturmodell" weiter aus. Im Mittelpunkt steht ein einfaches Raster von Begriffen bzw. Begriffsrelationen zur Planung und Bewertung von Unterricht (Abb. 6.6).

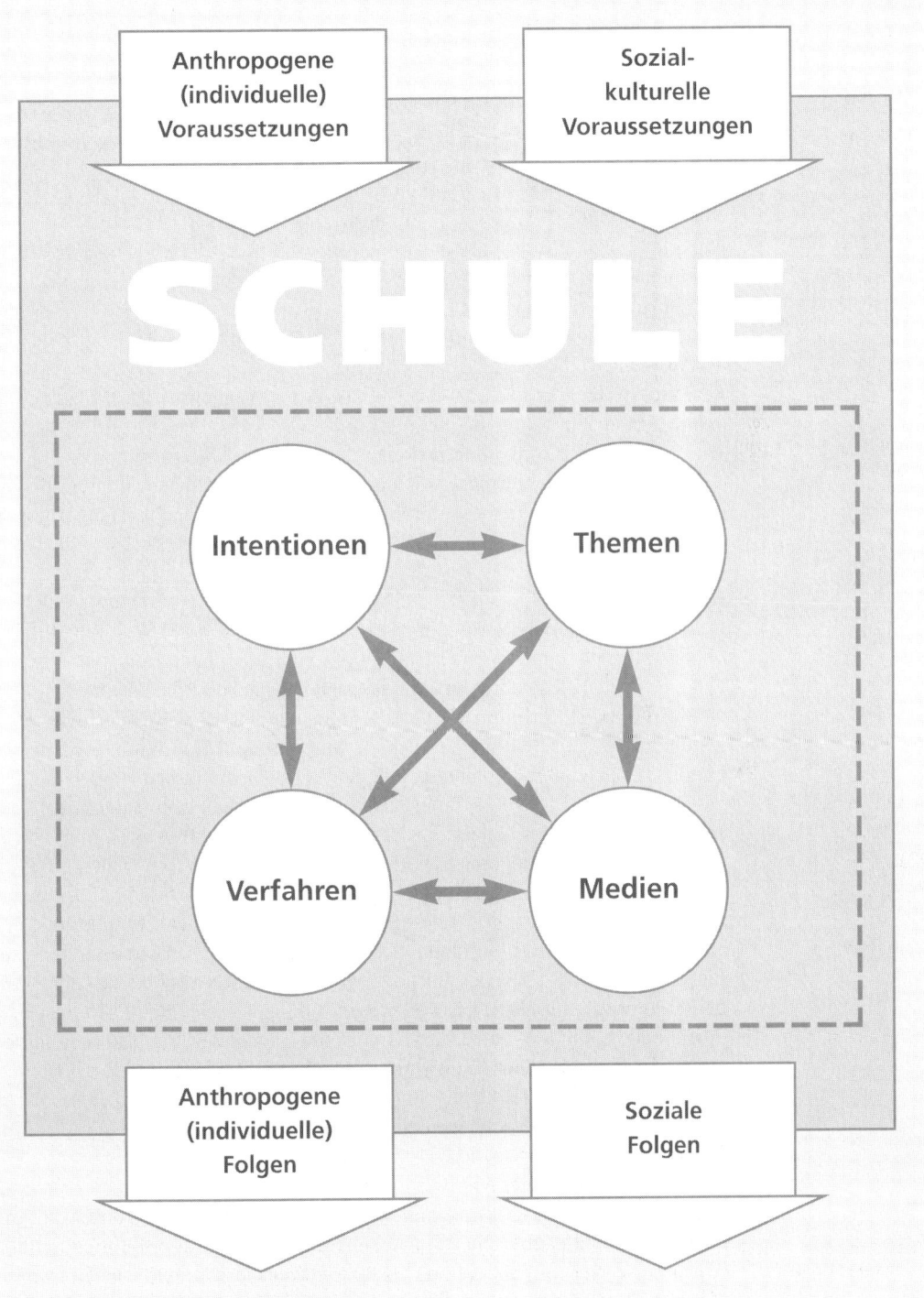

Abb. 6.6: Strukturmodell von Schulz (Berliner Modell)

Vier Entscheidungsfelder	Zwei Bedingungsfelder
1. Intentionen bzw. Ziele	5. Anthropogene Voraussetzungen (Alter, Begabung, Vita-
2. Inhalte bzw. Themen	lität, Charaktereigenschaften, Vorbildung, Lerntyp usw.)
3. Methoden (Lehrverfahren)	6. Soziokulturelle Voraussetzungen (Elternhaus, Schulbil-
4. Medien	dung, Sprachverhalten, Peer-groups usw.)

**Planungs-
prinzipien**

Nach dem Modell von Schulz können im Unterricht die obigen sechs Strukturmomente isoliert werden. Dieses Strukturmodell hat Schulz durch drei Planungsprinzipien ergänzt:

- **Prinzip der Interdependenz,** nach dem alle den Unterricht bestimmenden Momente sich wechselseitig bedingen
- **Prinzip der Variabilität** – verweist auf die Möglichkeit der Mitsteuerung des Unterrichts durch die Schüler
- **Prinzip der Kontrollierbarkeit** – bedeutet die Überprüfung der eigenen Vorbereitung (Unterrichtsplanung) und des tatsächlichen Unterrichtsverlaufs (Unterrichtsanalyse) durch den Lehrer – nicht gemeint ist die Überprüfung des Lernerfolges der Schüler

Kritikpunkte:

Das Hauptanliegen der lerntheoretischen Didaktik (von 1965) ist ungelöst geblieben, der Übergang von der Unterrichtsanalyse zur Unterrichtsplanung. Die Unterrichtsanalyse des Lehrers bezieht sich lediglich auf die semantische Eindeutigkeit und Deskription der Strukturmomente. Die an den Unterricht herangetragenen gesellschaftlichen Normen sind aus dem Reflexionshorizont des Lehrers herausgenommen und damit einer Verantwortungskritik entzogen. Damit wirkt dieses Modell „technologisch-bestandskonservativ", die Frage nach der Intentionalität des Unterrichts bzw. nach der Herkunft seiner Inhalte bleibt unentschieden. Besondere Schwierigkeiten bereitet in der Unterrichtspraxis die Erfassung der Bedingungsfelder. Deshalb bleiben die individuellen Schülerinteressen oft unberücksichtigt und werden an den Rand des analytischen und planerischen Geschehens gedrängt. So ist es auch nicht verwunderlich, wenn Jank/Meyer (1991, 216) das Berliner Modell wie folgt charakterisieren: „Die Lehrtheoretische Didaktik ist weder eine Anfänger- noch eine Prüfungs- oder Profididaktik, sondern eine Didaktik der Lehrerausbilder! Sie hilft Seminarleitern bzw. Hochschullehrern im Unterricht von Studenten und Referendaren zu hospitieren, ein übersichtliches Stundenprotokoll zu erstellen und dieses für eine kritische Stunden-Nachbesprechung zu verwenden."

Weiterentwicklung des Modells

**Hamburger
Modell**

Unter dem Druck der Kritik (vor allem von Blankertz), aber auch durch die Aufnahme sozialphilosophischer Gedankengänge der sog. „Frankfurter Schule" (Habermas) hat Wolfgang Schulz (1980, 65ff) das lerntheoretische Konzept in den 70er-Jahren modifiziert. Er greift im „Hamburger Modell" zwar auf die Strukturanalyse der Berliner Didaktik zurück, seine Forderungen haben aber eine ganz andere Färbung. Nunmehr versteht sich diese lehrtheoretische Didaktik als Mittlerin zwischen zwei Extremen der bildungs- und der informationstheoretischen Didaktik: Die bildungstheoretische Didaktik ist am WAS des Unterrichts interessiert, hat also nach Habermas ein praktisches Interesse. Die informationstheoretische Didaktik untersucht das WIE mit einem entsprechenden technischen Interesse. Die lehrtheoretische Didaktik stellt den notwendigen Implikationszusammenhang her und verfolgt zusätzlich ein emanzipatorisches Interesse – der ursprüngliche Anspruch auf „Wertfreiheit" der Didaktik wird damit aufgegeben. Anstelle eines Entscheidungsmodells tritt nun ein Handlungsmodell, das die Unterrichtsplanung als Interaktion der am Unterricht Beteiligten begreift. Die drei zentralen Begriffe bei der Unterrichtsplanung lauten nun Kompetenz, Autonomie und Solidarität. Elemente des Handlungsmodells sind Unterrichtsziele (Intentionen und Themen), Ausgangslage der Lernenden und Lehrenden, Vermittlungsvariablen (Methoden, Medien, schulorganisatorische Hilfen) und Erfolgskontrolle (verstanden als Selbstkontrolle von Schüler und Lehrer). Das Unterrichtsfeld ist eingebettet in institutionelle Bedingungen; der Gesamtkomplex Schule steht wiederum in Interdependenz mit dem gesellschaftlichen, ökonomischen und politischen Umfeld.

vermitteln zwischen Bildungs- und Informationstheorie

Handlungsmodell bei Aufgabe der Wertfreiheit

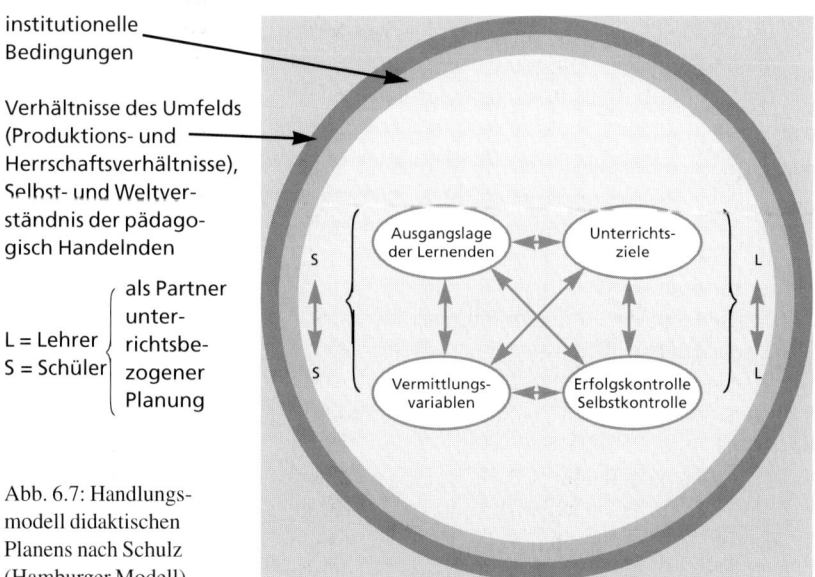

Abb. 6.7: Handlungsmodell didaktischen Planens nach Schulz (Hamburger Modell)

6.2.3 Subjektorientierte Didaktik

Die subjektorientierte Didaktik geht vom Bildungsideal eines „mündigen Bürgers" aus – entsprechende allgemeine Zielformulierungen für didaktisches Handeln heißen demnach Lebensweltorientierung, Individualisierung und Persönlichkeitsentwicklung. Diese didaktischen Ansätze präferieren problem- und handlungsorientiertes bzw. ganzheitliches Lernen und werden häufig im Rückgriff auf reformpädagogische Ansätze didaktisch „legitimiert". Dabei wird allerdings oft übersehen, dass reformpädagogische Ansätze nicht per se subjektorientiert (im heutigen Sinne) konzipiert waren, denn sie waren in der Regel stark planungsorientiert, d.h., sie entfalteten bis ins Detail ein Tableau von relativ starren Lehrplänen, Methoden und Lernarragements.

kommunikative Didaktik mit Partizipation der Lernenden

Deutlichere subjektorientierte didaktische Akzente setzte das Konzept der „kommunikativen Didaktik", in der eine weitgehende Partizipation der Schüler an den Unterrichtsprozessen angestrebt wird. Allerdings zeigt dieses Modell ein deutliches Anwendungsdefizit, dessen Grund wohl in dem „Widerspruch und gleichzeitige[n] Bedingungszusammenhang von Lehre und Fremdbestimmung einerseits und von Kooperation und diskursiver Auseinandersetzung anderseits" (Popp, 1976, 279) zu suchen ist.

Relevanter Ansatzpunkt für die subjektorientierte Didaktik ist die kritisch-konstruktive Didaktik von Klafki: Der bildungstheoretischen Didaktik hätte um 1970 kaum jemand ein langes Leben vorausgesagt. Klafki hat sich mit den damaligen Einwänden und Kritiken sehr intensiv auseinander gesetzt und schließlich (1985) eine Neufassung seines Didaktikmodells vorgelegt. Aus der ursprünglichen „Begegnung mit Lerninhalten im Bildungsprozess" wird nun „Interaktion beim Lehren und Lernen" in einem wechselseitigen Bedingungsgefüge von Inhalten und Methoden.

Klafki bezeichnet sein Didaktikmodell als

– „kritisch", weil Schule und Gesellschaft emanzipatorische Zielstellungen eher behindern und deshalb (auch didaktisch) auf die Beseitigung dieser Restriktionen hingearbeitet werden soll,

– „konstruktiv", weil er Unterrichtsgestaltung nicht mehr ausschließlich auf den institutionellen und curricularen Rahmen begrenzt sieht, sondern „Modellentwürfe für veränderte Praxis" entwerfen und auf eine „humanere und demokratischere Schule" hinwirken will.

kritisch-konstruktive Didaktik

In der kritisch-konstruktiven Didaktik verdichtet Klafki seine Vorschläge zur Unterrichtsplanung zu einem Schema, das nicht mehr in Frageform gebracht wird, sondern begrifflich-systematisch formuliert ist (Abb. 6.8).

Schema zur Unterrichtsplanung

Das Schema kann grundsätzlich in drei Richtungen gelesen werden:

– Von oben nach unten:
Am Beginn der Unterrichtsplanung steht die „Bedingungsanalyse", die Klafki in Anlehnung an die lehrtheoretische Didaktik formulierte. Die (Doppel-)Pfeile zwischen den einzelnen Planungsaspekten symbolisieren ihre Beziehungen.

– Von links nach rechts:
Verschiedene didaktisch-methodische Aspekte der Unterrichtsplanung werden gruppiert: Zunächst wird das Thema schülerbezogen begründet und anschließend thematisch, medial und methodisch strukturiert.

– Den Pfeilen folgend:
Das Schema beschreibt dann einen interdependenten Zusammenhang. Einige Entscheidungsfelder sind in wechselseitigem Bezug aufeinander gedacht, andere primär im Hinblick auf ein anderes Feld.

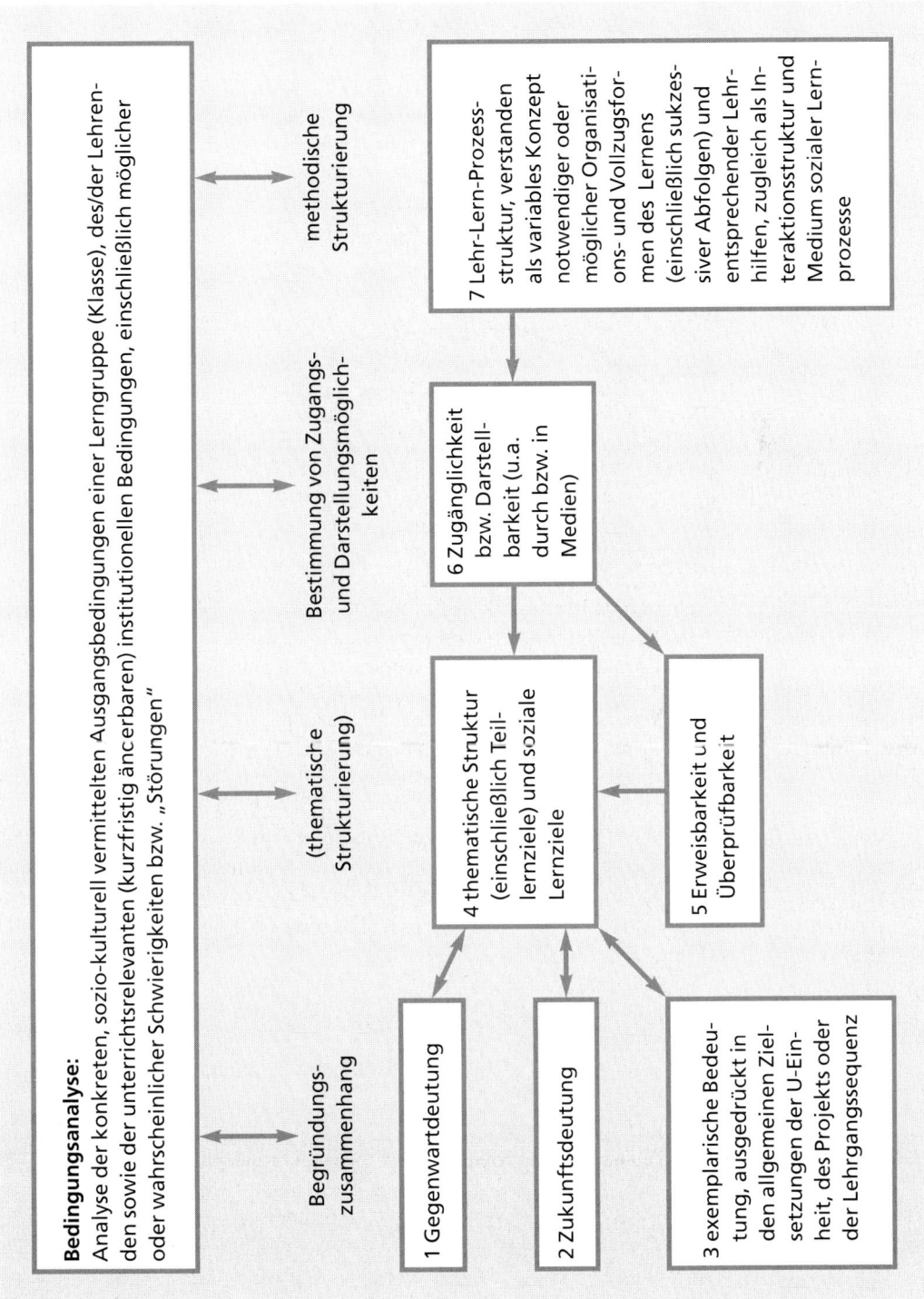

Abb. 6.8: Perspektivenschema zur Unterrichtsplanung (Klafki, 1985)

Annäherung der Didaktikmodelle

Mit diesem Didaktikmodell hat Klafki dazu beigetragen, dass sich die unterrichtstheoretischen Implikationen der bekanntesten Didaktikmodelle in den letzten Jahren merklich angenähert haben. Heute gilt als „Zauberformel der Didaktik" der Grundsatz, dass sich alle Aspekte des Unterrichtsprozesses und der Unterrichtsgestaltung (Ziele, Inhalte und Methoden) gegenseitig bedingen und allgemeinen Zielbestimmungen unterliegen.

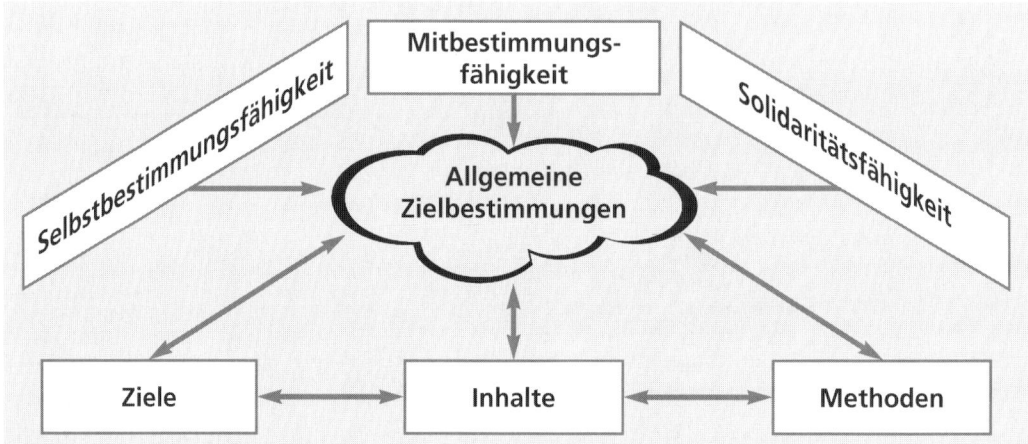

Abb. 6.9: Gegenwartmodell der (krit.-konstr.) allgemeinen Didaktik

Subjektorientierung als didaktisches Primat ...

Der neue didaktische Trend versteht „Subjektorientierung als didaktisches Primat" und verweist auf einen „offenen Unterricht". „Offener Unterricht ist als ein Unterricht zu verstehen, der durch Planung und die Art der Unterrichtssteuerung in seinem Verlauf und seinen Ergebnissen nicht für die Beteiligten vorweg festgelegt ist, der vielmehr den Schülern eine Mitwirkung bei der Gestaltung der Unterrichtsorganisation und bei der Bestimmung der Ziele und Inhalte gestattet" (Schittko, 1980, 655), der allerdings auch einer wissensbasierten Strukturierung und Systematisierung bei der Planung bedarf! Offener Unterricht ist durch mehrere Prinzipien gekennzeichnet (vgl. Dehnbostel, 1994, 6f; Heursen, 1995, 220f):

– Offenheit der Planung für situative Veränderungen
– Kommunikation und Kooperation der Beteiligten bei prinzipieller Gleichberechtigung
– Persönlichkeitsentwicklung der Schüler im Lern- und Arbeitsprozess
– ganzheitliches Lernen

... im allgemeinen Unterricht

Offener Unterricht, und das gilt sinngemäß ganz allgemein für die Organisation beruflicher Lernprozesse, vollzieht sich in einem wechselseitigen Verhältnis von Lehren und Lernen in sozialer Interaktion von Lehrenden und Lernenden! Hatte der Lernende beim lehrerzentrierten Lernen nur Zugriff auf den Lehrer (bzw. Ausbilder oder Lehrgangsleiter) als „Informationsquelle", so hat er beim lernerzentrierten Lernen (neben dem Lehrer als Tutor oder Moderator) Zugriffe zu einem Set an Lernmedien, insbesondere technologischen Hilfsmitteln.

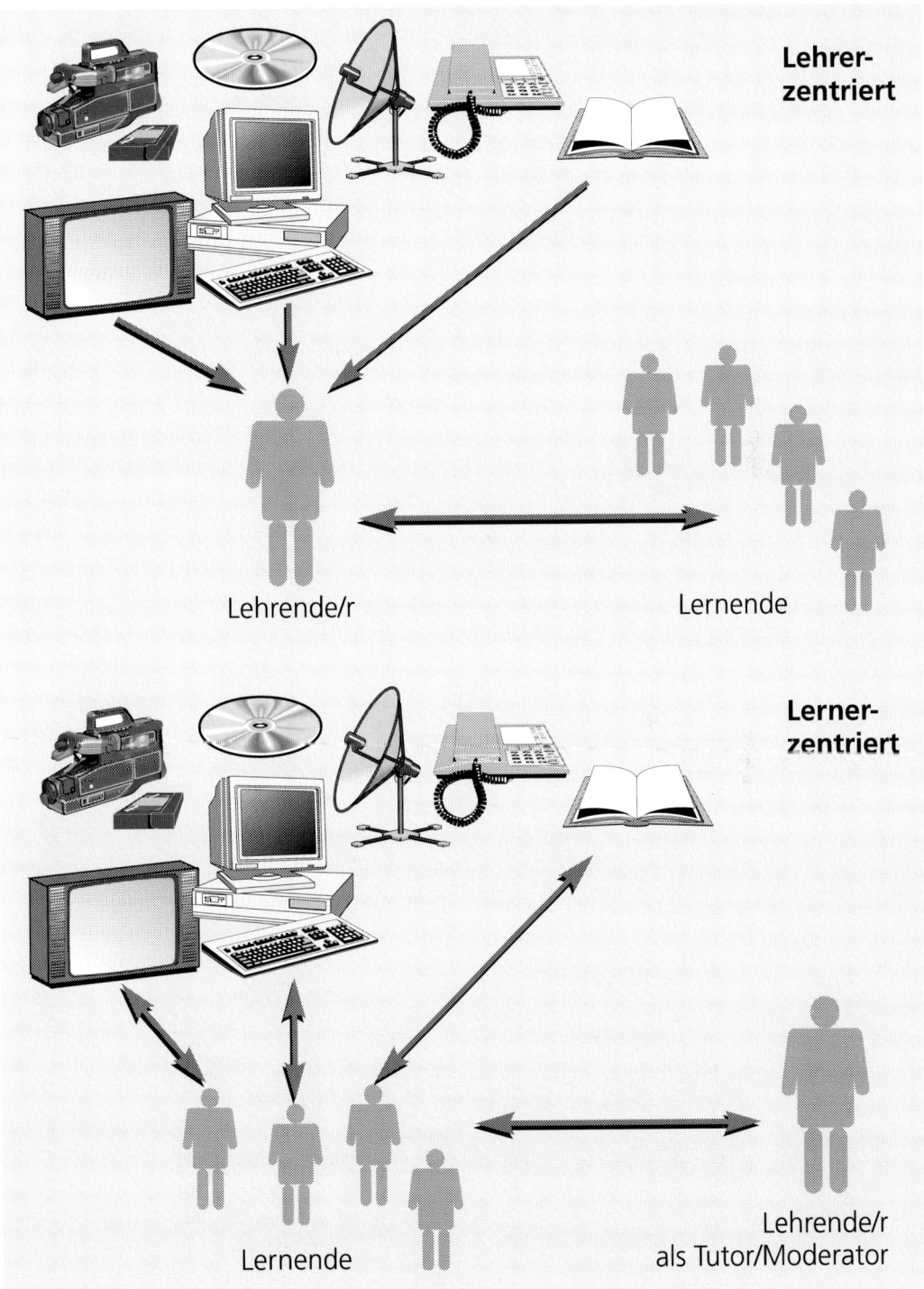

Abb. 6.10: Vom lehrerzentrierten zum lernerzentrierten Lernen

neue Dialektik zwischen Lehren und Lernen

Das dialektische Verhältnis von Lehren und Lernen ist ein zentraler Aspekt im Grundverständnis eines neuen didaktischen Denkens:

> **Von der lehrerzentrierten Didaktik mit linearer Vermittlungsstruktur zur lernerzentrierten Didaktik mit ganzheitlich-vernetzter Selbstlernstruktur.**

ganzheitliche Sichtweise

Konsequenzen für die Strukturmomente

Diese ganzheitliche Sichtweise hat natürlich direkte Konsequenzen für die grundlegenden Strukturmomente des Unterrichts (und analog auch von Unterweisung bzw. der Organisation von Lernprozessen im Allgemeinen). Diese seien hier wieder nach dem didaktischen Dreieck aufgeführt:

- **Lerninhalte:** Lerninhalte werden komplexer und komplizierter. Die traditionelle Abgrenzung zwischen den Wissenschaftsdisziplinen (und auch zwischen berufsbezogenen Lerngebieten) wird mehr und mehr aufgehoben – zu Gunsten fächerübergreifender, ganzheitlicher Themenstellungen. Überfachliche Ziele gewinnen deshalb in zunehmendem Maße an Bedeutung. Im Unterricht und in der Ausbildung wird eine sichere Methodenkompetenz erwartet, d.h.: „Lernmethoden werden zu bedeutungsvollen Lerninhalten"!
- **Lernende** (Schüler, Auszubildende): Die Vorbildung der Schüler/Auszubildenden ist heterogener geworden, d.h.: Lernerfahrungen und Vorwissen differieren auch bei formal gleichen Abschlüssen sehr stark. Subjektive Lernstrategien und Deutungsmuster haben sich gewandelt, sie sind ebenfalls hetrogener geworden.
- **Lehrende** (Lehrer/Ausbilder/Lehrgangsleiter): Die traditionelle (Lehrer-) Rolle erfährt im ganzheitlichen Unterricht einen grundlegenden Wandel. Der Lehrende ist weniger „Belehrer", sondern Organisator, Moderator und Berater. Seine Hauptaufgabe besteht künftig darin, für seine Schüler lernrelevante Handlungs- und Gestaltungsspielräume zu schaffen, damit sie ihre eigene Arbeitslinie entwickeln können. Hier findet sich die Aussage Martin Heideggers wieder: „Lehren heißt: Lernen lassen. Der eigentliche Lehrer lässt sogar nichts anderes lernen als – das Lernen."

Weiterführende Literatur:

Blankertz, H.: Theorien und Modelle der Didaktik. München 1986(12).
Gudjons, H./Teske, R./ Winkel, R. (Hrsg.): Didaktische Theorien. Mit Beiträgen von Klafki/Schulz/von Cube/Möller/Winkel/Blankertz, Hamburg 1986.
Jank, W./Meyer, H.: Didaktische Modelle, Frankfurt a. M. 1991.

7 Technikdidaktische Aspekte des beruflichen Lernens und Lehren

Lernfragen

① Beschreiben Sie den Stellenwert der „Fachdidaktik" in der Lehrerbildung bzw. in der Ausbilderqualifikation.

② Markieren Sie wichtige technikdidaktische Veränderungen.

③ Welche Erkenntnisperspektiven erfasst eine erweiterte Techniklehre?

④ Skizzieren Sie die „Genese curricularer Strukturen der Berufsausbildung"!

⑤ Welche Strukturmerkmale kennzeichnen die „Frankfurter Methodik"?

⑥ Skizzieren Sie die wichtigsten technikdidaktischen Grundkonzeptionen!

⑦ Welche Lehr- und Forschungsbereiche umfasst eine „erweiterte Technikdidaktik"?

> „Die Kenntnis der Natur der Dinge, so sehr und ingeniös vertieft und erweitert, ist ohne die Kenntnis der Natur, des Menschen und der menschlichen Gesellschaft in ihrer Gesamtheit nicht imstande, die Beherrschung der Natur zu einer Quelle des Glücks für die Menschheit zu machen."
> *B. Brecht*

7.1 Stellung und Aufgaben der Fachdidaktik

Die Fachdidaktik gilt für Lehrer als „Berufswissenschaft" und müsste demnach eine zentrale Stellung in der Lehrerbildung einnehmen. Diese zentrale Stellung der Fachdidaktik resultiert aus ihrer Funktion – sie ist ein Bindeglied zwischen den Fachwissenschaften, den Erziehungswissenschaften und der Unterrichtspraxis. Sie ist aber auch eng verzahnt mit dem Studienseminar und der Lehrerfort- und -weiterbildung. Als engere Bezugswissenschaften zur Fachdidaktik gelten, neben der jeweilige Fachwissenschaft (z.B. Maschinenbau, Elektrotechnik), die Philosophie, Psychologie und Soziologie (Abb. 7.1).

Fachdidaktik als Berufswissenschaft für Lehrer ...

Inhaltlich ist Fachdidaktik als fachspezialisierte Didaktik zu verstehen. In diesem Bezug gehört sie selbstverständlich für alle Berufspädagogen zur „Berufswissenschaft" – unabhängig davon, an welchem Lernort beruflicher Bildung sie tätig sind. In den unterschiedlichen Lernorten stehen Berufspädagogen in entsprechend unterschiedlichen Rollen und werden eine rollenbezogene Sichtweise einnehmen, abhängig von ihrer jeweiligen Funktion (z.B. eher planend oder konkret lehrend, in der Fortbildung, im Verband oder im Betrieb tätig usw.). Die wissenschaftliche Weiterentwicklung der Fachdidaktik erfolgt zwar zu großen Teilen an den Orten der Lehrerausbildung. Dabei liegt es aber in der Struktur speziell der Berufsbildung, dass die anderen Orte stets an der Diskussion beteiligt sind und sich auch in den Ableitungen wiedererkennen können.

... und als fachspezialisierte Didaktik für Berufspädagogen im Allgemeinen

Dieses Kapitel wendet sich exemplarisch der Technikdidaktik zu – die referierte Analyse der geänderten Qualifkationsanforderungen in unserer Wirtschaft sowie die konkreten didaktischen Ableitungen sind dabei von breitem Interesse an allen Lernorten und über den Tellerrand einzelner Berufsfelder hinaus.

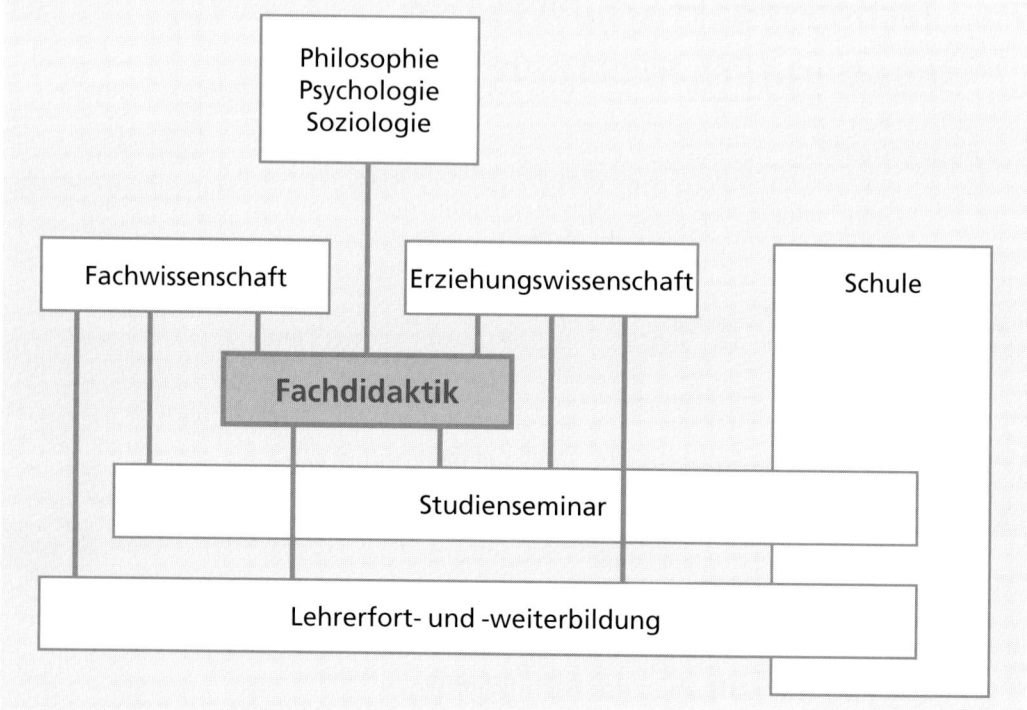

Abb.7.1: Stellung der Fachdidaktik in der Lehrerbildung (Töpfer/Bruhn, 1979)

Aufgaben der Fachdidaktik

Der Deutsche Bildungsrat hat in seinem Strukturplan für das Bildungswesen (1970, 225f) die Aufgaben der Fachdidaktik für die Schule umrissen.
„Zu den Aufgaben der Fachdidaktik gehört

1. festzustellen, welche Erkenntnisse, Denkweisen und Methoden der Fachwissenschaft Lernziele des Unterrichts werden sollen;
2. Modelle zum Inhalt, zur Methodik und Organisation des Unterrichts zu ermitteln, mit deren Hilfe möglichst viele Lernziele errreicht werden;
3. den Inhalt der Lehrpläne immer wieder daraufhin kritisch zu überprüfen, ob er den neuen Erkenntnissen fachwissenschaftlicher Forschung entspricht, und gegebenenfalls überholte Inhalte und Methoden und Techniken des Unterrichts zu eliminieren oder durch neue zu ersetzen;
4. erkenntnistheoretische Vertiefung anzuregen und fächerübergreifende Gehalte des Faches beziehungsweise interdisziplinäre Gesichtspunkte zu kennzeichnen".

… und Arbeitsdefinition

Demnach kann Fachdidaktik verstanden werden als die „Wissenschaft vom planvollen, institutionalisierten Lehren und Lernen spezieller Aufgaben-, Problem- und Sachbereiche" (Lenzen, 1986, 427).

Die Fachdidaktik war und ist ein immer wieder umstrittener Bereich der Lehrerausbildung: Überfällig erscheint eine (fach-)didaktische Konzeption, die ein kritisch-reflexives Technikverständnis als Voraussetzung und eine autonome Handlungskompetenz als Vermittlungsziel einer beruflichen Fachdidaktik begreift. Kritisch-reflexives Technikverständnis und autonome Handlungskompetenz beziehen sich auf zwei Handlungsdimensionen, nämlich sowohl auf die Fähigkeit zum intelligenten Handeln nach technischen Regeln (zweckrationales Handeln) als auch auf die der sprachlichen Interaktion (kommunikatives Handeln), der Verständigung und Auseinandersetzung über gesellschaftlich-politische und sozial-kulturelle Werte. Die Schwierigkeiten eine den gewandelten gesellschaftlichen Ansprüchen genügende (Fach-)Didaktik der Berufsbildung zu konzipieren „liegen darin,

- dass hier eine komplexe Aufgabenstruktur bei vielfältigen Zuständigkeiten und teilweise konträren Interessen vorliegt;
- dass das Theorie-Praxis-Problem stärker als im allgemeinen Schulwesen durchschlägt;
- dass eine stärkere Verunsicherung durch die Diskussion um Ziele und Inhalte als im allgemeinen Schulwesen eingetreten ist;
- dass die Berufsbildung in besonderem Maße mit den Strukturen und Prozessen des Arbeitslebens zusammenhängt" (Lipsmeier, 1980, 49).

kritisch-reflexives Technik-verständnis und … autonome Handlungs-kompetenz

7.2 Begründungen für eine ganzheitliche Technikdidaktik

In der Technikdidaktik sind es drei Bereiche, die spürbaren Veränderungen unterliegen:

- geändertes Technikverständnis
- geänderte Qualifikationsanforderungen
- geänderte Lernkultur

7.2.1 Geändertes Technikverständnis

In den letzten Jahren deutet sich ein Wandel im Verständnis von Technik an: Definierte man ehedem Technik noch als jenes Handeln, durch das der Mensch naturgegebene Stoffe und Energien intelligent so umformt, dass sie seinem Bedarf und Gebrauch dienen, so entstand vor dem Hintergrund spektakulärer „technischer Pannen" (bis hin zu Katastrophen, z.B. Tschernobyl) und im Bewusstsein teilweise unübersehbarer (Umwelt-)Folgen technischer Entwicklungen ein neues Technikverständnis, das als grundlegendes Moment eine „natur- und sozialverträgliche Technikgestaltung" (auch in der Berufsausbildung) betont und eine mehrperspektivische, ganzheitlich-vernetzte Sichtweise enthält. Nach Ropohl (1979, 43) hat das Beziehungsgeflecht zwischen Entstehungs-, Sach- und Verwendungszusammenhängen der Technik drei Dimensionen:

natur- und sozialverträgliche Technik-gestaltung

- eine **naturale Dimension** (mit einer naturwissenschaftlichen, ingenieurwissenschaftlichen und ökologischen Erkenntnisperspektive),
- eine **humane Dimension** (mit einer anthropologischen, physiologischen, psychologischen und ästhetischen Erkenntnisperspektive) und eine
- **soziale Dimension** (mit einer ökonomischen, soziologischen, politischen und historischen Erkenntnisperspektive) – d.h.: Technik ereignet sich zwischen der Natur, dem Individuum und der Gesellschaft.

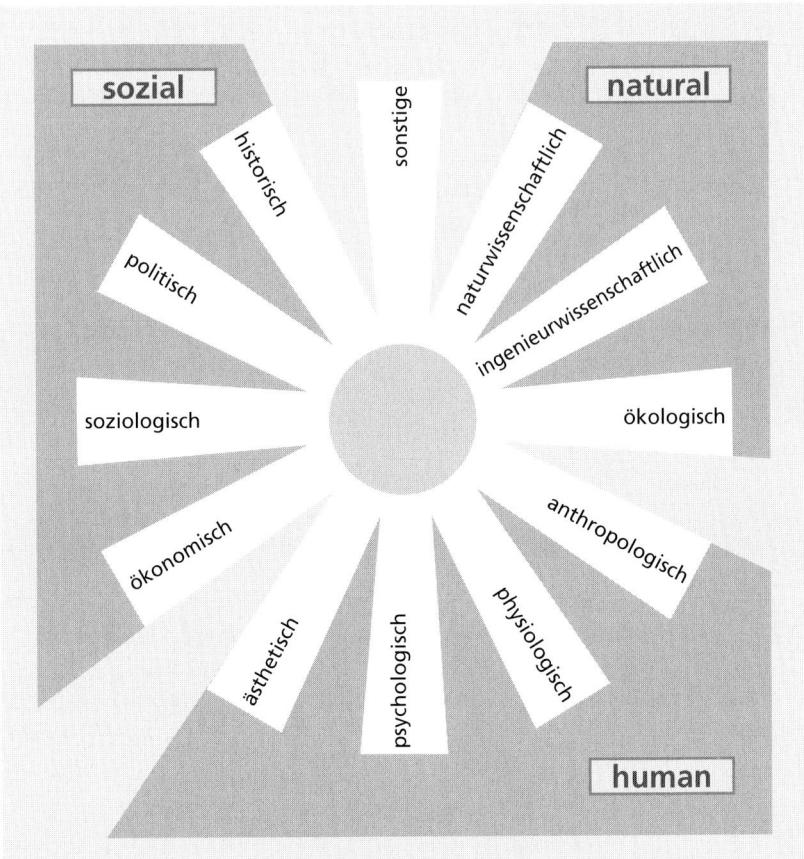

Abb.7.2: Erkenntnisperspektiven der Technik (nach Ropohl)

Systemtheorie

Dieses ganzheitliche Technikverständnis gründet auf einer umfassenden „Systemtheorie der Technik" und hat sich inzwischen zu einem höchst aktuellen Wissenschaftsprogramm entwickelt. Idealtypisch wird in dieser Theorie zwischen technischen Sachsystemen (bezogen auf die naturale Dimension) und menschlichen Handlungssystemen (bezogen auf die humane und soziale Dimension) unterschieden, allerdings besteht zwischen beiden eine enge wechselseitige Abhängigkeit. Denn ebenso wie die Technik eine Funktion gesellschaftlicher Entwicklungen ist, beeinflusst sie ihrerseits den gesellschaftlichen Wandel.

Demnach ist Technik in ihrer soziotechnischen Dimension einbezogen in das weltweite Bedingungsgefüge von Naturwissenschaft, Technik, Wirtschaft und Politik.

sozialphilosophische Dimension

Unter ganzheitlichen Aspekten erhält Technik auch eine sozialphilosophische Dimension, denn der Weg der Technik führt demnach von der „funktional-kritischen Rationalität" zur „gestalterisch-innovatorischen Rationalität" (vgl. Nölker, 1980, 18ff):

- Die **funktional-kritische Rationalitätsstufe** bezieht sich im engeren Sinne auf überlieferte technische Regeln und Erfahrungen im Umgang mit Werkzeug (i.S. einer „naiven Rationalität"), aber auch im weiteren Sinne auf die „Zweckrationalität und die in ihr wirkende Vernunft" im Umgang mit Maschinen. Konkret geht es im weiteren Sinne darum,
  – Technik einzuschätzen hinsichtlich der Technikentwicklung,
  – Technik zu beurteilen hinsichtlich der Technikfolgen und
  – Technik zu bewerten hinsichtlich des Techniksinns.

  Zweckratio-nalität

- Zielaspekt der **gestalterisch-innovatorischen Rationalitätsstufe** ist es, den Zusammenhang von Arbeit, Technik und Bildung als soziotechnisches System zu begreifen und zu gestalten. Das neue Technikverständnis zielt auf ein reflexives, wissenschaftsorientiertes, technologisches Handeln, wie es auch inzwischen der Verein Deutscher Ingenieure verwendet. Nach der VDI-Definition umfasst Technik (VDI, 1991, 2)
  „– die Menge der nutzorientierten, künstlichen Gebilde (Artefakte oder Sachsysteme);
  – die Menge menschlicher Handlungen und Einrichtungen, in denen Sachsysteme entstehen;
  – die Menge menschlicher Handlungen, in denen Sachsysteme verwendet werden."

  Gestaltungs-rationalität

Der Unterschied im Umgang mit Werkzeugen und Maschinen einerseits und soziotechnischen Systemen andererseits liegt darin: Werkzeuge werden benutzt, Maschinen werden bedient – in Systemen aber wird gelebt.

soziotechnisches System

7.2.2   Geänderte Qualifikationsanforderungen

Die geänderten Anforderungen an das Qualifikationsprofil der Mitarbeiter resultieren aus dem technologischen Strukturwandel der Industriearbeit. Auf der Basis beobachtbarer Arbeits- und Produktionsstrukturen werden (von zahlreichen Mischmodellen abgesehen) grundsätzlich zwei Entwicklungslinien der Industriearbeit kontrovers diskutiert:

Diskussion von zwei Produktions-konzepten:
– technik-zentriert
– menschen-zentriert

- Das „**technikzentrierte Produktionskonzept**" geht davon aus, dass Industriearbeit bei weitgehender Fertigungsautomatisierung auf Rest- und Zuarbeit beschränkt bleibt, orientiert an drei Leitzielen des lean managements:
  - **Null-Störungen** durch kontinuierlichen Verbesserungsprozess (KAIZEN) und vorbeugende Instandhaltung um möglichst effiziente Produktionsabläufe zu erreichen.
  - **Null-Bestände** durch kontinuierliche Einsparung überflüssiger Ressourcen und Null-Puffer durch Just-in-time Logistik um Fixkosten bzw. „gebundenes Kapital" zu reduzieren.
  - **Null-Fehler** durch kontinuierliche Fehlervermeidung (TQM) in allen Phasen des technischen Produktionsprozesses um die Produktionsqualität zu verbessern und die Reklamationsrate zu minimieren.

Dieser „rechnergestützte Neotaylorismus" unterstellt eine Eigendynamik technischer Entwicklungen und versucht menschliche Arbeit durch rechnerintegrierte Produktion (CIM-Konzepte) weitgehend zu automatisieren. Gesetzt wird auf „künstliche Intelligenz" um Zeiten und Kosten zu minimieren und menschliche Arbeit, soweit technisch machbar, aus der Produktion zu verdrängen.

job enlargement und enrichment

• Das **„menschenzentrierte Produktionskonzept"** geht von einer starken Rücknahme der funktionalen Arbeitsteilung und der Vergrößerung des menschlichen Handlungsspielraumes bei der Arbeit aus. Wege zur Vergrößerung des menschlichen Handlungsspielraumes führen zur Weiterentwicklung arbeitsstruktureller Ansätze des job enlargements und job enrichments in Richtung autonome Gruppenarbeit (Abb. 7.3).

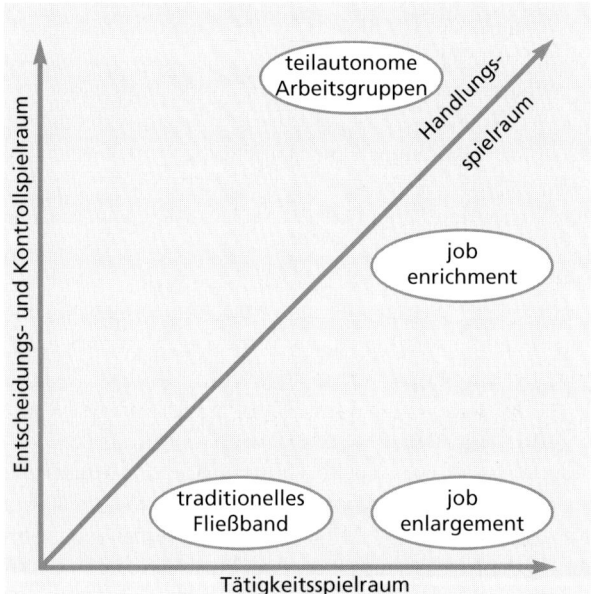

Abb.7.3: Handlungsspielraum und Arbeitsorganisation (Ulich, 1991)

Kennzeichen dieser „Neoindustrialisierung" ist neben der Auflösung überkommener Berufsprofile die „Reprofessionalisierung der Produktionsarbeit" mit dem Ziel die stark segmentierte und damit auch qualifikatorisch reduzierte Arbeit in der Produktion wieder anzureichern, bei gleichzeitiger Entschärfung der Berufsabgrenzungen. Das Credo dieser Produktionskonzepte (von Kern/Schumann, 1984, 19) lautet: „Die Automatisierung des Produktionsprozesses ist kein Wert an sich und bringt nicht per se das wirtschaftliche Optimum. Im Gegenteil, der restringierende Zugriff auf die menschliche Arbeitskraft verschenkt wichtige Produktivitätspotentiale, denn berufliche Qualifikationen und fachliche Souveränität der Arbeiter sind Produktivkräfte, die es verstärkt zu nutzen gilt". Hieran angeschlossen ist die These von der rationalisierungsbedingten Fraktionierung der Industriearbeiterschaft in vier Gruppen (vgl. Kern/Schumann, 1984, 22ff):

Fraktionierung der Industriearbeit

- **Rationalisierungsgewinner** sind moderne teamfähige Produktions-Facharbeiter und Instandhaltungsspezialisten.
- **Rationalisierungsdulder** haben einen traditionellen Arbeitsplatz, sie sind aber auf Grund persönlicher Merkmale (Alter und fehlende Fortbildungsbereitschaft) für einen Arbeitsplatz entlang der neuen Produktionskonzepte längerfristig kaum einsetzbar.
- **Relative Rationalisierungsverlierer** sind Arbeiter krisenbestimmter Branchen, wie z.B. Werften oder Stahlindustrie.
- **Absolute Rationalisierungsverlierer** sind Ungelernte und Arbeitslose, die immer weniger Chancen haben in den Produktionsprozess hineinzukommen.

Folgen von Automatisierung

Eine schlüssige Antwort auf die Frage nach der künftigen Entwicklung der Qualifikationsstrukturen und Qualifikationsprofile der Facharbeit ist nur tendenziell auszumachen: Vernetzungen von Planungs-, Steuerungs-, Fertigungs- und Kontrollsystemen führen zu immer höherer Komplexität technischer Funktionen und Anlagen und erfordern

- technische Problemlösungen mit arbeitsprozessbezogenem Wissen und Erfahrungen der Arbeitsmittel, Arbeitsstoffe und Arbeitsverfahren,
- berufliche Problemlösungen in einem dynamischen Bedingungsgefüge von Planung, Ausführung und Kontrolle sowie
- soziale Problemlösungen in vielfältigen Gruppenstrukturen durch Kooperation, Organisation und Konfliktregelung.

künftige Qualifikationsstruktur

Bei gleichbleibend hohen oder sogar steigenden fachlichen Anforderungen verlieren manuelle Geschicklichkeit und konkretes (handwerkliches) Handeln mehr und mehr an Bedeutung. Eine zunehmende Bedeutung erhalten dagegen Planungs-, Lenkungs- und Überwachungsfunktionen mit personenbezogenen Anforderungen wie abstraktes Analysieren, planerisches Denken, Denken in Systemen und selbstgesteuertes (autonomes) Lernen. Neben der rasch verfügbaren hoch spezialisierten Einzelqualifikation wird der breite Fundus von Qualifikationen für wechselnde Funktionsbereiche gefordert, insbesondere geht es dabei um Teamfähigkeit, Problemlösefähigkeit und Kommunikationsfähigkeit.
Es sind vor allem die Veränderung der Arbeitsinhalte und Qualifikationsanforderungen mit Tendenzverlagerungen vom Manuellen zum Intellektuellen, vom Herstellen zum Kontrollieren und vom Verrichten zum Planen und Verwalten, die in der beruflichen Bildung eine neue Lernkultur bedingen (Abb. 7.4).

künftige Anforderungen

Technikdidaktische Neuorientierungen gehen von vier Zielsetzungen aus, denen eine Leitfunktion beigemessen wird (vgl. Dehnbostel/Walter-Lezius, 1992, 175ff.):

- dem Arbeitsbezug,
- der Gestaltungsorientierung,
- der Handlungsorientierung und
- dem Erwerb von Schlüsselqualifikationen.

Tendenz	Arbeitsinhalte	Qualifikationsanforderungen
↗	– Steuerungs- und Überwachungsfunktionen – Lenkung von Arbeitsabläufen – Planen – Verwalten – Bedienung von Informationssystemen	– abstraktes Denken – Denken in Systemen – geistige Beweglichkeit – Verantwortungsbereitschaft – Kooperationsfähigkeit und Kommunikationsfähigkeit – Lernbereitschaft
↙	– einfache Routinearbeiten – schwere und belastende Arbeiten – manuelle Arbeiten – Bearbeitungsfunktionen („produktive Funktionen")	– körperliche Belastungsfähigkeit – manuelle Geschicklichkeit (Handarbeit)

Abb. 7.4: Tendenzielle Veränderungen der Arbeitsinhalte und Qualifikationsanforderungen

Förderung von Systemdenken

Selbstlernen

Für die technikdidaktische Weiterentwicklung der beruflichen Bildung sind demnach zwei Qualifizierungsansätze relevant: zum einen die Förderung von Systemdenken und Zusammenhangsverständnis, zum anderen das Selbstlernen im betrieblichen Alltag auf der Basis von Gruppenarbeit. Viele Argumente sprechen für eine prozessorientierte und ganzheitliche „Qualifizierte Gruppenarbeit" als tragfähige Entwicklungsoption und Leitlinie der beruflichen Bildung. Eine prospektive Berufsausbildung müsste demnach problem- und prozessorientiert angelegt werden, damit Fach-, Methoden-, Sozial- und Individualkompetenz ganzheitlich gelernt bzw. erfahrungsorientiert erlebt werden können.

7.2.3 Geänderte Lernkultur

Verschiebung zur Selbstständigkeit

Die geänderten Anforderungen an das Lernen und Lehren sind das Ergebnis einer „stillen Revolution" im Wandel der gesellschaftlichen Werte als den entscheidenden Führungsgrößen im Hintergrund menschlicher Handlungen. Vergleicht man heute die Bildungsziele im Bewusstsein von Erwachsenen, so kann man eine deutliche Verschiebung der Merkmale „Ordnung und Disziplin" in Richtung „Selbstständigkeit" ausmachen. Traditionelle Pflicht- und Akzeptanzwerte werden offensichtlich durch Selbstentfaltungswerte relativiert. Dieser Wertewandel hat Tendenzen zu einer autozentrischen Mentalität. Danach fühlt sich der Mensch grundsätzlich dazu berechtigt, das zu tun, was er selbst auf Grund eigener Einsicht für richtig hält. Die Schule muss deshalb künftig eine Lernkultur der Selbstorganisation und Selbstqualifikation der Lernenden ermöglichen und fördern.

Für die Fachdidaktik ist dies eine Herausforderung, nach Möglichkeiten zu suchen sich auf die veränderte Gestalt der Jugend in Form geänderter, ganzheitlicher Unterrichtskonzepte einzustellen. Die „neue Lernkultur" ist mehrfunktional und bedingt mehrere „kulturelle Veränderungen": **neue Lernkultur**

– **Konstruktive Fehlerkultur**: Wir müssen lernen Fehler zuzulassen und aus Fehlern zu lernen. Konstruktive Fehlerkultur bedeutet, dass einerseits Fehler offen ausgesprochen, analysiert und diskutiert werden, andererseits, dass menschliches Handeln nicht durch Angst vor Fehlern eingeschränkt, sondern Eigeninitiative, Innovation und der Mut zur Kreativität belohnt werden. Gerade im unkonventionellen Querdenken und im intelligenten Vorausdenken lag ja die Stärke der europäischen Aufklärungskultur.

– **Positive Konfliktkultur**: Wir müssen lernen, insbesondere in den Schulen, eine neue Streitkultur zu entwickeln, denn Konflikte werden zu oft emotional, persönlich verletzend und in eskalierender Form (gewaltsam) ausgetragen. Die Ursache dafür liegt häufig in Sprech- und Spracharmut der Schüler!

– **Partizipationskultur**: Wir müssen lernen, Schülern, Auszubildenden, Studenten und Mitarbeitern mehr Selbstbestimmungs- und Mitbestimmungsmöglichkeiten zuzubilligen und sie verstärkt in Planungs-, Durchführungs- und Bewertungsprozesse einzubinden.

– Zentrales Problem ist meines Erachtens aber die **Verantwortungskultur:** Wir müssen neu lernen Verantwortung auf der Grundlage ethisch-normativer Prinzipien zu entfalten. Dies bedeutet, dass Menschen für zukünftige Handlungssituationen kritisch-konstruktive Wertmaßstäbe entwickeln, an denen sie ihr Handeln ausrichten können.

Mit den Unterrichtsmaximen Selbstbestimmungs- und Mitbestimmungsfähigkeit korrespondiert das „Lernziel Verantwortung", verstanden als Selbstverantwortung und Mitverantwortung. **Lernziel Verantwortung**
Verantwortung-Lernen setzt „Verantwortung-Zutrauen" und „Verantwortung-Zumuten" voraus. Verantwortung-Lernen bedeutet deshalb auch „Selbstmanagement" und umschließt inhaltlich-fachliches, affektiv-ethisches, methodisch-problemlösendes und sozial-kommunikatives (also ganzheitliches) Lernen. Erziehung zur Verantwortung muss aber nicht nur „handlungs- und erfahrungsorientiert" angelegt sein, sondern muss auch „authentisch" sein. Verantwortung wird in Schulen (und auch in Hochschulen) meist nur normativ gesetzt. Es genügt aber nicht, „wahre Belehrungen" über die Wirklichkeit zu geben und sie mit „richtigen ethischen Bewertungen" zu versehen, sondern wer zur Verantwortung erziehen will, muss Verantwortung konkret vorleben und wer Verantwortung lernen soll, muss Verantwortung wahrnehmen können. Authentizität verlangt nicht die „Identität" von Sollen und Sein, sondern vielmehr die Bereitschaft und Offenheit des Pädagogen sich auf eventuelle Diskrepanzen „ansprechen" zu lassen, denn „Verantworten" heißt jemandem Antwort geben!
Dazu schrieb (1993) der bekannte Tübinger Emeritus Andreas Flitner: Unter dem Aspekt Verantwortung „geht es heute nicht mehr an, dass die ältere Generation der jüngeren ihre Lebensmaximen einfach weitergibt; vielmehr muss sie zusammen mit der jüngeren hier neue Lebensmaximen finden".

7.3 Ansatzpunkte für eine ganzheitliche Technikdidaktik

Die technologischen und lernstrukturellen Veränderungen bedingen technikdidaktische Weitungen, bezogen auf
- eine erweiterte Techniklehre,
- ein erweitertes Curriculum und
- eine erweiterte Technikdidaktik.

7.3.1   Erweiterte Techniklehre

Technische Bildung im Sinne erweiterter Techniklehre ist nicht nur auf Erwerb
fachlicher Kompetenz hin angelegt, sondern zielt explizit auch auf Selbstbestimmung des Menschen, auf gesellschaftliche Mitverantwortung und demo-
kratische Mitgestaltung seiner Lebens- und Arbeitswelt. Demnach lässt sich als
Grundanforderung an eine neue Fachdidaktik der Technik festhalten, dass schu-

Ganzheitlichkeit und Handlungs- kompetenz

lisches und betriebliches Lernen die Forderungen ganzheitlicher Berufsbildung
nach beruflicher Handlungskompetenz und Persönlichkeitsentwicklung erfüllen
müssen. Dazu ist es erforderlich, dass die Schüler (am konkreten Einzelfall) fachsystematische Zusammenhänge erkennen und konstruktiv-analytisch denken
und handeln. Daneben sind die Förderung von Sozialverhalten, Kreativität und
Mitgestaltungsspielraum integraler Bestandteil beruflichen Lernens.

Eine erweiterte Techniklehre muss deshalb die naturale, humane und soziale
Dimension der Technik in einen didaktischen Begründungszusammenhang
bringen, der auf die allgemeinen Zielbestimmungen der (technischen) Bildung
(Mitbestimmung, Mitgestaltung und Mitverantwortung) und die Fähigkeit der

vernetzte Erkenntnis- perspektiven

Lernenden (Fach-, Methoden-, Sozial- und Individualkompetenz) berufspädagogisch rückbezogen ist. Eine so erweiterte Techniklehre ist meines Erachtens in fünf ganzheitlich vernetzten Erkenntnisperspektiven zu entfalten (vgl.
Raumer, 1986, 151ff.):

- **technologische Perspektive**: Techniklehre über die Funktion, Struktur und
  Gestaltung (sozio-)technischer Systeme, einschließlich Arbeitsprozesswis-
  sen und berufliches Erfahrungswissen
- **ökologische Perspektive**: Techniklehre als Moment ökologischer Voraussetzungen und Technikfolgen (Ressourcen/Recycling)
- **ökonomische Perspektive**: Techniklehre von den wirtschaftlichen Bedingungen, Interessen und Zwecken der Technik, einschl. der betriebs-, volks-
  und weltwirtschaftlichen Nützlichkeitsbetrachtung (Technikbewertung)
- **politisch-soziale Perspektive**: Techniklehre von den Möglichkeiten (ar-
  beits-)politischer Partizipation, Mitbestimmung und Selbstkontrolle, bezogen auf Arbeitsplätze und Sozialsystem
- **geistig-normative Perspektive**: Techniklehre von der Sinnhaftigkeit technisch bestimmter, berufsförmig organisierter Facharbeit, Aufarbeitung möglicher Normenkonflikte einschließlich moralischer Fragen sowie das Verhältnis von Technik und Kreativität, Emotionalität und Körperlichkeit.
  Hinzu kommen kulturelles Orientierungswissen, bezogen auf künstlerisch-
  ästhetische Bildung und das Bewusstsein von der historischen Gewordenheit der Technik.

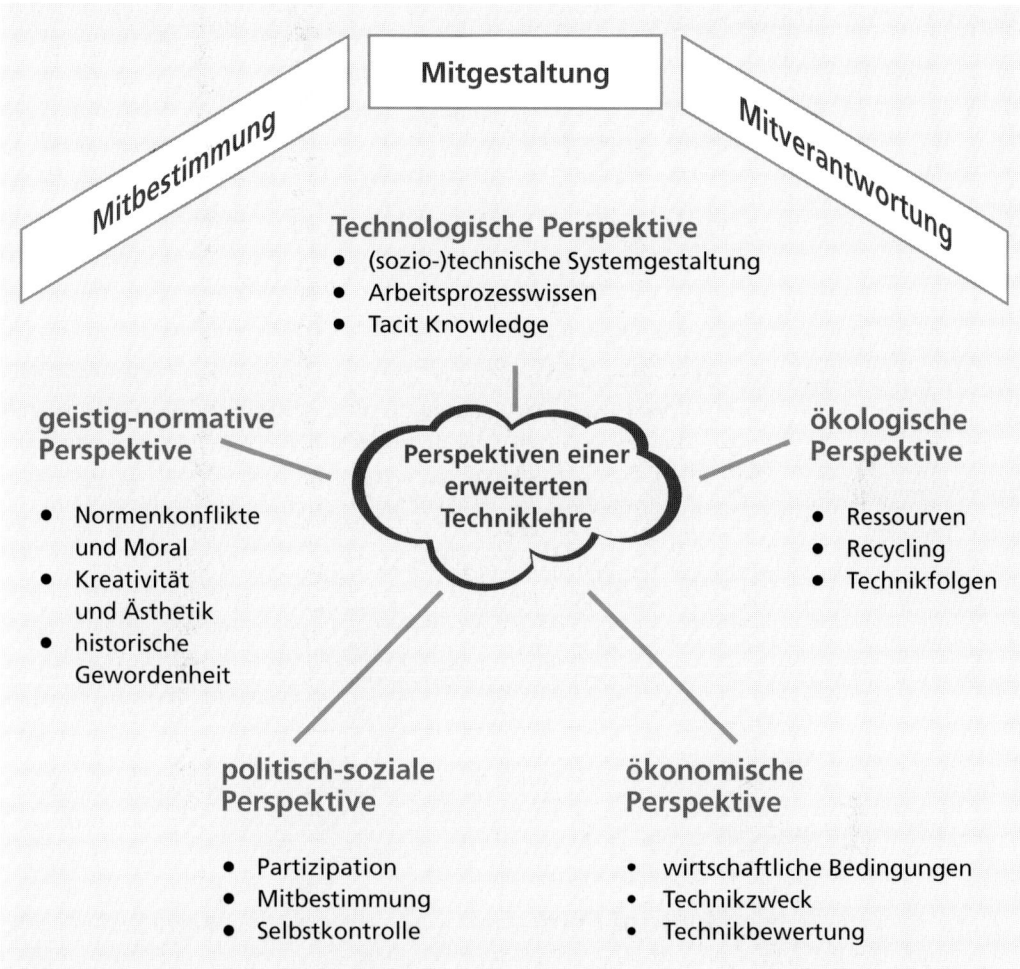

Abb. 7.5: Perspektiven einer erweiterten Techniklehre (Ott, 1995)

7.3.2 Erweitertes Curriculum

Curricular zielt der integrative technikdidaktische Ansatz auf die Vermittlung von Themenganzheiten und ist auf ein „fachübergreifendes" und „autonomes Curriculum" verwiesen. **fächer-übergreifend und autonom**

In einer „Genese curricularer Strukturen der Berufsausbildung" identifiziert Lipsmeier (1991, 103ff) vier Curriculumarten:

- Das **„Gleichlauf-Curriculum"**, das bereits den Reichslehrplänen unterlegt war und an dem auch nach 1945 zunächst noch festgehalten wurde, ging davon aus, dass die theoretischen Kenntnisse der Berufsschule und die praktischen Fertigkeiten dem Ausbildungsbetrieb eindeutig zuzuordnen seien. Theorie- und Praxis-Curriculum sollten jeweils in Einzelelemente zerlegt werden und diese Lernelemente sollten in Schule und Betrieb gleichlaufend, additiv vermittelt werden (Abb. 7.6a).

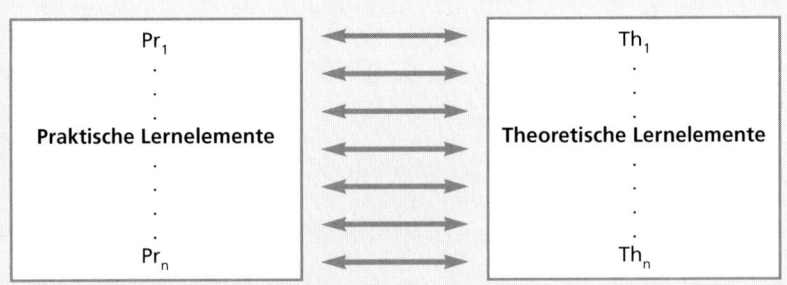

Abb. 7.6a: Gleichlauf-Curriculum

- Das **„abgestimmte Curriculum"** der 70er-Jahre ging von einer „curricula-ren Mischzone" der Lerninhalte aus. Der verbleibende Rest von Theorie und Praxis sollte zwischen Schule, Betrieb und der (damals neu geschaffenen) überbetrieblichen Ausbildungswerkstatt unter dem Aspekt der optimalen Vermittlungsmöglichkeit des jeweiligen Lernortes abgestimmt werden.

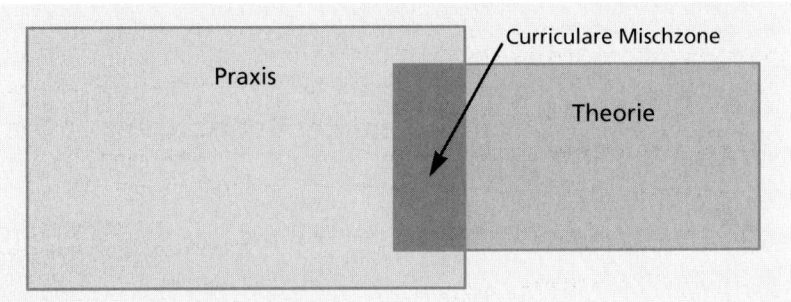

Abb. 7.6b: Abgestimmtes Curriculum

- Das **„Differenz-Curriculum"** wurde bereits im Berufsbildungsgesetz fest-geschrieben und erlangte im Gefolge der Neuordnungsdiskussion (im Ge-gensatz zu den beiden vorgenannten Arten) auch faktische Bedeutung. Die-ser Curriculumtyp geht von der Gesamtverantwortung des Betriebes für die Berufsausbildung aus und weist der Berufsschule lediglich eine curriculare Restfunktion hinsichtlich berufsbezogener und allgemeiner Fächer zu.

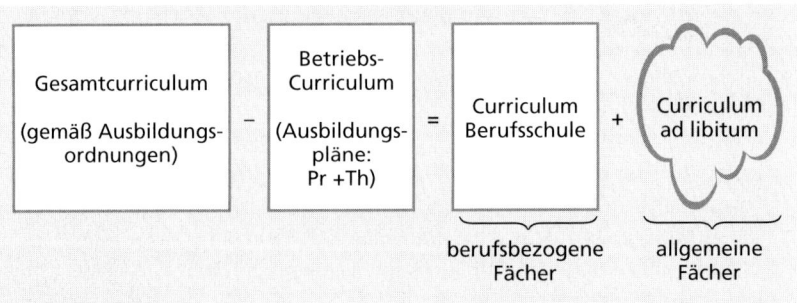

Abb. 7.6c: Differenz-Curriculum

- Das „**autonome Curriculum**" ist durch die Verselbstständigung des betrieblichen und schulischen Bildungsauftrages gekennzeichnet. Beide Lernorte legen jeweils theoretische und praktische Lerninhalte in einem Betriebscurriculum und einem Berufsschulcurriculum autonom fest. Das autonome Berufsschulcurriculum ist für einen Gesamtunterricht zu konzipieren, der die allgemeinen und die berufsbezogenen Fächer umfasst ohne jedoch die Fächerstruktur total aufzulösen. Im curricularen Mittelpunkt steht die berufliche und private Arbeit respektive die Produktion von Gütern und Dienstleistungen. Um diesen didaktischen Kern ranken sich die Unterrichtsfächer mit unterschiedlicher didaktischer Ausprägung: Technologie (einschließlich NT), Sozialkundlich-politischer Unterricht (einschließlich Wirtschaftskunde), Technische Kommunikation, Sprachen, Religion und Sport.

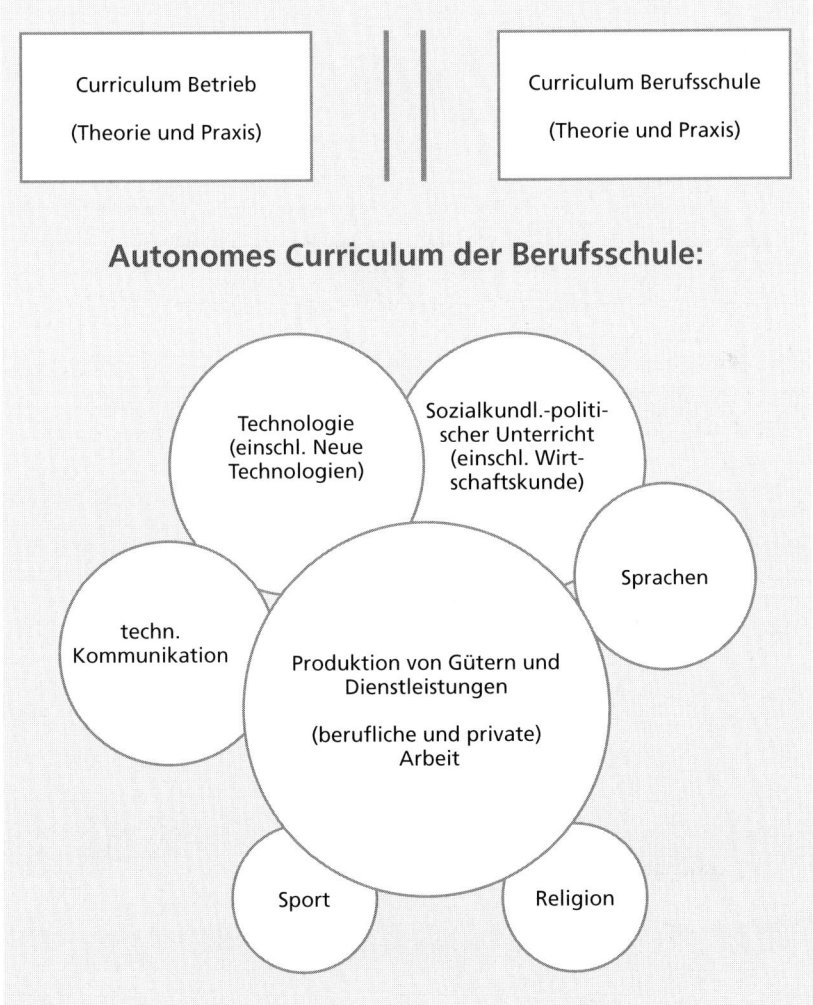

Abb.7.6d: Autonomes Curriculum (alle vier Teilabbildungen nach Lipsmeier 1991)

Neuere curriculare Ansätze zielen auf eine ganzheitliche Inhaltsstrukturierung im Sinne eines fächerübergreifenden Lernens. Zwei Beispiele sollen diese neuen curricularen Strukturen verdeutlichen:

Lernaufgaben als Integrationskonzept

**fach-
übergreifende
Perspektive**

Lernaufgaben eignen sich in erster Linie für handlungsorientierte Themen und berufsorientierte Projekte mit relativ großer didaktischer Reichweite. Lernaufgaben können sich sowohl auf einzelne Unterrichtsfächer beziehen als auch (als Integrationskonzept des Bildungsganges) fächübergreifend geplant werden. Voraussetzung dafür ist die enge Kooperation aller beteiligten Lehrkräfte (Klassenkonferenz) um die Arbeitspläne einzelner Fächer abzustimmen, die Integrationsmöglichkeiten auszuloten und fachübergreifende Projekte gemeinsam zu planen, durchzuführen und zu bewerten (vgl. Abb. 7.7).

Aufbau von Handlungsbereichen

**handlungs-
orientierte
Lernaufgaben**

Zielaspekt dieser Lehrplankonzeption (von Nordrhein-Westfalen) ist es, sich von der fachsystematisch-lehrgangsmäßigen Unterrichtsstruktur schrittweise zu lösen und verstärkt problemorientierte und handlungssystematische Lehr-Lern-Prozesse an berufsfeldtypischen Lernaufgaben zu erproben. Grundlegendes Strukturelement dieser Lehrplankonzeption sind „Handlungsbereiche", die exemplarische Problemstellungen für den Unterricht vorschlagen. Erst auf der zweiten Lehrplanebene werden zu jedem Handlungsbereich in neuer Schneidung zwei bis drei verbindliche Strukturelemente eingefügt (vgl. Crott, u.a. 1995, 175ff).

Beispiel: Für den Handlungsbereich „Mauerwerksbau" beziehen sich die Vorschläge für die projektorientierte Lernaufgabe z.B. auf eine einschalige Wand mit Öffnung oder auf eine Mauerecke. Die Fächer werden durch komplexe Kompertenzbeschreibungen definiert, z.B. Baustofftechnik, Baukonstruktionstechnik und Technische Kommunikation (vgl. Abb. 7.8).

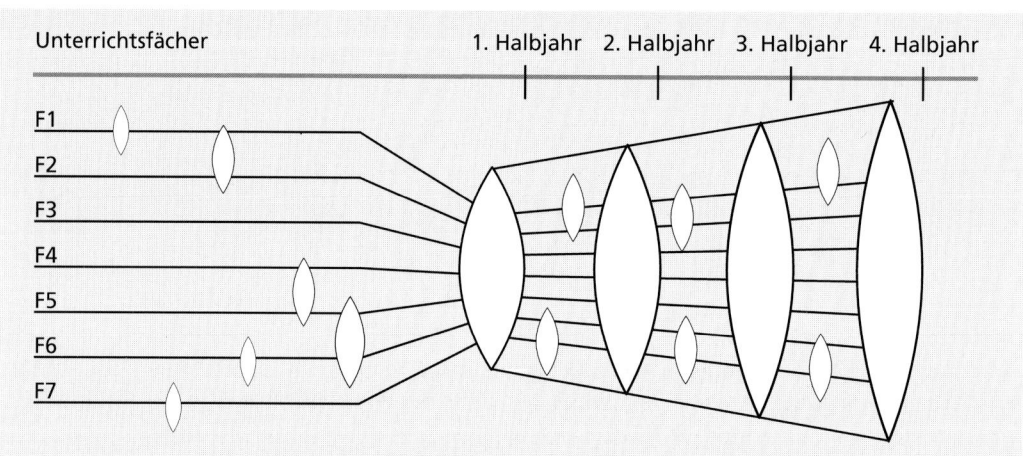

Abb.7.7: Lernaufgaben als Integrationskonzept des Bildungsganges (Modellskizze nach Lehrplanentwurf für die Berufsfachschule in Rheinland-Pfalz 1995)

Aufbau eines Handlungsbereichs

Baustofftechnik
Baustoffe materialgerecht und objektbezogen auswählen, prüfen, einsetzen und bewerten, die Notwendigkeit der Qualitätssicherung erkennen und Verantwortungsbewusstsein für wirtschaftlichen und ökologisch verträglichen Materialeinsatz entwickeln

künstlerische Mauersteine
Bindemittel: Kalk
Mörtelzuschläge
Mauermörtel
bauphysikalische Eigenschaften
Auswirkungen von Rohdichte, Kapillarität, Porigkeit
Festigkeitsklassen
Baustoffprüfung: Maßgenauigkeit, Rohdichte, Kapillarität

Mauerwerksbau

z.B.

– einschalige Wand mit Öffnung

– Mauerecke

Baukonstruktions-technik

Arbeitsregeln und -techniken beherrschen, auswählen und objektbezogen anwenden und die Bereitschaft und Fähigkeit zu Teamarbeit entwickeln

Lage- und Höhenmessung
Maßordnung im Hochbau:
Wanddicken, Längen, Höhen
Mauerverbände,
Herstellen von Mauerwerk
Aufgaben von Wänden
Massenermittlung

Technische Kommunikation

Skizzen, Zeichnungen, Tabellen und Texte anfertigen, lesen und umsetzen – auch unter Nutzung von EDV-Anlagen – und die Wichtigkeit von Planungsvorgaben erkennen

Skizzieren, Bemaßen, Beschriften
Lesen und Erstellen von Ausführungszeichnungen
Mauerverbände
Anwenden von Bautabellen

Abb.7.8: Aufbau eines Handlungsbereichs (nach Crott, u.a. 1995)

7.3.3   Erweiterte Technikdidaktik

Technikdidaktische Ansätze reichen bis an die Wiege des „dualen Ausbildungssystems" zurück. Die wohl bekannteste und weitreichendste technikdidaktische Konzeption ist die „Frankfurter Methodik". Ihr Verdienst lag darin, dass sie konkrete Hilfen für die Umsetzung und Gestaltung von Technikunterricht bot.

7.3.3.1 Frankfurter Methodik

Die Frankfurter Methodik wurde bereits zu Beginn der 30er-Jahre am damaligen berufspädagogischen Institut in Frankfurt a.M. begründet. Sie ist durch drei Strukturmerkmale gekennzeichnet:
– curriculare Struktur
– lernpsychologische Struktur
– organisatorische Struktur

Curriculare Strukturmerkmale

Das Lehrplanschema der Frankfurter Methodik ist in einen schülerorientierten Unterbau und einen sachlogisch strukturierten Oberbau zweigeteilt:

– Im **„Unterbau"** geht es um das systematische Erschließen elementarer Sachverhalte. Der Unterricht folgt dem Prinzip „vom Leichten zum Schweren". Anhand geeigneter Fachobjekte (exemplarisches Prinzip) wird eine naturwissenschaftlich fundierte Grundbildung angestrebt. Der Werkkunde-Lehrplan des Unterbaus gilt für zahlreiche Ausbildungsberufe – die Lerninhalte werden zu „Stoffgruppen" geordnet, die für eine ganze Berufsgruppe gelten.

– Der **„Oberbau"** ist durch eine berufsspezifische Differenzierung der Lerninhalte gekennzeichnet, allerdings mit unterschiedlich gestuften Planvarianten. Hier erfolgt eine Fächerkonzentration im Hinblick auf eine „ganzheitliche" Themenbehandlung.

Diese Lehrplanstruktur der Grund- und Stufenausbildung sowie die zunehmende Wissenschaftsorientierung und Fächerbündelung sind didaktische Verdienste der Frankfurter Methodiker, die bis in die Neuordnungsdiskussion hineinragen.

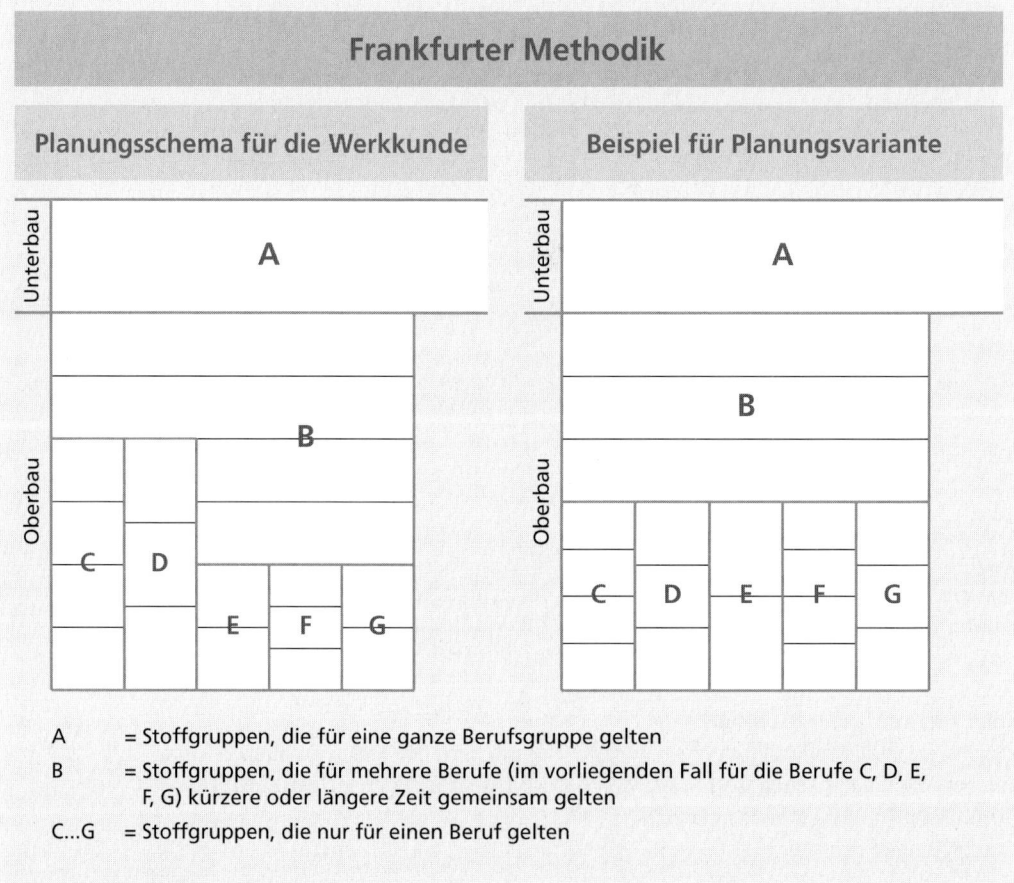

A   = Stoffgruppen, die für eine ganze Berufsgruppe gelten

B   = Stoffgruppen, die für mehrere Berufe (im vorliegenden Fall für die Berufe C, D, E, F, G) kürzere oder längere Zeit gemeinsam gelten

C...G = Stoffgruppen, die nur für einen Beruf gelten

Abb.7.9: Lehrplanstruktur der FM

Lernpsychologische Strukturmerkmale

Die Frankfurter Methodik wendet sich von der Formalstufentheorie hin zu einer lernpsychologisch fundierten Unterrichtsartikulation, gegliedert in eine Anschauungs-, Vergeistigungs- und Anwendungsphase(„AVA-Prinzip").

– In der **Anschauungsphase** wird der neue Lerngegenstand mit Hilfe von Anschauungsmitteln, z.B. Werkstücken, Versuchen, Modellen usw., konkret veranschaulicht (= Teilphase der allgemeinen Klärung) und dann in das bereits bestehende Wissensgefüge der Schüler/innen eingebunden (= Teilphase der besonderen Klärung).

– Ziel der nachfolgenden **Vergeistigungsphase** ist es, ein technisches Verständnis zu erreichen, damit die Schüler Aufträge zur Werkgestaltung selbstständig ausführen können.

– In der **Anwendungsphase** soll schließlich ein Gesamtproblem der Stoffgruppe oder eine Aufgabe der Betriebspraxis „unterrichtspraktisch" gelöst werden.

Unterrichtsphasen nach der „F.M." im Überblick

A-V-A-Praxis

Bezeichnung der Bildungsakte	I. Anschauungsphase		II. Vergeistigungsphase	III. Anwendungsphase
	a. Phase der allgemeinen Klärung	b. Phase der besonderen Klärung		
Aufgabe der Akte	Erarbeiten des am Bildungsgut Grundsätzlichen und Grundlegenden	Erarbeitung von Einzelheiten, Ergänzung und Vertiefung der Allgemeinkenntnisse	Üben des fachlichen Denkens	Anwenden der gewonnenen Erkenntnisse auf bestimmte berufliche Aufgaben
Äußere Form des Unterrichts	Klassenunterricht	sowohl: Einzelunterricht (Idealfall) — als auch: Klassenunterricht	Einzelunterricht und Klassenunterricht	Einzelunterricht und Klassenunterricht
Unterrichtsaufgabe	gleich	verschieden — gleich	verschieden oder gleich	verschieden oder gleich
Niederschlag der Unterrichtsarbeit	Tafelanschrieb	Beobachtungsheft — Tafelanschrieb	Arbeitsblatt	Aufgabenblatt
Mitwirkung des Lehrers	führend	zurücktretend — führend	zurücktretend	zurücktretend

Abb.7.10: Unterrichtsphasen der FM

Organisatorische Strukturmerkmale

Nachlauf der
Fachtheorie

Die Frankfurter Methodiker plädieren für einen „Nachlauf der Fachtheorie" gegenüber der betrieblichen Ausbildung. Die Lerninhalte sollen in der Berufsschule dann behandelt werden, wenn sie dem Schüler in der Praxis auf Grund möglichst ausgedehnter Erfahrung bereits zum Problem geworden sind. Das „Nachlaufpostulat" sollte der erkenntnisprozessgerechten Erarbeitung der Lerninhalte dienen, es wurde mitunter allerdings auch als „Anpassungskonzept" an die Betriebsausbildung kritisiert.

Wissing schuf eine Fächerstruktur und ein System für die Klassenorganisation von Berufsschulen, die im Wesentlichen bis heute gelten. Mit seinem Fächerungsschema unterscheidet er grundsätzlich den Kreis der Berufskunde (Werkkunde und Geschäftskunde) von dem Kreis der sozialen Probleme (Gemeinschaftskunde). Die Fächerintegration bezog sich allerdings lediglich auf den Kreis der beruflichen Probleme, eine Klärung der sozialen Auswirkungen von Technik im Sinne eines ganzheitlichen Technikunterrichts wurde curricular nicht erfasst und unterblieb weitgehend.

Auf ein explizit sozialkundlich-politisches Konzept wurde aus zwei Gründen verzichtet: Zum einen sahen die „Frankfurter Methodiker" fachsystematische Schwierigkeiten, die Lerninhalte der Gemeinschaftskunde oder politischen Bildung allgemein gültig und folgerichtig wie die werkkundlichen Unterrichtsgegenstände aufzubauen und diesen konsequent zuzuordnen, da sie stark der Gesinnungsbildung und wechselnden Anschauungen unterworfen seien.

Zum anderen hatte die politische Enthaltsamkeit der „F.M." und ihre Beschränkung auf den werkkundlichen Bereich in der damaligen Zeit den strategischen Zweck, von den gesellschaftlichen Mächten Staat und Wirtschaft möglichst unbehelligt zu bleiben.

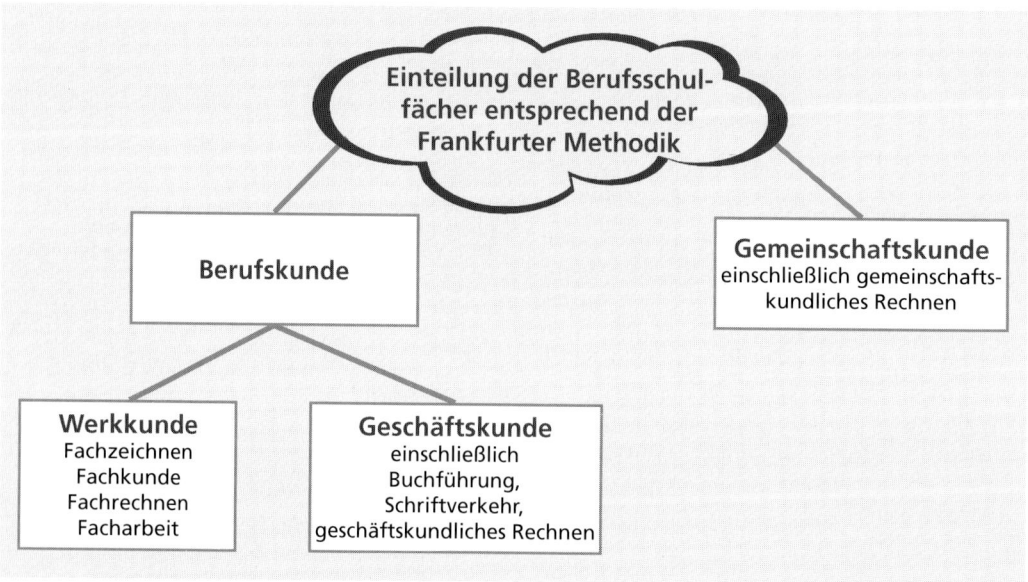

Abb.7.11: Einteilung der Berufsschulfächer der FM

7.3.3.2 Technikdidaktische Grundkonzeptionen

Die Fachdidaktik war quasi von Geburt an mit dem Stigma der ausschließlichen Vermittlungsorientierung behaftet. Unter den derzeitigen technologischen und lernstrukturellen Entwicklungen erscheint aber ein diesbezüglicher Paradigmenwechsel konstitutiv. Ansatzpunkte dafür liefern bereits verschieden akzentuierte technikdidaktische Grundkonzeptionen (vgl. Lipsmeier, 1995, 238ff):

Versuchsorientierte Technikdidaktik

Sie basiert auf der „experimentellen Werkkunde" (Stein, 1965). In neueren Ansätzen findet der „versuchsorientierte Unterricht" (vgl. Nashan/Ott, 1995, 89ff) vor allem in der Form von „Experimentalübungen", eine Renaissance.

Problemlösungsorientierte Technikdidaktik

Diese orientiert sich an technischen Problemen und ihrer didaktischen Funktion und gründet darauf die didaktisch-methodische Struktur des problemorientierten Technikunterrichts (vgl. Kap. 10.3).

Integrative Technikdidaktik

Der Ansatz versucht die in der Technik vergegenständlichten Naturgesetze (naturwissenschaftlich-technische Dimension), die durch Technik gestalteten Verhältnisse in Betrieb, Gesellschaft und Familie (individuelle und historische Dimension) und die ökonomischen Entwicklungen (politisch-ökonomische Dimension) in einem umfassenden Zusammenhang darzustellen und zu erarbeiten.

Strukturtheoretische Technikdidaktik

Sie hat zwei originäre Bezugspunkte: einerseits die didaktische Strukturierung der Aneignungsgegenstände im stoffkundlichen Inhaltsbereich, andererseits die kognitive Strukturierung auf der Basis der Kognitionspsychologie.

Gestaltungsorientierte Technikdidaktik

Diese korrespondiert mit der sozialverträglichen Technikdidaktik. Ziel ist die Befähigung zur (Mit-)Gestaltung von Arbeit und Technik als Leitidee der beruflichen Bildung, auch unter gesellschaftspolitischen und soziologischen Aspekten.

Systemtheoretische Technikdidaktik

Hier finden wir das zur Zeit wohl weitestgehende Technikdidaktik-Konzept, das Technik unter verschiedenen Aspekten beleuchtet, unter anderem sind dies insbesondere: der naturwissenschaftliche Aspekt, der anthropologische Aspekt, der ökonomische Aspekt und der historische Aspekt.

Diese einzelnen technikdidaktischen Grundpositionen können grundsätzlich drei technikdidaktischen Richtungen zugeordnet werden, dazu eine Übersicht auf der folgenden Seite (vgl. Schmayl/Wilkening, 1995, 64ff):

Allgemeintechnologischer Ansatz	Mehrperspektivischer Ansatz	Arbeitsorientierter Ansatz
Akzent liegt auf der Fachwissenschaft. Technik bezieht sich auf die Grundkategorien Stoff, Energie und Information. Technikunterricht zielt auf Strukturierung übergreifender Sachkategorien i.S. der allgemeinen Technologie.	Akzent liegt auf dem Subjekt, d.h., Technik ist Mittel zum Zweck personaler Bildung. Technikunterricht betrachtet die Wirklichkeit als humansoziales Handlungsfeld und zielt auf verantwortungsvolles technisches Handeln.	Akzent liegt auf der gesellschaftskritischen Betrachtung von Arbeit und Technik. Technik ist Mittel und Resultat des Arbeitsprozesses. Technikunterricht zielt auf emanzipatorische Bildung i.S. der Mitgestaltung von Arbeit und Technik.

7.3.3.3 Technikdidaktische Lehr- und Forschungsbereiche

Die ursprünglich eng gefasste Vermittlungsorientierung der Technikdidaktik ist auszuweiten. Die vielfältigen Lehr- und Forschungsbereiche der Technikdidaktik zeigen sich in weitgespannten (curricular offenen) Aspekten:

Interdisziplinärer Aspekt: Ansatzpunkte liefern die Wissenschaftstheorie der Technik, Sozialphilosophie der Technik, Industriesoziologie, Technikgeschichte, etc.

Gesellschaftlich-politischer Aspekt: Analyse der gesellschaftlichen Auswirkungen von Technik (Technikentwicklung, Technikbewertung, Technikfolgen, human- und sozialverträgliche Technikgestaltung, Arbeitshumanisierung, Mitbestimmung usw.).

Fachwissenschaftlich-curricularer Aspekt: Auswertung neuer fachwissenschaftlicher Erkenntnisse (z.B. der computergestützten Informations- und Kommunikationstechnologien) sowie deren lernzielorientierte Anordnung in „offenen und autonomen Curricula" in Form didaktischer Leitlinien.

Psychologisch-soziologischer Aspekt: Erforschung geänderter Lern- und Arbeitsbedingungen (Technik, Beruf, Arbeit und Bildung) hinsichtlich unterschiedlicher Lernvoraussetzungen und neuerer Qualifikationsanforderungen auch bei heterogenen Lerngruppen (Problemfelder der inneren und äußeren Differenzierung).

Unterrichtspraktischer Aspekt: Integration beruflicher und allgemeiner Bildung im ganzheitlichen Technikunterricht. Entwicklung von fachspezifischen (Selbst-)Lernmaterialien. Erprobung von handlungsorientierten Unterrichtsmodellen im Hinblick auf selbstgesteuertes, methodisch-operatives Lernen und ganzheitliche Lernkontrolle.

Weiterführende Literatur

BONZ, B./LIPSMEIER, A.: Allgemeine Technikdidaktik – Bedingungen und Ansätze des Technikunterrichts. Stuttgart 1980.

PUKAS, D.: Die gewerbliche Berufsschule der Fachrichtung Metalltechnik: Ihre Entstehung um die Jahrhundertwende und ihre Entwicklung bis zur Gegenwart. Alsbach 1988.

SCHMAYL, W./WILKENING, F.: Technikunterricht. Bad Heilbrunn 1995(2).

Interdisziplinärer Aspekt

Wissenschaftstheorie

Sozialphilosophie

Industriesoziologie

Technikgeschichte

**Gesellschafts-
politischer
Aspekt**

Technikentwicklung

Technikbewertung

Technikfolgen

Techikgestaltung

**Aspekte einer
erweiterten
Technikdidaktik**

**Unterrichts-
praktischer
Aspekt**

Berufliche und
allgemeine Bildung

Ganzheitlicher
Technikunterricht

Methodisch-
operatives
Lernen

Ganzheitliche
Lern-
kontrolle

**Fachwissen-
schaftlich-
curricularer
Aspekt**

IuK-Technologien

Offene Curricula

Autonome Curricula

Didaktische
Leitlinien

**Psychologisch-
soziologischer Aspekt**

Lern- und Arbeitsbedingungen

Technik und Beruf

Arbeit und Bildung

Qualifikationswandel

Abb.7.12: Aspekte einer ganzheitlichen Technikdidaktik

8 Methodische Aspekte des beruflichen Lernens und Lehrens

„Wenn du einem Menschen etwas lehren willst, wird er es niemals lernen." *B. Shaw*	**Lernfragen** ① Strukturieren Sie die wesentlichen Aspekte der Unterrichts-methode. ② Beschreiben Sie die einzelnen Stufen der Moderations-methode. ③ Welche methodenkonzeptionellen Varianten gibt es beim CUL? ④ Welche Gestaltungsaspekte sind beim multimedialen Lernen zu beachten?

„Methodenkompetenz" gewinnt in schulischen und betrieblichen Lernprozessen zunehmende Bedeutung. Dabei verlagert sich die Gewichtung der methodischen Anforderung von den Lehrmethoden hin zu Selbstlern- und Interaktionsmethoden. Entsprechend den gewandelten methodischen Zielsetzungen werden in diesem Kapitel vorrangig die letztgenannten Aspekte anhand von drei Themenbereichen dargestellt:

- Unterrichtsmethoden
- Moderationsmethode
- Computerunterstütztes Lernen

8.1 Unterrichtsmethoden

Definition ...

und

Unterscheidung

Unterrichtsmethoden sind folgerichtige, auf einem System von Regeln beruhende lernorganisatorische Maßnahmen, durch die Lerninhalte vom Lehrenden vermittelt bzw. Lernziele von den Lernenden erreicht werden. Diese recht allgemeine „Definition" steht für ein ganzes Bündel von Handlungsmustern, Organisations- und Vollzugsformen unterrichtlichen Lernens und Lehrens. Ein allgemein gültiges Klassifikationsschema für Unterrichtsmethoden ist deshalb kaum zu erstellen. Entsprechend dem vorstehenden Begriffsverständnis können Unterrichtmethoden (stark vereinfacht) in

- – Lehrmethoden des Lehrers (bzw. Ausbilders oder Dozenten) und
- – Lernmethoden der Schülers/Lernenden differenziert werden, wenngleich es natürlich fließende Übergänge gibt

8.1.1 Lehrmethoden

Lern-arrangements schaffen

Lehrmethoden kennzeichnen die lern- und unterrichtsorganisatorische Struktur aus der Sicht des Lehrenden. Zielaspekt ist es, Lernarrangements zu schaffen, durch die den Lernenden das Lernen ermöglicht und erleichtert wird. Übergeordnetes Klassifikationsmerkmal der Lehrmethoden sind die Unterrichtsverfahren, die wiederum von den Lehrverfahren, Sozialformen und Unterrichtsformen geprägt werden (vgl. Nashan/Ott, 1995, 125ff).

8.1.1.1 Unterrichtsverfahren

Unterrichtsverfahren werden im beruflichen Unterricht als praktizierte Lehr- bzw. Lernstrategien bezeichnet, die typische Verlaufsphasen aufweisen und durch eine spezifische Lerneffektivität und didaktische Reichweite gekennzeichnet sind. Für den handlungsorientierten (Technik-)Unterricht sind drei Unterrichtsverfahren konstitutiv:

Lehr-Lern-Strategie mit typischen Verlaufsphasen

- **Versuchsorientierter Unterricht** ist auf eine begrenzte technische Frage konzentriert. Das Wesentliche dieser Methodenkonzeption liegt darin, dass der Schüler/die Schülerin

  technische Frage

  – eine im Lerngegenstand enthaltene Frage herausarbeitet und Erklärungsvermutungen (Hypothesen) formuliert *(Versuchsvorbereitung)*,
  – an einer möglichst selbst ersonnenen und selbst konstruierten Geräteanordnung die Vermutungen experimentell verifiziert oder falsifiziert *(Versuchsdurchführung)* und
  – die quantitativen und qualitativen Ergebnisse formuliert und diskutiert *(Kontrolle)*.

- **Problemorientierter Unterricht** basiert auf einer technischen Denkaufgabe. Das Wesentliche des problemorientierten Unterrichtsverfahrens liegt darin, dass der Schüler/die Schülerin

  technische Denkaufgabe

  – mit einer Denkaufgabe konfrontiert wird *(Problemstellung)*,
  – das im Lerngegenstand enthaltene Problem erkennt sowie Lösungsprinzipien strukturiert und formuliert *(Problemstrukturierung)*,
  – das Problem möglichst eigenständig löst und die Problemlösung bewertet *(Problemlösung)* und
  – die Problemlösungsstrategie auf ähnlich gelagerte Probleme überträgt *(Anwendung der Problemlösung)*.

- **Projektorientierter Unterricht** orientiert sich an einer (sozio-)technischen Gestaltungsaufgabe. Das Wesentliche dieser Gestaltungsaufgaben liegt darin, dass sie in ganzheitlich-vernetzten Erkenntnisperspektiven zu entfalten sind:

  sozio-techn. Gestaltungsaufgabe

  – technologische Perspektive
  – ökologische Perspektive
  – ökonomische Perspektive
  – politisch-soziale Perspektive
  – geistig-normative Perspektive

In Kapitel 6 wurde gezeigt, dass ein sinnvolles berufliches Lehr-Lern-Arrangement nur im Hinblick auf die Interdepenzen von Didaktik und Methodik möglich ist. Unterrichtsverfahren müssen sich auf didaktische Positionen rückbeziehen lassen. Vergegenwärtigen Sie sich die Rückbezüge zu den Unterrichtsverfahren innerhalb der Technikdidaktik in Kapitel 7. Während versuchs- und auch problemorientierter Unterricht, teils in gewandelter Gestalt, längere Traditionen haben, wird der projektorientierte Unterricht dort aktuell angesprochen und die oben genannten Erkenntnisperspektiven finden sich in der aus neueren Qualifikationsanforderungen abgeleiteten erweiterten Techniklehre (Abschn. 7.3.1).

Rückbezüge Technikdidaktik

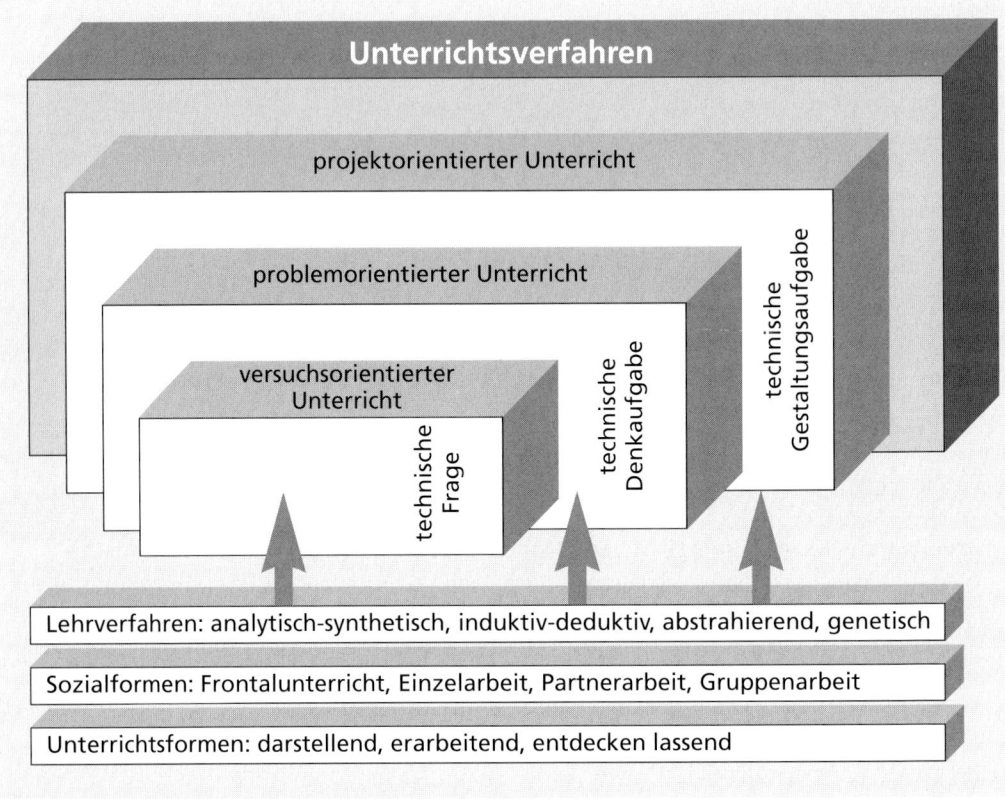

Abb. 8.1: Handlungsorientierte Unterrichtsverfahren

8.1.1.2 Lehrverfahren

gnoseologischer Aspekt

Lehrverfahren beschreiben die logische Gedankenführung von Schülern im Unterricht. Zu unterscheiden sind zwei grundsätzliche Aspekte:

Einerseits gibt es solche Verfahren, die aus einem System von Regeln bestehen, das einem äußeren Erkenntnisprozess zugeordnet ist und sich vorwiegend auf algorithmisierbare logische Denkoperationen zurückführen lässt (gnoseologischer Aspekt).

psychologischer Aspekt

Andererseits enthält jedes Lehrverfahren durch die geistige Umsetzung des Regelsystems auch psychisch determinierte Elemente, die in einen inneren Erkenntnisprozess integriert sind (psychologischer Aspekt):

Lehrverfahren, die einem äußeren Erkenntnisprozess zugeordnet sind:	Lehrverfahren, die einem inneren Erkenntnisprozess zugeordnet sind:
– analytisch-synthetisches Verfahren	– abstrahierendes Verfahren
– induktiv-deduktives Verfahren	– genetisches Verfahren
– historisierendes Verfahren	– forschendes Verfahren

8.1.1.3 Sozialformen

Sozialformen bestimmen die organisatorische Seite der Interaktions- und Kommunikationsmöglichkeiten aller am Unterrichtsprozess Beteiligten, z.B. Frontalunterricht, Einzel-, Partner- oder Gruppenarbeit.

Organisation der Interaktion im Lernprozess

- **Frontalunterricht:** Der Lehrende stellt die Lerninhalte vor bzw. er erarbeitet oder entwickelt gemeinsam mit den Schülern/Auszubildenden zentrale Wissenselemente.
- **Einzelarbeit:** Jeder Schüler/Auszubildende plant, erstellt und kontrolliert die Problemlösung selbst in eigener Verantwortung.
- **Partnerarbeit:** Zwei Schüler/Auszubildende planen, erstellen und kontrollieren ein Handlungsprodukt in eigener Verantwortung.
- **Gruppenarbeit:** Eine Gruppe (von 3–6 Lernenden) bearbeitet autonom den (selbst)gestellten Arbeitsauftrag und erstellt ein gemeinsames Handlungsprodukt. Dabei wird zwischen der arbeitsgleichen Gruppenarbeit (alle Gruppen bearbeiten den gleichen Arbeitsauftrag) und der arbeitsteiligen Gruppenarbeit (die Gruppen bearbeiten verschiedene Teilaufträge) unterschieden. Im Hinblick auf die im ganzheitlichen Unterricht intendierte Methoden- und Sozialkompetenz erhält die Gruppenarbeit höchste Priorität: „Gruppenarbeit initiiert eine soziale Atmosphäre, weckt Verständnis, erzieht zur Hilfsbereitschaft und stärkt das Selbstbewusstsein. Gruppenunterricht multipliziert Einzelleistungen in der Weise, dass das Gruppenergebnis zu einem Produkt vielfältiger Sachaspekte wird" (Mausolf/Pätzold, 1982,106).

Die vier Formen beziehen sich primär auf (Berufs-)Schulunterricht, treffen natürlich auch für berufliche Weiterbildung zu und lassen sich in ihrer Typologie auf betriebliches Bildungsgeschehen übertragen. In der Unterrichtspraxis der Schule dominierte im Vergleich der Sozialformen bis vor wenigen Jahren noch immer der Frontalunterricht. Es lässt sich vermuten, dass der Frontalunterricht in den beruflichen Schulen tendenziell abnimmt, aber es dürfte noch immer eine erhebliche Kluft zu den aus fachdidaktischer Sicht zu bevorzugenden Formen der Gruppenaktivitäten bestehen.

Nachhinken der Unterrichts- realität

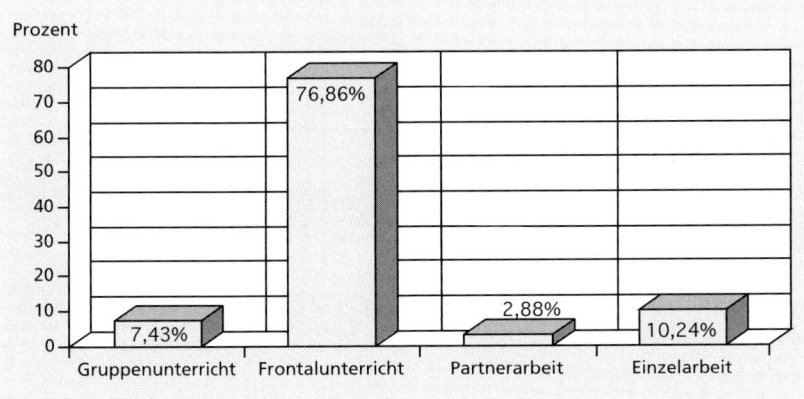

Abb. 8.2: Vergleich verschiedener Sozialformen (H. Meyer, 1994/95)

8.1.1.4 Unterrichtsformen

**Interaktions-
prozesse**

Während die Unterrichtsphasen (Unterrichtsartikulation) den Ablauf von Lehr-Lern-Prozessen charakterisieren, gibt die Angabe der Unterrichtsformen in groben Zügen zu erkennen, wie der Interaktionsprozess zwischen Lehrendem und Lernenden organisiert ist. Der Wahl der Unterrichtsform kommt deshalb bei der Unterrichtsvorbereitung große Bedeutung zu. Unterrichtsformen lassen sich insbesondere danach unterscheiden, inwieweit sie mehr lehrerzentriert oder schüler- bzw. lernerzentriert sind. Der Bogen eines solchen Kontinuums ist von der

– darstellenden Unterrichtsform über die
– erarbeitende Unterrichtsform bis hin zur
– entdecken lassenden Unterrichtsform gespannt. (Abb. 8.3).

Die Übergänge innerhalb und zwischen den Unterrichtsformen sind fließend. Entscheidend für die didaktisch-methodische Gestaltung des Unterrichts bzw. der Ausbildung ist die „Leistungsfähigkeit" der jeweils eingesetzten Methoden, d.h., wie wirksam die Methoden für die Ausprägung von Fach-, Methoden- und Sozialkompetenz sind. Ein Vergleich zeigt, dass die eher darstellend-vermittelnden Lehr- und Lernmethoden vorrangig auf das Erreichen von Fachkompetenz zielen, während eher entdecken lassendes bzw. erfahrungsorientiertes Lernen in allen Dimensionen der beruflichen Handlungskompetenz didaktisch wirksam ist (Abb. 8.4)

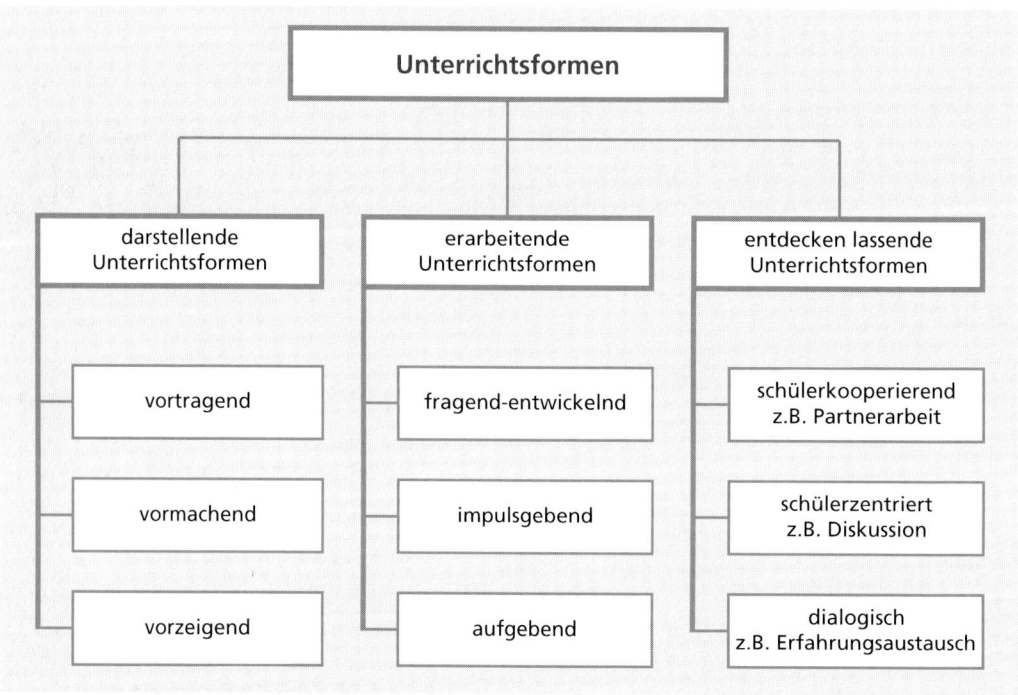

Abb. 8.3: Unterrichtsformen

Didaktisch-methodische Gestaltung / Dimension der Handlungskompetenz	Fachkompetenz (Fachwissen, Fachkönnen)	Methoden-kompetenz (Lern- und Arbeitstechniken)	Sozial- und Führungskompetenz (Teamarbeit, Kommunikations-methoden)
eher vermitteltes Lernen — Vortrag/Rede	+	−	
Unterrichtsgespräch	+	−	
Einsatz von geschlossenen Medien	+	−	
Superlearning (Suggestopädie)	+		
Gesteuertes Projekt	+	+	−
Planspiel	+	+	−
handlungs-orientiertes Lernen — Selbst organisiertes Projekt	+	+	+
Leittextmethode	+	+	+
Leitfragen-orientierte Teamarbeit	+	+	+
Leitfragen-orientierte Einzelarbeit	+	+	
Visualisierung des Lernprozesses (Metaplan-Methode)	+	+	
eher erfahrungs-orientiertes Lernen — Künstlerische Übungen		+	+
Erlebnis-pädagogische Verfahren	−		+

+ bedeutsam für die Förderung dieser Kompetenz
− weniger bedeutsam für die Förderung dieser Kompetenz

Abb. 8.4: Didaktische Leistungsfähigkeit von Lehr-Lern-Methoden (Arnold 1995)

8.1.2   Lernmethoden

Lernmethoden:
- **Selbstlernen**
- **Kommunikation/ Kooperation**
- **Kreativität**

Im problem- und handlungsorientierten (Technik-)Unterricht ist „aktiv-produktives Lernen" zentraler Aspekt der Unterrichtsmethode. Ziel des aktiv-produktiven Lernens ist es einerseits, dass durch die handelnde Auseinandersetzung mit dem Lerngegenstand eine möglichst hohe Lerneffizienz fachlicher Lerninhalte erreicht wird, andererseits gilt es aber auch, mit diesen handlungsorientierten Lernformen bei den Schülern Methodenkompetenz zu erzielen, bezogen auf drei Schwerpunktbereiche.

8.1.2.1 Selbstlerntechniken

Selbstlerntechniken (Lern- und Arbeitstechniken) beziehen sich auf die selbstständige Informationsbeschaffung, produktive Informationsverarbeitung und gezielte Informationswiedergabe.

Techniken der selbstständigen Informationsbeschaffung	✓ Lesetechniken*
	✓ Zuhörtechniken*
	✓ Umgang mit
	  – Inhaltsverzeichnissen
	  – Stichwortverzeichnissen
	  – Sachtexten und Büchern
	  – Katalogen und Bibliotheken
	  – PC-Tools und Netzwerken

Techniken der produktiven Informationsverarbeitung	✓ Mitschreiben/Notieren
	✓ Protokollieren/Exzerpieren
	✓ Markieren/Strukturieren*
	✓ Visualisieren von
	  – Wandzeitungen
	  – Tabellen/Diagrammen
	  – Lernplakaten
	✓ Lernspiel konzipieren
	✓ Hörspiel produzieren

Techniken der gezielten Informationswiedergabe	✓ Bericht schreiben ✓ Begründen/Erläutern ✓ Zusammenfassen ✓ Vortragen/Referieren ✓ Präsentieren ✓ Telefonieren ✓ E-Mails senden ✓ Podiumsdiskussion ✓ Hearing

* vgl. Selbstlerntechniken in Kap. 1.3.2.

8.1.2.2 Kommunikations- und Kooperationstechniken

Kommunikations- und Kooperationstechniken sind auf ein konstruktives Miteinander gerichtet. Der Bogen spannt sich von elementaren Gesprächstechniken bis hin zu zentralen Kooperationstechniken.

Kommunikationstechniken*	✓ Blitzlicht	**Pro-und-Contra-**
	✓ Kugellager	**Debatte**
	✓ Pro-und-Contra-Debatte	
	✓ Fish-bowling	
	✓ Bienenkorb	
	✓ Gruppenpuzzle	
Kooperationstechniken	✓ Gruppenarbeit	
	✓ Rollenspiel	
	✓ Planspiel	
	✓ Projektmethode	
	✓ Diskussionsrunde	
	✓ Theaterspiel	

* Diese Techniken sind in Kap. 1.3.2.4 kurz beschrieben!

8.1.2.3 Kreativitätstechniken

Kreativitätstechniken beziehen sich einerseits darauf, gestalterisch und mediativ zu arbeiten, andererseits sind sie aber auch ein zentrales Hilfsmittel um Probleme und Strukturen zu analysieren, Lösungen zu entwickeln und zu optimieren. Entsprechend dieser umfänglichen Zielsetzung gibt es ein breit gefächertes Spektrum an gestalterisch, mediativ und problemlösungsorientierten Kreativitätsmethoden.

Gestaltung und Problemlösung

Gestalterisch orientierte Kreativitätsmethoden	Arbeit mit Fotos und Bildern Collagen, Kreatives Malen Pantomime Kreatives Schreiben
Mediativ orientierte Kreativitätsmethoden	Phantasiereise Metapher-Meditation Suggestopädie
Problemlösungs-orientierte Kreativitätsmethoden*	Delphi-Methode Funktionsanalyse, Methode 635 Morphologie

* Diese Techniken werden im Kap.8.2 kurz beschrieben!

8.2   Moderationsmethode

Struktur und Beteiligung der Lernenden

Die Moderationsmethode wurde für interaktive Arbeit mit und in der Gruppe entwickelt. Sie hat zum Ziel Abläufe zu strukturieren und alle Teilnehmer möglichst aktiv am Arbeits-, Problemlösungs- und Entscheidungsprozess zu beteiligen (Synergieeffekte). Der Ablauf der Moderation ist prinzipiell in sechs Abschnitte gegliedert (Abb. 8.5). Bevor diese Schritte im Einzelnen näher erläutert werden, ist auf mehrere Grundregeln hinzuweisen. Sie sollten beachtet werden um das genannte Ziel einer Moderation wirklich zu erreichen (Abb. 8.6.)

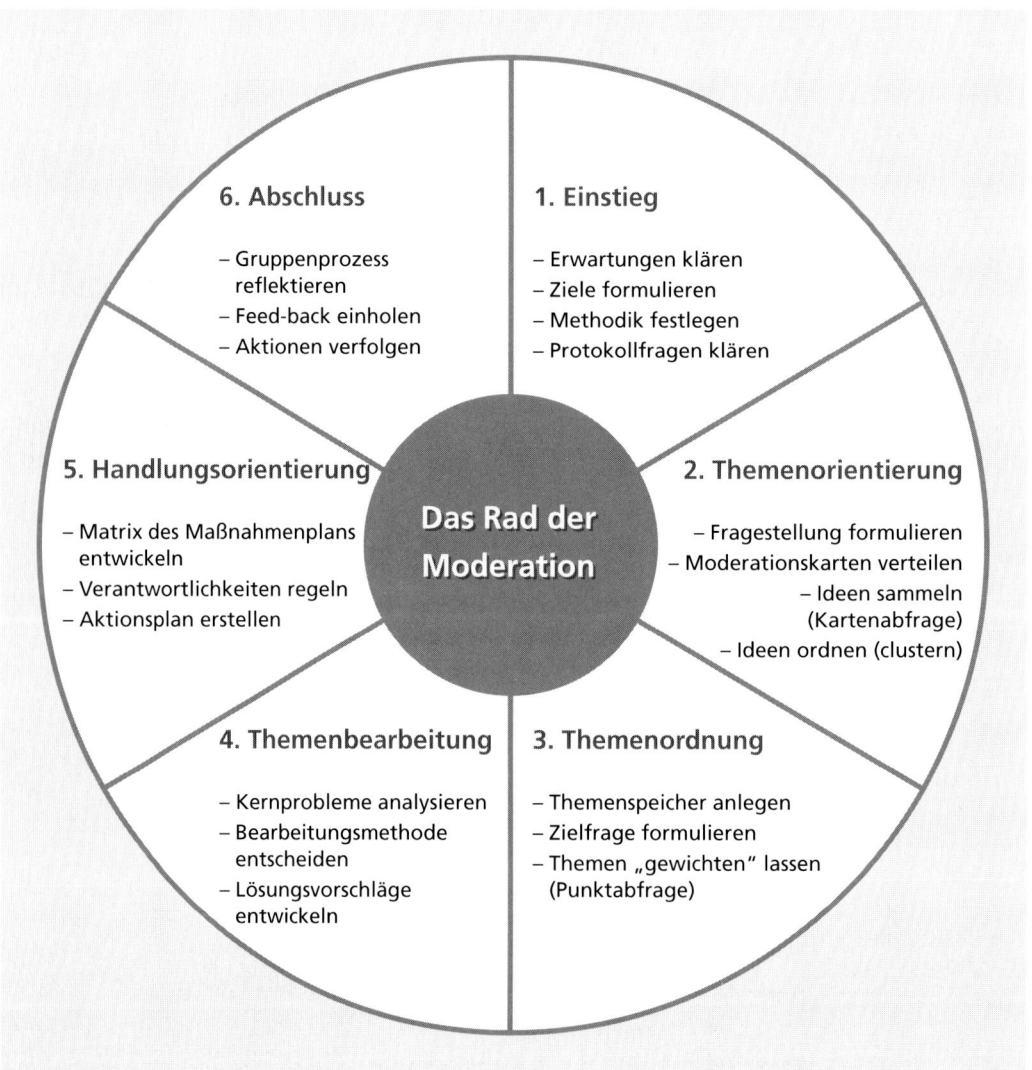

Abb. 8.5: Das Rad der Moderation

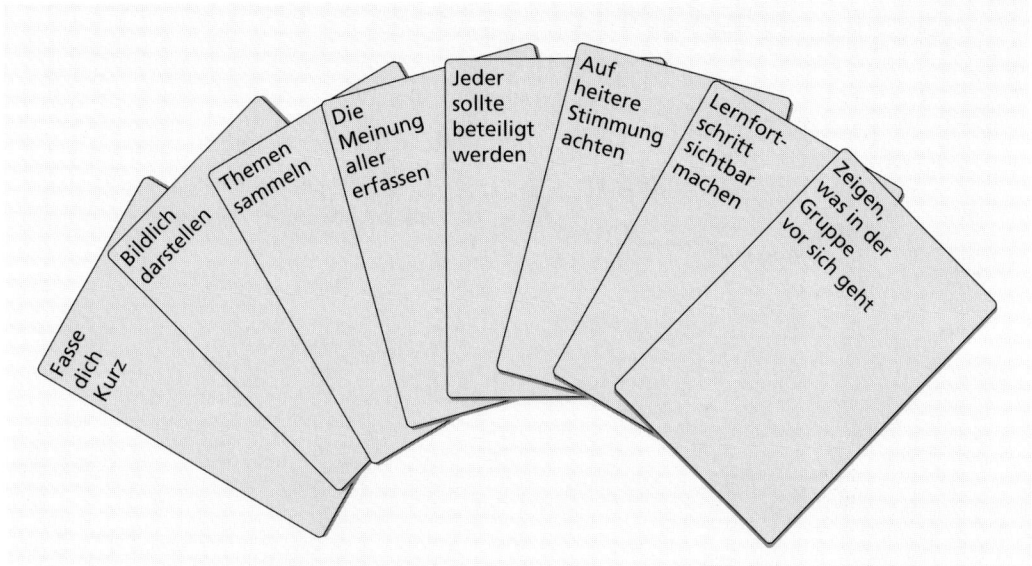

Abb. 8.6: Acht wichtige Moderationsregeln

(1) **Einstieg:** In diesem ersten Moderationsabschnitt geht es darum, ein entspanntes Arbeitsklima zu schaffen und die gemeinsame Arbeit zu strukturieren. Geeignete „Einstiegshilfen" sind beispielsweise **sechs Schritte der Moderation**
   – Kennenlernen-Matrix: Name, Funktion, Vorlieben …
   – Steckbrief: Name, Beruf, Hobby, Lebensstationen …
   – Trailer: Einstimmung in den Problembereich, Fragestellungen …
   – Erwartungsabfrage: Ich erwarte von diesem Seminar …

(2) **Themenorientierung:** Das „Themen sammeln" ist der erste inhaltliche Moderationsschritt. Anhand einer präzisen Fragestellung werden die Gedanken der Teilnehmer auf die gemeinsame Zielrichtung gelenkt. Durch „Kartenabfrage" (eine Idee pro Karte) werden die Einfälle der Teilnehmer gesammelt und von der Gruppe nach inhaltlichen Schwerpunkten geordnet. Dadurch gewinnt man „Cluster" (= Ideenbündel) von Wünschen, Einfällen oder Problemen (Abb. 8.7 auf S. 134.).

(3) **Themenordnung:** In diesem Arbeitsschritt wird festgelegt, in welcher Reihenfolge bzw. mit welcher Priorität die Themen bearbeitet werden sollen. Auf der Basis der Clusterbildung (Problemlandschaft) wird ein Themenspeicher angelegt, der durch „Einpunkt- oder Mehrpunktabfrage" in eine Rangreihe gebracht wird (Abb. 8.8 auf S. 135).

(4) **Themenbearbeitung:** In diesem Schritt wird in Kleingruppenarbeit das Thema/Problem bearbeitet. Dabei sind viele Methoden der Problembearbeitung mit unterschiedlicher Zielsetzung bei der Lösungsfindung denkbar – Hinweise dazu bietet die Tabelle in Abb. 8.9 (S. 136).

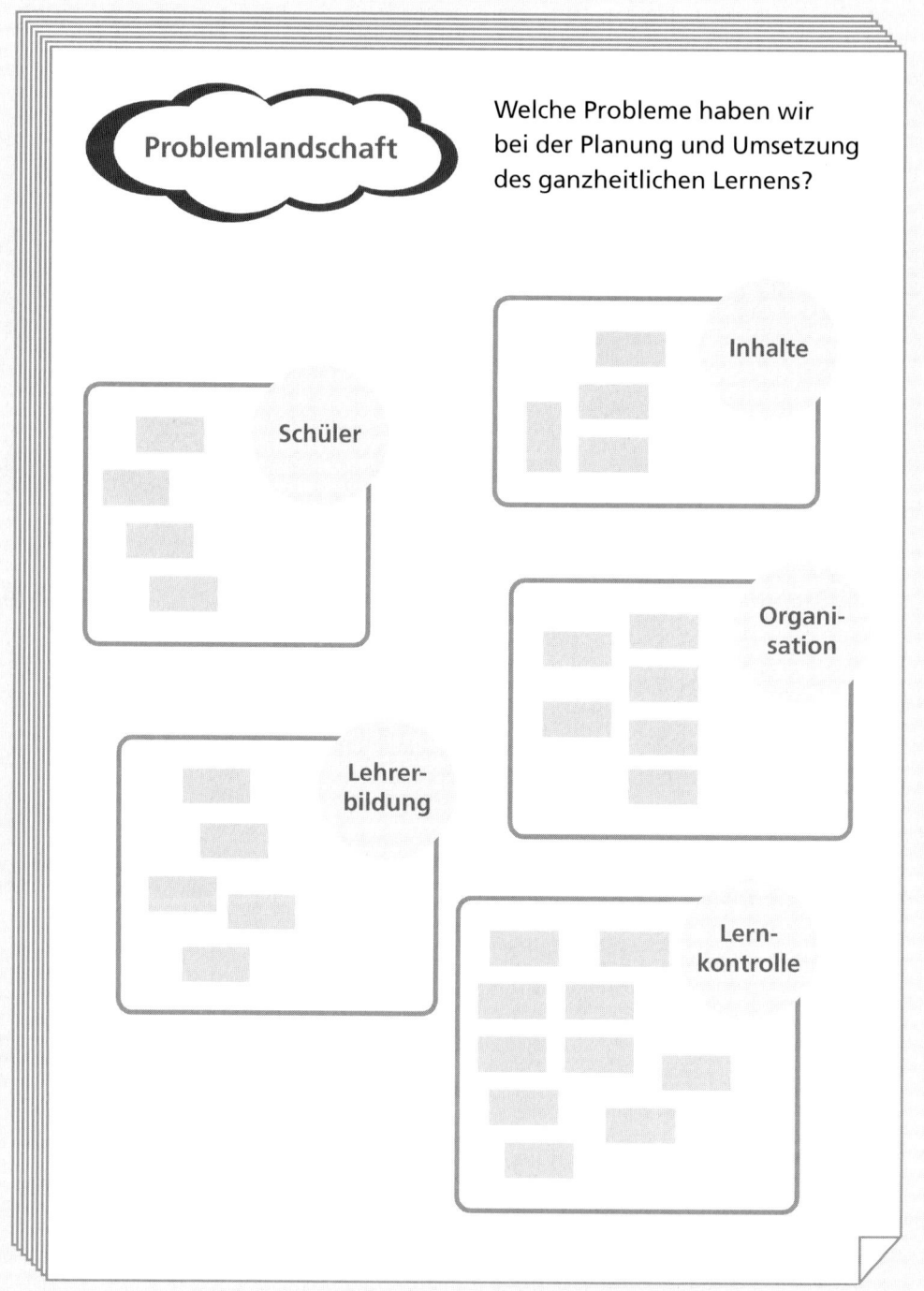

Abb. 8.7: Problemlandschaft

Nr.	Thema	Punkte	Rang
1	Schüler	4	4
2	Lehrerbildung	7	1
3	Inhalte	3	5
4	Organisation	6	2
5	Lernkontrolle	5	3

Abb. 8.8: Themenspeicher Problemlandschaft

Methoden

Anwendung:
● hauptsächlich
○ hilfsweise

Zielsetzungen/Stufen

Methode	1 Probleme erkennen, analysieren, formulieren	2 Strukturen, Funktionen erkennen, analysieren	3 Vorstellungen erweitern, Lösungsideen finden	4 Lösungen suchen, Analogien bilden	5 Lösungsvarianten entwickeln, kombinieren	6 Lösungen konkretisieren, auswählen, bewerten	7 Lösungen kontrollieren, kritisieren, verbessern
Gezieltes Fragen	●	●	●	○	○	○	●
Delphi-Methode	●			○			●
Trendanalyse	●						
Zweifel, Negation	●	○	○	●			
Abstrahieren	●	●	○				
Blackbox		●	○				
Funktionsanalyse		●	○		○		
Strukturbaum		●					
Brainstorming	○		●	●	○		
Reizwortmethode			●	●			
Methode 635			●	●			
Galeriemethode	○	○	●	●	○		
Morphologie				●	●		

Abb. 8.9: Zuordnung von Methoden und Stufen der Lösungsfindung (nach Beelich/Schwede 1983)

Im Folgenden werden einige der aufgeführten Methoden (Kreativitätstechniken) stichwortartig beschrieben:

- **Gezieltes Fragen:** Mit der „Methode des kritischen Zweifelns und der Negation" werden nach dem „Prinzip der Umkehr" (im Sinne einer Neukonzeption) abgewandelte oder neue Lösungen gesucht.
- **Delphi-Methode:** Mehrere Experten werden mehrfach zu Problembereichen konkret befragt. Durch Rückmeldung und Bekanntmachung der Zwischenergebnisse wird eine hohe Aussagenverdichtung erreicht.
- **Trendanalyse:** Bisherige technische und wirtschaftliche Entwicklungslinien werden im Sinne der „evolutionären Fortsetzung" (Prognoseansatz) extrapoliert und absehbare Grenzen geprüft.
- **Abstrahieren:** Das Wesentliche eines Problems wird herausgestellt um sich von konventionellen Vorstellungen und gedanklichen Vorfixierungen zu befreien.
- **Blackbox:** Extreme Form der Abstraktion um komplexe Systeme mit zunächst unbekannter Struktur zu strukturieren.
- **Funktionsanalyse:** Eine Gesamtfunktion (Gesamtaufgabe) wird in ihre Haupt-, Unter- und Unter-Unterfunktionen hierarchisch aufgegliedert um Teilprobleme zu erkennen.
- **Strukturbaum:** Grafische Strukturierung auf der Basis der Funktionsanalyse um die Gesamtfunktion in ihren Teilfunktionen überschaubar darzustellen.
- **Reizwortmethode:** Intuitives Hervorbringen von Lösungsideen durch Konfrontation mit einem scheinbar zusammenhanglosen Reizwort (Verfremdung).
- **Methode 635:** Abgewandeltes (schriftliches) Brainstorming, bei dem jeder der 6 Teilnehmer einer Kreativitätsgruppe 3 Lösungsideen zum gestellten Problem in 5 Minuten auf ein Formblatt schreibt.
- **Galeriemethode:** Die Teilnehmer skizzieren Lösungsideen jeweils auf einem „Strategieplakat". Daran schließt sich ein „Galerierundgang" an, bei dem die anderen Lösungsideen vorgestellt werden (Assoziationsphase). In einer zweiten Ideenbildungsphase werden dann Ideenvarianten notiert und in der Auswertungsphase (im Plenum) zusammengetragen und optimiert.
- **Morphologie:** In einer Matrix (morphologischer Kasten) wird das Gesamtproblem in Teilprobleme zerlegt und einzeln bewertet. Die systematische Suche von Lösungsvarianten erfolgt somit unabhängig von dem zu untersuchenden Gesamtproblem.

(5) **Handlungsorientierung:** Auf der Basis der Themenbearbeitung wird ein Aktionsplan bzw. die Vorgehensplanung entwickelt (Abb. 8.10). Selbstverständlich können Themenbearbeitung und Handlungsorientierung auch mit Hilfe einer Problemlösungsmatrix zu einer Arbeitsphase zusammengefasst werden (Abb. 8.11)

weiter:
sechs Schritte der
Moderation

(6) **Abschluss:** In der Abschlussphase wird der Gruppenprozess reflektiert und ggf. ein „Meilensteinplan" zur Zielverfolgung beschlossen.

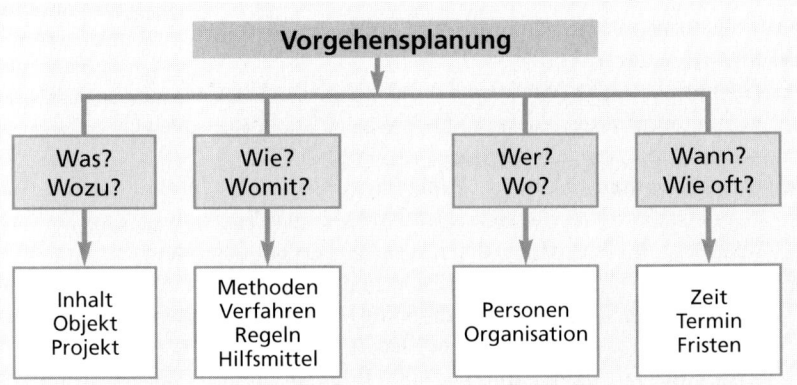

Abb. 8.10: Aktionsplan (Vorgehensplanung)

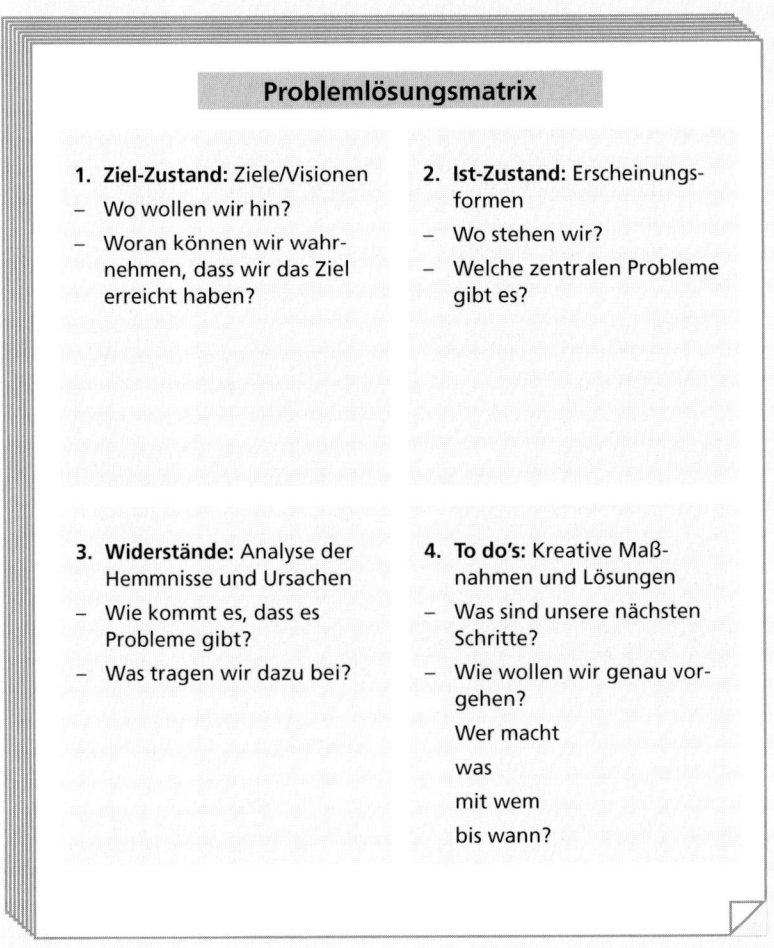

Abb. 8.11: Problemlösungsmatrix

8.3 Computerunterstütztes Lernen (CUL)

Im Bildungsbereich erstreckt sich die Computernutzung vom zentralen Unterrichtsgegenstand bis hin zum Organisationshilfsmittel.

vom Unterrichtsgegenstand bis zum Orgamittel

Im Sinne einer subjektorientierten Didaktik gilt es, den Stellenwert des CUL im Ensemble neuer Organisationskonzepte des ganzheitlichen Lernens und Lehrens zu bestimmen und didaktisch-methodisch zu begründen. Im Folgenden werden deshalb
- die konzeptionellen Aspekte des ganzheitlichen, computerunterstützten Lernens aufgezeigt und relevante Gestaltungsaspekte für computerunterstützte multimediale Lernumgebungen skizziert.

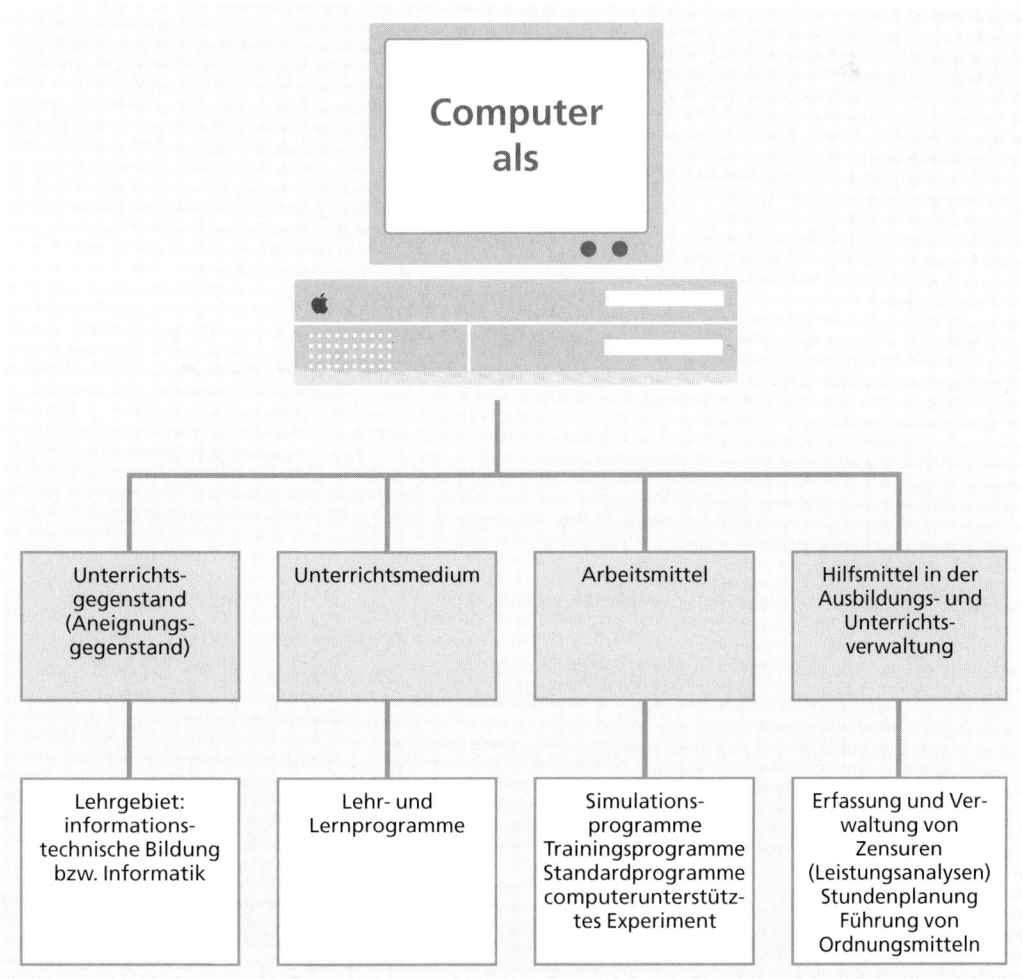

Abb. 8.12: Computernutzung für Bildungsbelange

8.3.1 Konzeptionelle Aspekte des computerunterstützten Lernens

Medium für viele Anwendungen

Die Bezeichnung Computerunterstütztes Lernen (CUL) bzw. Computer Aided Learning (CAL) wird für die unterschiedlichsten Anwendungen verwendet. Der Bogen spannt sich von Computerspielen über Lernprogramme bis hin zu Virtual Reality. Demnach bedeutet CUL jede Art von Lernen, das mit Hilfe einer Hard- und Software-Anordnung zustande kam, die explizit für Lehr- und Lernzwecke entwickelt wurde. CUL steht als Sammelbegriff für eine Vielzahl methoden-konzeptioneller Varianten (vgl. Euler, 1992, 17ff):

Navigation im informellen Netzwerk

*   **Tutorielle Unterweisung:** Das Tutorial orientiert sich an der „Program-mierten Unterweisung". Im Gegensatz dazu kann aber der Lerner innerhalb eines vorgegebenen Rahmens die Reihenfolge der Lerninhalte bestimmen und in einem informellen Netzwerk navigieren; zudem werden die dargebo-tenen Lerninhalte durch Verständnisfragen abgesichert. Die Arbeitsergeb-nisse des Lernenden können von der Lernsoftware gespeichert und analy-siert und somit auch zur Lernerfolgskontrolle verwendet werden. In jüngster Zeit sind „Multimediale Tutorials" entstanden, die eine Einbindung relativ speicheraufwendiger Informationsarten (Farbfotos, Filme/Animation und Musik) in das Lernprogramm zulassen, um so auch komplexe Lerninhalte anschaulich abzubilden. Beispiele sind Programme, die den Aufbau und die Wirkungsweise naturwissenschaftlicher oder technischer Systeme zum In-halt haben.

Einübung und Festigung

*   **Übungsprogramme:** Sie orientieren sich in ihrer Grundstruktur an der tu-toriellen Unterweisung und dienen vornehmlich der Einübung und Festi-gung bereits vorhandenen Wissens. Aus einem Aufgabenpool werden dem Lerner Fragen (mit unterschiedlichem Schwierigkeitsgrad) präsentiert und seine Antworten analysiert – beispielsweise beim Fremdsprachenlernen.

Intervention des Lernenden

*   **Simulation:** Bei der Simulation wird das Lernsystem durch Intervention des Lerners jeweils in einen neuen Zustand versetzt. Unterschieden werden i.d.R. Entscheidungs-, Verhaltens- und Anwendungssimulationen.

Entscheidungssimulation	Verhaltenssimulation	Anwendungssimulation
Ein Modell eines realen oder fiktiven Systems wird ab-gebildet, in das der Lerner durch Veränderung vorge-gebener Daten eingreifen kann	Sie zielt auf die Vorbereitung und Reflexion sozialkommu-nikativen Handelns, aller-dings sind die Entscheidungsalternativen nicht offen, sondern modell-haft verkürzt	Sie verfolgt das Ziel die Be-dienung technologischer Sys-teme einzuüben. Der Lerner führt seine Eingaben genau-so durch wie in der echten Si-tuation, seine Fähigkeiten werden aber durch entspre-chende Übungs- und Trans-ferphasen stabilisiert und im Fehlerfalle korrigiert.
Beispiel: Fahr- oder Flugsimulator	*Beispiel:* Bewerbungsgespräch	*Beispiel:* CNC- o. SPS-Programmierung

- **Hypertext und Hypermedia:** Hypertexte sind Informationsbänke, die in den letzten Jahren verstärkt für Lernzwecke verwendet werden. In diesem hochgradig lernergesteuerten Tutorial geht es nicht um die Vermittlung von konservierten Lerninhalten, sondern um das Lösen konkreter Informationsprobleme mit Hilfe eines Info-pools. Hypertexte brechen die lineare Struktur eines Leittextes auf, indem sie einzelne Worte bzw. Textpassagen in Beziehung zu anderen Texten setzen. Auf Grund dieser nicht-linearen Informationsverkettung können in netzwerkartig verknüpften Dokumenten komplexe Beziehungen dargestellt und im Lernprozess vernetzte Wissensstrukturen erfasst werden (Aktiv-Strukturelles-Netzwerk).

  Lösen v. Informationsproblemen

  Hypermedia-Systeme sind Weiterentwicklungen des Hypertextes. Sie beziehen neben „statischen Medien" (Bild und Text) auch „dynamische Medien" (Animation und Videos), die man unter dem Sammelbegriff Multimedia zusammenfasst, in das Navigationssystem mit ein. Demzufolge wird Hypermedia mitunter auch als Kombination aus **Hyper**text und Multi**media** definiert.

  dynamisches Medium

  Hypermedia-Systeme können sowohl in Einzelarbeit (single user) als auch in Gruppenarbeit (multi user) zur Ideenstrukturierung (Ideen-Prozessor) und zur Verbesserung der Entscheidungsfindung und Entscheidungsdokumentation (Abfrage- und Speichersysteme) verwendet werden.

  Der Vorteil des Hypermedia-Konzeptes liegt darin, dass durch seine nichtlinearen Strukturen komplexes, vernetztes menschliches Wissen besser abbildbar ist. Allerdings birgt die (Über-)Fülle an darstellbaren Informationen („cognitive overloading") auch die Gefahr, dass man sich im Dokument verirre und verliert („lost in hypermedia").

Intelligente tutorielle Lernsysteme: Sie beanspruchen, im Dialog mit dem Lerner die fachliche und didaktisch-methodische Kompetenz eines „Experten" auf einem (künstlich intelligenten) Computertutor abzubilden, um so eine vollständige Simulation menschlichen Lernens zu erreichen. Bei intelligenten tutoriellen Systemen (ITS) sind die Lerninhalte bereits in der Logik von Problemlösungsstrukturen organisiert. Ein ITS soll zudem unterschiedliche Lernniveaus analysieren und den nächsten individuellen Lernschritt festlegen. Damit unterscheiden sich intelligente tutorielle Systeme von konventionellen tutoriellen Systemen durch zwei wesentliche Eigenschaften: Erstens generiert das System selbstständig Aufgabenstellungen, Lernelemente und Dialogschritte (Generativität). Und zweitens berücksichtigt das System den individuellen Lernbedarf des Lernenden durch Fortschreibung seines jeweiligen Kenntnisstandes bei paralleler Analyse der „Lernstrategie" (Adaptivität).

Simulation menschlichen Lernens

Generativität

Adaptivität

Im Wesentlichen besteht ein ITS aus vier funktional abgrenzbaren Modulen:

- *Wissens-* (oder Experten-)*Modul*, welches den Lernstoff bzw. das Expertenwissen der zu vermittelnden Wissensinhalte in Form von Fakten und Strukturen (epistemisches Wissen) sowie Strategien und Verfahrensweisen (heuristisches Wissen) enthält (vgl. Kap. 3.5).
- *Schüler-* (oder Lerner-)*Modul*, das den prozessabhängigen, kontinuierlichen Wissensstand des Lerners repräsentiert und den jeweiligen Leistungsstand des Schülers diagnostiziert.

- *Tutorielles Modul:* Es ist dem Wissensmodul überlagert und „modelliert" den didaktisch-methodischen Experten, indem es den Lernprozess und die Lernmethoden zwischen Schüler und System (z.B. mit Hilfe von Anleitungen und Lernschleifen) steuert.
- *Kommunikations-Modul:* Es ist für den Informationsaustausch zwischen System und Lerner zuständig und stellt die Realisierung der Benutzeroberfläche dar. Dabei müssen sowohl die Techniken (Text, Grafiken, Buttons) als auch die Darstellungsformen (Menüs, Fenster) auf die spezifischen Lernerbelange (Zielgruppe) zugeschnitten werden.

lern-psychologisches Potential

Zu prüfen und kritisch nachzufragen bleibt, welches „lernpsychologische Potential" diese CUL-Varianten beinhalten. Hier muss im Übrigen unterschieden werden zwischen einer rein medialen und einer methodischen Beurteilung. Als ein reines Unterrichts- oder Lernmedium, das im „normal" konzipierten Lerngeschehen seinen (zusätzlichen) Platz findet, können Computerprogramme zahlreichen „klassischen" Medien zweifellos überlegen sein; so ist z.B. trivial, dass Simulationen hervorragend komplexe Abläufe erhellen können. Für die methodische Beurteilung lässt sich keinesfalls so rasch urteilen.

Eignung für Wissen und Verstehen

Wegen der Komplexität von Lernprozessen und der Vielfalt zielgruppenspezifischer Einflussgrößen sind schnelle monokausale Erklärungszusammenhänge und allgemein gültige Bewertungen über die Verwirklichungsmöglichkeiten lernpsychologischer Forderungen an unterschiedliche CUL-Varianten sicherlich nicht möglich, tendenziell ist jedoch festzustellen: „Hinsichtlich der (kognitiven) Lernziele kann die Vermittlung grundlegender Fakten und Zusammenhänge auf der Wissens- und Verstehensebene, insbesondere über die tutorielle Unterweisung, als geeignet gelten. Die Anwendung von Wissen in simulierten Situationen erscheint ebenfalls prinzipiell möglich. In einfachster Form geschieht dies etwa im Rahmen von tutorieller Unterweisung oder in Übungsprogrammen, wenn zuvor vermittelte Inhalte in einer Interaktionssequenz auf eine Problemstellung angewendet werden sollen. Anspruchsvoller sind Ausprägungen der Entscheidungssimulation, bei der der Lernende aufgefordert wird in einer konkreten Situation eine Entscheidung zu treffen. Aufwendig, aber begrenzt möglich erscheint die Förderung von Problemlösungskompetenz und systemischem Prozessdenken durch relativ aufwendige Varianten wie Entscheidungssimulationen oder Hypermedia-Konzeptionen" (Euler/Twardy, 1995, 361). Intelligente Tutorielle Systeme sind zwar schon programmatisch konturiert, bisher vorliegende Prototypen erscheinen allerdings für den praktischen Lerneinsatz noch zu rudimentär, dies gilt gleichermaßen für Ansätze zur „virtuellen Realität".

Förderung bei Problemlösung

8.3.2   Gestaltungsaspekte des computerunterstützten Lernens

starke Lernumgebung

Gestaltungsaspekte des computerunterstützten Lernens zielen auf einen systemischen Ansatz, denn es gilt immer, den kontextuellen Gesamtzusammenhang bei der Lernplanung zu beachten und die grundlegenden Lernprinzipien „starker Lernumgebungen" (vgl. Döring, 1995, 126f.) im Unterricht problem- und handlungsorientiert umzusetzen.

Der Problemlösungsprozess erfolgt nach dem Prinzip der methodischen Selbst-   **methodische**
wahl. Die Schüler haben dabei (im Idealfalle! – vgl. Kap. 6.2.3/Abb. 6.10) Zu-   **Selbstwahl**
griffsmöglichkeiten auf mehrere mediale Selbstlernmodule (Methoden-Mix):

- **Selbsterschließungswerkzeuge** (Arbeitsaufträge, Leitfragen und Leittexte)
- **gestaltbare Medien** (Metaplan-Materialien, Multimedia-Tools, Concept Mappings und Computerworkshops)
- **computerunterstützte Selbstlernmaterialien** (Learning maps, Hypertext bzw. Hypermedia sowie Simulation bzw. intelligente tutorielle Systeme)

CUL kann bei „optimaler Passung des Lerngegenstandes" durch den interaktiven   **Lehrer als**
Charakter des Lernprogramms zu einem höchst intensiven Lernprozess führen,   **Lernarrangeur**
indem die gesamte kognitive Kapazität auf die zu bewältigende Aufgabe ver-   **und Berater**
wendet wird. Der Lehrer fungiert als Lernarrangeur, Moderator und Berater.

Durch **„Online- oder Telelearning"** wird es künftig sicherlich eine stärkere
Vermischung von Lernen, Kommunikation und Information geben.

Nach der zu erwartenden höheren Verfügbarkeit des „Internets" wird die Netz-   **Bedeutung des**
arbeit im Unterricht an pädagogischer Bedeutung zunehmen. Bereits heute ver-   **Internets**
fügt das „Internet" über umfangreiche Dienstleistungen, deren pädagogische
Nutzungsmöglichkeiten in einer Studie „Schulen an das Netz" (vgl. Gesellschaft für Informatik, 1995) untersucht werden:

- **Elektronic-Mai**l (E-Mail): Es besteht die Möglichkeit, mit anderen Benut-zern zeitversetzt Nachrichten auszutauschen (Mailbox). Jeder Internetuser hat seine eigene Mailadresse, die weltweit eindeutig ist.
- •) **Usenet** (News): Die „Zeitung im Netz" kann von allen Usenet-Teilnehmern mit einem entsprechenden Programm (newsreader) gelesen und mitgestaltet werden. Sie besteht nur aus Leserbriefen zu allen möglichen Themen und er-scheint (ohne Redaktion) ständig.
- **FTP** (File Transfer Protocol): Das FTP dient zum kostenlosen Austausch von Informationen und Programmen, die mit öffentlichen Mitteln finanziert wurden. Der Filetransfer zum/vom entfernten Rechner erfolgt üblicherwei-se mit Authentifizierung, aber auch anonym zum Abholen von Software.

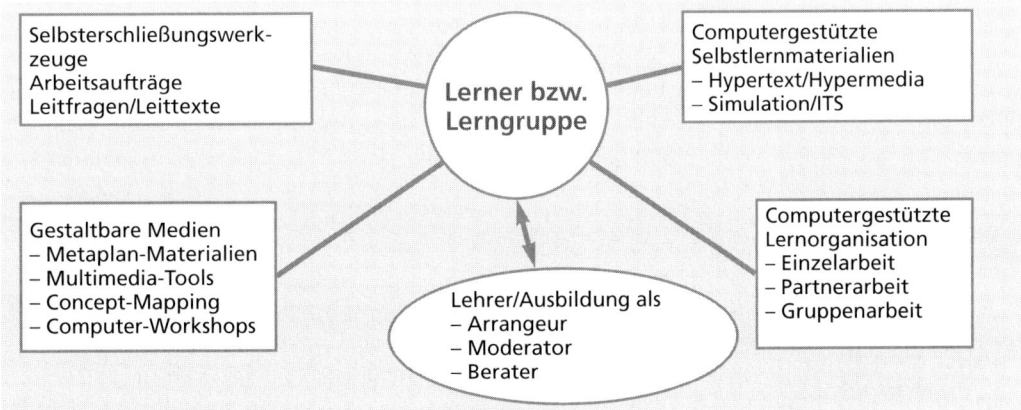

Abb. 8.13: Multimediale Lernumgebung

- **World Wide Web** (WWW): Die WWW-Initiative zielt darauf, „das Wissen der Welt jedem Teilnehmer innerhalb von Sekunden zur Verfügung zu stellen" (vgl. Meyer, 1995). Mit einem „Browser" (to browse = schmökern) sind Informationen (derzeit 40 bis 50 Millionen Bild- und Textseiten) zu lesen, die ggf. auch aus Hypertexten oder Hypermediadokumenten bestehen. Eigene Beiträge können durch Zuordnung einer eindeutigen WWW-Adresse (Uniform Ressource Locator, URL) weltweit veröffentlicht werden.
- **Internet Relay Chat** (IRC): IRC bedeutet frei übersetzt „Globaler Dorftratsch". Das Netz besteht aus rund 1000 Gesprächskreisen, die sowohl zum Vergnügen (z.B. in „Internet-Cafes") als auch zum wissenschaftlichen Gedankenaustausch (z.B. in Multimedia-Konferenzen) eingerichtet werden.
- **Bildung online:** Ein von großen (Bildungs-)Verlagen gegründetes Intranet im Internet („Netz im Netz"), das spezielle Angebote für die Bildung unterbreitet.

Fazit:
CUL hat im Vergleich zu konventionellen Lernformen spezifische Vorteile:
- Erhöhte Interaktion mit dem Schüler, denn jede Schüleraktion löst (bei einem intelligenten Lernprogramm) eine spezifische Reaktion aus.
- Individualisierung und Flexibilisierung des Lernens, denn jeder Schüler kann seine Lerngeschwindigkeit, sein Lernpensum und seine Lernzeit (auch ohne Lehrer) individuell gestalten und steuern.
- Erhöhte Motivation durch abwechslungsreiches Lernen und Abbau von Lernhemmschwellen durch individualisierte Lerngeschwindigkeit und Lernwege.
- Unmittelbare Rückmeldung (Feed-back) und leichte Lernkontrolle (Fehlerdokumentation) durch die Lernsoftware.

hoher medialer Stellenwert, aber ...

... nur Vermittler, keine Wirklichkeit

Insgesamt hat CUL sicherlich einen hohen Stellenwert im Konzert methodisch-medialer Lernhilfen und bei der Gestaltung von „starken Lernumgebungen" für ganzheitliches Lernen. Medien sind aber immer nur Vermittler der Wirklichkeit und nicht die Wirklichkeit selbst – der eindimensionale Mensch, der nur noch via Bildschirmoberfläche mit der Außenwelt kommuniziert und kooperiert, ist eine pädagogische Horrorvision. Zusammenfassend gilt deshalb für CUL der für alle Lernmedien gültige Grundsatz: „In der Hand derer, die auch ohne sie zum (Lern-)Ziel kommen würden, bieten sie einen neuen Weg. Für die anderen wächst hingegen die Gefahr, dass das Mittel zum Ziel wird" (Euler/Twardy, 1995, 364).

Weiterführende Literatur:

BLUME, D. (Hrsg.): Handlungsorientiert lernen mit Multimedia. Nürnberg 1996.
EULER, D.: Didaktik des computerunterstützten Lernens. München 1992.
MEYER, H.: Unterrichtsmethoden. I: Theorieband, II: Praxisband. Cornelsen Verlag Scriptor. Frankfurt a.M.1994/95.

9 Zielplanerische Aspekte des beruflichen Lernens und Lehrens

Lernfragen (Lernziele)
Die Leser dieses Kapitels sollen ohne Hilfsmittel
- drei wichtige Determinanten zur curricularen Zielbestimmung nennen
- den curricularen Ansatz des Unterrichts beschreiben
- die Anforderungen an ein operationalisiertes Lernziel an einem Beispiel erläutern
- die Lernzielarten nach zunehmendem Konkretisierungsgrad ordnen
- die Verhaltensdimensionen (Lernzielbereiche) unterscheiden
- die Lernzielstufen verschiedener Lernbereiche erklären
- die Lernzieltaxonomien kritisch beurteilen
- Lernziele nach zunehmenden Allgemeinheitsgrad klassifizieren

> „Wer nicht genau weiß, wohin er will, landet leicht da, wo er gar nicht hin wollte."
> *R.F. Mager*

9.1 Curricularer Ansatz des Unterrichts

Ziele von Lernen „curricular" zu definieren (so wie dies oben in den von den übrigen Kapiteln abweichenden „Lernfragen" in Form von „Lernzielen" demonstriert wird) hat terminologisch eine lange Tradition – der heutige Begriff von Curriculum stammt allerdings erst aus den 70er-Jahren.

Entwicklung:

Der überlieferte europäische Lehrplan war lange bestimmt durch das klassische System der *„septem artes liberales"*, der sieben freien Künste:
- Grammatik, Rhetorik, Dialektik (Trivium = Dreiweg) und
- Arithmetik, Geometrie, Musik und Astronomie (Quadrivium = Vierweg).

septem artes liberales ...

Das Begriffswort für den so erstaunlich zählebigen Kanon der artes liberales war indessen nicht „Lehrplan", sondern im Mittelalter zunächst „studium", dann „institutio" und im 16. und 17. Jahrhundert „curriculum".

... studium

... institutio

Heute hat das (voll entwickelte) Curriculum einen größeren, weit über den Begriffsumfang von Lehrplan hinausgehenden Bedeutungsumfang. Es legt nicht nur die Lernziele und Lerninhalte fest, sondern auch die Unterrichtsverfahren, -formen, -artikulation und -organisation sowie entsprechende Lehr- und Lernmittel (Medien) und Verfahren der Lernzielkontrolle.

... curriculum

Ausgangspunkt zur curricularen Zielbestimmung sind drei Determinanten:
- das von den **Wissenschaften** kategorisierte Wissen,
- die **Gesellschaft** und ihre Anforderungen sowie
- das **Individuum** und seine Bedürfnisse (Abb. 9.1).

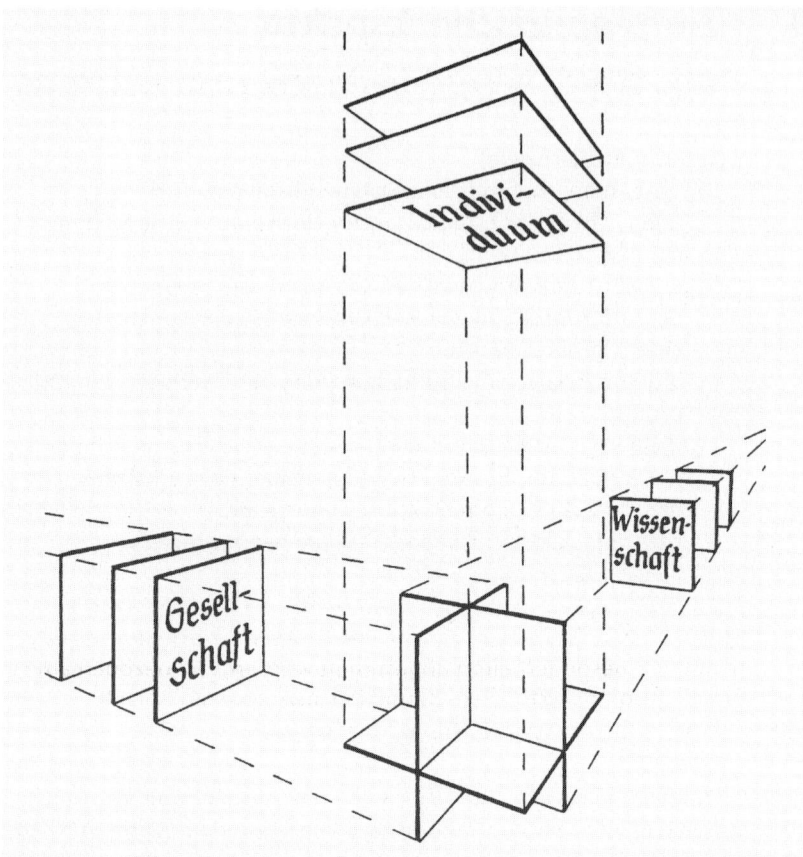

Abb. 9.1: Die drei Determinanten zur curricularen Zielbestimmung (Memmert, 1985)

Diese Curriculumdeterminanten bilden den „Überbau" für curriculare Zielbe-
stimmungen auf unterschiedlichen Planungsebenen, für die Schule:
– Amtlicher Lehrplan bzw. Curricularer Lehrplan
– Klassenlehrplan als Jahresarbeitsplan
– Wochenarbeitsplan einschl. Tagesplanung
– Unterrichtsplan mit Lernphasen (Abb. 9.2)

Selbstverständlich lässt sich der Ansatz für andere Lernorte verwenden, beispielsweise völlig analog zur Gliederung von Ausbildungsabschnitten.

**Modelle der
Curriculum-
forschung**

In der Curriculumforschung werden zwei Modelle unterschieden:
• **Offene Curriculummodelle** gehen davon aus, dass Lerninhalte bzw. Curri-
  culumeinheiten von Wissenschaftlern und Lehrenden nach den Prinzipien
  der Handlungsforschung gemeinsam erstellt werden.
• **Situationsanalytische Curriculummodelle** gehen von gegenwärtig oder
  zukünftig benötigten Qualifikationen aus, die in Unterricht/Ausbildung
  durch geeignete Inhalte vermittelt werden sollen.

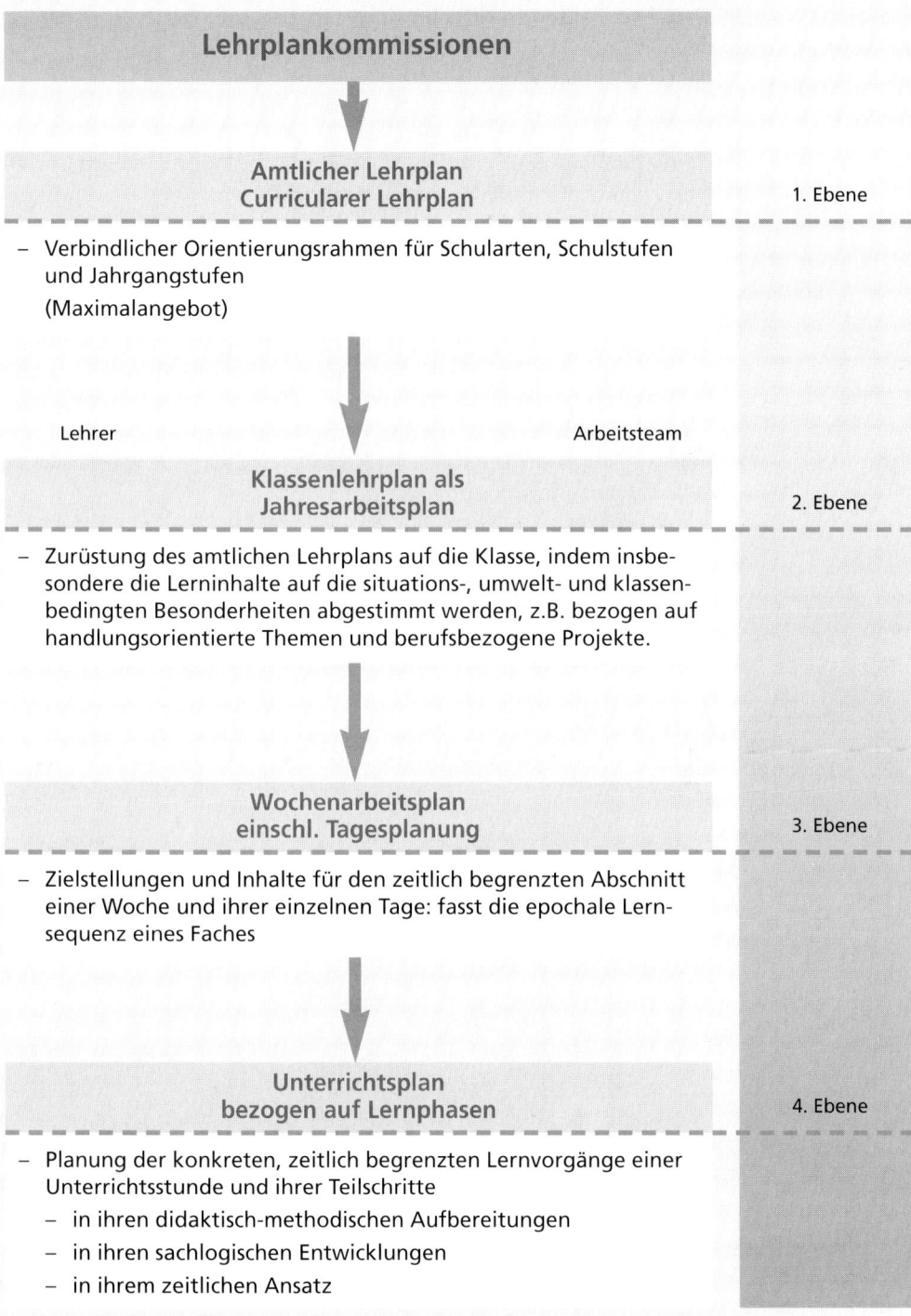

Lehrplankommissionen

**Amtlicher Lehrplan
Curricularer Lehrplan**

1. Ebene

– Verbindlicher Orientierungsrahmen für Schularten, Schulstufen und Jahrgangstufen
(Maximalangebot)

Lehrer   Arbeitsteam

**Klassenlehrplan als
Jahresarbeitsplan**

2. Ebene

– Zurüstung des amtlichen Lehrplans auf die Klasse, indem insbesondere die Lerninhalte auf die situations-, umwelt- und klassenbedingten Besonderheiten abgestimmt werden, z.B. bezogen auf handlungsorientierte Themen und berufsbezogene Projekte.

**Wochenarbeitsplan
einschl. Tagesplanung**

3. Ebene

– Zielstellungen und Inhalte für den zeitlich begrenzten Abschnitt einer Woche und ihrer einzelnen Tage: fasst die epochale Lernsequenz eines Faches

**Unterrichtsplan
bezogen auf Lernphasen**

4. Ebene

– Planung der konkreten, zeitlich begrenzten Lernvorgänge einer Unterrichtsstunde und ihrer Teilschritte
  – in ihren didaktisch-methodischen Aufbereitungen
  – in ihren sachlogischen Entwicklungen
  – in ihrem zeitlichen Ansatz

Abb. 9.2: Curriculare Planungsebenen

Ansatz von Robinsohn: Dreischritt

S.B. Robinsohn legte in seiner Schrift „Bildungsreform als Revision des Curriculums" (1967, 45) dar, dass man Bildungsreformen bzw. neue Bildungsziele in einem Dreischritt erreichen könne:

- **Situationsanalyse:** Zunächst müsse man typische berufliche Situationen und Funktionen identifizieren.
- **Qualifikationsbestimmung:** Auf der Basis der Situationsanalyse könne man notwendige Qualifikationen bestimmen.
- **Curriculumentwicklung:** Aus dem Qualifikationskatalog könne man die notwendigen (neuen) Bildungsziele ableiten.

Curriculumentwurf mittels „Filter"

Allerdings sollte nicht jedwede Qualifikation zum Curriculumelement werden, sondern nur diejenigen, die den „gefilterten" Anforderungen des „Wissenschaftsbezugs", des „Weltverstehens" und der „Verwendungssituation" genügen (vgl. Robinsohn 1967, 47):

- **Wissenschaftsbezug** ist die Bedeutung eines Gegenstandes im Wissenschaftsgefüge und damit auch die Voraussetzung für weiteres Studium und die weitere Ausbildung.
- **Weltverstehen** bezieht sich auf die Orientierung innerhalb einer Kultur bzw. Gesellschaft und die Interpretation ihrer Phänomene.
- **Verwendungssituation** zielt auf die „Funktion eines Gegenstandes" im öffentlichen und privaten Leben.

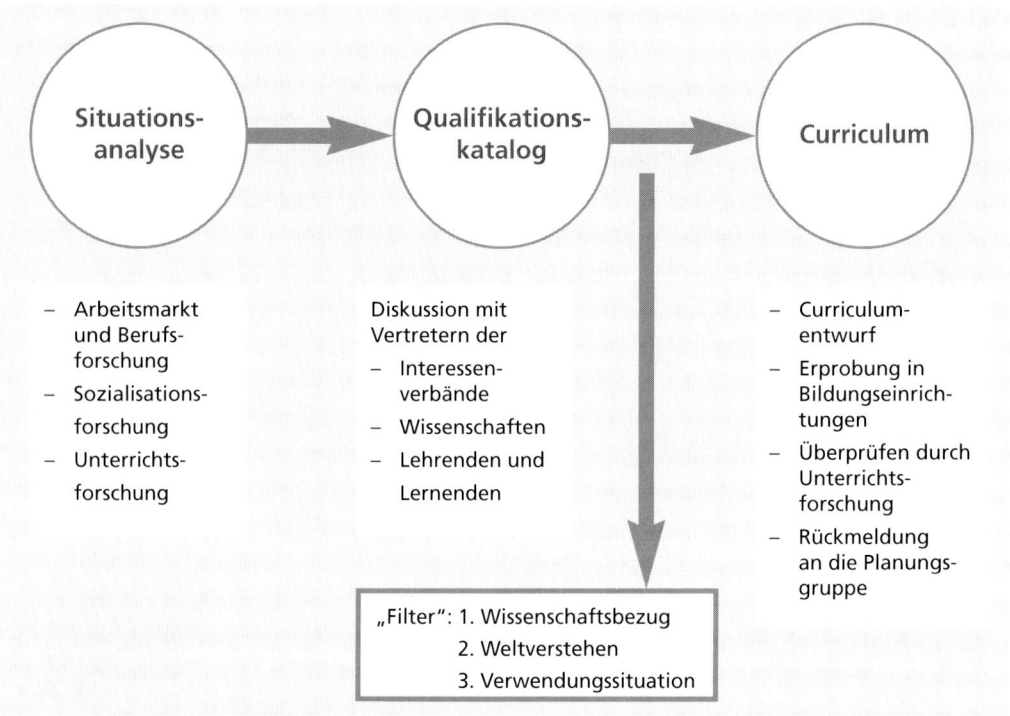

Abb. 9.3: Curriculumentwicklung nach S.B. Robinsohn

Den situationsanalytischen Ansatz von Robinsohn kann man auch „planratio- **planrationales** nal" (geschlossen) nennen, weil die Curriculumkonstruktion nach einem festen **Vorgehen** Muster abläuft, einer kontinuierlichen Curriculumentwicklung, Curriculum- evaluation und Curriculumrevision. Bei dieser schrittweisen Abfolge werden Antworten auf folgende Fragen gesucht:

Curriculumentwicklung
– Situationsanalyse: In welche Berufs- und allgemeinen Lebenssituationen **Curriculumkon-** wird der Mensch heute und künftig gestellt? **struktion durch**
– Qualifikationsanalyse: Welche Kenntnisse, Fertigkeiten und Fähigkeiten sind zur Bewältigung dieser Situationen notwendig? **C.-entwicklung**
– Lernzielformulierung: Welche Lernziele ergeben sich daraus für den Unter- **C.-evaluation** richt? **C.-revison**

Curriculumevaluation
– Lerninhalte: An welchen Lerninhalten können die Lernziele am besten ver- wirklicht werden (didaktische Strukturierung)?
– Lernorganisation: Wie muss die Lernorganisation/Lernumgebung hinsicht- lich Artikulation, Sozialformen, Medien usw. beschaffen sein, damit die Lernziele optimal erreicht werden können (methodische Strukturierung)?
– Lernzielkontrolle: Mit welchen Kontrollinstrumenten bzw. -methoden ist der Lernerfolg zu erfassen (instrumentelle Strukturierung)?

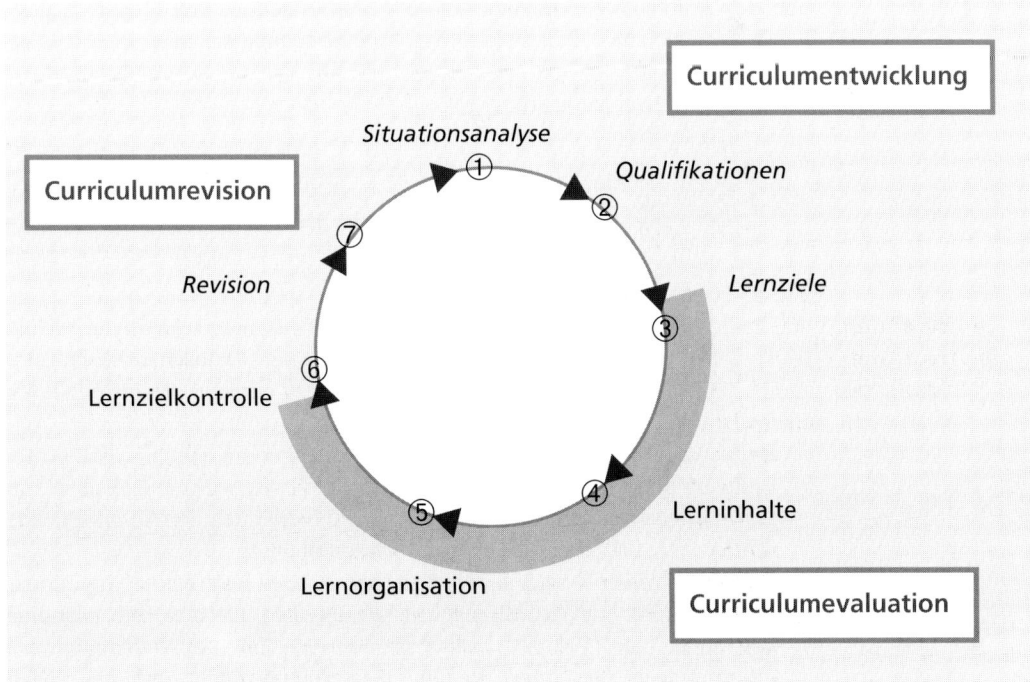

Abb. 9.4: Curricularer Ansatz des Unterrichts

Curriculumrevision

– Führen die Lernziele zu den ermittelten notwendigen Qualifikationen, die zur Bewältigung der Berufs- und allgemeinen Lebenssituationen beitragen?
– Werden Fehlansätze erkannt, bzw. müssen ggf. Lernziele neu formuliert, Lerninhalte diskutiert und Formen der Lernorganisation neu überdacht werden?

Umsetzungs-
problematik
Dieses an sich wissenschaftlich logische Curriculummodell ist aus vielerlei Gründen nie direkt praktisch umgesetzt worden.

Die Umsetzungsproblematik resultiert insbesondere aus der schwierigen Einigung auf einen Bildungsbegriff, der komplizierten Analyse der notwendigen (funktionalen und extrafunktionalen) Qualifikationen und komplexen Lehr-Lern-Situationen auf Grund der unterschiedlichen anthropogenen und soziokulturellen Voraussetzungen.

9.2   Lernzielanalyse

Lernziel als
Verhaltens-
beschreibung
Ein Lernziel ist die Beschreibung von beabsichtigen Verhaltensweisen auf Grund des Lernens. Es beschreibt Kenntnisse, Fähigkeiten, Fertigkeiten oder Einstellungen, die Schüler im Verlauf des Unterrichts sich aneignen oder entwickeln sollen. Diese (neuen) Verhaltensweisen sollen beobachtbar und überprüfbar sein! Durch die Angabe von Lernzielen wird eine bewusstere, zielgerichtete Lernplanung ermöglicht und die Lernfortschrittskontrolle erleichtert.

Bei der Lernzielanalyse sind vielfältige Aspekte zu unterscheiden:
– Lernzielstufen
– Lernzieloperationalisierung
– Lernzielarten
– Lernzielbereiche
– Lernzieltaxonomien
– Lernzielbeschreibung

9.2.1   Lernzielstufen

Lernzielstufen
des Deutschen
Bildungsrat
Was gelernt werden soll, kann vom Lernenden auf sehr unterschiedliche Art und Weise beherrscht und angewendet werden. Nach dem Deutschen Bildungsrat (1972, 78ff) lassen sich je nach Intensitätsgrad des Lernens vier Lernzielstufen unterscheiden:

• **Reproduktion** (Wissen): Fähigkeit, grundlegende Kenntnisse (Begriffe, Sachverhalte, Merkmale) als gespeichertes Wissen wiederzugeben und in gleichartigen Situationen abzurufen, ohne dass der Schüler/Auszubildende zeigen muss, dass er dies auch weiterverarbeitet hat.

• **Reorganisation** (Verstehen): Fähigkeit der eigenen Verarbeitung funktionaler Kenntnisse und Anordnung von Lerninhalten, die eine selbstständige Verwendung der Fakten voraussetzt, bezogen auf die Wiedergabe von Informationen (Verfahren, Regeln, Gesetzmäßigkeiten, Abläufen) nach Sinn, Zweck und Zusammenhängen.

- **Transfer** (Anwenden): Fähigkeit, das Gelernte auf ähnliche Probleme oder Situationen zu übertragen, bezogen auf „Aufgaben lösendes Denken", d.h.: Lösen von Aufgaben durch Anwendung von Wissen (Reproduktion) und Verstehen (Reorganisation) in konkreten Situationen.
- **Problemlösen und Kreativität** (Beurteilen): Fähigkeit zu „problemlösendem Denken", d.h.:
  – Probleme zu analysieren und Problemlösungen zu finden,
  – zu einem abgehandelten Sachverhalt zusätzliche neue Fragen zu stellen,
  – konstruktive Kritik zu üben und Verbesserungsvorschläge zu machen,
  – Hypothesen aufzustellen, Experimente zu entwerfen und durchzuführen.

9.2.2 Lernzieloperationalisierung

Operationalisierte Lernziele beschreiben eindeutig und konkret das gewünschte Verhalten eines Schülers/Auszubildenden nach dem Lernen. Demnach muss vom Lerner eine äußerlich erkennbare Leistung erbracht bzw. ein Verhalten gezeigt werden, die/das darauf schließen lässt, dass eine innere Disposition vorhanden ist, d.h., dass er diese Leistung/dieses Verhalten in anderen Situationen wiederholen kann.

operationales Lernziel

Als inhaltsneutrales Gütekriterium für ein operationalisiertes Lernziel gilt die Merkregel:

S M A R T –

Merkregel SMART

S	=	specific	– exakt beschrieben
M	=	measurable	– messbar
A	=	attainable	– erreichbar
R	=	realistic	– wirklichkeitsnah
T	=	time bound	– an Zeitschranke/Zeitangabe gebunden

Kennzeichen einer operationalisierten Lernzielbeschreibung sind demnach drei Angaben:
- **Endverhalten:** Tätigkeit, die nach dem Lernen gezeigt werden soll.
- **Bedingungen:** Angaben (Hilfsmittel oder Zeit), wie diese Tätigkeit ausgeführt wird.
- **Bewertungsmaßstab:** Kriterien für die Qualität, die als akzeptabel oder ausreichend angesehen wird.

Beispiel: Schüler/innen oder Auszubildende sollen mit Hilfe des Tabellenbuches in maximal fünf Minuten fünf Leichtmetalle aufschreiben.

Diese behavioristische Auffassung von Lernzielen ist nicht unproblematisch, denn Lernzieloperationalisierung ist kein Ableitungsverfahren, sondern immer ein interpretativer Vorgang.

Insbesondere besteht die Gefahr, dass – was die innere Disposition des Lernenden betrifft – die Differenz von (beobachtbarem) Verhalten und Einstellung (Werthaltung) verkannt wird.

**Konkretisierungs-
grad
von Lernzielen**

9.2.3   Lernzielarten

Lernziele werden auf unterschiedlichen Ebenen (Niveaus) formuliert. Sie können nach einem zunehmenden Konkretisierungsgrad klassifiziert werden, was
zugleich den Weg von übergeordneten (bildungstheoretischen) Zielvorstellungen bis zu konkreten Zielen nachvollzieht, die zu einzelnen Inhalten korrespon-
dieren.

- **Leitziele** beschreiben in abstrakter Form die obersten pädagogischen Ab-
  sichten.
  Beispiele:
  Toleranz, Mündigkeit, Beruflichkeit usw.

- **Richtziele** bestimmen umfassend die Intentionen für den gesamten Bil-
  dungsgang oder Lehrplan.
  Beispiel:
  Einsichten in naturwissenschaftlich-technische Probleme

- **Grobziele** sind die bereits konkreten Ziele des Lehrplanes für eine Unter-
  richtseinheit.
  Beispiel:
  Kenntnisse der Berechnungsgleichungen beim freien Fall

- **Feinziele** beschreiben detailliert die Bedingungen für das konkrete Endver-
  halten beim Lernenden, bezogen auf zwei Lernzielkomponenten:
  – Inhaltskomponente und
  – Verhaltenskomponente.

**Lernziel-
komponenten**

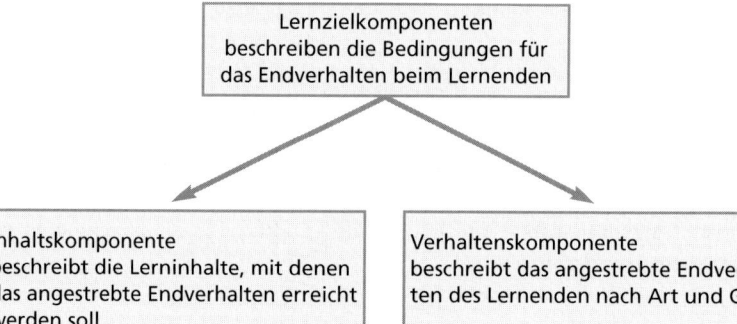

Beispiel:
Die Schüler sollen am Ende der Unterrichtsstunde ohne Hilfsmittel *die Berech-
nungsformel für die Endgeschwindigkeit beim freien Fall* aufsagen.

Kursiv =   Inhaltskomponente
Unterstrichen=   Verhaltenskomponente

9.2.4 Lernzielbereiche

Lernziele beziehen sich auf drei Bereiche bzw. Verhaltensdimensionen:

- **Kognitiver Bereich:** Ziele, die sich auf Wahrnehmung, Denken, Wissen, Problemlösungen, also intellektuelle Fähigkeiten, beziehen.
- **Affektiver Bereich:** Ziele, die sich auf Haltungen, Einstellungen, Werte und die Entwicklung dauerhafter Werthaltungen beziehen.
- **Psychomotorischer Bereich**: Ziele, die sich auf manuelle und motorische Fertigkeiten und Fähigkeiten beziehen.

Verhaltens-dimensionen

Diese Verhaltensdimensionen werden beim Lernen nur selten in einseitiger Form vermittelt, sondern in der Regel ganzheitlich erfasst.

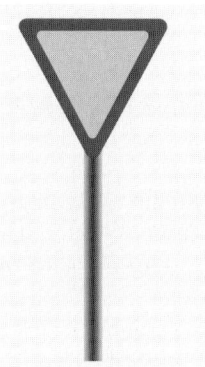

1. Kognitiver Bereich:

   Wissen, dass dieses Zeichen „Vorfahrt gewähren" heißt

2. Affektiver Bereich:

   Bereitschaft diese Regel auch zu befolgen.

3. Psychomotorischer Bereich:

   Fähigkeit, z.B. mit dem Rad ganz langsam fahren zu können

Abb.9.5: Elementares Beispiel für die unterschiedlichen Lernzielbereiche (nach Memmert, 1995)

9.2.5 Lernzieltaxonomien

Taxonomien sind Ordnungsschemata, mit deren Hilfe Lernziele der drei Lernzielbereiche nach logischen Gesichtspunkten hierarchisch gegliedert werden können um sie überschaubar zu machen. Taxonomien können beispielsweise als Hilfsmittel bei der Erstellung von Prüfungsaufgaben verwendet werden.
Nach Bloom (1972, 24ff) ist eine Taxonomie durch vier Merkmale gekennzeichnet:

hierarchische Ordnungs-schemata

- **Klassifikation:** Eine Taxonomie muss die angestrebten Verhaltensweisen begrifflich umschreiben, präzise definieren und in Klassen differenzieren.
- **Neutralität:** Die Allgemeingültigkeit einer Taxonomie ist durch eine inhaltsunabhängige Abstraktion der Verhaltensklassen sicherzustellen. Die Klassen müssen möglichst umfassend angelegt und wertfrei gehalten werden.
- **Hierarchischer Aufbau:** Die Taxonomieklassen müssen trennscharf sein und in einer aufsteigenden Rangordnung strukturiert werden.
- **Theoretisches Bezugssystem:** Eine Taxonomie muss widerspruchsfrei mit den theoretischen Erkenntnissen des jeweils darzustellenden Fachgebietes sein.

Merkmale einer Taxonomie

Taxonomien wurden für die drei Lernzielbereiche (Verhaltendimensionen) entwickelt und nach unterschiedlichen Gesichtspunkten hierarchisiert.

Kognitiver Bereich (nach BLOOM)

Stufen der Komplexität

Er wird nach zunehmender Komplexität in sechs Stufen gegliedert:

1. **Wissen:** Informationen wiederzugeben und in gleichartigen Situationen abzurufen.
2. **Verstehen:** Informationen nicht nur wiederzugeben, sondern auch mit eigenen Worten zu erklären.
3. **Anwendung:** Informationen über Sachverhalte in entsprechenden Situationen zu gebrauchen.
4. **Analyse:** Sachverhalte in Einzelelemente zu gliedern, die Beziehungen zwischen den Elementen aufzudecken und Strukturmerkmale herauszufinden.
5. **Synthese:** Einzelne Elemente eines Sachverhaltes zu kombinieren und zu neuen Ganzheiten zusammenzufügen.
6. **Bewertung:** Bestimmte Informationen und Sachverhalte nach bestimmten Kriterien zu beurteilen.

Lernzielhierarchisierung bedeutet, dass die jeweils nächsthöhere Lernzielstufe die vorhergehende einschließt (Abb. 9.6).

Stufen der Internalisierung

Affektiver Bereich (nach KRATHWOHL)

Dieser ist nach zunehmender Internalisierung in fünf Bereiche unterteilt:

1. **Aufmerksam werden** heißt bestimmten Phänomenen und Reizen Beachtung zu schenken und sie zu registrieren.
2. **Reagieren** bedeutet sich für eine Sache zu interessieren und nach Erklärungen zu suchen.

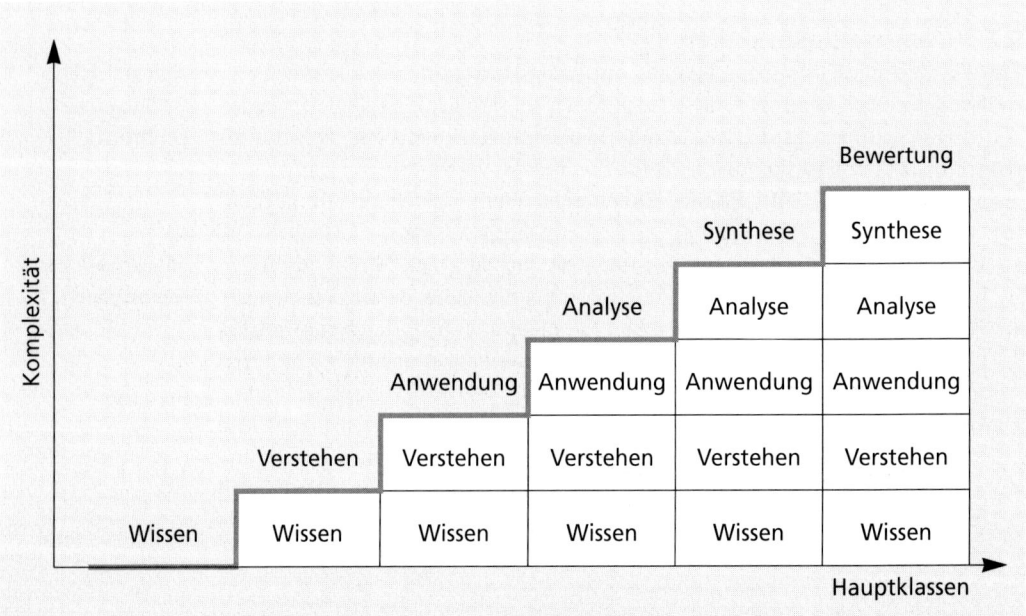

Abb. 9.6: Lernzielhierarchisierung (Beispiel: Taxonomie nach BLOOM)

3. **Werten** bezieht sich darauf, in Handlungssituationen Werte zu akzeptieren und zu praktizieren.
4. **Wertordnung aufbauen** erfordert Werte zu systematisieren und Beziehungen zwischen ihnen zu begreifen.
5. **Bildung der Persönlichkeit** erfolgt im Aufbau einer eigenen Wertordnung als handlungsprägendes Normensystem.

Psychomotorischer Bereich (nach DAVE)

Dieser Bereich ist nach zunehmendem Grad der Koordination in fünf Kategorien eingeteilt:

1. **Imitation** ist eine nicht beobachtbare innere Nachahmung, die zu einer offenen Handlung führt.
2. **Manipulation** bedeutet eine Handlungsausführung aufgrund einer Instruktion oder Anweisung bei bewusster Kontrolle des Handlungsvollzuges.
3. **Präzision** ist ein exakter Handlungsvollzug durch Verfeinerungen und Modifizierungen des Handlungsablaufes.
4. **Handlungsgliederung** heißt, verschiedene Handlungen werden abgestimmt bzw. koordiniert, sodass ein harmonisches Zusammenwirken möglich ist.
5. **Naturalisierung** bedeutet, die Handlungsabfolge wird zur Routine, sie wird automatisiert und habitualisiert

Die drei Lernzieltaxonomien zielen also auf unterschiedliche Bereiche, die nachfolgend einander gegenübergestellt sind (Abb. 9.7).

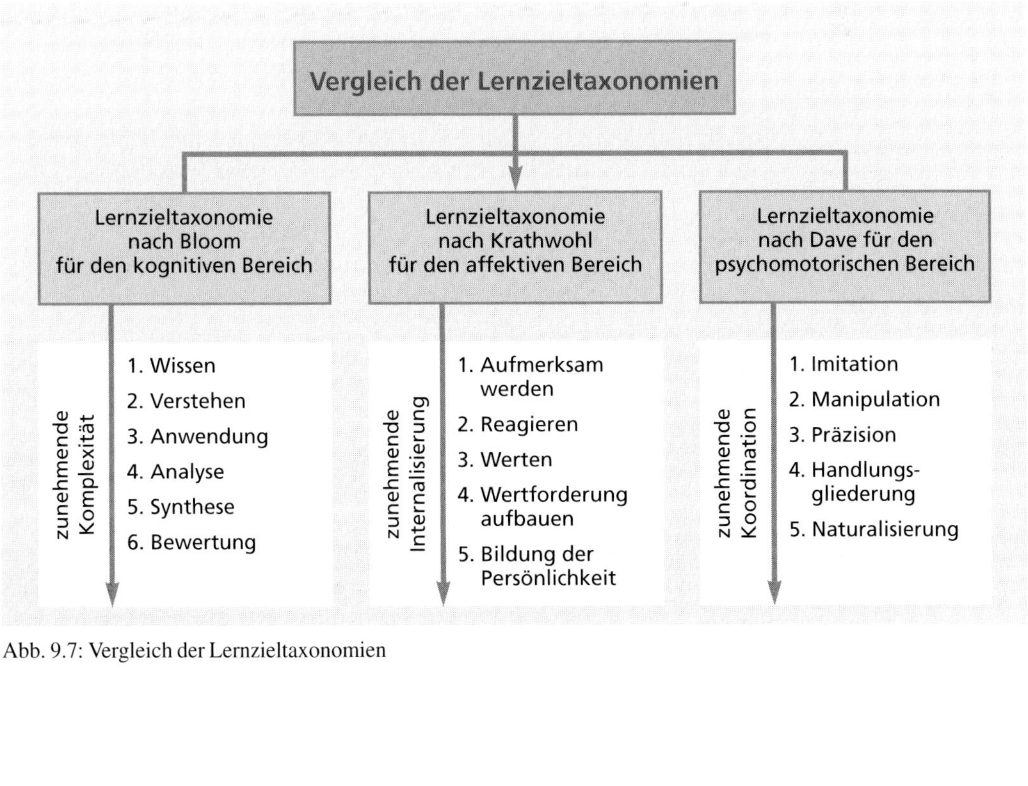

Abb. 9.7: Vergleich der Lernzieltaxonomien

9.2.6   Lernzielbeschreibung in Lehrplänen

In verschiedenen Bundesländern (z.B. Bayern und Rheinland-Pfalz) werden zur Beschreibung von Lernzielen in Lehrplänen unterschiedliche Zielklassen mit hierarchischen Anforderungsstufen verwendet (vgl. Westfalen, 1976):

Zielklasse Wissen

Behalten von Informationen

Sie hebt als didaktischen Schwerpunkt das Behalten von Informationen sowie das Verfügen darüber hervor. Die Anforderungsstufen in der Zielklasse Wissen bezeichnen die unterschiedlichen Grade des Eindringens in ein Wissensgebiet:

- **Einblick:** Das aus der „ersten Begegnung" mit einem Lerninhalt/Wissensgebiet erworbene Wissen
- **Überblick:** Systematisierte Übersicht nach Einblick in mehrere/alle Teilbereiche eines Lerninhalts/Wissensgebietes
- **Kenntnis:** Detaillierte Wiedergabe eines Lerninhaltes/Wissensgebietes auf Grund gedächtnismäßiger Verankerung (Kenntnis setzt Überblick voraus!). Es wird eine stärkere Differenzierung der Inhalte angestrebt.
- **Vertrautheit:** Erweiterte und vertiefte Kenntnisse über einen Lerninhalt/ein Wissensgebiet. Sicherer Umgang mit dem detaillierten Wissen, souverän über möglichst viele Teilinformationen und Zusammenhänge verfügen.

Zielklasse Können

Ausführung von Operationen

Diese hebt als didaktischen Schwerpunkt das Ausführen von Operationen hervor. Häufig umfassen Operationen gleichzeitig den kognitiven und psychomotorischen Bereich, wie das z.B. beim „Schreiben" der Fall ist. Die Anforderungsstufen in der Zielklasse Können berücksichtigen verschiedene Kriterien, wie z.B. Geläufigkeit, Sicherheit, Selbstständigkeit und komplexe Handlungen:

- **Fähigkeit:** das zum Vollzug einer Tätigkeit ausreichende Können
- **Fertigkeit:** das durch vermehrte Übung routinierte, sichere Können („eingeschliffen und routinemäßig")
- **Beherrschung:** sehr hoher, vielfältige Anwendungsmöglichkeiten einschließender Grad des Könnens („souveräne Verhaltensmuster")

Zielklasse Erkennen

Auseinandersetzung mit Problemen

Sie hebt als didaktischen Schwerpunkt die Auseinandersetzung mit Problemen hervor. Die Anforderungsstufen dieser Zielklasse bezeichnen unterschiedliche Grade des Durchdringens von Problemen:

- **Bewusstsein:** Die zum problemlösenden Denken erforderlichen Grundlagen des Erkennens – Problemlage in wichtigen Aspekten erfassen, Problem darstellen und beschreiben können
- **Einsicht:** die durch die Auseinandersetzung mit einem Problem erworbene Auffassung – eine/mehrere Lösungen für das Problem werden ausgearbeitet
- **Verständnis:** Die Ordnung von Einsichten und ihre weitere Verarbeitung zu einem begründeten Sach-/Werturteil. Dabei wird eine Problemlösung in einen größeren Zusammenhang gebracht, wobei auch Alternativen überprüft und anerkannt werden (in Abgrenzung zu einem affektiven Nebensinn auch als Stufe der Erkenntnis bezeichnet).

1. Zielklasse Wissen	2. Zielklasse Können	3. Zielklasse Erkennen	4. Zielklasse Werten	
Anforderungs- stufen:	Anforderungs- stufen:	Anforderungs- stufen:		
1.1. Einblick und Überblick	2.1 Fähigkeit	3.1 Bewusstein	4.1 Wert- bezug	4.2 Handlungs- bezug
	2.2 Fertigkeit	3.2 Einsicht		
1.2 Kenntnis			Offenheit, Aufgeschlos-	Neigung
	2.3 Beherr-	33 Verständnis	senheit …	
1.3 Vertrautheit	schung		Hochschät- zung, Ach-	Bereitschaft
			tung … Liebe, Ver-	Entschlos- senheit
			ehrung …	
	psychomotori- scher Bereich		affektiver Bereich	
kognitiver Bereich				

Abb. 9.8 Lernzielbeschreibung in Lehrplänen (vgl. Westphalen, K., Praxisnahe Curriculumentwicklung, neubearb. Aufl., Donauwörth 1980, S. 48 ff)

Zielklasse Werten

Diese Zielklasse beschreibt Einstellungen, die sich auf (affektive) Werte beziehen und zu entsprechenden Handlungen disponieren.
Sie werden in zwei Gruppen unterteilt und entsprechend der Stärke der emotionalen Beteiligung hierarchisch angeordnet (Westphalen, a.a.O.):

Einstellung zu Werten

Wertbezug	**Handlungsbezug**
– Offenheit, Aufgeschlossenheit …	Neigung …
– Hochschätzung, Achtung, Freude …	Bereitschaft …
– Liebe, Verehrung, Begeisterung …	Entschlossenheit …

Diese Gliederung von Lernzielbeschreibungen hat seit ihrer ersten Verwendung nichts an Aktualität verloren. Sie bleibt plausibel und findet sich bis in dieser oder ähnlicher Form in gültigen Lehrplänen wieder.

9.3   Lernzielfeld

Abstraktions-grad und

Zur Vermittlung rein fachlicher Kenntnisse genügte die Formulierung fachspezifischer Lernziele, die (mit zunehmendem Abstraktionsgrad) nach

Feinziel – Grobziel – Richtziel

Allgemeinheits-grad von Lern-zielgliederungen

geordnet werden. Diese eindimensionale Lernzielklassifikation bedarf im ganzheitlichen Unterricht einer Erweiterung um auch fachübergreifende Lernziele zu erfassen. Die zweite Dimension des Lernzielfeldes klassifiziert die Lernziele mit zunehmendem Allgemeinheitsgrad nach
- inhaltlich-fachlichen Lernzielen
- methodisch-problemlösenden Lernzielen
- sozial-kommunikativen Lernzielen
- affektiv-ethischen Lernzielen

9.3.1   Inhaltlich-fachliche Lernziele

fachbezogenes Struktur- und Funktionswissen

Sie erfassen kognitive und psychomotorische Verhaltensweisen, die sich auf Qualifikationen beziehen, die der späteren Arbeitssituation des Schülers entsprechen. Diese Lernziele unterliegen direkt der beruflichen Verwertbarkeit des Ausbildungsberufes; sie vermitteln ein fachbezogenes Struktur- und Funktionswissen und bilden zusammen mit den praktischen Fertigkeiten des Ausbildungsberufes die Fachkompetenz des Lernenden. Die inhaltliche Struktur leitet sich aus dem Arbeitsgebiet des betreffenden Ausbildungsberufes ab und be-

Das Lernzielfeld				
Lernzielarten	Inhaltlich-fachliche Lernziele	Methodisch-problemlösende Lernziele	Sozial-kommunikative Lernziele	Affektiv-ethische Lernziele
Richtziele	A_0	B_0	C_0	D_0
Grobziele	A_1	B_1	C_1	D_1
Feinziele	A_2	B_2	C_2	D_2

Lernzielkategorie: **Abstraktionsgrad**

Lernzielkategorie: **Allgemeinheitsgrad**

Abb. 9.9: Lernzielfeld

stimmt in relativ allgemeiner Form das Ausbildungsberufsbild mit seinen Aus-
bildungsinhalten. Konkretisiert werden diese Inhalte durch fachpraktische
Lernziele im Ausbildungsrahmenplan des entsprechenden Ausbildungsberufes,
der Fertigkeiten und Kenntnisse der beruflichen Grundbildung und der beruflichen Fachbildung benennt, die unter Einbeziehung selbstständigen Planens,
Durchführens und Kontrollierens zu vermitteln sind.

9.3.2   Methodisch-problemlösende Lernziele

Sie zielen nicht primär auf die Vermittlung von Wissen und Erkenntnissen über   **fachspezifische**
fachlicher Inhalte, sondern intendieren fachspezifische Verfahren oder Prozes-   **Verfahren**
se von genereller Bedeutung, die einen eigenständigen Erwerb von Wissen und   **und Prozesse**
Erkenntnissen ermöglichen. Diese (prozess- und verfahrensbezogenen) Ziele
umfassen im ganzheitlichen Technikunterricht z.B.

- Ziele über Verfahren des Problemlösens
- Ziele über Verfahren des Experimentierens
- Ziele über Verfahren der Aufgabenbewältigung
- Ziele zum selbstständigen Lernen und Arbeiten
  (Lern- und Arbeitstechniken)

9.3.3   Sozial-kommunikative Lernziele

Sie beschreiben elementare Kooperations- und Kommunikationstechniken, die   **Kooperation/**
zur Bewältigung von Berufs- und allgemeinen Lebenssituationen befähigen: **Kommunikation**

- (Informations-)Gespräche führen können
- Geprächsregeln beherrschen
- Teamentwicklung/Gruppenarbeit
- Konfliktmanagement
- Präsentationstechniken
- Diskussion/Debatte
- Freie Rede
- Metakommunikation

9.3.4   Affektiv-ethische Lernziele

Sie weisen auf Fähigkeiten zur Selbstbestimmung und Selbstverwirklichung hin
und sind auf die Entwicklung von Urteils- und Entscheidungsfähigkeit in Be-
rufs- und allgemeinen Lebenssituationen gerichtet. Sie beinhalten gesellschaftlich anerkannte Wertvorstellungen und Handlungsnormen. Da solche Konsens-   **Wertvorstellung/**
bildung in einer pluralistischen Gesellschaft kaum gelingt, stößt die Setzung   **Handlungsnorm**
entsprechender „Erziehungsziele" vielfach auf große Schwierigkeiten. Hinter
unterschiedlichen Wertkonzepten stehen häufig soziale Interessengegensätze,
die sich in unterschiedlichen bildungstheoretischen Ansätzen spiegeln (vgl.
Kap. 2). Wenn aber Wertorientierung als erzieherische Forderung einer ganzheitlichen Berufsbildung gelten soll, müssen entsprechende Bildungs- und Erziehungsziele mit dem Leitziel Mündigkeit als personales Dispositionsgefüge
im Schüler entwickelt bzw. beim Lernen ermöglicht werden. Im ganzheitlichen
Technikunterricht lassen sich für die unterschiedlichsten Wertregionen sehr
vielfältige Zielsetzungen gewinnen:

- intellektuelle Werte: Wahrheitsstreben, Fähigkeit zur Objektivierung
- ästhetische Werte: Schönheitssinn, Formempfinden
- emotionale Werte: Fähigkeit zum Wohlwollen, Fähigkeit Vertrauen zu schaffen, Fähigkeit sich zu freuen
- moralische Werte: Fähigkeit sittlich zu leben, Pflichtgefühl
- politische Werte: Friedensfähigkeit, Fähigkeit des angemessenen Umgangs mit Macht, Gerechtigkeitsliebe
- soziale Werte: Wohlfahrtsstreben, Solidaritätsgefühl, Mitmenschlichkeit, Dialogfähigkeit, Kooperationsbereitschaft, Fähigkeit zur Toleranz
- ökonomische Werte: Gewinnstreben, Leistungsfähigkeit
- Vitalwerte: Fähigkeit gesund zu leben, Fähigkeit zu überleben, Fähigkeit Bedürfnisse zu befriedigen und zu begrenzen
- religiöse Werte: Fähigkeit zu glauben, Fähigkeit zu hoffen
- formale Werte: Erlebnisfähigkeit, Erfahrungsfähigkeit, Erkenntnisfähigkeit, Reflexionsfähigkeit, Urteilsfähigkeit, Entscheidungsfähigkeit, Handlungsfähigkeit

9.4   Lernzielplanung

Unterrichts-/ Ausbildungs- vorbereitung

Lernzielplanungen stehen im Kontext der gesamten Unterrichts- oder Ausbildungsvorbereitung. Dabei helfen Antworten auf folgende Fragen:

- In welchen fachwissenschaftlichen Zusammenhängen steht der Lerngegenstand hinsichtlich seiner Vor- und Folgestrukturen (Strukturlernen)?
- Macht der Lerngegenstand es notwendig, ihn in bestimmten aufeinander folgenden Abschnitten zu erarbeiten (sachlogische Struktur)?
- Hat der Lerngegenstand verschiedene Sinn- und Bedeutungsschichten (überfachliche Aspekte)?
- Welches Exemplarische lässt sich an dem Lerninhalt darstellen, welche Transfermöglichkeiten bieten sich an?
- Worin liegt die Gegenwarts- und Zukunftsbedeutung des Lerngegenstandes?
- Wie wird den Schülern/Auszubildenden der Zugang zum Lerngegenstand didaktisch-methodisch und lernpsychologisch erleichtert?

Bei der Lernzielplanung geht der Lehrende zweckmäßigerweise von den (verbindlichen) Grobzielen A1 des Lehrplanes aus und leitet zunächst (in vier Stufen) die fachlich-inhaltlichen Lernziele A2 ab (vgl. Abb. 9.9):

(1) Formulierung und Präzisierung des Grobziels, das voraussichtlich in der verfügbaren Zeit verwirklicht werden kann.

(2) Analyse des Grobziels und Festlegung seiner fachwissenschaftlichen Strukturmomente.

(3) Ermittlung des didaktischen Stellenwertes und der Abfolge der inhaltlichen Strukturmomente.

(4) Formulierung von Feinzielen unter Berücksichtigung situativer Voraussetzungen.

Daran anschließend plant der Lehrende, welche
- methodisch-problemlösenden Lernziele B2,
- sozial-kommunikativen Lernziele C2 und
- affektiv-ethischen Lernziele D2

die Lernenden in Unterricht/Ausbildungssequenz anhand der vorentschiedenen Lernstruktur noch erreichen sollen.

Da fachübergreifende Lernziele „prozessualen Charakter" haben, d.h., dass sie in der Regel kaum in einer Unterrichtsstunde erreicht werden können, ist es sinnvoll, sie auf der Richt- und Grobzielebene festzuschreiben, weil damit Transparenz im Hinblick auf die Gesamtabsichten des Faches gewonnen wird. Für die sinnvolle Gliederung von Zeitphasen an anderen Lernorten gilt natürlich Entsprechendes.

Bei der Bestimmung übergeordneter Ziele (Didaktische Wertanalyse) sucht der Lehrende Antworten auf die Fragen (vgl. Nashan/Ott, 1995, 45ff):

didaktische Wertanalyse

- Welche allgemeinen **Strukturen** kann der Schüler an diesem Lerninhalt erkennen?
- Welche allgemeinen **Begriffe** kann der Schüler an diesem Lerninhalt erfassen?
- Welche allgemeinen **Gesetze** kann der Schüler von diesem Lerninhalt ableiten?
- Welche allgemeinen **Prinzipien** kann der Schüler an diesem Lerninhalt erfahren?
- Welche allgemeinen **Methoden** kann der Schüler an diesem Lerninhalt erkennen?
- Welche allgemeinen **Einstellungen** kann dieser Lerninhalt bei dem Schüler verfestigen?
- Welche allgemeinen **Werthaltungen** kann dieser Lerninhalt bei dem Schüler ansprechen?

Mit dieser ganzheitlichen Lernzielplanung wird deutlich, dass Fach-, Methoden-, Sozial- und Individualkompetenz integrale und gleichrangige Bestandteile des ganzheitlichen Lernens sind.

Beispiel:
Exemplarisch für das Unterrichts-/Ausbildungsthema „Kleben von Werkstoffen" ist in Abb. 9.10 (folgende Seite) eine Lernzielmatrix ausgearbeitet.

Weiterführende Literatur:

MAGER, R.F.: Lernziele und Unterricht. Weinheim und Basel 1974.
MÖLLER, CHR.: Technik der Lernplanung. Weinheim und Basel 1973.
PETERSSEN, W.H.: Handbuch der Unterrichtsplanung. Grundfragen, Modelle, Stufen, Dimensionen. München 1988 (3. Aufl.).

Lernzielfeld – Beispiel: Kleben

Lernzielarten	Inhaltlich-fachliche Lernziele	Methodisch-problemlösende Lernziele	Sozial-kommunikative Lernziele	Affektiv-ethische Lernziele
Richtziele	Kenntnis einfacher Fügeverfahren	Einsicht in Verfahren des Experimentierens	Diskussion/Debatte Präsentationstechniken	Verständnis für Vitalwerte
Grobziele	Einsicht in das Kleben von Werkstoffen	Fähigkeit den Versuch als Mittel zur Aussagegewinnung zu nutzen	Fähigkeit Konfliktgespräche zu führen	Fähigkeit gesund zu leben
Feinziele	Die Schüler sollen – den Begriff Kleben erläutern (Verstehen) – eine Klebeverbindung fachgerecht herstellen (Anwenden)	Die Schüler sollen die Klebefestigkeit bei Zugbeanspruchung experimentell ermitteln und auswerten	Die Schüler sollen in Gruppen unterschiedliche Verbindungsformen bewerten und das Ergebnis präsentieren	Die Schüler sollen selbstständig Informationen über Klebstoffeigenschaften einholen und gesundheitliche Auswirkungen nennen

Lernzielkategorie: Allgemeinheitsgrad

Lernzielkategorie: Abstraktionsgrad

Abb. 9.10: Lernzielfeld – Beispiel: Kleben

10 Unterrichtsstrukturelle Aspekte des beruflichen Lernens und Lehrens

Lernfragen

① Was bedeutet Handlungskompetenz im ganzheitlichen Technikunterricht?

② Wie lassen sich technische Probleme und die daraus abgeleiteten didaktischen Funktionen nach ihren unterschiedlichen Schwerpunktsetzungen im soziotechnischen Gestaltungsprozess klassifizieren?

③ Welche Qualifikationsanforderungen sind bei der Gestaltung soziotechnischer Systeme relevant?

④ Skizzieren Sie ein „Artikulationsschema" für problem- und handlungsorientierten Technikunterricht!

⑤ Begründen Sie die These: „Handlungsorientierter Unterricht ist in dreifacher Hinsicht ganzheitlich angelegt!"

⑥ Welche Strukturmerkmale kennzeichnen die Lernplanung des problem- und handlungsorientierten Unterrichts?

> „Alles, was gelehrt werden kann, ist nicht der Mühe wert, gelernt zu werden."
> *Lao-Tse,*
> *Tao-Te-King*

Wesentlicher Zielaspekt von Unterricht und Ausbildung, der in vorangegangenen Kapiteln unter unterschiedlichen Blickwinkeln abgeleitet wurde, ist die Förderung der Handlungskompetenz junger Menschen. Handlungskompetenz soll sie befähigen in Berufs- und allgemeinen Lebenssituationen problemlösend zu denken und eigenverantwortlich zu handeln. Die Frage nach der Umsetzung führt zur Initiierung und Anleitung von Prozessen, denn menschliches Handeln ist ein

Förderung von Handlungskompetenz

Anleitung von Prozessen

– **zielgerichteter Prozess**, der sich u.a. durch die Vorwegnahme möglicher Handlungsformen auszeichnet,
– **konstruktiver Prozess**, der die Umwandlung der Ausgangssituation in eine Zielsituation anstrebt,
– **hierachischer Prozess**, in dem eine Abfolge von untergeordneten Operationen abläuft,
– **kontrollierter Prozess**, der die angemessene Auswahl von Handlungsmöglichkeiten durch Vergleich mit den Zielvorstellungen überprüft (vgl. Weidenmann/Krapp, 1986, 559f. und Richtlinien für die Lehrpläne in Rheinland-Pfalz).

Im Folgenden wird eine Ableitung bis auf Unterrichtsebene dargestellt – und zwar exemplarisch für technische Berufsfelder. Ausgangspunkt sind explizit die konkreten Bedingungen technischen Unterrichts. Somit werden zwar spezifische Fragen des Technikunterrichts behandelt, aber generelle Aussagen können auf andere Felder übertragen werden. Handlungskompetenz im ganzheitlichen Technikunterricht zielt auf die Bereitschaft und Fähigkeit an der Gestaltung der Technik mitzuwirken, bezogen auf vier Handlungsdimensionen (vgl. Richtlinien für die Lehrpläne der Berufsschule des Landes Nordrhein-Westfalen):

exemplarisch: Technikunterricht

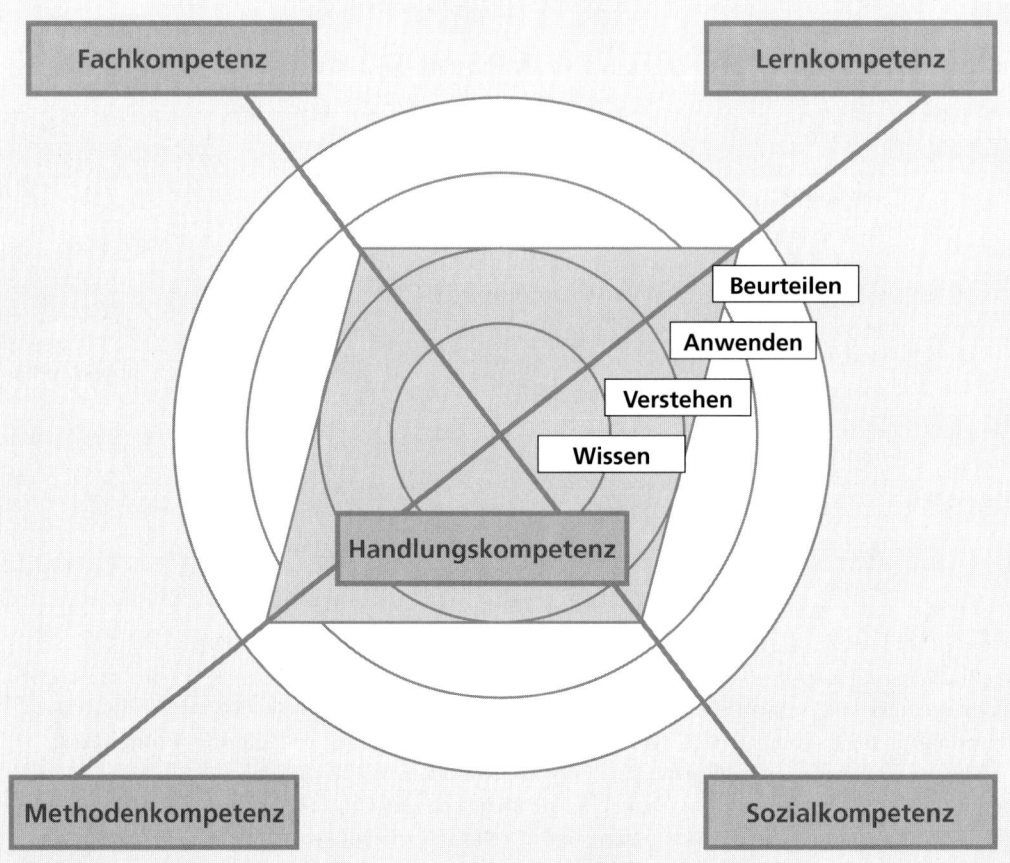

Fachkompetenz
bezeichnet die Fähigkeit und Bereitschaft berufliche Aufgaben selbstständig und fachgerecht zu lösen und das Ergebnis zu beurteilen, z.B.:
– Systemzusammenhänge erkennen
– Fachwissen anwenden
– systematisch vorgehen
– Normen und Vorschriften beachten

Lernkompetenz
ist die Fähigkeit und Bereitschaft Informationen zu verstehen, auszuwerten und in gedankliche Strukturen einzuordnen, z.B.:
– den eigenen Lerntyp erkennen
– Lernstrategien entwickeln
– Informationen strukturieren
– mit Medien zielgerichtet umgehen

Methodenkompetenz
bezeichnet die Fähigkeit und Bereitschaft zu zielgerichtetem, planmäßigen Vorgehen bei der Bearbeitung beruflicher Aufgaben, z.B.:
– Arbeitsziele erkennen
– selbstständig planen und durchführen
– Zusammenhänge herstellen
– Alternativen finden und bewerten

Sozialkompetenz
bezeichnet die Fähigkeit und Bereitschaft zur Kommunikation und konstruktiven Zusammenarbeit, z.B.:
– in Gruppen arbeiten
– Informationen austauschen
– Hilfestellung geben
– sachlich argumentieren und handeln

Abb. 10.1: Kompetenzmodell

Diese Handlungsdimensionen bzw. Kompetenzarten können auf unterschiedlichem Lern- und Entwicklungsstand ausgebildet sein, z.B. differenziert nach den Lernzielstufen des Deutschen Bildungsrates (vgl. Kap 9.2.1). In dem nebenstehenden Kompetenzmodell (Abb. 10.1) bilden die vier Einzelkomponenten die Eckpunkte der als Fläche dargestellten Handlungskompetenz. Damit wird angedeutet, dass Handlungskompetenz nur bei ganzheitlicher Förderung weiter zu entwickeln ist, d.h., Fach-, Methoden-, Lern- und Sozialkompetenz bilden im Unterricht eine didaktische Einheit.

ganzheitliche Förderung

Diese Intentionen kennzeichnen die Strukturmerkmale des ganzheitlichen (problem- und handlungsorientierten) Technikunterrichts:
- Didaktische Struktur
- Methodische Struktur
- Prozessstruktur
- Interaktionsstruktur

Struktur-merkmale des Technik-unterrichts

10.1   Didaktische Struktur

Didaktischer Ausgangspunkt im ganzheitlichen Technikunterricht sind (Handlungs-)Probleme im Gestaltungsprozess soziotechnischer Systeme. Analog der Handlungsregulationstheorie werden beim Lösen technischer Probleme, von der vorgegebenen Gesamtfunktion eines technischen Systems ausgehend, verschiedene Ebenen des technischen Gestaltungsprozesses (vgl. Schad, 1977, 4ff) durchschritten, auf denen wiederum spezifische Teilprobleme zu bewältigen sind.

Aus technikdidaktischer Perspektive lassen sich diese technischen Probleme (und die daraus abgeleiteten didaktischen Funktionen) nach ihren unterschiedlichen Schwerpunktsetzungen im (sozio-)technischen Gestaltungsprozess klassifizieren:

- **Systemfunktion** (Funktionsebene): Funktionstechnische Probleme beziehen sich auf Teilfunktionen, Funktionsabläufe bzw. auf die Funktionsstruktur oder Gesamtfunktion des technischen Systems. Handlungsziel ist es, die Funktionsstruktur des technischen Systems zu analysieren und z.B. als Funktionskette, Funktionsdiagramm oder Schaltfunktion darzustellen.

  Funktions-struktur

- **Systemkonzept** (Konzeptebene): Konzepttechnische Probleme beziehen sich auf die Funktions- bzw. Bauprinzipien oder die mathematisch-physikalischen Gesetzmäßigkeiten eines technischen Systems. Handlungsziel ist es, Funktions- oder Bauprinzipien konstruktionssystematisch zu entwickeln und die optimale Konzeption festzulegen (z.B. „Morphologischer Kasten").

  Funktionsprinzip

- **Systemkonstruktion** (Konstruktionsebene): Gestaltungstechnische Probleme beziehen sich auf die Anordnung der Funktionselemente, ihre Form und Abmessungen sowie die verwendeten Materialien eines technischen Systems. Handlungsziel ist es, die Funktionsträger anzuordnen sowie Formen, Dimensionen und Werkstoffe festzulegen (z.B. Gesamtzeichnung mit Stückliste).

  Funktionsträger

**Fertigungsver-
fahren, -mittel**

- **Systemfertigung** (Fertigungsebene)): Fertigungstechnische Probleme beziehen sich auf die Auswahl geeigneter Fertigungsverfahren, die einzusetzenden Fertigungsmittel oder den Fertigungsablauf eines technischen Systems. Handlungsziel ist es, für die Funktionsträger die geeigneten Fertigungsverfahren festzulegen, die Fertigungsmittel zuzuordnen und den Fertigungsablauf zu planen (Arbeits- und Produktionsplanung) und ggf. durchzuführen.

**Funktions-
tüchtigkeit**

- **Systemwartung** (Wartungs- und Reparaturebene): Wartungs- und reparaturtechnische Probleme beziehen sich auf die kostengünstige (einfache) Wartung und geringe Störanfälligkeit bzw. die leichte Fehlerbeseitigung im Schadensfalle. Handlungsziel ist es, die Systemelemente hinsichtlich der Erhaltung ihrer Funktionstüchtigkeit und Funktionssicherheit zu analysieren und im Hinblick auf die notwendige Vorgehensweise im Schadensfalle zu optimieren.

**weitere
Teilprobleme**

Hinzu kommen weitere Teilprobleme wie Kostenermittlung, Qualitätssicherung, Systembeseitigung, Recycling, Design (ästhetische Gestaltung) technischer Produkte, Marketing/Vertrieb usw. Relevant ist es, dass diese Teilprobleme nicht nur unter dem Aspekt des „technisch Möglichen" gelöst werden, sondern dass auf allen Ebenen des technischen Gestaltungsprozesses auch das „natur- und sozialverträglich Wünschbare" geprüft wird!

Qualifikation

Bei der Gestaltung eines soziotechnischen Systems sind sehr unterschiedliche Qualifikationsanforderungen notwendig:

– Unter dem **Gegenstandsaspekt** sind fachliche Kenntnisse und Fertigkeiten notwendig, die sich auf die inhaltliche Dimension der Arbeit beziehen (Fachkompetenz).

– Unter dem **Verfahrensaspekt** kommt es darauf an, fachspezifische Verfahren und Handlungsweisen zu beherrschen um selbstständig Lösungen zu finden und Entscheidungen zu treffen (Methodenkompetenz).

– Unter dem **Verhaltensaspekt** sind individuelle Verhaltensweisen zu benennen, die in besonderer Weise die gemeinsame Planung und Durchführung für einen Arbeitsauftrag umfassen (Sozialkompetenz).

– Unter dem **sozial-humanen Aspekt** soll der Sinn technischer Handlungen und Prozesse im Kontext gesellschaftlicher und anthropologischer Bedingungen erfasst und beurteilt werden (Individualkompetenz).

Diese weit reichenden Aspekte der Qualifikationsanforderungen in technischen Problemsituationen markieren den didaktischen Rahmen ganzheitlichen Technikunterrichts.

**integrative
Technikdidaktik**

Didaktisch verbunden sind in diesem Strukturierungsansatz pädagogische Aspekte wie Sachkompetenz, humane Kompetenz und die gesellschaftlich-politische Kompetenz, verschränkt mit fachwissenschaftlichen und arbeitstechnischen Aspekten. Curricular zielt dieser integrative technikdidaktische Ansatz auf die Vermittlung von Themenganzheiten und ist auf ein „offenes und autonomes Curriculum" verwiesen (vgl. S. 115 und S. 121).

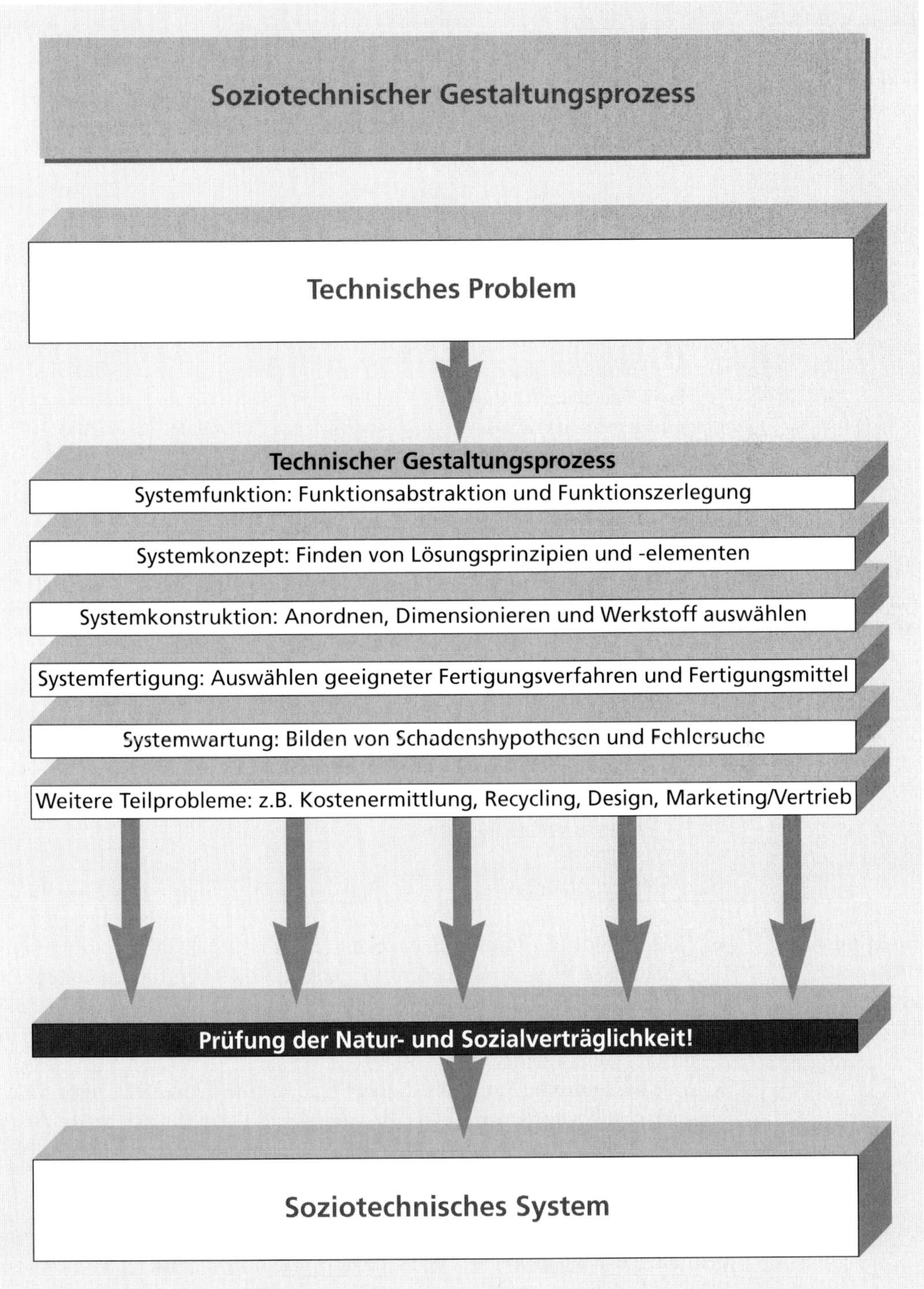

Soziotechnischer Gestaltungsprozess

Technisches Problem

Technischer Gestaltungsprozess

Systemfunktion: Funktionsabstraktion und Funktionszerlegung

Systemkonzept: Finden von Lösungsprinzipien und -elementen

Systemkonstruktion: Anordnen, Dimensionieren und Werkstoff auswählen

Systemfertigung: Auswählen geeigneter Fertigungsverfahren und Fertigungsmittel

Systemwartung: Bilden von Schadenshypothesen und Fehlersuche

Weitere Teilprobleme: z.B. Kostenermittlung, Recycling, Design, Marketing/Vertrieb

Prüfung der Natur- und Sozialverträglichkeit!

Soziotechnisches System

Abb. 10.2: Soziotechnischer Gestaltungsprozess

ganzheitlich vernetzte Erkenntnis- perspektiven

Eine so erweiterte Techniklehre ist in fünf ganzheitlich vernetzten Erkenntnis- perspektiven zu entfalten (vgl. Kap. 7.3.1):
- technologische Perspektive
- ökologische Perspektive
- ökonomische Perspektive
- politisch-soziale Perspektive
- geistig-normative Perspektive

Wenn man die verschiedenen Ebenen des soziotechnischen Gestaltungsprozes- ses und die Perspektiven einer erweiterten Techniklehre zusammennimmt, erhält man ein didaktisches Raster zur Inhaltsstrukturierung von Themenganz- heiten (vgl. Pahl/Ruppel, 1993, 100ff). Diese „didaktische Matrix" ist lediglich ein Orientierungsrahmen, der natürlich im Unterricht einerseits enge Beziehun- gen zwischen den einzelnen Rasterfeldern aufweisen kann und andererseits bei didaktisch reduzierten Systemen nicht völlig ausgefüllt werden kann (Abb. 10.3).

10.2   Methodische Struktur

Handlungs- regulation, soziotechnische System- gestaltung

Methodischer Ausgangspunkt des ganzheitlichen Technikunterrichts ist die Handlungsregulation des (sozio-)technischen Gestaltungsprozesses. Wenn- gleich der komplexe soziotechnische Gestaltungsprozess unter Berücksichti- gung aller sachlogischen und integrativen Aspekte im Unterricht (bei didaktisch reduzierten Systemen) nur selten völlig abgearbeitet werden kann, sollen sich dennoch typische Methoden und Handlungsstrukturen in den jeweiligen Unter- richtsverfahren abbilden (vgl. Kapitel 8.1):
- Versuchsorientierter Unterricht
- Problemorientierter Unterricht
- Projektorientierter Unterricht

Unterrichtsverfahren erfüllen zwei Funktionen (vgl. Mausolf/Pätzold, 1982, 100):

Funktion von Unterrichts- verfahren

- Eine **didaktische Funktion**, die nicht von Fragen nach dem gesamtgesell- schaftlichen Wert-Norm-System zu trennen ist. Im beruflichen Unterricht geht es immer auch um das Vorbereiten auf eine aktiv handelnde Teilnahme der Lernenden am politischen, sozialen und wirtschaftlichen Geschehen in unserer Gesellschaft.
- Eine **methodische Funktion**, die der Frage nach der Lerneffektivität im Un- terricht nachzugehen versucht. Handlungsorientierte Unterrichtsverfahren zielen nicht nur auf Wissen und Fähigkeiten, sondern sie gehen von Proble- men aus und ermöglichen Problemlösungen.

Die komplexeren Zielstellungen und lernpsychologischen Forderungen erfor- dern im ganzheitlichen Unterricht eine lernerorientierte Lernorganisation und eine Methodenstruktur, die zum konstruktiven Arbeiten, Überlegen und Disku- tieren herausfordert, z.B. Experimentalübungen, Gruppen- oder Projektarbeit.

Ganzheitliche Inhaltsstrukturierung	Technologische Perspektive	Ökologische Perspektive	Ökonomische Perspektive	Politisch-soziale Perspektive	Geistig-normative Perspektive
Systemfunktion					
Systemkonzept					
Systemkonstruktion					
Systemfertigung					
Systemwartung					

Abb. 10.3: Technikdidaktisches Raster zur ganzheitlichen Inhaltsstrukturierung

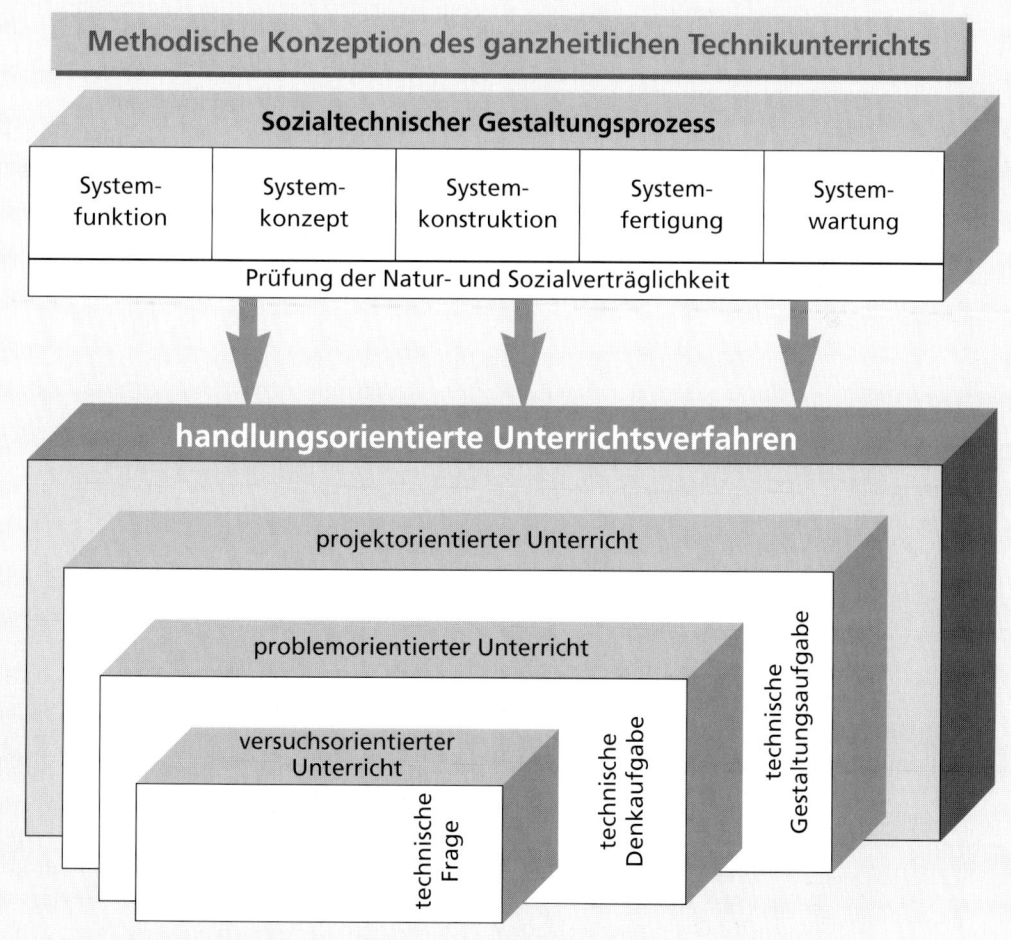

Abb. 10.4: Methodische Konzeption des ganzheitlichen Technikunterrichts

**Aktivitäts-
förderung**

Angestrebt sind ferner weitere, aktivitätsfördernde und Problemlösungsverhalten provozierende Methodenkonzeptionen und Formen des entdeckenden, selbst gesteuerten und kooperierenden Lernens, z.B. Leittext-Erarbeitung, Ergebnis-Präsentation, Plan- und Rollenspiele, Schüler-Schüler-Diskussion, Pro- und-Kontra-Debatte, Hearings, etc. Eine flankierende Unterstützung durch kreativitätsfördernde Konzeptionen der Erlebnispädagogik und künstlerische Übungen ist hierbei nicht nur denkbar, sondern ausgesprochen wünschenswert. Aus diesem Grunde sind auch die wesensbestimmenden Aspekte der Unterrichtsmethode (Sozialformen, Unterrichtsformen, Unterrichtsmittel und Unterrichtsgrundsätze) keine starren, für den ganzen Unterrichtsverlauf geltenden Merkmale, sondern sie werden für jede Unterrichtsphase neu entschieden, damit ein hohes Maß an innerer und äußerer Selbstbeteiligung der Schüler beim Lernprozess erreicht wird.

**lernerorientierte
Methoden**

Mit solchen lernerorientierten (indirekten) Methoden wird einerseits die Kooperations- und Kommunikationsfähigkeit verbessert – was an allen Lernorten von Interesse ist, aber insbesondere in der Berufsschule, weil diese Fähigkeiten bei Berufsschülern oft noch relativ schwach entwickelt sind. Andererseits soll das intendierte „Helfer-Prinzip" dazu beitragen, Kreativität und Problemlösungskompetenz in der Lerngruppe zu vergrößern und Leistungsunterschiede zu mindern, denn (nicht nur) die Berufsschule hat zum Ziel eine Berufsfähigkeit zu vermitteln, die Fachkompetenz mit allgemeinen Fähigkeiten humaner und sozialer Art verbindet.

10.3   Prozessstruktur

**Viel-
dimensionalität**

Ganzheitlicher Technikunterricht ist immer „mehrperspektivisch", da technische Inhalte unter funktionalen, konstruktiven, sozio-ökonomischen, herstellungstechnischen, sozialen, gesellschaftspolitischen ökologischen und naturwissenschaftlich-physikalischen Aspekten betrachtet werden.

**Handlungs-
orientierung**

Diese Vieldimensionalität der Technik zu erfassen und zu vermitteln gilt als Grundsatz des „ganzheitlichenTechnikunterrichts"! Unterrichtspraktisch bedingt dies, dass technische Lerninhalte nicht nur in ihrem soziokulturellen Kontext aufgezeigt, sondern auch immer problem- und „handlungsorientiert" vermittelt werden. „Handlungsorientierter Unterricht ist ein ganzheitlicher und schüleraktiver Unterricht, in dem die zwischen dem Lehrer und den Schülern vereinbarten Handlungsprodukte die Organisation des Unterrichtsprozesses leiten, sodass Kopf- und Handarbeit der Schüler in ein ausgewogenes Verhältnis zueinander gebracht werden" (Jank/Meyer, 1991, 354). Voraussetzungen für handlungsorientierten Unterricht sind (vgl. Laur-Ernst 1988, 6)

– ganzheitliche, mehrdimensionale Aufgabenstellungen, orientiert an arbeitsweltlichen Realitäten,

– problembezogene Handlungssystematiken mit mehr Spielraum für den Lernenden,

– aktive erfahrungsgestützte, kooperative Lernformen und eine offen gestaltete Lernumwelt.

Problem- und handlungsorientierter Unterricht ist in dreifacher Hinsicht ganzheitlich angelegt: Zunächst werden die **Gestaltungsziele** unter dem technischen Systemaspekt thematisiert, dann wird der **Gestaltungsprozess** unter Verfahrens- und Interaktionsaspekten reflektiert und schließlich wird der **Gestaltungskontext,** der soziotechnische Systemaspekt diskutiert.

Primäres Kennzeichen dieses Unterrichts ist es, wie Wissen und Fertigkeiten, also spezifische Kompetenzen, situationsabhängig erworben werden – „der Weg ist das Ziel"!

Wie schon an zahlreichen anderen Stellen rekurriert dieses Buch vor dem Entwicklungshintergrund von Technikdidaktik auf Erkenntnisse zum Unterricht. Wesentliche Aussagen dieses Abschnitts – und insbesondere die letzten – lassen sich aber wiederum auf andere Lernorte übertragen und gerade die Problem- und Handlungsorientierung ist ein typisches Merkmal einer „modernen" betrieblichen Ausbildung.

Handeln ist immer bewusst und zielgerichtet und besteht aus den Schritten Zielbildung, Planen, Ausführen und Kontrollieren/Bewerten, die in zyklischer Struktur (ggf. mehrfach) durchlaufen werden. Analog dazu erfolgt auch die Artikulation des problem- und handlungsorientierten Technikunterrichts sowie entsprechender Ausbildungssequenzen in vier Lernphasen (Abb. 10.5 auf der folgenden Seite).

Ganzheitlichkeit

Lernphasen

10.3.1 Problemstellung

Problem- und handlungsorientierter Technikunterricht kann, ja darf keinesfalls mit einer statischen Zielangabe seitens des Lehrenden (z.B. „Wir werden heute die Längendehnung fester Körper untersuchen!") beginnen, sondern muss, je nach „didaktischer Reichweite", mit einer technischen Frage, technischen Denkaufgabe oder technischen Gestaltungsaufgabe starten, die auch die prozessuale Seite des problem- und handlungsorientierten Lernvorganges berücksichtigt. Bei der Problemstellung gilt das „Prinzip der optimalen Passung", d.h. das Problem muss einerseits so schwer sein, dass es die Lernenden „fordert", es muss aber andererseits auch klein genug sein, damit eine reelle Chance zur Problemlösung besteht (vgl. Kap. 5.5).

Unter lernpsychologischen Gesichtspunkten sind grundsätzlich zwei Problemarten zu unterscheiden:

- **analytisch-synthetische** Probleme, bei denen die Lernenden über die zur Problemlösung notwendigen fachspezifischen und allgemeinen Kenntnisse bereits verfügen und sie lediglich auf ein spezielles technisches Problem transferieren und anwenden und
- **genetische** Probleme, bei denen die Schüler ein Lösungsprinzip für ein spezielles technisches Problem noch nicht kennen und es selbstständig zu lösen haben.

dynamischer Unterrichtsbeginn

analytischsynthetisch

... oder genetisch

Die Zielstellung als didaktisches Mittel ist nur dann hinreichend genutzt, wenn die Lern- und Arbeitsaufgaben, Bedingungen und Anforderungen an das zu gestaltende System („Pflichtenheft") für die Lernenden transparent sind. Deshalb ist es unerlässlich, das Problem genau zu strukturieren.

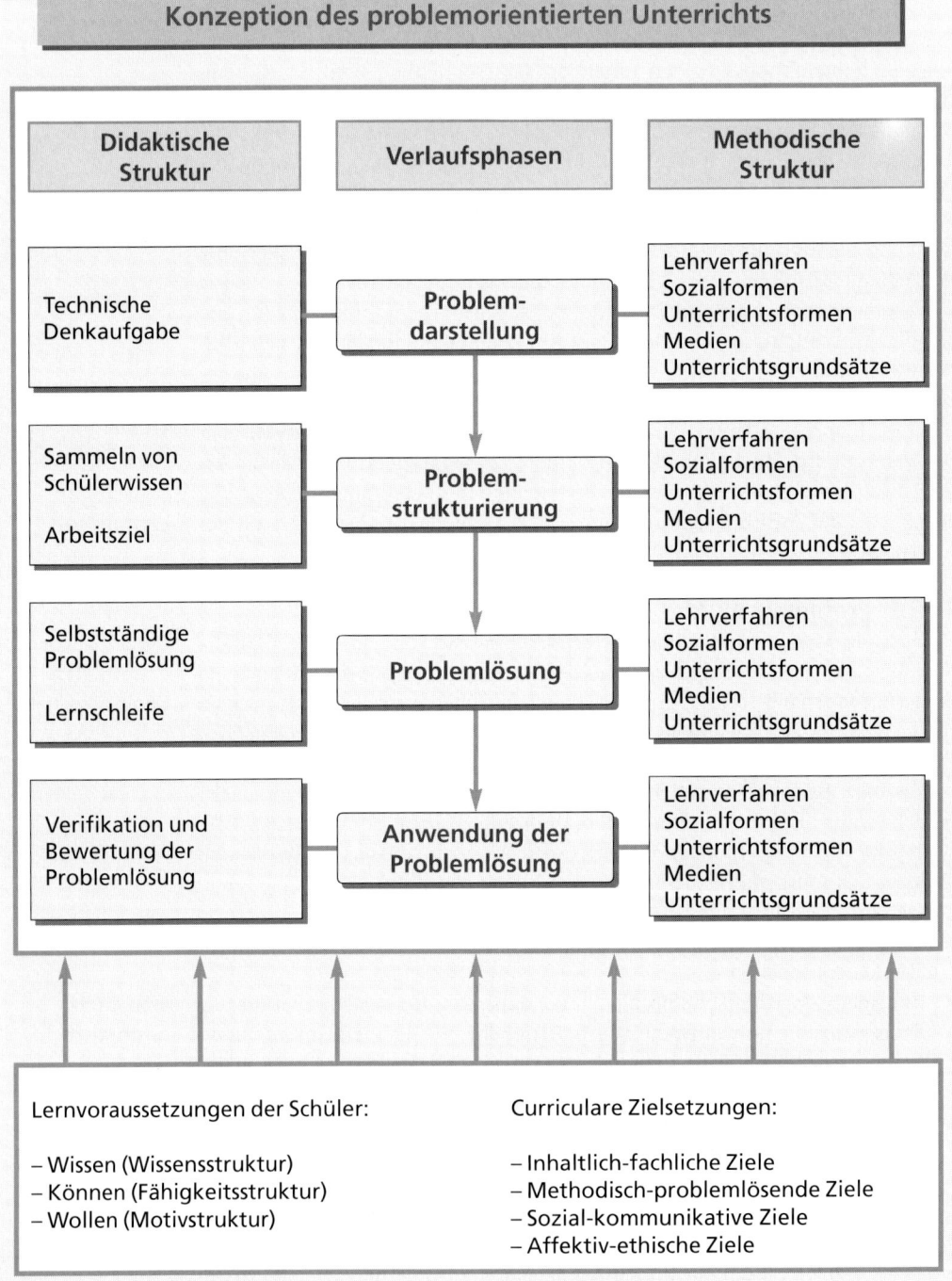

Abb. 10.5: Konzeption des problemorientierten Technikunterrichts (Ott, 1995)

10.3.2 Problemstrukturierung

Zielaspekt der Problemstrukturierungsphase ist es, dass die Lernenden die Funktionsstruktur, das Wirkprinzip und das Arbeitsziel möglichst eigenverantwortlich festlegen.

Es geht bei diesem Strukturierungsprozess darum, die Struktur fachlicher Sachverhalte so in die bestehende kognitive Struktur des Lernenden zu überführen, dass er neues Wissen und neue Fähigkeiten wieder einsichtig auf Nichtgelerntes anwenden kann. Wenn Einzelwissen durch ein Netz von Beziehungen und Eigenschaften verbunden wird, erhält der Lerner ein Systemwissen. Als **Systemwissen** Bestandteil dieses Systemwissens ergeben sich allgemeine Erkenntnisse über die Zusammenhänge und Strukturen eines Systems und die speziellen Erkenntnisse über notwendig zu beachtende Ursache-Wirkungs-Zusammenhänge, die die Stellung und die Wichtigkeit der Zusammenhänge zeigen.

Im problemorientierten, handlungsorientierten Lernprozess wird deshalb lineares (sektorielles) Denken durch vernetztes Denken und ganzheitliches Problemlösen ersetzt. Didaktisch-methodische Hilfsmittel sind z.B. „Ursache-Wirkungs-Diagramme" (vgl. S. 41) und „Feed-back-Diagramme", die helfen **vernetztes** größere Zusammenhänge zu überschauen und lineares Denken beim Analysieren und Lösen von Problemen zu überwinden. Dazu ist in Abb. 10.6 auf der folgenden Seite ein Beispiel zur Verkehrsdichte abgedruckt. **Denken**

10.3.3 Problemlösung

Problemlösungen entstehen durch Denken und Handeln in all seinen Formen, durch konkrete und formale Operationen in Verbindung mit Elementen der Intuition und der Phantasie, dem Kombinieren und Abwandeln von Erfahrungen und bereits bestehendem Wissen sowie dem Verwerten neuer Informationen. **Zielaspekt:** Zielaspekt sind Gestaltung, Kontrolle, Konstruktion (und eventuelle Fertigung) **„Handlungs-** des Systems durch die Lernenden („Handlungsprodukt"). Der Problemlösungs- **produkt"** prozess erfolgt in vier Lernsituationen (vgl. Arnold/Müller, 1993, 325ff):

- **Auftrags-Übergabe-Situation** (AÜS): Das Arbeitsziel wird in einem „Lernvertrag" (Zielvereinbarung, Kompetenz- und Zeitplan) formuliert und präzisiert.
- **Selbstständig-produktive-Erarbeitung** (SPE): Die Schüler/Auszubildenden lösen (vorzugsweise in Gruppenarbeit) das Problem nach dem Prinzip der „methodischen Selbstwahl".
- **Präsentations-Situation** (PS): Die Schüler/Auszubildenden stellen ihre Arbeitsergebnisse und den Problemlösungsweg vor.
- **Besprechungs-Situation** (BS): Die Schüler/Auszubildenden reflektieren den Lernprozess mit Rückblick auf den Gestaltungs- und Kooperationsprozess (Feed-back-Phase) und die Auswertung des gestalteten Systems. Konkret geht es darum,
  - Technik einzuschätzen hinsichtlich der Technikentwicklung,
  - Technik zu beurteilen hinsichtlich der Technikfolgen und
  - Technik zu bewerten hinsichtlich des Techniksinns.

Die bei diesen Schritten zu vollziehende Lern- und Reflexionsschleife ist in Abb. 10.7 auf der folgenden Seite veranschaulicht.

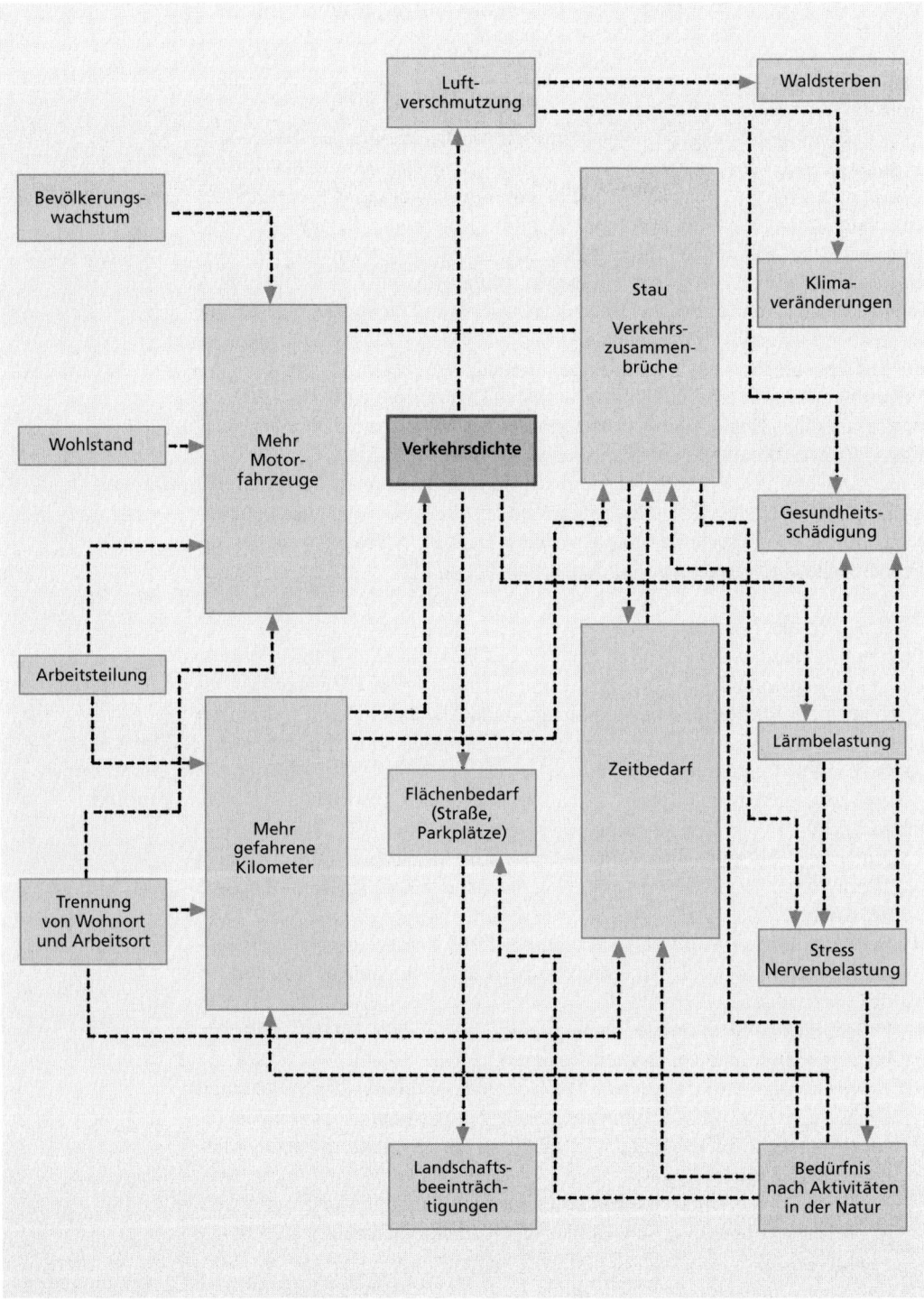

Abb. 10.6: Feedbackdiagramm (nach Dubs 1984)

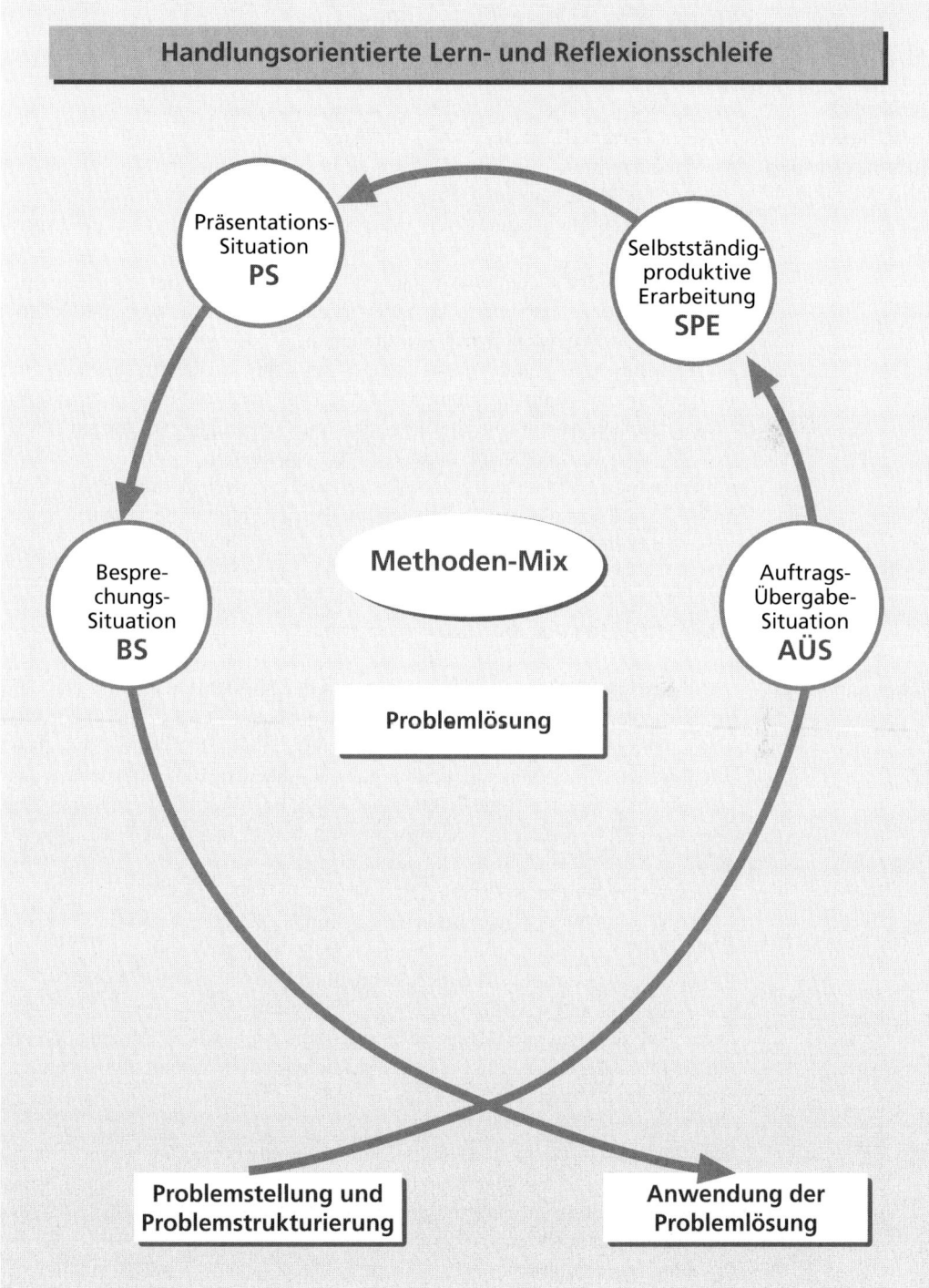

Abb. 10.7: Handlungsorientierte Lern- und Reflexionsschleife

10.3.4 Anwendung der Problemlösung

Lernergebnisse:

Gedächtnis
Geläufigkeit
Automatisierung

Anwendung ist die letzte Phase eines problem- und handlungsorientierten Lernprozesses. Sie ist darauf gerichtet, die Lernergebnisse im Gedächtnis der Lerner zu verankern, Geläufigkeit anzubahnen und eine Automatisierung anzustreben. In dieser Lernphase erfolgt je nach Lerngegenstand und Problemstellung ein(e)

*   **Wiederholung** als erneuter Vollzug des Lösungsweges und der Lösung mit dem Ziel der Festigung des anzueignenden Wissens, Könnens und Erkennens hinsichtlich Bewusstsein, Verfügbarkeit, Vollständigkeit und Dauerhaftigkeit;
*   **Übung** als der wiederholte Vollzug des Lösungsweges und der Lösung mit dem Ziel der fortschreitenden Vervollkommnung und teilweisen Mechanisierung zu Fertigkeiten und Gewohnheiten;
*   **Anwendung** als relativ selbstständiges Operieren mit dem Lösungsweg und der Problemlösung unter neuen Bedingungen, in neuen Situationen und Zusammenhängen mit dem Ziel eines tieferen Verständnisses durch ein Erweitern, Variieren und Ausgestalten der Problemsituation;
*   **Transfer** als Übertragung der erfassten und begriffenen strukturellen Züge des Lösungsweges und der Lösung mit dem Ziel identische Momente in anderen Problemsituationen zu erkennen.

10.4 Interaktionsstruktur

Rollenänderung

TZI

Voraussetzung für eine „neue Lernkultur in der Berufsbildung", die von dem Leitbild eigenverantwortlichen Arbeitens ausgeht, ist es, dass sich die Rollen von Lehrenden und Lernenden im Vermittlungs- und im Lernprozess ändern! Ein geeignetes Interaktionsmodell für ganzheitlichen Technikunterricht ist deshalb die „Themenzentrierte Interaktion" (vgl. Kap. 4.5.3). Sie zielt auf eine „Bewusstseins-erweiternde Pädagogik" und beruht auf der Grundannahme, dass

–   die Wichtigkeit jeder Person (ICH),
–   die Wichtigkeit der Interaktion in der Gruppe (WIR),
–   die Wichtigkeit der Arbeit an einer Aufgabe (THEMA) und
–   die Wichtigkeit der Wirkungszusammenhänge der Umwelt (GLOBE)

in einer „dynamischen Balance" zu halten sind um lebendiges Lernen und Lehren zu gewährleisten. Diese Balance lässt sich mit dem Modell „Balancebrett" gut veranschaulichen (Abb. 10.8).

Das Wesen des problem- und handlungsorientierten Lernens liegt darin, dass die Lernenden das im Lerngegenstand enthaltene Problem verstehen, eine Lösung planen, die Lösung möglichst autonom ausführen und die gefundene Lösung selbstständig überprüfen.

Fachkompetenz

Problem- und handlungsorientierter Unterricht zielt damit zunächst auf die Vermittlung von elementarem Wissen und verallgemeinerten Erkenntnissen über Fachinhalte (Fachkompetenz).

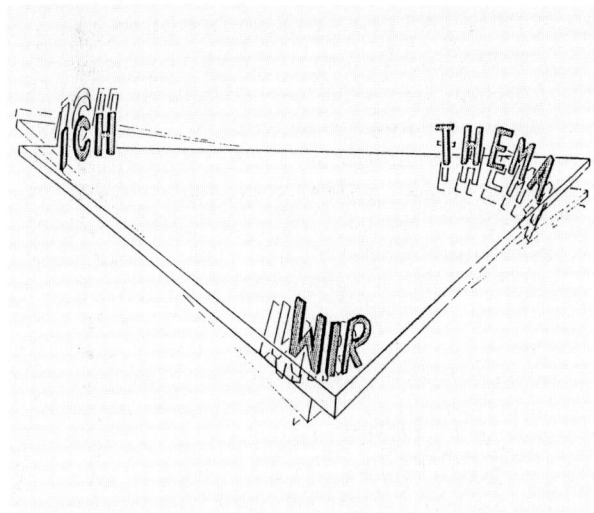

Abb. 10.8: TZI-Dreieck
im Balancespiel
(Langmaack, 1996)

Weiter intendiert er fundamentale Denktätigkeiten und fachspezifische Verfahren, die zu eigenständiger Lösung von Problemen befähigen (Methodenkompetenz). Schließlich fordert er die Lerner durch die Einbindung in allgemeine Lebenssituationen zur Erschließung und kritischen Beurteilung ihrer Lebenswelt sowie zu individuellen Verhaltensweisen und Reflexion der Folgewirkung heraus (Individual- und Sozialkompetenz).

**Methoden-
kompetenz**

Um bei den Schülern und Auszubildenden methodisch-operative Aktivitätsfelder anzusprechen müssen ihnen in Unterricht und Ausbildung größere „Lern- und Gestaltungsspielräume" ermöglicht werden – ein

- **Aktivitätsspielraum,** Schüler/Auszubildende erhalten ihn bei der Arbeit an praxisorientierten Arbeitsaufträgen,
- **Dispositionsspielraum,** indem sie den Gang ihres Handelns selbst bestimmen können,
- **Entscheidungsspielraum,** den sie wahrnehmen, wenn sie Probleme selbstständig lösen, und ein
- **Interaktionsspielraum,** den sie nutzen, wenn sie sich in Partner- oder Gruppenarbeit über den Lösungsweg verständigen.

**Lern- und
Gestaltungs-
spielräume**

Die Vergrößerung des Lern- und Gestaltungsspielraumes im Unterricht beginnt bei der selbstständigen Bearbeitung von mehr oder weniger komplexen Arbeitsblättern und unfertigen Lernmedien (Selbstlernmaterialien) und reicht über Unterrichtsversuche, Experimentalübungen, Erstellung von Schaubildern und Lernplakaten (aktiv-produktive Medienarbeit) bis hin zu Erkundungen und Befragungen im Rahmen von Unterrichtsprojekten. Hier spricht man von einem umweltzentrierten Lernsystem und versteht darunter den Übergang vom Lehren durch den Lehrer zum Lernen in einer Umgebung, in der sowohl technologische Hilfsmittel (vom einfachen Teachware-Paket bis zu CBT – Computer Based Training) wie auch der Lehrer als Lernhilfen zur Verfügung stehen.

**umwelt-
zentriertes
Lernsystem**

Lernen lernen

Zielaspekt ist es, dass die Schüler und Schülerinnen „Lernen lernen" und über einen Methodenset verfügen, der im Unterricht situativ abrufbar wird und der ihnen zu einer „Lernkompetenz" verhilft, die in Bezug auf „lebenslanges Lernen" zunehmende Bedeutung gewinnt. Methodenkompetenz kann aber nicht vorausgesetzt werden, sondern muss durch „Methodentraining" anwendungsorientiert vermittelt werden. Dieses Training bezieht sich unter dem Aspekt der selbstständigen Problemlösung auf drei Bereiche (vgl. 8.1.2):

– Selbstlerntechniken
– Kommunikations- und Kooperationstechniken
– Kreativitätstechniken

Wandel der Lehrerrolle

Die traditionelle Lehrerrolle erfährt bei ganzheitlichem Unterricht einen grundlegenden Wandel: Der Lehrer, die Lehrerin ist weniger „Belehrer", sondern Organisator, Moderator und Berater, wobei die Beratung „defensiv" erfolgt – es gilt das „Prinzip der minimalen Hilfe" (Aebli, 1985), d.h. so wenig Hilfe wie möglich, aber so viel Hilfe wie nötig. Der Lehrer muss bereits bei der Unterrichtsplanung auf die dynamische Balance von Individuum, Klasse, Inhalt und Umfeld hinarbeiten und dabei gilt der Grundsatz „Lernen geht vor Lehren"! Einen ähnlichen Rollenwandel verzeichnet schon längst die Ausbilderrolle in der betrieblichen Bildung.

Die Hauptaufgabe der Lehrenden besteht demnach künftig darin, für Schüler/Auszubildende lernrelevante Handlungs- und Gestaltungsspielräume zu schaffen, damit sie ihre eigene Arbeitslinie entwickeln können.

Loslassen Raum geben ...

Um ihre Selbstständigkeit zu fördern, muss der Lehrende bereits auf der Inhaltsebene „Loslassen" und „Raum geben" und sich schrittweise auf die Beziehungs- bzw. Geschäftsordnungsebene von Unterricht und Ausbildung zurückziehen. Fertige Lösungsbotschaften werden durch Problemstellungen oder Gestaltungsaufgaben, die eine selbstständige Bearbeitung erfordern, abgelöst. Kon-

... durch Lernvertrag

kret formulierte Zielvereinbarungen werden zu Beginn jeder Lerneinheit zwischen Lehrenden und Lernenden in einem „Lernvertrag" festgelegt.

Auf der Beziehungsebene leistet der Lehrende nach dem Prinzip „Fragen statt Sagen" den Lernenden Hilfe zur Selbsthilfe. Er berät durch „In-Frage-stellen". Im „Feed-back-Prinzip" zeigt er den Lernenden offen die Wirkung ihrer Verhaltensweisen auf andere.

Auf der Geschäftsordnungsebene greift er regulierend ein, indem er bei der Formulierung von „Spielregeln" berät, den Lern- und Arbeitsprozess beobachtet

Spielregeln

und (unter Beachtung des Zeitplanes und der Zielvereinbarungen) die Handlungsprodukte einfordert.

Es versteht sich von selbst, dass in einer technischen Arbeitsumgebung (Labor, Maschinenhalle, Werkstätte, betriebliches Umfeld etc.) Sicherheits- und Unfallverhütungsvorschriften beachtet und nicht durch „verselbstständigte" Lernprozesse missachtet werden dürfen.

Interaktionsstruktur

Dieses Arbeitsmodell einer auf ganzheitliche Lernarrangements bezogenen Interaktionsstruktur ist in Abb. 10.9 veranschaulicht.

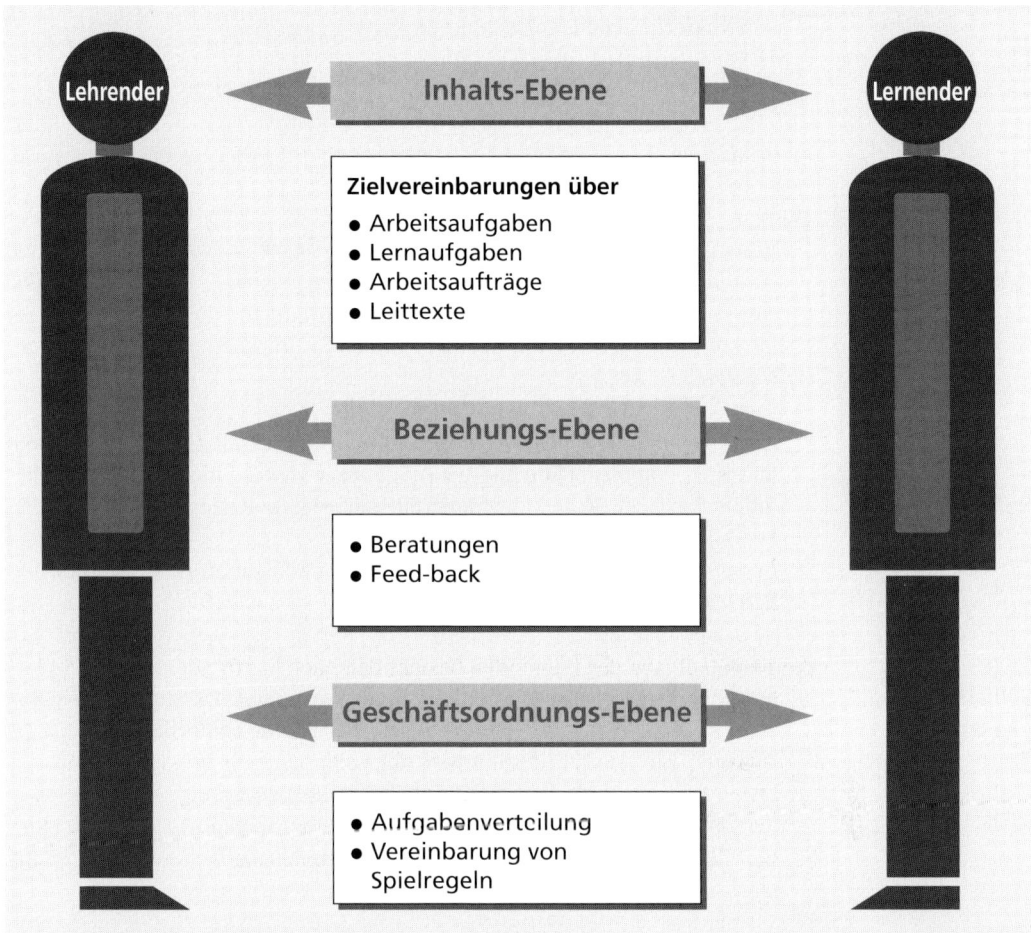

Abb. 10.9: Interaktionsstruktur des ganzheitlichen Technikunterrichts

10.5 Lernplanungsstruktur

Problem- und handlungsorientiertes Lernen setzt von anderen Didaktikauffassungen abweichende Akzente:
Die Lernplanung setzt weder bei der Frage nach dem „WAS", d.h. bei Ziel- und Inhaltsentscheidungen, ein, noch bei der Unterrichtsstrukturierung aus der Sicht des Lehrers bzw. Ausbilders, sondern sie setzt bei jenen Vorgängen ein, die sich beim Lernen in jedem Schüler abspielen, d.h.: Unterricht/Ausbildung wird vom aktiv handelnden (operierenden) Lerner aus betrachtet und stützt sich (nach Aebli, 1987) auf „drei Säulen des autonomen Lernens":

operatives und autonomes Lernen

- **Wissensstruktur** als Inhaltsdimension,
- **Fähigkeitsstruktur** als Verhaltensdimension und
- **Motivstruktur** als motivationale Dimension.

Diese Strukturmerkmale bilden eine einfache Lernformel:

Lernformel

GANZHEITLICHES LERNEN = WISSEN X KÖNNEN X WOLLEN

Im methodisch-operativen Lernbereich (vgl. Kap. 1.2.3) bedeutet beispielsweise:

Wissen

Selbsterkenntnis
– Lern- und Arbeitstechniken zu kennen sowie eine klare Vorstellung über den Ablauf des eigenen Lernprozesses zu erhalten (Lernziel: Selbsterkenntnis). *Beispiel:* Ein Schüler soll wissen, dass für erfolgreiches Problemlösen neben Fachwissen auch Kenntnisse über Problemlösungsmethoden (Heuristiken) notwendig sind.

Reflexivität
– Grundlegende Kenntnisse über menschliche Interaktion (Kommunikations- und Kooperationstechniken), die möglichst auf persönlicher Erfahrung beruhen (Lernziel: Reflexionsfähigkeit/Individuelle Reflexivität und Selbstkritikfähigkeit). *Beispiel:* Ein Schüler soll seine eigene Persönlichkeitsstruktur (Stärken und Schwächen) erkennen.

Können

Selbststeuern, -kontrolle
– Die Fähigkeit Lern- und Arbeitstechniken praktisch anzuwenden und selbst zu beurteilen (Lernziele: Selbststeuerung und Selbstkontrolle). *Beispiel:* Ein Auszubildender löst mit Hilfe seines heuristischen Wissens Probleme systematisch und zielgerichtet (Selbststeuerung). Nach der Problemlösung erfolgt die Reflexion hinsichtlich des methodischen Aufwandes (lernökonomisches Prinzip!) und der spezifischen Wirkung der ausgeführten Operationen (Selbstkontrolle).

praktische Menschenkenntnis
– Soziale Wahrnehmung im Hinblick auf die eigene Urteils- und Handlungsfähigkeit um auf Grund der richtigen Beurteilung einer Situation sowohl richtig handeln zu können (Lernziel: Praktische Menschenkenntnis) als auch mit seinen Ängsten und Gefühlen gewaltfrei umzugehen und persönliche Enttäuschungen verkraften zu können (Lernziel: Frustrationstoleranz). *Beispiel:* Ein Lernender kann in einer Gruppe konstruktiv diskutieren und argumentieren, d.h., er beachtet festgelegte Gesprächsregeln, duldet Widerspruch und erträgt Enttäuschungen.

Wollen

Internalisierung
– Vom Nutzen der bekannten Lern- und Arbeitstechniken überzeugt sein und sie anwenden wollen (Lernziel: Internalisierung). Beispiel: Ein Schüler wendet Problemlösungsmethoden nicht nur auf Anforderung hin an, sondern auch unaufgefordert und unkontrolliert (wie z.B. bei Hausaufgaben) sowie in Stresssituation (wie z.B. bei Klassenarbeiten und in Prüfungen).

– Werthaltungen bzw. gesellschaftliche Normen selbstmotiviert zu überneh-   **Selbst-**
men, eine positive Lebenseinstellung anzustreben und auch ethische Werte   **bestimmung,**
zu bejahen (Lernziel: Selbstbestimmung/Selbstverwirklichung).   **-verwirklichung**
Beispiel: Ein Schüler vermittelt zwischen zwei Kontrahenten bzw. greift
„moderierend" in einen Disput ein.

Hauptaufgabe des **Lehrens** ist es, die aktuelle Lernumwelt für die Lernenden so   **Lernumwelt**
zu gestalten, dass sie in ihr aktiv werden können. Dies geschieht unter der   **gestalten**
Beachtung zentraler Dimensionen menschlichen Lernens – der motivationalen
Dimension, der Inhaltsdimension und der Verhaltensdimension. Motivierung,
Informationen und Operationen (im Bereich des Aktuellen) müssen im Unterricht in Motivstrukturen, Wissensstrukturen und Fähigkeitsstrukturen (in den
Bereich des Dauerhaften) überführt werden.
Die Lernplanung muss daher
– zum einen die **Wissensstruktur** ermitteln, die erworben werden soll
  (Inhaltsdimension),
– zum anderen die **Fähigkeitsstruktur** erfassen, die für den Aufbau der Wissensstruktur erforderlich ist (Verhaltensdimension), und schließlich
– die **Motivstruktur** als den personalen Aspekt des menschlichen Lernens
  berücksichtigen (motivationale Dimension), denn Lernen ist nicht nur un-
  aufhebbar mit dem eigenen Tun verbunden (operativer Aspekt), sondern
  auch immer auf die eigene Stellung in der Welt bezogen (Persönlichkeits-
  aspekt).

Bei der Planung und Analyse von ganzheitlichem Unterricht lassen sich drei
Leitfragen formulieren, die in gegenläufiger Abfolge zu bearbeiten sind (vgl.
Straka, 1984, 656ff):

Leitfragen zur
Planung und
Analyse

① Welche dauerhaften internalen Strukturen sind angestrebt bzw. wurden aufgebaut?

Z.B.: Wissensstrukturen, Fähigkeitsstruktu-ren, Motivstrukturen

② Welche aktuellen Lernereignisse führen bzw. führten zu den intendierten dauerhaften Strukturen?

Z.B.: Informationen, Operationen, Motivatio-nen

③ Welche Umgebungsbedingungen sind bzw. waren geeignet bei jedem Lernenden die notwendigen Lernereignisse auszulösen?

Z.B.: Lernaufgaben, Lehrtätigkeit, Medien, Sozialformen

Unterrichtsplanung

Unterrichtsanalyse

Abb. 10.10: Leitfragen zur Unterrichtsplanung und Unterrichtsanalyse

Schule der Selbst- ständigkeit

EVA-Prinzip

Fazit:
Ganzheitlicher Technikunterricht zielt auf „Berufliche Handlungskompetenz und Persönlichkeitsentwicklung" der Schüler, in einer „Schule der Selbststän- digkeit", wie sie bereits Hugo Gaudig (1922) forderte, indem er die Ablösung der „Lernschule" durch die „Arbeitsschule" verlangte. In der „Schule der Zu- kunft" (vgl. Bildungskommission NRW, 1995, 86ff) übernehmen die Schüler mehr Verantwortung, kommunizieren und kooperieren miteinander, planen und gestalten und lösen selbstständig Probleme. Der Lehrer führt durch Zielvor- gaben, er organisiert, moderiert, bietet Hilfe an und berät beim eigenverant- wortlichen Arbeiten (EVA-Prinzip, Abb. 10.11).

Weiterführende Literatur:
NASHAN, R./OTT, B.: Unterrichtspraxis Metall- und Maschinentechnik. Bonn 1990.
PAHL, J.-P./RUPPEL, A.: Bausteine beruflichen Lernens im Bereich Technik. Unterrichtsplanung und technikdidaktische Elemente. Alsbach 1993.
TULODZIECKI, G./BREUER, K./HAUF, A.: Konzepte für das berufliche Leh- ren und Lernen. Bad Heilbrunn 1992.

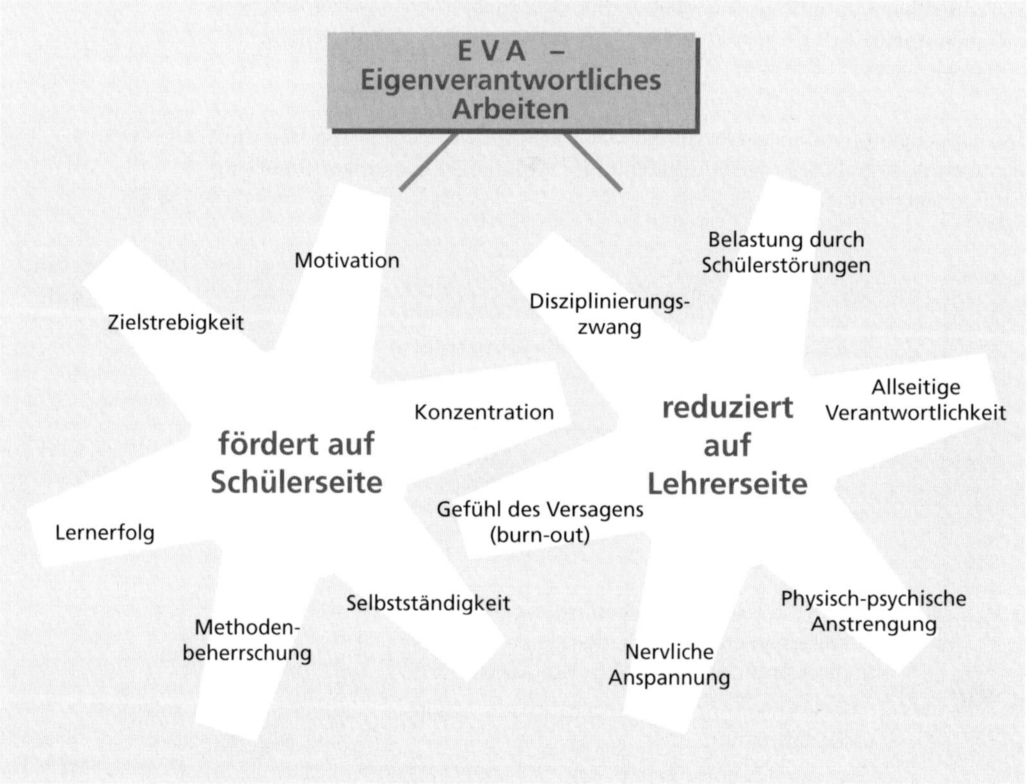

E V A – Eigenverantwortliches Arbeiten

Motivation

Belastung durch Schülerstörungen

Zielstrebigkeit

Disziplinierungs- zwang

Konzentration

reduziert auf Lehrerseite

Allseitige Verantwortlichkeit

fördert auf Schülerseite

Gefühl des Versagens (burn-out)

Lernerfolg

Selbstständigkeit

Physisch-psychische Anstrengung

Methoden- beherrschung

Nervliche Anspannung

Abb. 10.11: EVA – Eigenverantwortliches Arbeiten

11 Ausbildungsstrukturelle Aspekte des beruflichen Lernens und Lehrens

Lernfragen

① Skizzieren Sie die Entwicklungslinien der Betriebspädagogik!

② Interpretieren Sie die Begriffe Berufsbildung, Qualifikation und Kompetenz.

③ Beschreiben Sie die betriebliche Ausbildungsorganisation und betriebliche Ausbildungsmethoden.

④ Bewerten Sie die Lehrgangs-, Leittext- und Projekt-Methode.

„Es ist nicht genug zu wissen, man muss es auch anwenden; es ist nicht genug zu wollen, man muss es auch tun."
J.W. v. Goethe

Die geschichtlichen Wurzeln der beruflichen Ausbildung reichen bis ins Spät- **histor.** mittelalter zurück; die historischen Entwicklungslinien sollen knapp in Erinne- **Entwicklung** rung gebracht werden: **beruflicher**

– Das Ausbildungssystem vollzog sich zunächst innerhalb der Handwerks- **Ausbildung** zünfte, die Zunftorgane überwachten und regelten die gesamte Lehre.

– Es folgte ein Wirtschaftsliberalismus, in dessen Folge das Ausbildungssystem zur „Lehrlingszüchterei" verkam.

– Die Bestimmungen der Allgemeinen Preußischen Gewerbeordnung von 1845 (vor allem in Novellen von 1897 und 1908) schufen wesentliche Voraussetzungen für den Wiederaufschwung und für Befähigungsnachweise in der Lehrlingsausbildung.

– Der Deutsche Ausschuss für technisches Schulwesen (DATSCH) befasste **Deutscher** sich sehr bald nach seiner Gründung (1908) auch mit Formen und Inhalten **Ausschuss** der Lehrlingsausbildung um das Ausbildungsniveau, die Berufsinhalte und **(DASCH)** Berufsbezeichnungen zu vereinheitlichen.

– Während der NS-Zeit führte die politische Vereinnahmung zu abstrus-normativen Zielsetzungen, wonach die Erziehung eines Facharbeiters „in Blut und Boden wurzelt und (er) dadurch erst eigentlich fähig wird der Volks- **Arbeitsstelle f.** Staatsgemeinschaft durch seinen Beruf zu dienen" (Reichsfachschaft). **betr. Berufsaus-**

– In den 50er- und 60er-Jahren bereitete die Arbeitsstelle für betriebliche Be- **bildung (ABB)** rufsausbildung (ABB) alle staatlich anerkannten Ordnungsmittel vor.

– Schließlich wurde dem Bundesinstitut für Berufsbildungsforschung (BIBB) **Bundesinstitut f.** mit dem Berufsbildungsgesetz von 1969 die „Ordnung der Berufsausbil- **Berufsbildungs-** dung" in den industriellen, handwerklichen und kaufmännisch verwalteten **forschung (BIBB)** Berufen übertragen. Kernstück der Ordnungsmittel sind die Ausbildungsordnungen. Sie basieren direkt auf dem Berufsbildungsgesetz (§ 25) und um- **Ausbildungs-** fassen folgende Mindestinhalte: **ordnungen**

• Bezeichnung des Ausbildungsberufes

• Ausbildungsdauer

• Ausbildungsberufsbild (Fertigkeiten und Kenntnisse)

• Ausbildungsrahmenplan (sachliche und zeitliche Gliederung der Lerninhalte)

• Prüfungsanforderungen

Entwicklungs-phasen der Betriebs-pädagogik

In unserem Jahrhundert lässt sich die Entwicklung der Betriebspädagogik pauschal in drei Phasen gliedern (Arnold, 1990, 41):

- **Konzeptionsphase (1935–1960):** In diesen Jahren ging es um die Klärung von Grundbegriffen und um die Entwicklung von Gesamtentwürfen.
- **Differenzierungsphase (1960–1980):** Ziel war es die vielfältigen Frage- und Aufgabenstellungen der Betriebspädagogik zu konkretisieren.
- **Innovationsphase (1985–heute):** In jüngster Zeit hat sich die Betriebspädagogik zu einer interdisziplinär orientierten Wissenschaft entwickelt, bei der vor allem innovative Mitarbeiterqualifikationen und entsprechende Qualifizierungskonzepte stärker in den Blick rücken.

von der Unter-nehmens- zur Lernkultur

Neuere Entwicklungen in der Betriebspädagogik gehen von der Unternehmenskultur hin zur Lernkultur und tragen tendenziell ganzheitliche Bezüge hinsichtlich kommunikativen Handelns und situativen Verstehens in offenen, unstrukturierten Situationen.

vernetztes Lernen

Diese Entwicklungen zielen mit neuen Ausbildungsmethoden auf die Vernetzung des Lernens und sind mit drei Modellentwicklungen zu charakterisieren (vgl. Weissker, 1992, 29):

- **Lern-Modell:** Lernen lernen durch Selbstinformieren lernen
- **Handlungsmodell:** Handeln lernen durch Selbstentscheiden lernen
- **Entwicklungsmodell:** Gestalten lernen durch Selbstverantworten lernen

In diesem Kapitel werden auf der Basis dieser betriebspädagogischen Entwicklungslinien

- Schlüsselkategorien der betrieblichen Ausbildung,
- betriebliche Organisationsformen des Lernens und
- handlungsorientierte Ausbildungsmethoden aufgezeigt.

11.1 Schlüsselkategorien betrieblicher Ausbildung

Die Betriebspädagogik scheint die Konzeption handlungsorientierten Lernens nachhaltig adaptiert zu haben, denn die „Berufliche Bildung im lernenden Unternehmen" (Meyer-Dohm/Schneider, 1991) verfolgt als Leitidee die „Selbst-

Leitidee Selbst-qualifizierung

qualifizierung der Mitarbeiter".

Zentrale Kategorien der neueren Betriebspädagogik sind (ganzheitliche) Berufsbildung, (Schlüssel-)Qualifikationen und Kompetenzen. Allerdings sind diese Leitbegriffe bisher nur unzureichend wissenschaftlich definiert (vgl. Faulstich, 1996, 366ff).

Das Deutungsspektrum reicht von der synonymen bis zur antagonistischen Verwendung, oft werden diese Begriffe allerdings auch komplementär verwendet: „Ist Qualifikation arbeitsplatzbezogen und subjektunabhängig formuliert, zielt hingegen Bildung auf die Entwicklung personaler Fähigkeiten und die Berücksichtigung individueller Lernerfahrungen, so kann der Kompetenzbegriff als Fähigkeit zu selbstverantwortlichem Handeln beides miteinander versöhnen" (Schneider, 1991, 54).

Demnach bezeichnen Qualifikationen konkrete Kenntnisse, Fähigkeiten und Fertigkeiten, die zur Ausübung einer Arbeitstätigkeit erforderlich sind, während Kompetenzen auf den Lernenden als Subjekt zielen und seine Befähigung bzw. Disposition meinen sich Qualifikationen anzueignen und mit ihnen eigenverantwortlich handelnd umzugehen. Entsprechend differenziert auch die didaktische Fachsprache hinsichtlich den zugrunde liegenden Lernprozessen zwischen

Qualifikation und Kompetenz

„Entwicklung von Kompetenz" und „Erwerb von Qualifikationen".

11.1.1 Kompetenzen

Zielorientierung und Leitbegriff der Neuordnungsdiskussion ist die berufliche Handlungskompetenz. Zur Förderung der Handlungskompetenz sind verschiedene Ausbildungskonzepte entwickelt worden, wobei das ursprünglich dreiphasige Handlungsmodell (Planen, Durchführen, Kontrollieren) inzwischen in sechs Phasen differenziert wurde (vollständige Handlung), vgl. Abb. 11.1:

Handlungs-kompetenz

1. Informieren   3. Entscheiden   5. Kontrollieren
2. Planen   4. Durchführen   6. Bewerten

Im Ergebnis haben diese Entwicklungen, trotz gegenseitiger Orientierung, bisher noch zu keiner geschlossenen Konzeption geführt.

Unstrittig ist: Berufliche Handlungskompetenz umfasst verschiedene Teilkompetenzen – diese verdeutlichen die jeweilige Akzentuierung und Zielsetzung in der Berufsausbildung. Im jeweiligen Einzelfall werden diese Teilkompetenzen konkretisiert bzw. in unterschiedliche Kategorien eingeteilt, dabei wird stets betont, dass die Teilkompetenzen nicht isoliert nebeneinander stehen, sondern eng aufeinander bezogen sind. Das wohl verbreitetste Ordnungsschema der betrieblichen Ausbildung benennt drei Kompetenzarten, vgl. Abb. 11.1:

– Fachkompetenz
– Methodenkompetenz (resp. Planungskompetenz)
– Sozialkompetenz (vgl. Fischer, u.a. 1982)

Fachkompetenz

Unter fachlicher Kompetenz wird verstanden, dass der Auszubildende die in der Prüfungsordnung vorgegebenen Qualifikationen erreicht. Das bedeutet den Erwerb von Fertigkeiten, verbunden mit funktionalen und extrafunktionalen Qualifikationen.

Fertigkeiten

Es gelten als

funktionale Qualifikationen:	**extrafunktionale Qualifikationen:**
Genauigkeit	Arbeiten in Gruppen
Ausdauer	gruppendynamisches Verhalten
selbstständige Aktivität	soziale Mobilität
Selbstkontrolle	soziologische Sensibilität
Selbststeuerung	Kommunikationsfähigkeit

Methodenkompetenz

Unter Methodenkompetenz wird die Fähigkeit verstanden für die bei der Lösung

Problemlösungs-
fähigkeit
der gestellten Ausbildungsaufgaben auftretenden Situationen selbstständig Lösungswege zu finden, anzuwenden und über deren generelle Anwendbarkeit zu reflektieren.

Im Einzelnen geht es vor allem um

Selbstlernfähigkeit	Weckung des Berufsinteresses
Problemlösefähigkeit	Flexibilität

Sozialkompetenz

Teamfähigkeit
Unter Sozialkompetenz wird die Fähigkeit des/der Auszubildenden verstanden in Teams unterschiedlicher sozialer Struktur (im Hinblick auf Alter, Herkunft, Qualifikation) gruppenorientiertes Verhalten zu zeigen.

Im Einzelnen werden folgende Ziele angestrebt:

Teamfähigkeit	Kooperationsfähigkeit
mitmenschliche Sensibilität	Verantwortungsbewusstsein

11.1.2 Qualifikationen

von der Bildung
zur Qualifikation
Seit Ende der 60er-Jahre wurde in der Berufsbildungspraxis der traditionelle Bildungsbegriff vom Begriff „Qualifikation" verdrängt. Insbesondere der Begriff „Schlüsselqualifikation" ist inzwischen zu einem „Zauberwort" geworden und wird nahezu inflatorisch vewendet. Der Begriff wurde (1974) von Dieter Mertens, dem damaligen Leiter des Instituts für Arbeitsmarkt- und Berufsforschung der Bundesanstalt für Arbeit, vor dem Hintergrund wachsender Schwierigkeiten auf dem Arbeitsmarkt und einer Krise der Bildungsplanung geprägt. Mertens verstand unter Schlüsselqualifikationen „solche Kenntnisse, Fähigkeiten und Fertigkeiten, welche nicht unmittelbaren und begrenzten Bezug zu bestimmten praktischen Tätigkeiten, sondern die Eignung für eine große Zahl von beruflichen Funktionen alternativ und zum gleichen Zeitpunkt und die Eignung für die Bewältigung einer Reihe von (meist unvorhersehbaren) Änderungen beruflicher Anforderungen nacheinander im Laufe des Erwerbslebens erbringen" (Mertens, 1974a, 228).

Dazu zählte er vier Qualifikationsgruppen:

Denken und
Lernen
(1) **Basisqualifikationen,** das waren „übergeordnete Fähigkeiten mit vielfältigem vertikalen Transfer", also verschiedene Formen des Denkens und des selbständigen Lernens wie z.B. logisch-strukturiertes Denken, analytisches Denken, kritisches Denken, konzeptionelles Denken, kooperatives Vorgehen und kreative Tätigkeiten.

Informieren,
Sprache
(2) **Horizontal- oder horizonterweiternde Qualifikatione**n, das sollten „zentrale Fähigkeiten mit horizontalem Transfer" sein, Fähigkeiten zum Gewinnen, Verstehen und Auswerten von Informationen, vermittelt durch Medienkunde, Fachsprachenkunde, Umgang mit Plänen, Bibliotheken usw.

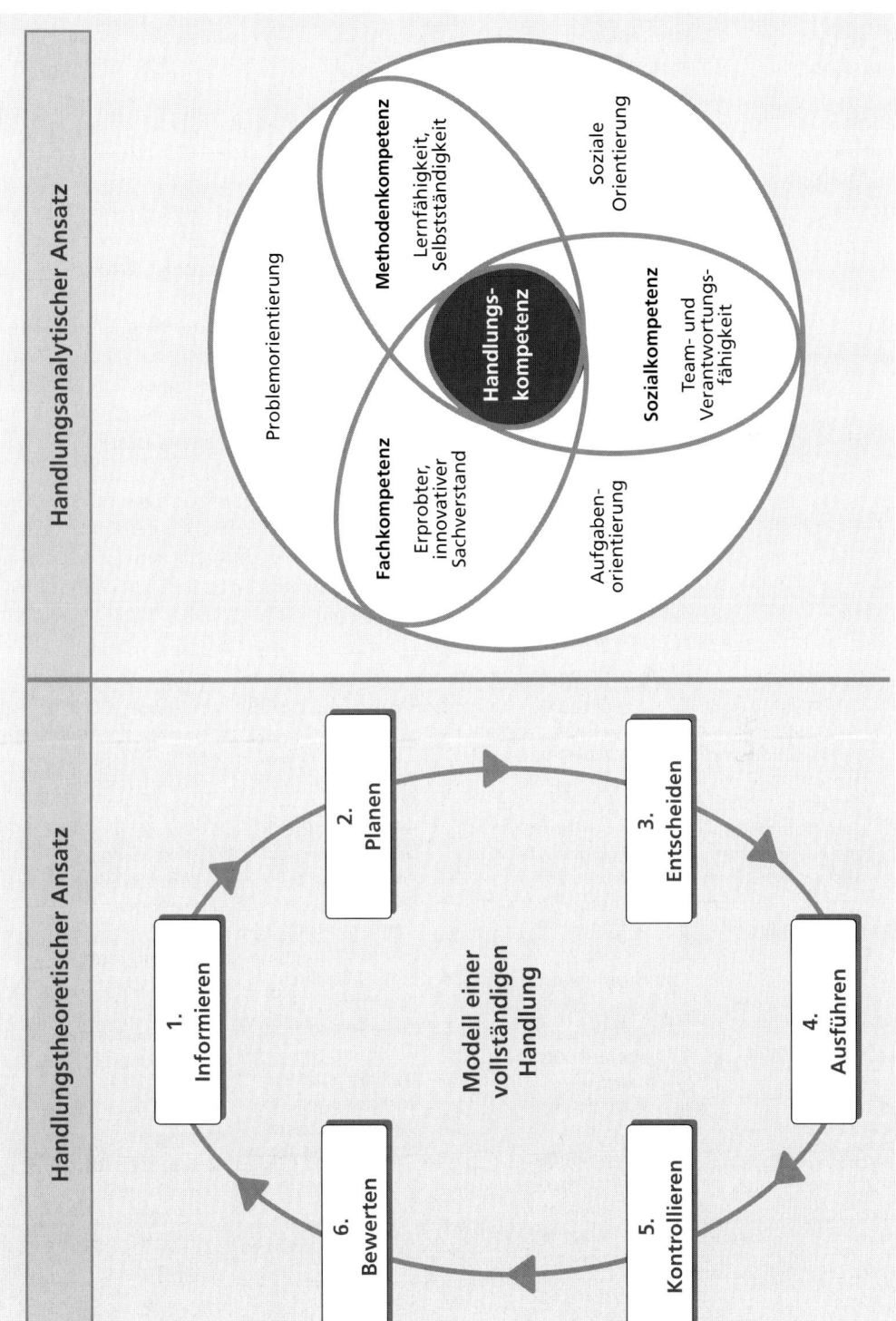

Abb. 11.1: Berufliche Handlungskompetenz

Fertigkeiten, Kenntnisse

(3) **Breitenelemente,** also die Fertigkeiten und Kenntnisse, die in zahlreichen (betrieblichen) Handlungsbereichen benötigt werden, z.B. Arbeitsschutz, Messtechnik und Maschinenwartung.

Aufholen von Generationsdefiziten/Weiterbildung

(4) **Vintagefaktoren,** d.h. „generationsstufenbedingte Überbrückungsinhalte, die der Verringerung der Differenzen verschiedener Generationen dienen" sollten, also Kenntnisse und Fertigkeiten, die Erwachsenen im Gegensatz zu jungen Menschen fehlen (Generationsproblem) und deshalb Gegenstand der Weiterbildung sein sollten, z.B. Computerwissen, Programmiersprachen, Mengenlehre und Informationstechniken (vgl. Mertens, 1974, 43; 1988, 42).

Schlüsselqualifikationen

In vielen Modellen wurde versucht Schlüsselqualifikationen und zugehörige Kompetenzen zu systematisieren und zu klassifizieren. Dabei tauchen einige Schlüsselqualifikationen immer wieder auf, wie z.B. Kommunikation und Kooperation, Selbstständigkeit beim Planen, Durchführen und Kontrollieren; andere sind in der Zuordnung umstritten wie beispielsweise Belastbarkeit.

Schlüsselqualifikationen bergen sicherlich die Chance für ein zentrales pädagogisches und humanes Erschließungspotential, wenn darunter persönliche, intellektuelle oder soziale Befähigungen subsumiert werden, die dem Lernenden die Möglichkeit geben in Berufs- und Lebenssituationen bedarfsgerecht, problemlösend bzw. lebensbewältigend zu reagieren.

Siemens (1988)	Asea Brown Boverie (1987)	Mannesmann-Röhrenwerke (1986)	Mannesmann-Demag (1988)
1. Organisation und Ausführung der Übungsaufgabe 2. Kommunikation und Kooperation 3. Anwenden von Lerntechniken und geistigen Arbeitstechniken 4. Selbstständigkeit und Verantwortung 5. Belastbarkeit	Fachkompetenz – Aneignen von Fertigkeiten und Kenntnissen des jeweiligen Ausbildungsberufs – Fachqualifikation entfalten Methodenkompetenz – selbstständig lernen – selbstständig planen/ durchführen/ kontrollieren Sozialkompetenz – in der Gruppe mitarbeiten – die Persönlichkeit entfalten	1. Gewinnen von Arbeitsinformationen 2. Selbstständiges Planen von Arbeiten 3. Selbstständige Kontrolle von Arbeiten 4. Eigenständiges Arbeiten 5. Zusammenarbeit in Gruppen 6. Transferieren von vorhandenem Wissen auf neue Arbeitssituationen	Methodenkompetenz – Informationen verarbeiten – planen und entscheiden – Lernfähigkeit entwickeln Sozialkompetenz – selbstständig handeln – kommunizieren – kooperieren Einstellungen/Werthaltungen – verantwortlich – motiviert – belastbar – initiativ – offen

Abb. 11.2: Versuche zur Bestimmung von Schlüsselqualifikationen

Allerdings steht das SQ-Konzept auf einem empirisch kaum abgesicherten Boden und bedarf demnach noch einer großen fachdidaktischen und berufspädagogischen Fundierung. Zielaspekt dieser Forschungsarbeiten ist es, Arbeiten und Lernen ganzheitlich zu erfassen und zu verbinden. **Forschungsbedarf**

Unter der „Zielfunktion des Arbeitslernens" addieren sich **Arbeitslernen**
- fachliche Qualifikationen im Bereich des berufsspezifischen Wissens und Könnens (Fachkompetenz) sowie im Bereich der (auch überberuflichen) technologiespezifischen Methodenkompetenz,
- fach- und berufsübergreifende Qualifikationen, die sich zu folgenden Gruppen zusammenfassen lassen:
  - Problemlösefähigkeit
    (einschließlich Entscheidungsfähigkeit, Urteilsfähigkeit, Systemdenken, Selbstständigkeit, Kreativität sowie die fach- und berufsübergreifende Dimension der Methodenkompetenz),
  - Interaktionsfähigkeit
    (einschließlich Kommunikations- und Kooperationsfähigkeit),
  - Verantwortungsfähigkeit
    (Eigenverantwortlichkeit und Sozialveranwortlichkeit)"
    (Halfpap, 1990, 157/158).

Abb. 11.3: Zielfunktionen des Arbeitslernens: Qualifikations- und Kompetenzstruktur der beruflichen Handlungsfähigkeit (Halfpap, 1992)

11.2   Betriebliche Ausbildungsorganisation

Zusammenhang der Lernorte

Die Vermittlung und Umsetzung übergeordneter Qualifikationen stellt hohe Anforderungen an die betriebliche Lernorganisation. Mit dem Begriff **Ausbildungsorganisation** wird beschrieben, wie der Zusammenhang von Lernorten und Lernorganisation als didaktische Handlungslehre in der Ausbildungspraxis strukturiert und organisiert ist.

11.2.1 Lernorte

externe und interne Lernorte

Ein Lernort ist eine Einrichtung für intentionales Lernen. In der betrieblichen Berufsausbildung werden häufig „externe und interne Lernorte" unterschieden:

Externe Lernorte der Berufsausbildung	Interne Lernorte der Berufsausbildung
Schule	Ausbildungswerkstatt (inkl. Labor)
Betrieb	Anwendungswerkstatt
Überbetriebliche Ausbildungswerkstätte	Betriebseinsatz
	Lerninseln

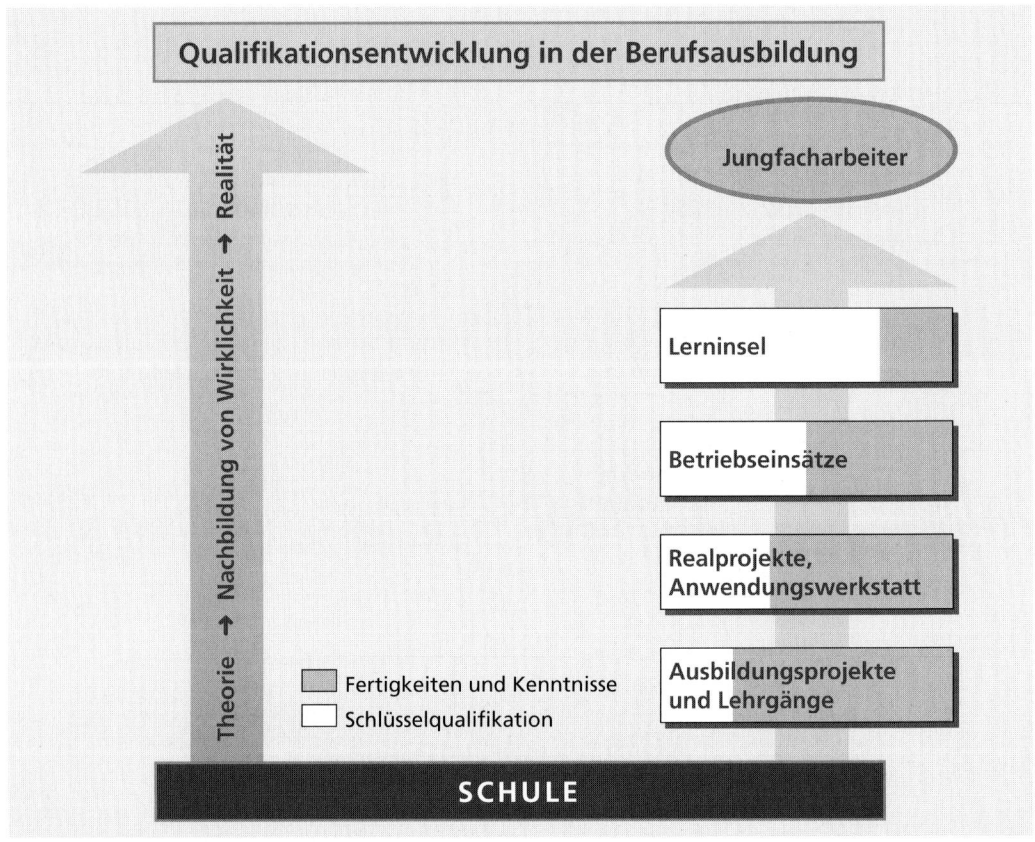

Abb. 11.4: Lernortkombination (nach Dehnbostel/Holz/Novak)

In der Ausbildungspraxis stellen die (internen) Lernorte ein komplexes Bedingungsgefüge dar, mit unterschiedlichen Intentionen:

- Die **Lehrwerkstatt** (inkl. Labor) dient im Rahmen verschiedener Ausbildungsprojekte und Lehrgänge primär der Vermittlung inhaltlich-fachlicher Lernziele (Grundfertigkeiten).
- Am Lernort **Anwendungswerkstatt** („Lernfabrik") werden im Sinne einer Kunden-Lieferanten-Beziehung zwischen der Fabrik und dem Team der Auszubildenden unter ganzheitlichen Gesichtspunkten Realaufgaben bearbeitet.
- Im Rahmen von **Betriebseinsätzen** werden die Auszubildenden unter Anleitung und Begleitung von Fachausbildern auf ihr späteres Tätigkeitsfeld vorbereitet.
- Die **Lerninsel** ist in den Produktionsprozess selbst eingebettet, es werden dort reale Produktionsaufträge bearbeitet, wobei die ganzheitlichen Arbeitsaufträge durch Gruppen selbstständig abgewickelt werden.

Klassifizierungsmerkmal dieser vier Lernorte ist es, dass sie einerseits zunehmend von der „Theorie zur Realität" führen, gleichzeitig nimmt dabei der Anteil der Schlüsselqualifikationen in einem „höher" gelegenen Lernort immer weiter zu (Abb. 11.4).

11.2.2 Lernorganisation

Eine handlungsorientierte Lernorganisation orientiert sich an den sechs Phasen einer vollständigen Handlung:
Informieren, Planen, Entscheiden, Ausführen, Kontrollieren und Bewerten.
Im Folgenden wird die betriebliche Lernorganisation in Anlehnung an das PETRA-Modell der Fa. Siemens skizziert (vgl. Klein, 1990, 83ff) und in Abb. 11.5 in einem Regelkreis veranschaulicht (S. 192).

1. Die Lernorganisation beginnt mit der **Langzeitplanung.**

   Der Ausbilder legt auf Grund fachlicher und pädagogischer Kriterien für einen bestimmten Ausbildungsabschnitt die Ausbildungsinhalte und -aufgaben fest und ordnet geeignete Sozialformen zu:

   - **Selbstgesteuerte Einzelarbeit (SEA):** Jeder Auszubildende plant, erstellt und kontrolliert die ihm erteilte Aufgabe selbst in eigener Verantwortung.
   - **Gruppengeplante Einzelarbeit (GEA):** Eine Gruppe von Auszubildenden plant die durchzuführende Arbeitsaufgabe gemeinsam. Dann übernimmt jeder Auszubildende in Eigenverantwortung die Durchführung und die Kontrolle seines Arbeitsstückes.
   - **Gruppenarbeit (GRA):** Eine Gruppe von Auszubildenden erhält eine gemeinsame Aufgabe. Sie plant gemeinsam, legt die Arbeitsaufteilung fest und klärt auch (Schnittstellen-)Probleme. Jeder Auszubildende führt aber seinen Arbeitsanteil in Eigenverantwortung aus. Die Zusammenführung der einzelnen Arbeitsteile (bzw. deren Zusammenbau) erfolgt gemeinsam durch die Gruppe.

Informieren
- über die Aufgabenstellung
- Erarbeitung neuer Inhalte
  Unterweisung
  Lehrgespräch
  Selbstgesteuertes Lernen

Planen der Arbeitsausführung
- Arbeitsplanung
- Aufgabenverteilung
- Funktionsbeschreibung
- Arbeitsplatzbelegung

Entscheiden
der konkreten Vorgehensweise
- Fachgespräch mit dem Aus-
  bilder
  WER macht WAS, WOZU,
  WIE, WARUM, WOMIT, WO,
  WANN und BIS WANN

VERLAUFSBEOBACHTUNG

Einzelplanung der Übungsaufgabe
- Verknüpfen von
  Inhalten mit
  Organisations-
  formen,
  Lehr-/Lern-
  methoden
  und Medien

Ausführen
- der Übungs-
  aufgabe
- Montage-
  bericht

Langzeitplanung
- Zuordnen von
  Organisationsformen
  zu Übungsaufgaben

Kontrollieren und Bewerten
- Selbstbewertung
- Fremdbewertung
  (durch Ausbilder, Ler-
  nende oder andere)

Rückkopplung und Aktualisierung
der Langzeit-/
Einzelplanung unter
Berücksichtigung der
Lernergebnisse durch
Ausbilder

Abschlussgespräch
der Ausbilder
- moderiert
- gibt Rückmeldungen
  zum fachlichen
  Ergebnis und zum
  Verhalten

Abb. 11.5: Regelkreis der Lernorganisation (Siemens 1989)

weitere Phasen der Lernorganisation

2. Auf dieser Grundlage beginnt dann die **Einzelplanung** der Ausbildungsauf-
gabe (in einer Teambesprechung von Ausbilder und Auszubildenden) mit der
Verknüpfung von Inhalten, Sozialformen, Methoden und Medien und der
daraus resultierenden Aufgabenstellung (WER macht WAS, WOZU, WIE,
WARUM, WOMIT, WO, WANN und BIS WANN).
Zielaspekt ist es, die neu zu erarbeitenden Kenntnisse und Fertigkeiten mit
Schlüsselqualifikationen (überfachliche Standards) bzw. mit den Qualifi-
kationen aus den neuen Ausbildungsplänen zu verknüpfen und bestimmten
Taxonomiestufen zuzuordnen (Abb. 11.6a und 11.6 b).

1. Organisation u. Ausführung d. Arbeitsaufgabe *Zielbereich:* Arbeitsplanung, Arbeitsausführung, Bewertung	– Selbststeuerung – Organisationsfähigkeit – systemat. Vorgehen – Koordinationsfähigkeit – rationelles Arbeiten – Selbstbewertung – Genauigkeit, Sorgfalt – flexibles Disponieren	– Arbeitsschritte ... festlegen, ... Abwicklungszeiten einschätzen – manuelle und maschinelle Arbeitsabläufe festlegen – Sichtkontrollen ... durchführen – Maß-, Form- u. Lagetoleranzen an Werkstücken prüfen – Arbeitsabläufe nach sicherheitstechnischen ... Gesichtspunkten planen, abstimmen und festlegen
2. Kommunikation und Kooperation *Zielbereich:* Verhalten in der Gruppe, Kontakt zu anderen, Teamarbeit	– schriftl. u. mündliche Ausdrucksfähigkeit – Sachlichkeit in der Argumentation – Kooperationsfähigkeit – Integrationsfähigkeit – Fairness	– ... Änderungen dokumentieren – Prüf- u. Messergebnisse dokumentieren u. auswerten – technische Sachverhalte ... in Form von Protokollen und Berichten aufzeichnen und auch berufsübergreifend austauschen – anhand von Arbeitsfolgeplänen ... komplexe Arbeitsschritte auch unter Berücksichtigung personeller Unterstützung festlegen – Geräte an Benutzer übergeben u. Bedienung erklären
3. Anwenden von Lerntechniken u. geistigen Arbeitstechniken *Zielbereich:* Lernverhalten, Auswerten und Weitergeben von Informationen	– Verstehen u. Umsetzen v. Zeichnungen u. Schaltplänen – Umsetzen von theor. Grundlagen in praktisches Handeln – Analogieschlüsse ziehen können – Denken in Systemen – problemlösendes Denken	– Instandhaltungsanleitungen, insbesondere unter Berücksichtigung der Prüfwerte, ... anwenden – Funktionsfähigkeit der elektrotechnischen Komponenten ... in Systemen feststellen – das Zusammenwirken von verknüpften Funktionen bei verketteten Baugruppen ... nach Vorgabe prüfen und einstellen – Aufbau und Funktionszusammenhänge erkennen und interpretieren – Störungen und Fehler auf mögliche Ursachen untersuchen
4. Selbstständigkeit u. Verantwortung *Zielbereich:* Eigenverantwortung und Mitverantwortung bei der Arbeit	– Zuverlässigkeit – Qualitätsbewusstsein – Sicherheitsbewusstsein – eigene Meinung vertreten – Entscheidungsfähigkeit – Selbstkritikfähigkeit – Erkennen eigener Grenzen	– Unfall- und Gesundheitsgefahren erklären und Maßnahmen zu ihrer Vermeidung ergreifen – Wirksamkeit von Schutzmaßnahmen ... prüfen – Störungen, insbesondere durch mechanische und elektrische Eingriffe, ... beheben oder Behebung veranlassen – die umwelt- und betriebsbezogene Entsorgung von Fertigungssystemen und Produktionsanlagen sicherstellen und überwachen
5. Belastbarkeit *Zielbereich:* Psychische und physische Beanspruchung	– Konzentrationsfähigkeit – Ausdauer bei wiederkehrenden Aufgaben – Aufmerksamkeit bei abwechslungsarmen Beobachtungstätigkeiten – Umstellungsfähigkeit	– Störungen u. Fehler auf mögl. Ursachen untersuchen – Störungen durch systematische Fehlereingrenzungen bestimmen und beheben – Probebetrieb von Geräten nach Unterlagen durchführen und protokollieren – Maschinen und Produktionsanlagen unter Betriebsbedingung in Betrieb nehmen – Produktionsablauf überwachen, Qualität der Produkte ... kontrollieren und prüfen

Abb. 11.6a: Zielbereiche der Schlüsselqualifikationen (PETRA-Projekt)

weitere Phasen der Lernorganisation

3. Bevor die Lernenden mit der **Arbeitsausführung** beginnen, erfolgt eine (schriftliche) Arbeitsplanung mit Aufgabenverteilung, Funktionsbeschreibung und Maschinenbelegung sowie das Fachgespräch mit dem/den Lernenden um das endgültige Vorgehen abzustimmen (Sicherheitsaspekt bei Maschinenfertigung).

	I Organisation und Ausführung der Übungsaufgabe	II Kommunikation und Kooperation
Zielbereich (vgl. Kap. 9.2.1)	Arbeitsplanung, Arbeitsausführung, Ergebniskontrolle	Verhalten in der Gruppe, Kontakt zu anderen, Teamarbeit
	Lernende/r	Lernende/r
A Reproduktion	– beschreibt und begründet Arbeitsschritte, führt Übungsaufgaben und Selbstbewertungen nach Anleitung/ Unterweisung aus, kann Sicherheitsregeln und Arbeitsverfahren nennen	– beteiligt sich aktiv an Gesprächen mit dem Ausbilder und anderen Lernenden und arbeitet im Rahmen vorgegebener Gruppenstrukturen mit
B Reorganisation	– führt nach Abwägung möglicher Alternativen für die Arbeitsplanung Übungsaufgaben auftragsgemäß einschl. Selbstbewertung aus. Hält Arbeits- und Sicherheitsregeln ein und kann sie erläutern	– spricht sich im Rahmen der Aufgabenstellung mit Ausbilder und Gruppenmitgliedern ab, bringt eigene Vorschläge ein. Fügt sich in die Gruppe ein
C Transfer	– plant Aufgaben unter Berücksichtigung übergeordneter Gesichtspunkte. Überträgt verfügbare Kenntnisse und Fertigkeiten auf veränderte Aufgabenstellungen	– stellt Sachthemen anschaulich dar, verhält sich partnerschaftlich in Gruppen, ist kompromissbereit und setzt Vereinbarungen in eigenes Handeln um
D Problemlösen	– analysiert eine komplette Aufgabenstellung, entwickelt selbstständig und kreativ Lösungsalternativen und löst die Aufgabe methodisch	– tritt mit anderen in Kontakt und betätigt sich angemessen in seinem/ihrem Umfeld (Betrieb, Kunde). Wirkt in Gruppen integrativ und ausgleichend

Abb. 11.6b: Taxonomie der Schlüsselqualifikationen (PETRA-Projekt)

4. Die **Bewertung der Arbeitsaufgabe** erfolgt als Selbst-, Fremd- und Grup-
   penbewertung, sie ist Anlass für ein Fachgespräch, in dem die gewonnenen
   Erfahrungen und Verbesserungsvorschläge benannt werden. Während der
   Arbeitsausführung führt der Ausbilder eine Verlaufsbeobachtung (s. Abb.
   10.8) durch – sie ist Grundlage für das „Feed-back" im Abschlussgespräch.
   Auf Grund dieser Rückkopplung und Aktualisierung kann der Ausbilder so-
   wohl die Langzeit- als auch Einzelplanungen unter Berücksichtigung der
   Lernergebnisse modifizieren (Abb. 11.7 auf der folgenden Seite).

weitere Phasen der Lernorganisation

III Anwenden von Lern- und geistigen Arbeitstechniken	IV Selbstständigkeit und Verantwortung	V Belastbarkeit
Lernverhalten, Auswerten u. Weitergeben von Informationen	Eigen- und Mitverantwortung bei der Arbeit	Psychische und physische Beanspruchung
Lernende/r	Lernende/r	Lernende/r
– prägt sich vorstrukturierte Inhalte anhand einfacher Lernmaterialien ein und kann sie wiedergeben	– verantwortet sein/ihr Handeln im Rahmen enger Vorgaben und häufiger Kontrollen. Führt unter Anleitung Selbstbewertung durch.	– bewältigt geringe Beanspruchungen, auch auf Grund hoher Fremdmotivation und häufiger Kontrollen
– verarbeitet nach Anleitung vorgegebenes Lernmaterial, ordnet und gewichtet es und stellt es dar. Lernt in einem überschaubaren Zeitraum selbstständig.	– erkennt vorgegebene Anforderungen und pruft selbstständig ihre Einhaltung. Führt bei verringerten Kontrollen selbstständig Schutzmaßnahmen durch.	– bewältigt mittlere Beanspruchungen auf Grund entsprechender Erfahrung und wiederholter Fremdkontrollen
– bestimmt selbstständig, wie, wann und wo er/sie lernt. Kann Wissen verallgemeinern und zur Bewältigung neuer Aufgaben einsetzen.	– verallgemeinert und verinnerlicht Verantwortungsbewusstsein und setzt sich selbst entsprechende Ziele	– bewältigt auch neue, belastend erscheinende Übungsaufgaben dank eigener Zuversicht, Einsatzbereitschaft und Beharrlichkeit
– erkennt persönliche Lücken und schließt sie selbstständig, überwindet eigene Schwierigkeiten. Bearbeitet Informationen bis zur Erstellung einer Handlungsanleitung.	– steuert sein/ihr Vorgehen nach Einschätzung möglicher Risiken. Trägt (Mit-)Verantwortung für sich, die Gruppe, das ganze Projekt.	– ist bereit zunächst unbekannte Belastungen zu übernehmen. Auch hohe psychische und physische Beanspruchungen werden mit hohem Standard an Qualität, Menge und Arbeitssicherheit bewältigt.

Gruppen-Verlaufsplanung, Formblatt

Gewerbliche Berufsbildung	**Gruppen-Verlaufsbeobachtung**	Standort: *Traunreut*	Datum: *17.4.89*
		Ausbilder: *Schuh*	Blatt *1*
Ausbildungs-beruf *Energieelektroniker*	Fach-richtung: *Anlagentechnik*		Ausbildungs-halbjahr: *6*
Übungsaufgabe *Schaltnetzteil*	Zeichnungs-Nr.: *HW 616*		Gruppe: *1*

I. Organisation und Ausführung der Übungsaufgabe

Systematische Planung der Arbeitsausführung?	*Sie gehen anhand der Leitfragen Punkt für Punkt vor.*
	Das Messprotokoll war zu wenig ausgearbeitet.
Systematische Ausführung der Übungsaufgabe?	*Das Bestücken und Messen wird sorgfältig ausgeführt.*
	Der Arbeitsplan liegt daneben.
Umsetzung von Zwischen-kontrollen beim Arbeiten?	*Beim Bestücken der Platine wird selbst kontrolliert.*
	Schottky-Diode zu kurz abgeschnitten.

Eingeschätzte Stufe der Schlüsselqualifikation: A ☐ B ☐ C ☒ D ☐

II. Kommunikation und Kooperation

Zusammenarbeit in der Gruppe und mit Außenstehenden (z.B. Kunden)?	*Sehr zielgerechter Gesprächsablauf. Es arbeiten alle interessiert mit*
	und bringen Vorschläge ein.
Situationsgerechte Rollenverteilung?	*Die Aufgaben werden in der Gruppe aufgeteilt; Gitti übernimmt*
	die Führung; Lisa verhält sich zurückhaltend.
Anschauliche Darstellung von Lern- und Arbeitsergebnissen?	*Funktionsbeschreibung mit Skizze an Flip-Chart*

Eingeschätzte Stufe der Schlüsselqualifikation: A ☐ B ☒ C ☐ D ☐

III. Anwenden von Lerntechniken und geistigen Arbeitstechniken

Methodische Verwendung von Arbeitsunterlagen?	*Heiko hat Fachbücher und Tabellen, engl. Wörterbücher*
	Thema Schaltregler
Situationsgerechte Rollenverteilung?	*Wichtige Informationen aus den Büchern gesammelt;*
	keine Markierungen vorgenommen.
Anschauliche Darstellung von Lern- und Arbeitsergebnissen?	*Infos wurden auf dem Flip-Chart gesammelt und*
	in der Gruppe verarbeitet.

Eingeschätzte Stufe der Schlüsselqualifikation: A ☐ B ☒ C ☐ D ☐

IV. Selbstständigkeit und Verantwortung

Zuverlässige Einhaltung von Arbeitssicherheitsregeln?	*Die Sicherheitsregeln wurden in allen Punkten*
	eingehalten.
Qualitätsbewusstsein, Kostenbewusstsein?	
Übernahme von (Mit-)Verantwortung:	*Für die Arbeitsausführung ist jeder selbst verantwortlich.*

Eingeschätzte Stufe der Schlüsselqualifikation: A ☐ B ☒ C ☐ D ☐

V. Belastbarkeit

Anhalten der Konzentration, Aufmerksamkeit?	*Die Gruppe ließ sich von ihrer Aufgabe, besonders*
	während der Planungsphase, kaum ablenken
Ausdauer bei Planung und Arbeitsausführung?	*Das sehr umfangreiche Messprotokoll wurde mit*
	gleichbleibender Intensität bearbeitet.
Umstellungsfähigkeit bei Veränderungen?	*Auftretende Schwierigkeiten beim Messen wurden*
	durch Überarbeiten der Arbeitsschritte beseitigt.

Eingeschätzte Stufe der Schlüsselqualifikation: A ☐ B ☐ C ☒ D ☐

Nach dem Abschlussgespräch an die Lernenden zu übergeben!

Abb. 11.7b: Verlaufsbeobachtung zu den Schlüsselqualifikationen (PETRA-Projekt)

Beobachtungsprofil, Formblatt

Gewerbliche Berufsbildung	**Beobachtungsprofil**	Standort: _Traunreut_	Datum: _14.2.90_
		Ausbilder: _Schuh_	Blatt _1_

Ausbildungs-beruf	_Energieelektroniker_	Fach-richtung: _Anlagentechnik_		Ausbildungs-halbjahr: _6_
Übungsaufgabe	_Schaltnetzteil_	Zeichnungs-Nr.:	_/_	benötigte Zeit: _3 Tage_

Organisationsform	SEA ☐	GEA ☒	GRA ☐	Gruppenstärke: _4_

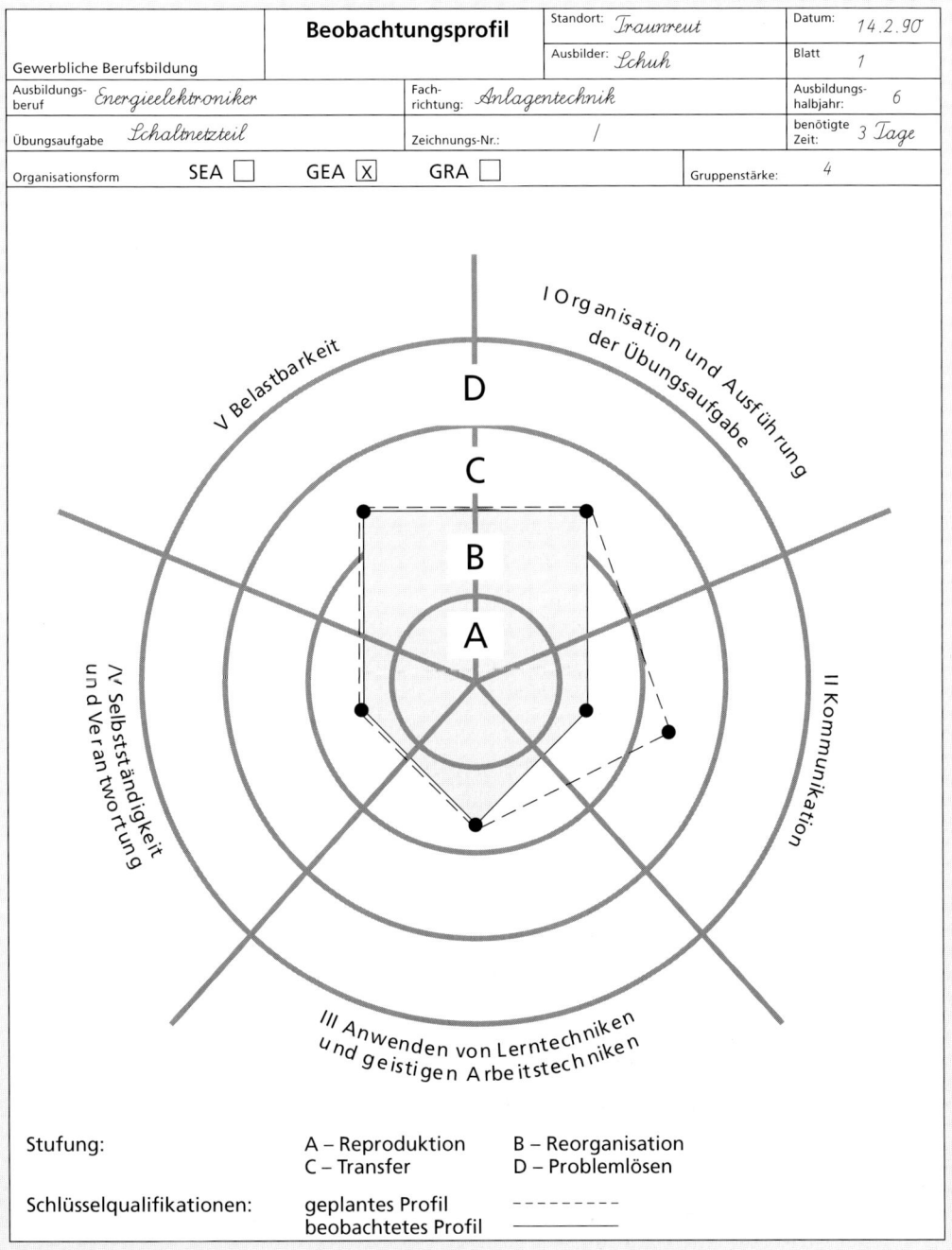

Stufung: A – Reproduktion   B – Reorganisation
                   C – Transfer   D – Problemlösen

Schlüsselqualifikationen: geplantes Profil   - - - - - - - -
                            beobachtetes Profil ————————

11.3   Handlungsorientierte Ausbildungsmethoden

Die Forderung, dass Auszubildende sowohl ihre Ausbildungsaufträge Schritt für Schritt ohne fremde Hilfe erledigen als auch Lernen immer häufiger in Eigenverantwortung planen, durchführen und kontrollieren sollen, war Anlass für die Mannesmann-Demag (1988) verschiedene Ausbildungsmethoden hinsichlich ihrer Förderung von Schlüsselqualifikationen zu untersuchen. Als Ergebnis entstand ein Modell, das auf drei Makro-Methoden basiert (Abb. 11.8).

Lehrgangs-, Leittext-, Projekt-Methode

11.3.1 Lehrgangs-Methode

Die Lehrgangs-Methode ist nach diesem Modell die erste (Makro-)Methode zur Entwicklung der beruflichen Selbstständigkeit. Sie reicht von der Vier-Stufen-Methode über die zunehmende Verwendung von Selbstlernmaterialien bis hin zu kombinierten Unterweisungsverfahren (Psychoregulatives Training).

Die **Vier-Stufen-Methode** geht auf das TWI-Programm (Training Within Industry) der amerikanischen Industrie im Zweiten Weltkrieg zurück und wurde von der REFA-Lehre adaptiert. Ihre Stärke liegt in einer effektiven Vermittlung motorischer Fertigkeiten mit kurzen Lernzeiten (z. B. „Gewindeschneiden"). Die Arbeitsunterweisung geht von der Tätigkeitsanalyse erfahrener Arbeiter aus. Diese ist Grundlage für die Arbeitssystembeschreibung, bei der Arbeitsaufgabe (Lernziele), Arbeitsablauf, -platz, -mittel, -umgebung, -methode und Arbeitsorganisation vom Ausbilder geplant bzw. vorentschieden werden. Auf der Basis der Arbeitsanalyse wird der Unterweisungsplan erstellt:

effektiv bei motorischen Fertigkeiten

Unterweisungsplan nach Arbeitsanalyse

Lernabschnitte	Ablauf/Kernpunkte	Begründungen
WAS wird gelernt?	WIE wird es gemacht?	WARUM wird es so gemacht?

Die Arbeitsunterweisung ist in vier Stufen gegliedert (Abb. 11.9):
1. **Vorbereiten:** In dieser Stufe ist vorwiegend der Ausbilder aktiv. Er erklärt die Arbeitsaufgabe, nennt die Lernziele und stellt die Arbeitsmittel bereit. Durch Fragen und Impulse klärt er die Vorkenntnisse und weckt Interesse.
2. **Vormachen:** Der Ausbilder soll den gesamten Arbeitsvorgang „flüssig vormachen" und dabei erklären, WAS er WIE und WARUM macht. Durch wiederholtes, schrittweises Vormachen lenkt er die Aufmerksamkeit auf die wesentlichen Kernpunkte der Unterweisung.
3. **Nachmachen:** Der/die Auszubildende wiederholt die Arbeitsschritte (Imitationslernen). Dabei erklärt er/sie die einzelnen Lernabschnitte, beschreibt die Kernpunkte und begründet das Vorgehen. Bei gravierenden Fehlern kann der Ausbilder sofort eingreifen. Kontroll- und Beurteilungsfragen ermöglichen eine Einschätzung des Zielerreichungsgrades der Arbeitsunterweisung.
4. **Selbstständiges Anwenden:** Durch wiederholte Übung wird das Gelernte gefestigt und gesichert. Durch den erneuten Vollzug wird der Lernfortschritt beobachtet und Routinebildung angestrebt.

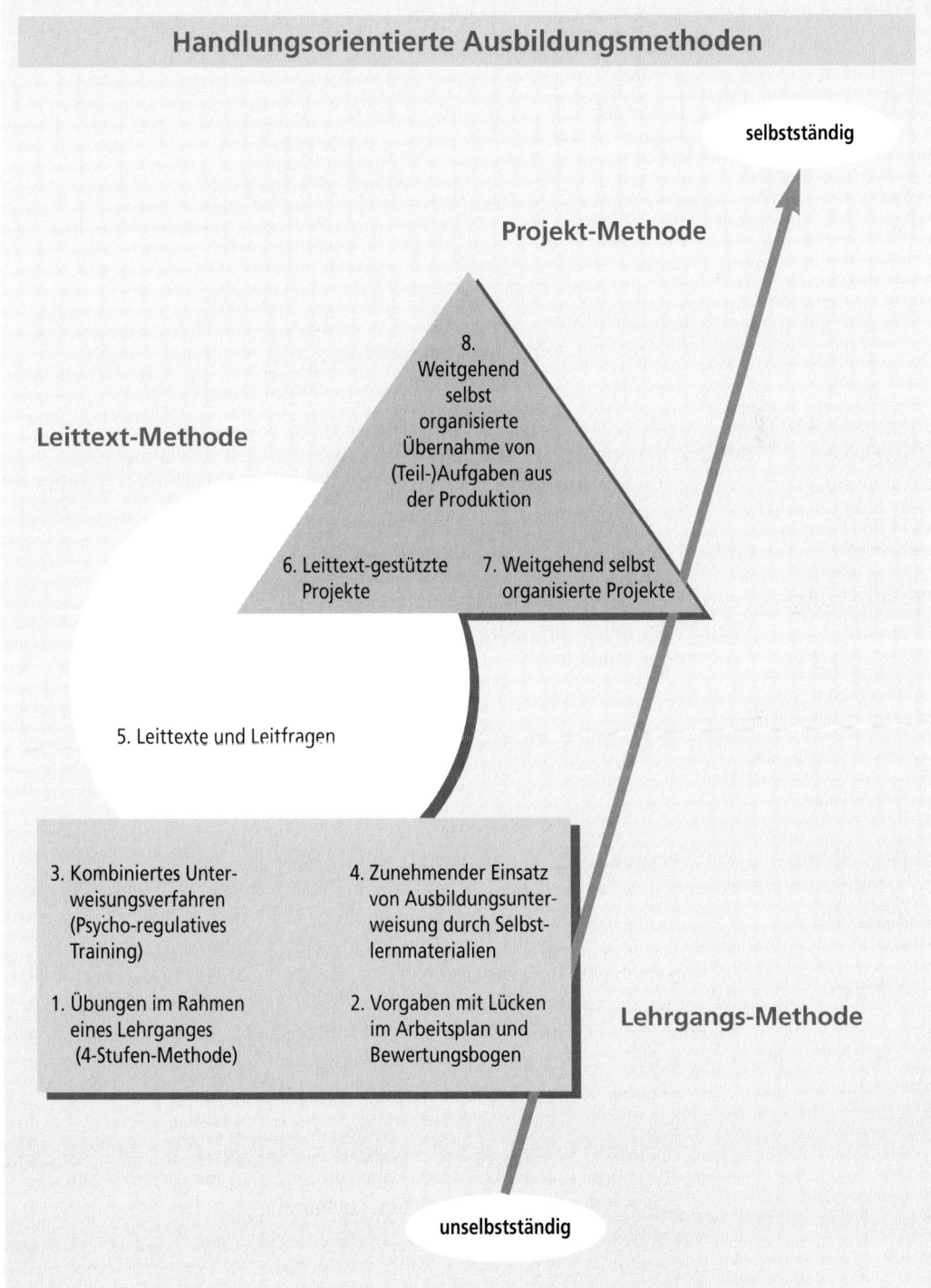

Abb. 11.8: Handlungsorientierte Ausbildungsmethoden (Mannesmann-Demag, 1988)

Vier-Stufen-Methode			4. Selbstständig anwenden
		3. Nachmachen und erklären lassen	
	2. Vormachen/ Erklären		
1. Vorbereiten			
1. Arbeitsmittel bereit-stellen 2. Vorstellen und persönlichen Kontakt herstellen 3. Lernziel nennen 4. Vorkenntnisse klären 5. Lernziel im organisatorischen Zusammenhang darstellen 6. Interesse wecken (Motivieren)	1. Vormachen und Erklären WAS WIE WARUM 2. Dosierte Lernschritte 3. Lernhilfe geben 4. Wiederholung 5. Wesentliche Punkte herausstellen	1. Nachmachen lassen WAS WIE WARUM erklären lassen 2. Kontroll- und Beurteilungsfragen stellen 3. Fehler korrigieren 4. Wiederholung 5. Sicherheit geben 6. Lob/Tadel	1. Selbstständig ausführen lassen 2. Helfendes Eingreifen 3. Erfolgskontrolle 4. Lob, Anerkennung 5. Hinweis auf weitere Tätigkeit

Abb. 11.9: Vier-Stufen-Methode

inneres Abbild zu erlernender Tätigkeiten

Psychoregulatives Training zielt bewusst darauf ab, ein inneres Abbild der zu erlernenden Tätigkeit entstehen zu lassen. Zu diesem Zweck sind verschiedene Trainingsmethoden in der Ausbildung entwickelt worden (vgl. Bunk/Zedler, 1986):

- **Observatives Training** (Beobachten) durch planmäßiges, wiederholtes, gezieltes Beobachten zu erlernender Arbeitstätigkeiten anderer Personen.
- **Mentales Training** (Denken) durch Einbeziehung der Denk- und Vorstellungstätigkeit in das Lernen berufspraktischer Fertigkeiten durch
  - kognitives Durchdenken der zu erlernenden Fertigkeiten oder durch
  - imaginatives Sichvorstellen der zu erlernenden Fertigkeiten.
- **Verbales Training** (Sprechen) durch Einbeziehung der Sprache bzw. Sprechtätigkeiten in das Lernen berufspraktischer Fertigkeiten durch
  - Sprechen mit anderen (Kommunikation),
  - Mitsprechen bei Bewegungen (Verbalisation) und
  - Sprechen mit sich selbst (Selbstinstruktion).
- **Motorisches Training** (Tun) durch gezielte Übungen zum bewegungsmäßigen Lernen der Fertigkeiten.

Wenngleich die Lehrgangsmethode den Intentionen des ganzheitlichen Lernens nur bedingt entspricht, so hat sie dennoch ihre Berechtigung bei der Vermittlung motorischer Fertigkeiten nicht verloren. „Lehrgangsunterricht wird und muss es stets geben, wie anders sollte die Einführung in die Hydraulik, in die Pneumatik, in die Schweiß- und CNC-Technik auch möglich sein" (Wiemann, 1989, 193f)! Der „Weg in die Selbstständigkeit" verlangt aber, dass im Verlaufe der Ausbildung unselbstständig-reproduktive Lernaktivitäten möglichst schnell durch selbstständig-produktive Lernaktivitäten ersetzt werden.

Vorteil Lehrgang bei gezielter Nutzung

11.3.2 Leittext-Methode

Die Leittext-Methode ist grundsätzlich in die sechs Stufen einer vollständigen Handlung gegliedert (vgl. Pampus, 1987, 47):

sechs Stufen eines Leittextes

1. **Informieren:** In dieser Anfangsphase werden Leitfragen und Leittexte eingesetzt, die den/die Auszubildende/n darüber informieren, was getan werden soll. Durch systematische Analyse der Zeichnung und der Auftragsunterlagen soll er/sie die auszuführenden Arbeiten gedanklich erfassen.
2. **Planen:** Hier geht es um die Festlegung und Organisation der Arbeitsabläufe in einem Arbeitsplan. Der Arbeitsplan wird gewöhnlich von einer Lerngruppe erstellt.
3. **Entscheiden:** Auf dieser Stufe werden der Fertigungsweg und die Betriebsmittel festgelegt und die erarbeiteten Entscheidungsvorlagen mit dem Ausbilder durchgesprochen.
4. **Ausführen:** In dieser Phase wird das Werkstück gefertigt. Der Fertigungsprozess soll weitgehend selbstständig vom Auszubildenden geleistet werden und kann ggf. auch arbeitsteilig erfolgen.
5. **Kontrollieren:** Die fachgerechte Anfertigung erfolgt mit Hilfe eines Kontrollbogens durch den/die Auszubildende/n (Selbstbewertung) und durch den Ausbilder (Fremdbewertung).
6. **Bewerten:** Die Kontrolle ist die Grundlage für ein Bewertungsgespräch mit dem Ausbilder über die durchgeführte Arbeit.
   Dabei werden Gründe für Mängel und Abweichungen ermittelt und besprochen.

Diese sechs Stufen sind in Abb. 11.10 veranschaulicht.

Der Einsatz der Leittext-Methode basiert darauf, einen „Leittext" einzusetzen, dieser muss vier Bestandteile umfassen:

vier Bestandteile eines Leittextes

- **Leitfragen** leiten den Lernenden an sich gezielt Informationen zu beschaffen.
- Der **Arbeitsplan** wird von den Auszubildenden selbstständig entwickelt und mit dem Ausbilder diskutiert.
- Der **Kontrollbogen** enthält die wichtigsten Qualitätsmerkmale der Arbeitsaufgabe, er wird ggf. von den Auszubildenden selbst erstellt.
- Im **Leitsatz** sind alle (unbedingt notwendigen!) Informationen zusammengestellt, die der/die Auszubildende zur Problemlösung benötigt.

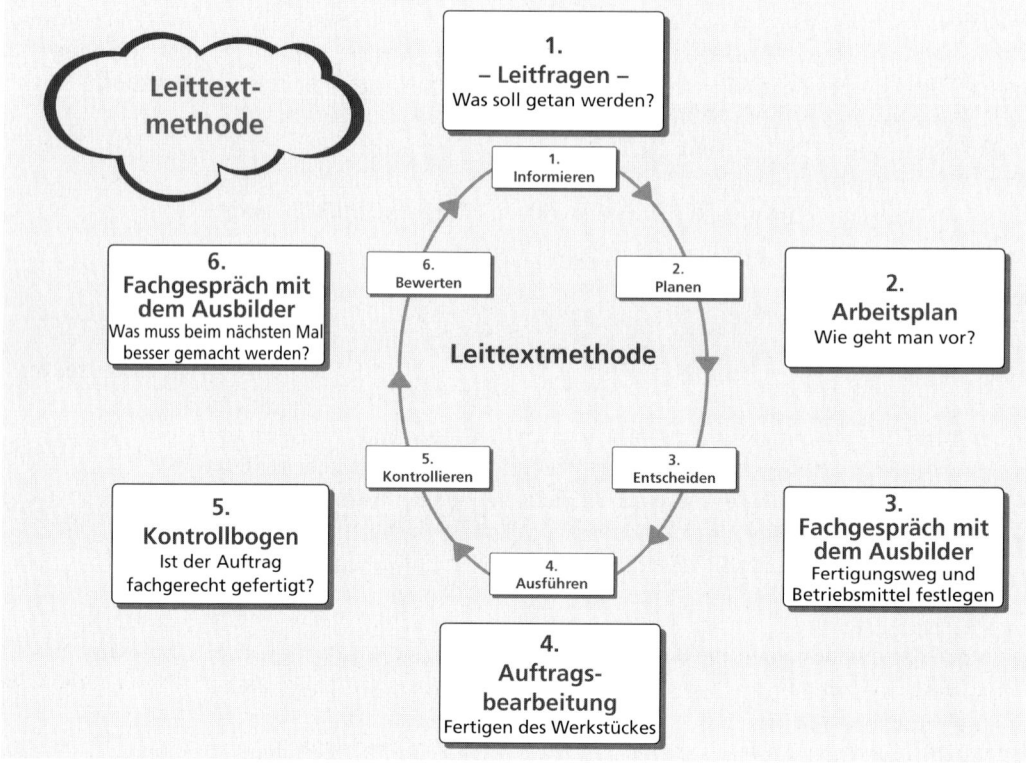

Abb. 11.10: Leittext-Methode (Pampus 1987)

Typen von Leittexten

Je nach Ausbildungsaufgabe werden in der betrieblichen Ausbildungspraxis sehr unterschiedliche Leittexte verwendet (vgl. Bähr, 1993, Teil 3, S. 57):

- **Produkt- oder projektbezogene Leittexte** leiten zur selbstständigen Arbeitsvorbereitung, Fertigung und Kontrolle eines Arbeitsgegenstandes an.
  Beispiel: Herstellen einer Bohrvorrichtung

- **Auftrags- bzw. auftragstypenbezogene Leittexte** leiten zur selbstständigen Berarbeitung fachtypischer Aufträge an.
  Beispiel: Ein- und Ausbau von Wälzlagern

- **Tätigkeitsbezogene Leittexte** leiten zur selbstständigen Wahrnehmung beruflicher Tätigkeiten an.
  Beispiel: Löten bzw. Schweißen

- **Arbeitsplatzorientierte Leittexte** beziehen sich auf die funktionale Anordnung von Maschinen und Geräten um zu selbstständigem Lernen am Arbeitsplatz anzuleiten.
  Beispiel: CAD-Arbeitsplatz

11.3.3   Projekt-Methode

Unter einem Projekt wird ein Ausbildungsvorhaben verstanden, bei dem die Auszubildenden einen komplexen Gegenstand möglichst im Team herstellen oder eine fest umrissene, praxisrelevante Aufgabe erfüllen. Wesentliche Merkmale eines Projektes sind (nach Klein, 1990, 16):

Aufgabe im Team lösen

Merkmale eines Projekts

- eine fest umrissene Aufgabenstellung, z.B.
  - Anfertigen eines Werkstückes von der Planung bis zur Qualitätsprüfung,
  - Optimierung einer elektrischen Schaltung einschließlich Funktionsbeschreibung;
- eine aus der Sicht des Lernenden komplexe Aufgabe, z.B.
  - die Aufgabe erfordert eine Transferleistung,
  - die Lösung/Ausführung bereitet zunächst Schwierigkeiten,
  - es wird mehr als das unmittelbar verfügbare Wissen und Können gefordert
- eine Ausführung durch den Lernenden, einzeln oder gemeinsam mit anderen, z.B.
  - an verschiedenen Lernorten erworbene Qualifikationen so zusammenfügen, dass eine neue Aufgabe ausgeführt werden kann,
  - planmäßiges, weitgehend selbstständiges Handeln.

Die Projektmethode beginnt mit der Problemstellung (Projektaufgabe) bzw. den Zielvereinbarungen (Projektziele). Die Problemstellungen in Form von Arbeits- bzw. Gestaltungsaufgaben reichen von Leittext-gestützten Projekten über selbst organisierte Projekte bis hin zu der Übernahme von (Teil-) Aufgaben aus der Produktion (vgl. Abb. 11.8).
Die Projektdurchführung gliedert sich (nach dem dreiphasigen Handlungsmodell) in Planen, Durchführen und Kontrollieren.
Der Problemlösungsprozess erfolgt in Lern- und Reflexionsschleifen und besteht aus der

Start mit Problemstellung

- Auftrags-Übergabe-Situation,
- der selbstständig-produktiven Erarbeitung und der
- Präsentation und der Besprechung der Arbeitsergebnisse (vgl. Kap. 10.3.3).

Voraussetzung dafür ist natürlich, dass im Projektverlauf wichtige Planungs- und Fertigungsunterlagen dokumentiert und visualisiert werden. Der Ausbilder beschränkt sich auf seine „Moderatorenrolle", d.h., er beobachtet (Verlaufsbeobachtung), protokolliert und gibt ggf. „Hilfe zur Selbsthilfe". Die Verlaufsbeobachtung ist Grundlage für das Abschlussgespräch. Die Bewertung der Projektaufgabe erfolgt in Form der Selbstbewertung (durch die Gruppenmitglieder) und als Fremdbeurteilung (durch den Ausbilder). Diese Bewertung ist Anlass für ein „Fördergespräch", in dem Auffälligkeiten benannt und ggf. Verbesserungsvorschläge unterbreitet werden.

Projektverlauf dokumentieren

Fazit

Die spezifischen Merkmale der Ausbildungsmethoden werden besonders deutlich, wenn man sie direkt miteinander vergleicht – siehe Abb. 11.11.

Methoden-vergleich

Vier-Stufen-Methode	**Leittextmethode**	**Arbeiten mit Projekten**

Intentionale Vorbereitung

1. Bestimmen von Projektthemen
2. Auswählen von Projektthemen
3. Entscheiden für ein Thema
4. Prüfen möglicher Realisierbarkeit

Vorbereitungsphase

1. Informieren
Leitfragen – Was?

5. Erarbeiten von Lösungsmöglichkeiten
6. Vergleichen der Lösungsmöglichkeiten
7. Einholen von Informationen
8. Entscheiden für eine Lösung

Konkretisierungsphasen

2. Planen
Arbeitsplan – Wie?

9. Planen der Lösung
10. Kontrollieren des Plans
11. Entwickeln von Arbeitsformen

1. Den Lernenden vorbereiten

3. Entscheiden
Fachgespräche – Weg?

12. Beschaffen von Materialien
13. Überarbeiten des Plans

2. Dem Lernenden die Arbeitsaufgabe vormachen
3. Den Lernenden die Arbeitsaufgabe nachmachen lassen

4. Ausführen
Auftragsbearbeitung

14. Durchführen des Projekts

Nachbearbeitungsphasen

4. Den Lernenden selbstständig üben lassen

5. Kontrollieren mit Kontrollbögen
6. Beurteilen
Fachgespräch – Wie weiter?

15. Erstellen eines Berichts
16. (Beurteilen) und Bewerten
17. Entscheiden über Fortführung

Abb. 11.11: Methodenvergleich

Methoden / Ziele	4-Stufen-Methode	Lehr-gang	Leittext-Methode	Experi-ment	Erkun-dung	Brain-storm.	Projekt-methode	Plan-spiel	Lehrge-spräch	Vor-trag	Rollen-spiel
Informationen beschaffen	XX	X	XX	X	XX				XX	XX	XX
kreativ denken und handeln			X	X	XX	XX	XX	XX	X	XX	XX
analytisch denken und handeln	X		X		XX		X	XX	XX	X	XX
synthetisch denken und handeln							X	XX	XX	X	
Planen förderndes Denken u. Handeln.		X	X	XX	XX		XX	X	X	X	X
Bewerten förderndes Denken u. Handeln	X	X	XX	XX	XX	X	XX	XX	X	X	X
Entscheidungen förderndes Denken u. Handeln			X	X		XX	XX	XX		X	
nach Anweisungen und Vorgaben handeln	XX	XX	XX	X	X		XX	X	X	X	X
selbstständig arbeiten		X	XX	XX	X		XX	X	X	X	X
berichten und vortragen		X	X	X	X		X	X	XX	XX	X

XX = besonders gut geeignet   x = gut geeignet

Abb. 11.12: Zusammenhang von Zielsetzungen und Methoden (Brassard/Helling, 1994)

**weiter Metho-
denvergleich**

Bei der „Vier-Stufen-Methode" übernimmt der Ausbilder weitgehend die „Ex-
pertenrolle", Auszubildende imitieren und üben vorrangig; mit der Leittext- und
Projektmethode wird zunehmend autonomes und selbstorganisiertes Lernen ermöglicht; das Arbeiten mit Projekten hat die größte didaktische Reichweite. Allerdings zeigt sich auch, dass jede Methode ihren spezifischen Stellenwert besitzt. „Erst in der pluralen Kombination verschiedener didaktischer Modelle
kann der Organisationsmonoismus überwunden werden und so ein vollständi-
ges didaktisches Lerngefüge entfaltet werden" (Wiemann, 1989, 192). Entscheidend für die Förderung von Schlüsselqualifikationen ist somit nicht nur die
Wahl der (Makro-)Methoden in der Ausbildungsorganisation, sondern auch der
Zusammenhang von Zielsetzungen und gewählten Ausbildungsmethoden. Dies
ist in Abbildung 11.12 auf Seite 205 tabellarisch zusammengestellt.

Fazit:

Es ist leicht vorstellbar, eine „Sechs-Stufen-Methode" als grundlegendes Artikulationsschema betrieblicher Berufsausbildung zu verwenden. Je nach „didaktischer Reichweite der Lerninhalte" kann die „Vier-Stufen-Methode" mit der
selbst gesteuerten Lern- und Reflexionsschleife zu einer solchen „Sechs-Stufen-
Methode" kombiniert bzw. ergänzt werden (vgl. Müller, 1996, 247), Abb. 11.13.

Weiterführende Literatur:

ARNOLD, R./KRÄMER-STÜRZL: Berufs- und Arbeitspädagogik. Berlin
1996.
KLEIN, U.: PETRA – Projekt- und transferorientierte Ausbildung. München
1990.
LEISCHNER, D.: Berufs- und Arbeitspädagogik. Köln 1993.

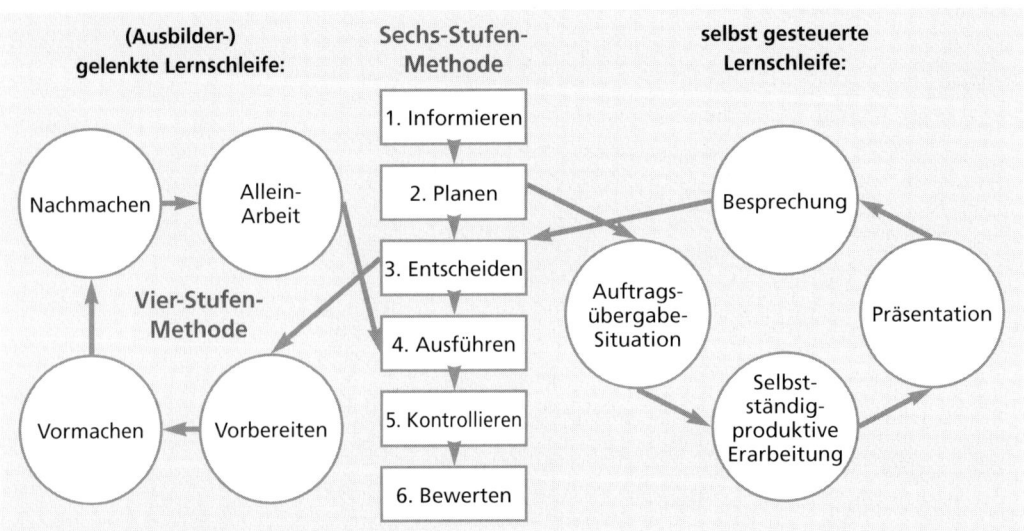

Abb. 11.13: Die Sechs-Stufen-Methode (Müller, 1996)

12   Prüfungsmethodologische Aspekte des beruflichen Lernens und Lehrens

Lernfragen
① Welche Funktionen hat die Erfolgskontrolle im Lernprozess?
② Welche Formen der Erfolgskontrolle gibt es?
③ Welche Möglichkeiten der Erfolgssicherung kennen Sie?
④ Welche Funktionen haben Noten?
⑤ Beschreiben Sie drei Qualitätsmerkmale der Notengebung.
⑥ Was bedeutet das „Drei-Zertifikate-System" der Berufsausbildung?
⑦ Beschreiben Sie die Struktur der Facharbeiterprüfung.
⑧ Was soll wann und wie beurteilt und geprüft werden?

> „Wir sind nicht dazu da, um zu verurteilen, sondern um aufzurichten".
> *G. Cesbron*

Aus Lea Fleischmann: Dies ist nicht mein Land – Eine Jüdin verlässt die Bundesrepublik. München 1980, S. 111/112:

»Herr Leuenberger hat das übliche Vorgesetztenverhalten. Weil er jetzt, kraft seines Amtes, Direktor der Schule ist, glaubt er alles wissen zu müssen und alles zu wissen. Er ist Mathematiklehrer, einer der vielen Mathematiklehrer, in deren Stunden die Schüler zittern, in denen Ängste ausgestanden und Bauchschmerzen ausgehalten werden, wo aber Ruhe und Disziplin herrschen. Jedes Gespräch mit dem Banknachbarn wird mit „Bitte komm doch mal an die Tafel und rechne uns die Aufgabe vor" geahndet.

Herr Leuenberger braucht in seinen Stunden nicht „Ruhe!" zu brüllen, nicht „Haltet doch endlich euern Mund" zu schimpfen, nicht „Benehmt euch anständig" zu ermahnen, es genügt, die Schwätzer an die Tafel zu bitten und „Rechne uns die Aufgabe vor" zu verlangen. Um ein wenig Ironie in die Stunde zu bringen sagt er lächelnd: „Ich sehe, Monika, dass du die Aufgabe so gut verstanden hast, dass du es nicht nötig hast, aufzupassen. Komme doch bitte an die Tafel und lass die anderen an deinem Können teilhaben." Monika, die gerade ihrer Nachbarin erzählt hat, dass sie Samstagabend in die Diskothek gehen durfte und dort Dieter getroffen hat, zuckt zusammen und steht betroffen auf. Das Blut weicht ihr aus dem Gesicht. Sie hat keine Ahnung, wie sie die Aufgabe ausrechnen soll, und geht zitternd zur Tafel, nimmt die Kreide in die Hand und bleibt hilflos vor der Tafel stehen. 28 Augenpaare sind auf sie gerichtet, von denen 27 Paare denken: „Gott sei Dank muss ich nicht da vorne stehen" und ein Paar sie unerbittlich anschaut.

„Nun, wird's bald."

Zitternd schreibt Monika ein paar Zahlen an die Tafel, lieber Gott, mach dass es richtig ist, und multipliziert sie.

Ein Text zum Lehrerbild

„Könntest du uns erklären, was du da machst?", fragt der Lehrer Leuenberger.

„Ich dachte … "

„Du sollst nicht denken, sondern aufpassen. Das kommt vom Schwätzen. Setz dich!"

Monika legt die Kreide hin und geht auf ihren Platz. Herr Leuenberger nimmt sein rotes Büchlein hervor und trägt mit den Worten: „Das war ja eine vorbildliche Leistung" eine Fünf ein.

Während aller folgenden Mathematikstunden hat Monika nie wieder mit ihrer Nachbarin gesprochen.«

Herr Leuenberger hat Lernkontrolle bzw. Leistungsbeurteilung zweifellos auf recht zynische Art instrumentalisiert und benutzt sie zur Disziplinierung. Zwischen strikter Ablehnung dieses Rollenverständnisses und eines solchen, bei dem strenge Leistungsanforderungen und Motivation auch durch Noten einen Stellenwert haben, muss jeder seinen Standort finden – im Hinblick auf die für Lernende gravierenden Folgen von Leistungsbeurteilung begründet und reflektiert. Wir gehen aus von der Frage: **Was ist eigentlich Lernkontrolle?**

Differenzierung des Begriffs Lernkontrolle

Lernkontrolle ist ein Obergriff und beinhaltet die
- Erfolgskontrolle,
- Erfolgssicherung und
- Leistungsbeurteilung/Prüfungen.

Diese drei Systemelemente sind Gegenstand dieses Kapitels, wobei auch insbesondere die Problematik der Facharbeiterprüfungen dargestellt wird.

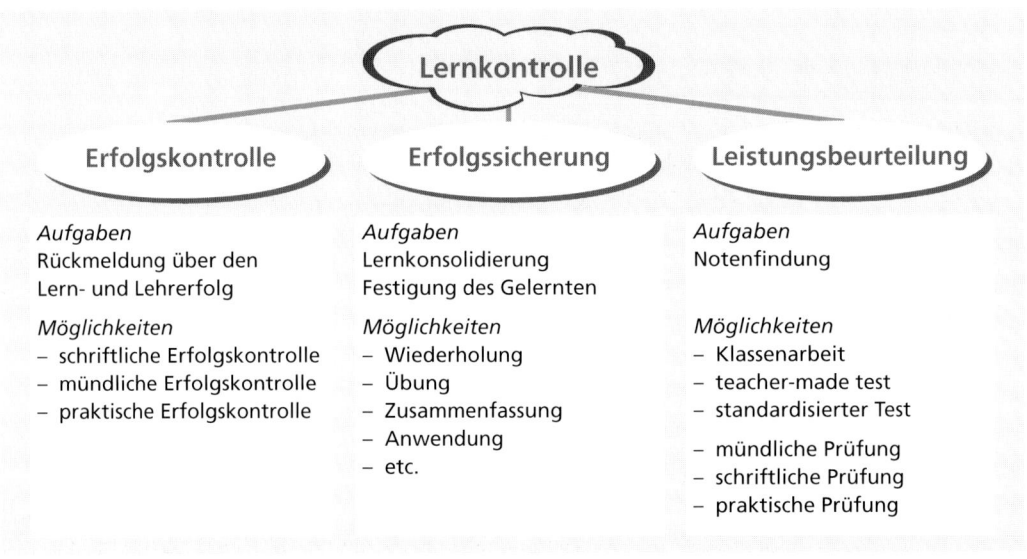

Erfolgskontrolle	Erfolgssicherung	Leistungsbeurteilung
Aufgaben Rückmeldung über den Lern- und Lehrerfolg	*Aufgaben* Lernkonsolidierung Festigung des Gelernten	*Aufgaben* Notenfindung
Möglichkeiten – schriftliche Erfolgskontrolle – mündliche Erfolgskontrolle – praktische Erfolgskontrolle	*Möglichkeiten* – Wiederholung – Übung – Zusammenfassung – Anwendung – etc.	*Möglichkeiten* – Klassenarbeit – teacher-made test – standardisierter Test – mündliche Prüfung – schriftliche Prüfung – praktische Prüfung

Abb. 12.1: Lernkontrolle

12.1   Erfolgskontrolle

Die Erfolgskontrolle bzw. Lernerfolgskontrolle hat eine doppelte pädagogische Funktion und spielt im Lernprozess eine wichtige Rolle:

– Sie zeigt dem Lehrer/Ausbilder an, ob die Lernziele erreicht wurden und ob eine neue Lernsequenz beginnen kann. Gleichzeitig ermöglicht sie einen Rückschluss darüber, welche Lernmethode für die jeweilige Schülergruppe den bestmöglichen Lernerfolg garantiert.

– Als „Lernfortschrittskontrolle" zeigt sie dem Lerner selbst seinen derzeitigen Lernstand und Leistungsstand an und ermöglicht ihm seine Lernaktivitäten individuell zu steuern.

pädagogische Funktionen der Erfolgskontrolle

Die Lernerfolgskontrolle hat somit in erster Linie eine diagnostische Funktion und hebt sich damit deutlich von der Leistungsbeurteilung ab: Sie ermöglicht Lernern und Lehrenden eine Rückmeldung über den Lernstand und die Effizienz der Lernmethode!

diagnostische Funktion

Die möglichen Formen der Erfolgskontrolle sind sehr vielfältig und von differenzierten und variierten Ausgestaltungsmöglichkeiten sollte in der Praxis auch Gebrauch gemacht werden:

Schriftliche Erfolgskontrollen

Sie können als ungebundene, halb gebundene oder gebundene Aufgaben bzw. Antworten erfolgen:

Aufgabentypen

• Ungebundene oder freie Antworten: Die Lösung erfolgt nach eigenem Ermessen, z.B. in einem Kurzaufsatz.

• Halb gebundene Antworten: Die Antwortmöglichkeiten sind durch gewisse Vorgaben eingeengt, z.B. Lückentext oder Kurzantwortaufgaben.

• Gebundene Antworten: Die Antwortmöglichkeiten sind vorgegeben, z.B. Multiple-choice-Aufgaben oder Zuordnungsaufgaben.

Die verschiedenen Aufgabenformen haben spezifische Vor- und Nachteile und Eignung für die Lernerfolgskontrolle auf unterschiedlichen Lernzielstufen (vgl. Kap. 9.2). Dies ist in Abb. 12.2 zusammengestellt.

Mündliche Lernerfolgskontrollen

Diese können in zwei Formen durchgeführt werden:

offenes/verdecktes Vorgehen

• direkte (offene) Wiederholung
(Lehrer-Schüler-Dialog bzw. Schülervortrag)
oder

• indirekte (versteckte) Wiederholung (Diskussion, Debatte, Rollenspiel).

Praktische Lernerfolgskontrollen

Sie bestehen in Vorführungen bzw. im Aufzeigen von Fertigkeiten, z.B. Versuchsvorführung im Rahmen einer Experimentalübung oder bei der Herstellung eines Werkstückes.

Vorführung von Fertigkeiten

Art der Antwort (Antworttyp)	Lernaufgabe Aufgabentyp	Eignung für Lernzielstufe				Beschreibung	Vorteile	Nachteile
		Repr.	Reorg.	Trans.	Probl.			
ungebunden	wissenschaftliche Arbeit			●	●	Sachdarstellung und kritische Stellungnahme zu begrenzten	Erraten von Antworten kaum möglich	Auswertung ist erschwert, Fehlinterpretation nicht ausschließbar
	Aufsatz, Bericht			●	●	Problemkomplexen mit unterschiedlichem Schwierigkeitsgrad und	Breites Fähigkeits-/Qualifikations-Spektrum überprüfbar	
	Interpretation, Stellungnahme		●	●	●	Umfang		
halb gebunden	Kurzantwortaufgaben	●	●	●	●	exakte Fragen um ebenso exakte Antworten zu erzwingen	der Geprüfte formuliert die Antwort selbstständig	Auswerter kann durch die Antwort in Verlegenheit gebracht werden, weil er sie nicht vorgesehen hatte und unsicher ist, ob sie richtig ist!
	Vervollständigungsaufgaben	●	●	●		Ergänzungstext mit Lücken oder Fehlinformationen		
	Substitutionsaufgaben	●	●	●		Aufgabentyp enthält einige Fehlinformationen		
gebunden	Zuordnungsaufgaben	●	●	●		Zuordnen von Einzelelementen verschiedener Gruppen (Klassifizierung)	Verständnis, Begriffe und Zusammenhänge überprüfbar. Erschwertes Antwortraten	setzt hohe Begriffsklarheit voraus
	Antwort-Auswahl-Aufgaben	●	●			mehrere nahe liegende Vorgabeantworten		
	Richtig-falsch-Aufgaben	●	●			Richtig-falsch-Alternativen	Konstruktion nicht aufwendig	blindes Raten bringt richtige/ falsche Antwort

Abb. 12.2: Aufgabenformen (nach Beelich/Schwede 1983)

12.2   Erfolgssicherung

Möglichkeiten der Erfolgssicherung liegen in der
* Wiederholung,
* Übung,
* Zusammenfassung und
* Anwendung des Gelernten.

Entscheidend für die „Lernkonsolidierung" (Festigung des Gelernten) ist die richtige Lernstrategie!

Es gehört zu den elementarsten Erkenntnissen der Lernpsychologie, dass Lerninhalte ohne Wiederholung und Übung sehr schnell vergessen werden. Die schon klassische „Ebinghaus'sche Vergessenskurve" belegt dies eindrucksvoll. Demzufolge vergisst der Mensch zunächst sehr rasch, danach verbleibt aber ein relativ konstanter Behaltenssockel: Bereits nach einer Stunde beträgt die Behaltensrate nur noch etwa 45 % des ursprünglich gelernten Wissens. Nach einem Monat liegt die Behaltensrate bei ca. 20 % des Ursprungswissens und pendelt sich danach auf diesem Niveau ein (Abb. 12.3). **Bedeutung von Wiederholung und Übung**

Aus diesem Grunde sind möglichst frühe Wiederholungen nach dem Lernen besonders wichtig. Nach einer gewissen Zeit erinnert sich der Lerner eher an auffällige Details, erlebte Emotionen und Handlungen. Die Erinnerung erfolgt als Rekonstruktion der behaltenen Teile zu einem sinnvollen Ganzen.

Neben frühzeitigem und regelmäßigem Wiederholen spielen auch die Lernmenge und die Lernzeit für den Lernerfolg eine entscheidende Rolle. Wie das Diagramm (Abb. 12.4) zeigt, führt zunehmende Lernzeit nur begrenzt zu zunehmendem Lernertrag. Bereits nach etwa einer Stunde wird ein „Lernplateau" (Sättigungshemmmung) erreicht, d.h., trotz verstärkter Übung bleibt die aufgenommene Lernmenge gleich. Danach sinkt der Lernertrag rapide ab und nähert sich nach ca. drei Stunden dem Nullpunkt. Bei weiterem sinnlosen (Über-) Lernen kann unter Umständen sogar bereits verankertes Wissen verloren gehen. **„richtiges" Lernen und Üben**

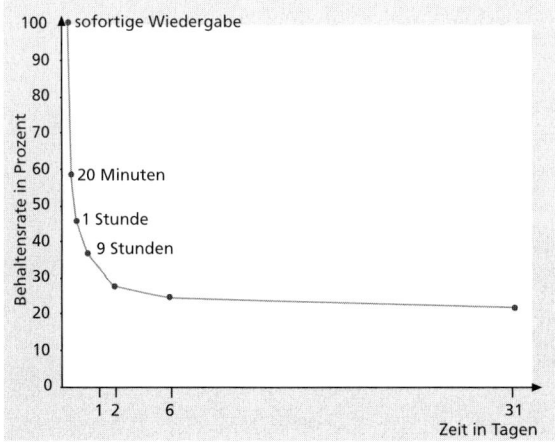

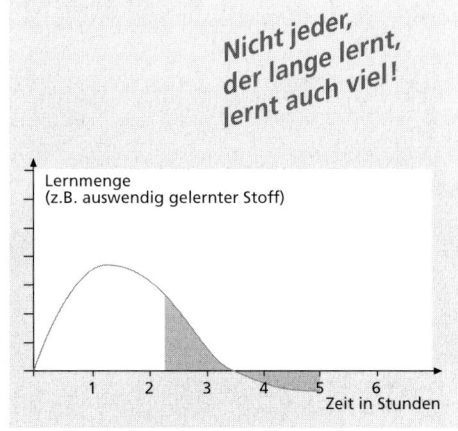

Abb. 12.3: Vergessenskurve nach Ebbinghaus (1885)   Abb. 12.4: Lernkurve (nach Endres 1997)

Vorbereitung auf schriftliche Arbeiten

Dementsprechend erfordert auch die Vorbereitung einer schriftlichen Arbeit die richtige Lernstrategie. Verteiltes, aktives Lernen mit entsprechender Arbeits- und Zeitplanung ist der erste (und wichtigste) Schritt für eine erfolgreiche Klassenarbeit, Klausur o.a. Sinnvollerweise wird die Vorbereitungszeit zur Klassenarbeit in mehrere Lernetappen unterteilt. Bewährt hat sich eine „Lern- bzw. Übungsspirale", die von der Ankündigung der Arbeit bis zum Klausurtermin schrittweise (von unten nach oben) durchlaufen wird (Abb. 12.5).

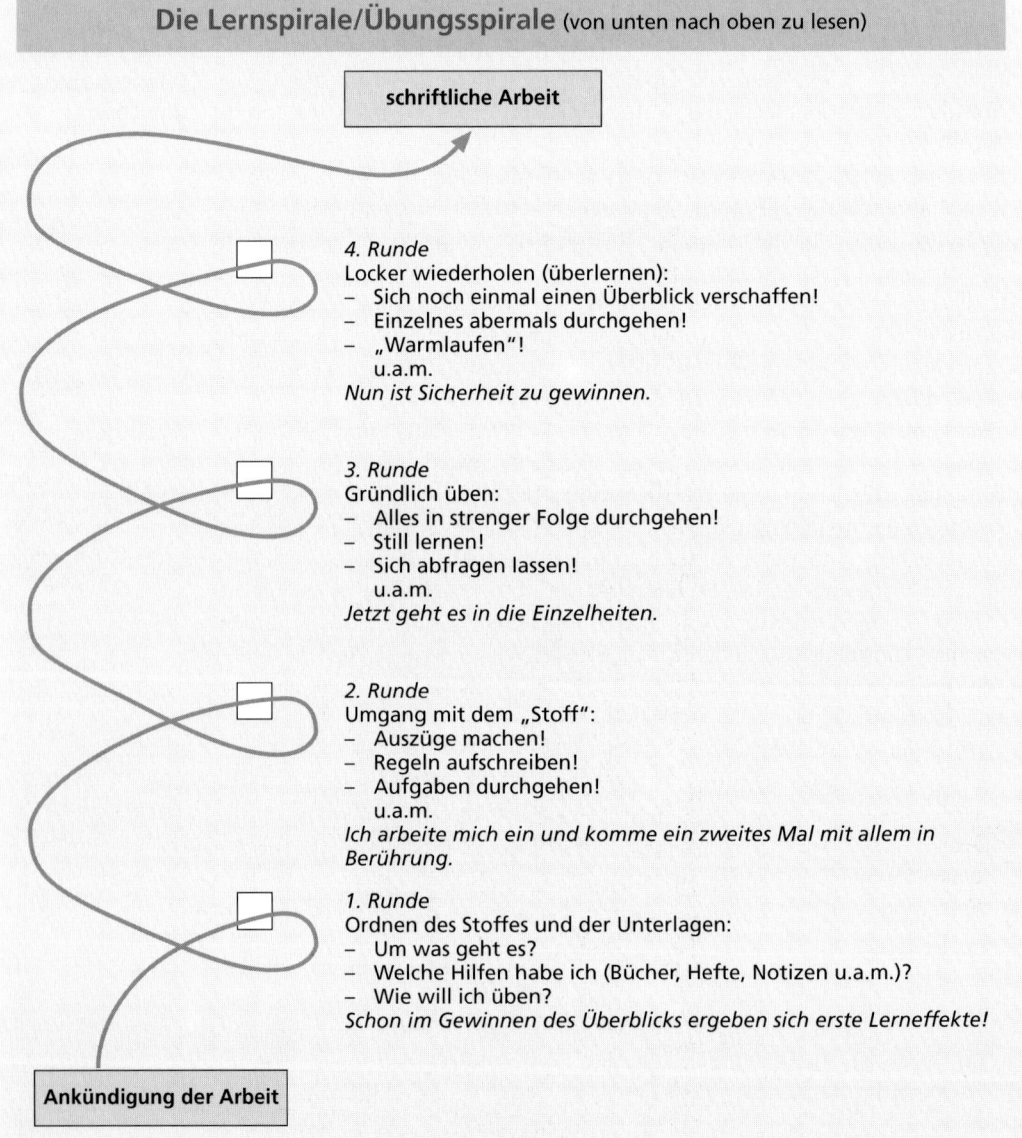

Abb. 12.5: Die Lernspirale vor der Klassenarbeit (Bönsch 1993)

12.3   Leistungsbeurteilung

Liegt die Intention der Erfolgskontrolle in der Diagnose des Lernstandes und zielt die Erfolgssicherung auf die Festigung des Gelernten, so liegt der Schwerpunkt der Leistungsbeurteilung auf der Notenfindung.

Notenfindung

12.3.1 Funktion der Notengebung

Noten enthalten Informationen über
- die Kenntnisse, Fähigkeiten und Fertigkeiten der Lernenden,
- das Niveau der Klasse bzw. Lern- oder Arbeitsgruppe und
- das Lernverhalten und die individuellen Lernmöglichkeiten.

informativer und funktionaler Charakter

Noten haben neben diesem informativen Wert aber auch einen funktionalen Charakter:

> **Rückmeldefunktion für den Lehrenden:** Sie geben dem Lehrer/Ausbilder Auskunft über den Erfolg oder Misserfolg seines Unterrichts.
> **Rückmeldefunktion für den Lernenden:** Sie zeigen den Schülern/Lernenden, wo sie im Vergleich zu ihren Mitschülern stehen.
> **Mitteilungsfunktion** für außenstehende Dritte (Eltern und Betriebe): Sie vermitteln den Eltern den Leistungsstand ihres Kindes. In Betrieben dienen (Berufsschul-)Noten oft auch als Grundlage für gezielten Förderunterricht (Werkunterricht).
> *Vorsicht:* Eingeschränktes Auskunftsrecht der Lehrer bei volljährigen Schülern!
> **Motivationsfunktion:** Durch Noten werden Schüler oft zu positivem Lernverhalten angeregt (extrinsische Motivation).

Diesen zweifellos legitimen und anerkannten Notenfunktionen stehen aber auch pädagogisch eher fragwürdige Funktionen der Noten gegenüber, d.h. solche, die sich nicht pädagogisch nach dem Stand der heutigen Diskussion begründen lassen oder Lernzielen und Lehrmethoden, wie wir sie in den vorangegangenen Kapiteln dargestellt haben, sogar entgegenlaufen:

- **Disziplinierungsfunktion** (vgl. Eingangsbeispiel): Die Benotung wird vom Lehrer als Sanktionsmöglichkeit bei Disziplinproblemen instrumentalisiert. Dies erzeugt bei (allen) Schülern Ohnmacht und Wut!
- **Klassifikationsfunktion:** Unterschiedliche Noten ordnen Schüler verschiedenen „Bewertungsklassen" zu (Star versus Außenseiter) (vgl. Kap. 4.3).
- **Selektions- und Sozialisationsfunktion:** Schule ist eine „Sozialagentur" im Sinne einer Verteilerstelle für berufliche Möglichkeiten.
  Ihre Beurteilung dient als formaler Nachweis für einen bestimmten Ausbildungsstand und als Berechtigungsnachweis für die berufliche Ausbildung, dadurch wird der künftige soziale Status des Schülers/der Schülerin (mit-) bestimmt. Mit dieser Selektionsfunktion korrespondiert eine Sozialisationsfunktion der Benotung derart, dass ein Schüler, bedingt durch die schulische Zertifizierung, die Leistungsnormen der Gesellschaft übernimmt, der er angehört.

nicht-pädagogische Funktionen

12.3.2 Güte und Genauigkeit der Notengebung

**Qualitäts-
anforderungen**

Weil Noten einen sehr hohen Stellenwert für den sozialen Status und das künftige Leben eines Schülers besitzen, müssen grundsätzlich drei Qualitätsanforderungen an die Güte und Genauigkeit der Notengebung gestellt werden:

Objektivität

**subjekt-
unabhängig**

Kennzeichen objektiver Beurteilung sind:

– Gleiche Schülerleistungen werden von demselben Lehrer gleich bewertet, Entsprechendes gilt natürlich für andere beurteilende Personen.
– Verschiedene Lehrer/Ausbilder beurteilen eine erbrachte Leistung gleich.
– Ein Lehrer/Ausbilder beurteilt die Leistung unabhängig von äußeren Gegebenheiten (Vorerfahrungen).

Die beste Garantie für eine möglichst objektive Leistungsbeurteilung ist eine ausführliche Musterlösung mit detaillierter Rohpunktangabe!

Validität (= Gültigkeit)

**das Richtige
messen**

Eine Leistungsbeurteilung ist dann valide, wenn sie genau das misst, was sie zu messen vorgibt. Das bedeutet, dass

– zum Lösen einer Aufgabe nur diejenigen Fähigkeiten und Fertigkeiten eines Schülers erforderlich sind, die mit der Prüfung gemessen werden sollen, und
– die Bewertung der Schülerarbeit sich inhaltlich nur auf das bezieht, was geprüft werden soll, und nur die zu messenden Fähigkeiten berücksichtigt. Nicht verlangte positive Leistungen bleiben ebenso unberücksichtigt wie Fehlleistungen auf anderen Gebieten.

Die Validität von Leistungsbeurteilungen kann erhöht werden, indem der Lehrer/Ausbilder

– seinen Schülern/Auszubildenden vor der Prüfung sagt, was er erwartet und worauf er Wert legt,
– die Aufgabenstellung unmissverständlich und sprachlich einfach formuliert und
– im Unterricht die Prüfungsthemen mit seinen Schülern/Auszubildenden ausreichend übt.

Reliabilität (= Genauigkeit)

**„Mess"-Fehler
klein halten**

Um die Genauigkeit der Notenfindung zu erhöhen müssen systematische und statistische Fehler möglichst klein gehalten werden. Systematische Fehler (z.B. auf Grund zu hoher Anforderungen) bewirken eine einseitige Abweichung des Messergebnisses vom wahren Wert, statistische Fehler zeigen sich durch Streuung um einen Mittelwert.

Drei praktische Maßnahmen erhöhen die Genauigkeit der Notengebung:

– Mehrfachmessungen mit unterschiedlichen Fragestellungen durch eine Vielzahl von Aufgaben bei Klausuren und möglichst viele Leistungsnachweise für die Zeugnisnote,
– mittlerer Schwierigkeitsgrad der Einzelaufgaben,
– hohe Trennschärfe der Aufgaben – damit ist gemeint, wie gut die Testaufgaben insgesamt in der Lage sind Schülerleistungen zu differenzieren.

Einschränkend sei bemerkt, dass die testtheoretischen Gütekriterien der Notengebung in schulischen und betrieblichen Beurteilungen nur bedingt zu erreichen sind, denn trotz intensiven Bemühens die Güte und Genauigkeit von Beurteilungen zu erhöhen wird es immer wieder Fehler bei der Notenfindung geben.

12.3.3 Beurteilungstypen und Beurteilungsfehler

Fehlerquellen liegen häufig in der Persönlichkeitsstruktur des Beurteilers, zudem beeinflussen zahlreiche individuelle Sichtweisen den Beurteilungsvorgang. **Fehlerquellen**

Beurteilungstypen

- Der **Vorsichtige** scheut sich vor extremen Bewertungen um sich in keiner Weise festzulegen oder gar jemand mit einer zu scharfen Beurteilung zu schaden. Mit seiner Unsicherheit tendiert er zu einem blassen Mittelwert, der gute Leistung abwertet, die mangelhafte dagegen aufwertet.
- Der **Scharfe** versteht sich in erster Linie als Kritiker. Kaum einer erhält die Note „gut", mittlere und negative Urteile bestimmen das Bild seiner Beurteilungen.
- Der **Großzügige** besitzt ein ausgeprägtes Einfühlungsvermögen und Verantwortungsgefühl. Von negativen Bewertungen macht er nur vorsichtig Gebrauch; er benutzt alle verfügbaren Bewertungsabstufungen.
- Der **Pedantische** bewertet die Leistung nach Einzelverstößen. Er neigt zu komplizierter Bewertung und zur Vergabe von Zwischennoten.
- Der **Objektive** ist ausschließlich auf die Leistung fixiert, Noten werden auf Grund einer nüchternen Betrachtungsweise gewonnen, alles Persönliche scheidet aus.
- Der **Subjektive** will mit seinen Bewertungen in erster Linie erzieherisch wirken. Alle Bewertungen sind für ihn nur Mittel zum Zweck den Beurteilten zu weiterer Leistung anzureizen.

Wie bei allen Typisierungen findet man selten den reinen Typ, sondern mehr oder minder stark ausgeprägte Mischformen. Trotzdem sollte sich niemand als Beurteiler für eine kurze persönliche Standortbestimmung zu schade sein.

Beurteilungsfehler

- Der **Halo-Effekt** (Hof-Effekt), indem eine besonders gute oder schlechte Eigenschaft der Leistung andere Merkmale beeinflusst („überstrahlt"). Oft prägt auch der erste Eindruck nachfolgende Beurteilungen. Damit entstehen Vorurteile, die weitere Beobachtungen steuern oder beeinflussen.
- Der **Maßstabfehler,** wenn Leistungen vorrangig nach persönlichen Erwartungen und Präferenzen beurteilt werden.
- Der **Korrekturfehler,** indem frühere Beurteilungen und Sichtweisen übernommen und trotz veränderten Verhaltensweisen nicht korrigiert werden.
- **Stereotype Beurteilungen**, indem semantisch gleich bleibende Formulierungen durchgängig verwendet werden.
- **Andorra-Effekt** (nach dem Schauspiel von Max Frisch), indem jemand so wird, wie man es von ihm erwartet. Man bezeichnet diesen Effekt auch als selbsterfüllende Prophezeihung (Self-fulfilling prophecy).

12.4   Ganzheitliche Beurteilungen und berufliche Prüfungen

**heutiger Stand:
drei Zertifikate**

Beurteilungen und Prüfungen stehen im dualen System der Berufsausbildung unter dem gemeinsamen Einfluss des Bildungs- und Beschäftigungssystems. Die Koppelung beider Systeme beeinflusst auch die Abschlusszertifizierung der beruflichen Erstausbildung. Das Zertifizierungssystem der Berufsausbildung wird auf Grund seiner drei Säulen (Ausbildungszeugnis, Berufsschulzeugnis und Prüfungszeugnis) als „Drei-Zertifikate-System" bezeichnet:

1. Das **Ausbildungszeugnis** (Lehrzeugnis) ist nach seinem Rechtscharakter eine Variante des Arbeitszeugnisses.
   Nach § 8 BBiG muss das Zeugnis „Angaben enthalten über Art, Dauer und Ziel der Berufsausbildung sowie über die erworbenen Fertigkeiten und Kenntnisse des Auszubildenden. Auf Verlangen des Auszubildenden sind auch Angaben über Führung, Leistung und besondere fachliche Fähigkeiten aufzunehmen."
   Das Ausbildungszeugnis ist auf die Langzeitbeobachtung und Lernkontrollen während der gesamten Ausbildungszeit begründet und spiegelt somit den einzelbetrieblichen Ausbildungsaspekt wider.

2. Das **Berufsschulzeugnis,** als zweites lernortspezifisches Zertifikat, beruht ebenfalls auf einer kontinuierlichen Langzeitbeobachtung und Leistungsfeststellung während des Berufsschulunterrichts. Rechtlich ist das Berufsschulzeugnis jeweils am landesspezifischen Schulrecht orientiert.

3. Das **Prüfungszeugnis der Ausbildungsabschlussprüfung** (Gesellen-, Facharbeiter-, Gehilfen-, Kaufmannsgehilfenbrief) ist ein lernortübergreifendes „Einheitszertifikat". Es wird von der zuständigen Stelle (HK, IHK) auf Grund einer punktuellen Prüfung erteilt, bei der Betriebe und Berufsschule in gemeinsamen Prüfungsausschüssen (§ 34 BBiG) zusammenwirken.
   Das Prüfungszeugnis orientiert sich an folgendem Rechtsrahmen:
   – punktuelle Prüfung als einzige Entscheidungsgrundlage
   – Orientierung an Mindestnormen
   – Orientierung an bundeseinheitlichen Vorgaben
   – Zwang zur Kooperation der Lernorte Schule und Betrieb
   – Entscheidung über Bestehen/Nichtbestehen ist ausreichend
   – Leistungsfeststellung, nicht Persönlichkeitsbeurteilung

gesetzl. Intentionen d. Abschlussprüfung

Die Intentionen der Ausbildungsabschlussprüfung sind im Berufsbildungsgesetz (§ 35) festgeschrieben:
„Durch die Abschlussprüfung ist festzustellen, ob der Prüfling die erforderlichen Fertigkeiten beherrscht, die notwendigen praktischen und theoretischen Kenntnisse besitzt und mit dem ihm im Berufsschulunterricht vermittelten für die Berufsausbildung wesentlichen Lehrstoff vertraut ist. Die Ausbildungsordnung ist zugrunde zu legen."

Die Prüfung ist für gewerbliche Berufe (nach der „Vereinheitlichungsempfeh-
lung" des BiBB von 1980) in den neuen Ausbildungsordnungen in einen praktischen und einen schriftlichen Teil zweigeteilt.

Der **praktische Teil** besteht aus Prüfungsstücken und/oder Arbeitsproben. Beim
Prüfungsstück beurteilt der Prüfungsausschuss das Endergebnis (Produktbe-
wertung), bei der Arbeitsprobe auch die Vorgehensweise und gegebenenfalls
Zwischenergebnisse (Prozessbewertung).

**Prüfungsstück/
Arbeitsprobe**

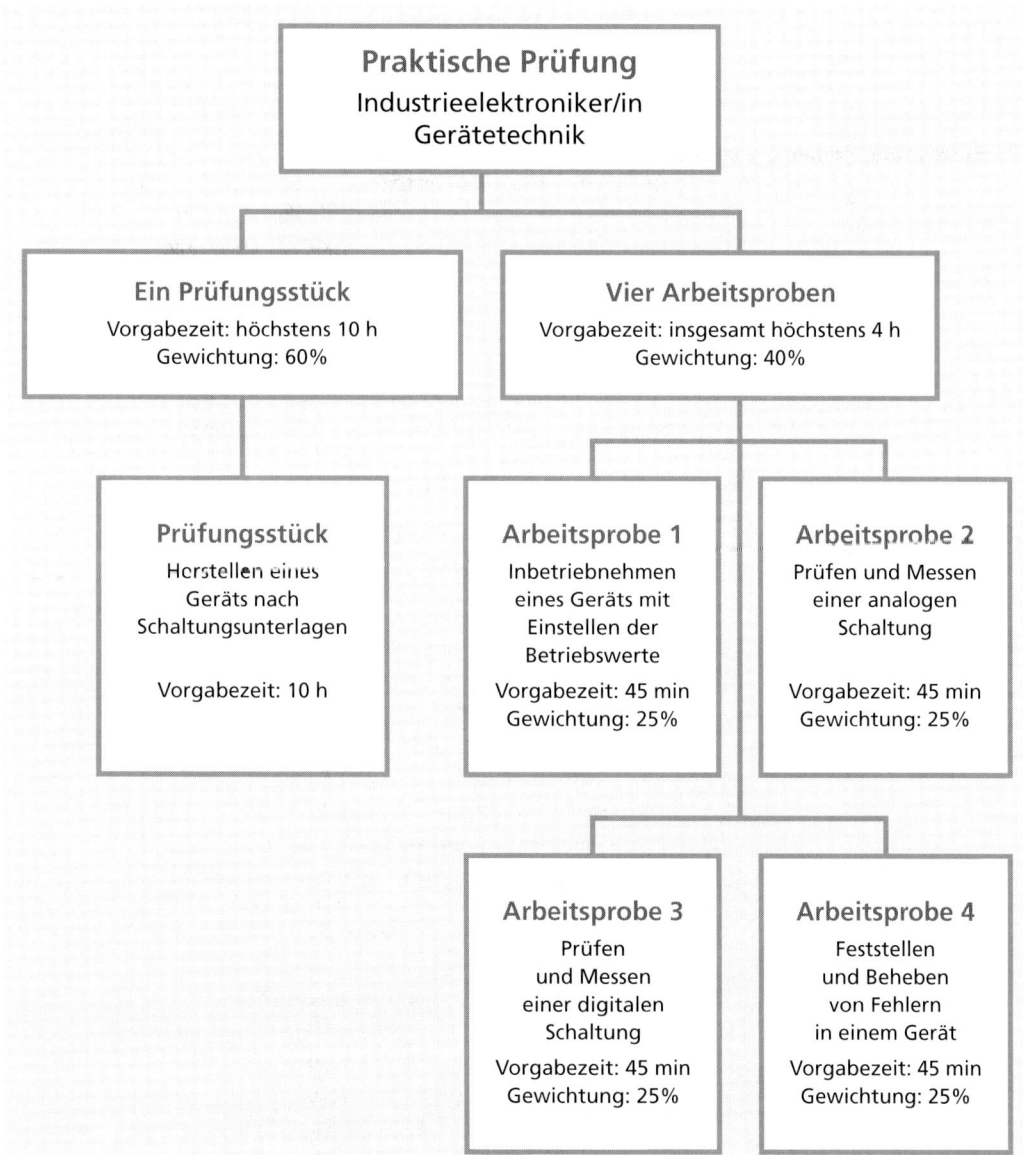

Abb. 12.6: Praktische Prüfung (nach PAL)

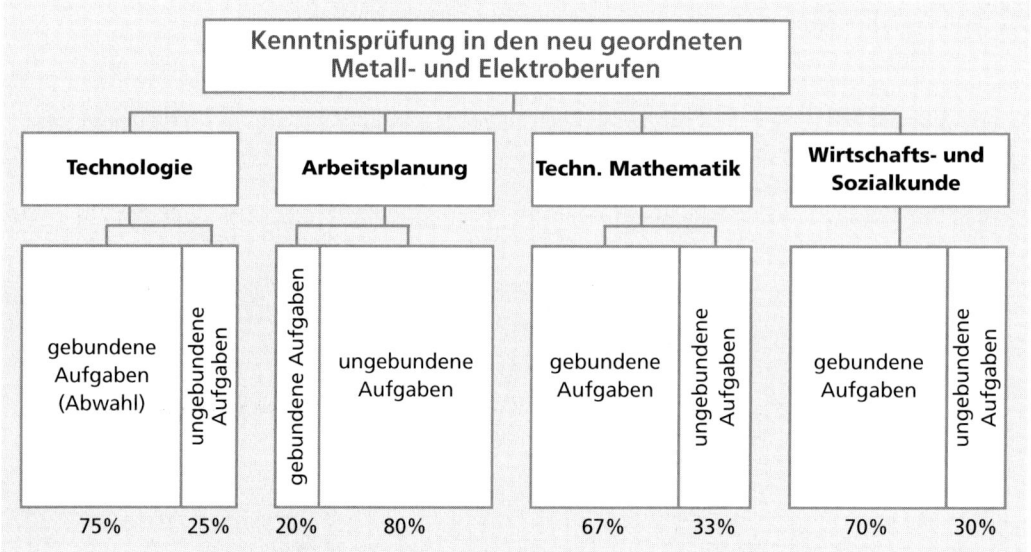

Abb. 12.7: Kenntnisprüfung (nach PAL)

Gliederung in Prüfungsgebiete

Der **schriftliche Teil** besteht aus mehreren Prüfungsgebieten, für die Metall- und Elektroberufe beispielsweise aus vier Prüfungsgebieten: Technologie, Technische Mathematik, Wirtschafts- und Sozialkunde sowie Arbeitsplanung bei den Metallberufen bzw. Schaltungs- und Funktionsanalyse bei den Elektroberufen.

neue Anforderung: selbstständiges Planen

Mit der Prüfungsregelung in den neuen Ausbildungsordnungen wird die alte Zweiteilung in Fertigkeitsprüfung und Kenntnisprüfung weitgehend aufgehoben. Fertigkeiten und Kenntnisse werden nicht mehr getrennt erfasst, sondern als Qualifikationen definiert. Als Referenzpunkt für die neuen Qualifikationserfordernisse gelten die „Verordnungen über die Berufsausbildung" (von 1987), wonach alle Lerninhalte „unter Einbeziehung des selbstständigen Planens, Durchführens und Kontrollierens zu vermitteln sind" (§ 3 Abs. 4) und die „beschriebene Befähigung auch in Prüfungen nachzuweisen ist". Die gemeinsame Schnittmenge heißt Handlungskompetenz und bedeutet die Einbindung von Schlüsselqualifikationen in den praktischen und schriftlichen Teil der Abschlussprüfung.

Defizit: Wie Schlüsselqualifikationen prüfen?

Die Vermittlung dieser Ziele wird in der Berufs- und Betriebspädagogik als ein wichtiger und wertvoller pädagogischer Beitrag zur Persönlichkeitsentwicklung junger Menschen angesehen. Problematisch ist allerdings, dass bisher kaum Beurteilungssysteme und Erhebungsinstrumente vorliegen um Schlüsselqualifikationen explizit zu erfassen. Das SQ-Konzept wird allerdings längerfristig kaum tragfähig sein, wenn es nicht gelingt, diese übergeordneten Lerninhalte auf eine „operationale Ebene" zu transformieren, den diesbezüglichen Lernerfolg zu bewerten und für den Lernenden erkennbar zu honorieren!

Die Bewertung von „ganzheitlichen (Prüfungs-)Leistungen" ist sicherlich eine schwierige pädagogische Aufgabe, denn bisher weitgehend ungeklärt ist die Kernfrage: **„Was soll wann und wie beurteilt und geprüft werden?"**

12.4.1 Was soll beurteilt werden?

Ganzheitliches Lernen wird von vier Lernarten bestimmt, die sich nach erfolgreichem Lernen in jeweils zugehörigen Kompetenzen abbilden (vgl. Kap 1):

Kompetenzen bei ganzheitlichem Ansatz

Fachkompetenz (durch erfolgreiches kognitiv-motorisches Lernen)
Sie bedeutet fachbezogenes Funktionswissen, das der späteren Arbeitssituation entspricht und direkt der beruflichen Verwertbarkeit des Ausbildungsberufes unterliegt. Die inhaltliche Struktur leitet sich aus dem Ausbildungsrahmenplan des entsprechenden Ausbildungsberufes ab, der Fertigkeiten und Kenntnisse benennt, die unter Einbeziehung selbstständigen Planens, Durchführens und Kontrollierens zu vermitteln sind.

Methodenkompetenz (durch erfolgreiches methodisch-operatives Lernen)
Dies bedeutet die Beherrschung fachspezifischer Verfahren oder Prozesse, die einen eigenständigen Erwerb von Wissen und Kenntnissen ermöglichen, bezogen auf Arbeitsmethodik (Zielorientierung, Lern- und Arbeitstechniken, Medieneinsatz) und Problemlösefähigkeit (Problemanalyse, Kreativität, Lerntransfer).

Sozialkompetenz (durch erfolgreiches sozial-kommunikatives Lernen)
Sie bedeutet Kooperations- und Kommunikationsfähigkeit (Teamfähigkeit), bezogen auf Gesprächsführung, Gruppenarbeit, Konfliktmanagement und Präsentationstechniken.

Individualkompetenz (durch erfolgreiches affektiv-ethisches Lernen)
Dies bedeutet Urteils-, Entscheidungs- und Selbstbestimmungfähigkeit (Verantwortungsfähigkeit), bezogen auf Eigeninitiative (Selbstständigkeit und Selbststeuerung) und Arbeitseinsatz (Konzentration und Ausdauer).

Diese Kompetenzen bilden die Grundlage ganzheitlicher Leistungsbeurteilung! Sie umfasst neben fachlichen Fähigkeiten und Fertigkeiten auch überfachliche Kompetenzen wie kritisches Denken und selbstständiges Handeln, Selbstverantwortung und Teamverantwortung, Belastbarkeit, Kommunikationsfähigkeit und Kooperationsfähigkeit. Unter ganzheitlichen Aspekten sind deshalb die Formen der Lernzielkontrolle von engen behavioristischen Lernvorstellungen abzulösen, denn übergeordnete Zielstellungen lassen sich im Lernprozess kaum mit standardisierten Tests überprüfen.

ganzheitliche Leistungsbeurteilung

Geeignetere Formen der Lernerfolgskontrolle bzw. Leistungskontrolle sind hingegen
– Arbeitsprozessberichte oder Laborberichte,
– Situationstests oder Skill-Tests und
– Laborklausuren.

inhaltliche und prozessuale Beschreibung

Arbeitsprozessberichte beziehen sich auf die inhaltliche und prozessuale Beschreibung des Lernweges und des Handlungsproduktes: Zeit- und Kompetenzplanung, Arbeitsschritte, Zielerreichungsgrad usw. Die Beurteilung erfolgt auf Grund der realistischen Darstellung und kritischen Reflexion des Lern- und Arbeitsprozesses: Schwierigkeiten, Erfolge, Selbsteinschätzung, Alternativen, usw. Die Bewertungskriterien werden mit der Lerngruppe vereinbart, die Zielerreichung wird in einem Feed-back-Gespräch diskutiert.

Kognition und Psychomotorik

Situations- oder Skill-Tests beziehen sich auf die Überprüfung kognitiver Fähigkeiten oder psychomotorischer Fertigkeiten, etwa durch Aufzeigen von Strukturzusammenhängen (Strukturlegetechnik) oder durch Demonstration von Experimentalübungen. Die Bewertung (mit Hilfe eines „Feed-back-Bogens") bezieht sich beispielsweise auf die Darstellung und Reflexion fachlicher Aspekte mit Visualisierung (Übersichtlichkeit) und Präsentationsform (Informationsdichte und Informationsgehalt), aber auch auf Kreativität, Phantasie, Originalität und Ästhethik.

planen, durchführen, auswerten

Laborklausuren bestehen in der Regel aus einer Mess- oder Konstruktionsaufgabe, die von den Schülern und Schülerinnen zu planen, durchzuführen und auszuwerten ist. Jeweils zwei Lernende können zusammenarbeiten, wobei zu sichern ist, dass jeder Schüler/jede Schülerin den Gesamtzusammenhang der Aufgabe nachvollzieht und die je speziellen arbeitsteilig erbrachten Beiträge gekennzeichnet bzw. überprüft werden.

bei Gruppen: Individualleistung erkennbar halten

Mit diesen Formen der Leistungsmessung wird den Schülern/Auszubildenden die Möglichkeit gegeben ihre Fach-, Methoden- und Sozialkompetenz resultatorientiert einzusetzen. Allerdings ist bei der Problembearbeitung in Gruppen darauf zu achten, „dass der Bewertung eine Leistung zu Grunde liegen muss, die ausschließlich aus dem persönlichen, von anderen im Wesentlichen unbeeinflussten geistigen Einsatz des Prüfungsbewerbers beruht" (Verwaltungsgerichtshof von Baden-Württemberg, 15. März 1977). Aus höchstrichterlichen Entscheidungen (BVerwG) lassen sich vier Grenzen des Beurteilungsspielraumes ableiten:

– Die Leistungsbeurteilung muss vom richtigen Sachverhalt ausgehen,
– sie darf nicht durch sachfremde Erwägungen getrübt sein,
– sie muss allgemein gültigen Beurteilungsgrundsätzen entsprechen und
– sie muss die Beurteilungsvorschriften beachten.

Spielräume in geltenden Beurteilungsregeln

Demnach ist „der Lehrer nicht verpflichtet eine Gesamtnote zu bilden, die sich ausschließlich arithmetisch aus den einzelnen Leistungsbewertungen zusammensetzt. Er darf auch den Gesamteindruck berücksichtigen, der auf einer längeren Beobachtung des Schülers beruht" (BVerG, 1959). In den Schulgesetzen der Länder finden sich bereits Ansatzpunkte für ganzheitliche Leistungsbeurteilungen, die durch die pädagogische Verantwortung und die Freiheit des Lehrers bestimmt sind, z.B. (§ 31 Schulordn. v. 9.5.90 Rheinland-Pfalz): „Die Leistungsfeststellung und -beurteilung erfolgt punktuell oder epochal auf Grund von vielfältigen mündlichen, schriftlichen und praktischen Arbeitsformen". Denkbar ist demnach auch eine individuelle Beurteilung bei kollektiven Leistungsanforderungen auf der Basis von Selbst- und Fremdbeurteilung. Die Lernerfolgsüberprüfung könnte sich auf mehrere Leistungsnachweise beziehen, beispielsweise auf

Selbst- und Fremd- beurteilung

– das **Arbeitsprodukt** durch Präsentation und Verlaufsbeobachtung,
– den **Arbeitsprozessbericht** durch Bewertung und Beurteilungsgespräch,
– **individuelles Lernhandeln** durch Situationstests, Skill-Tests oder Prüfungsgespräch,
– den **Gruppenprozess** durch Prozessbeobachtung und Feed-back-Gespräch.

12.4.2 Wann soll beurteilt werden?

Die Beurteilung von Schülern/Auszubildenden ist idealtypisch in zwei Bereiche zu gliedern:

- **Entwicklungsbeurteilung** (zeitraumbezogene Beurteilung) hat in erster Linie diagnostische Funktion, sie bildet die Grundlage für gezielte Förderungsmaßnahmen zur Kompetenzentwicklung.

zeitraum- bezogen

- **Leistungsbeurteilung** (zeitpunktbezogene Beurteilung) zielt (als „Ausbildungsstandsmessung") auf die möglichst objektive Erfassung und Feststellung des Erreichungsgrades von Arbeitsergebnissen und Qualifikationen in einer punktuellen Prüfung.

zeitpunkt- bezogen

Pädagogisch bedeutsamer und lernpsychologisch weittragender ist die Entwicklungsbeurteilung, die sich nicht nur darauf beschränkt, die Leistungsergebnisse von einzelnen, fest umrissenen und konkreten Arbeits- und Lernaufgaben zu erfassen (Leistungsbeurteilung). Sie umschließt vielmehr auch die Aufgabe sich auf der Grundlage von einzelnen Leistungsmessungen und darüber hinausgehenden Beobachtungen ein umfassendes Bild über das Grundverhalten des Auszubildenden zu machen (Verhaltensbeurteilung).

Entwicklungs- beurteilung

Zeitraumbezogene Beurteilung bedeutet Leistungscontrolling statt Leistungskontrolle! Leistungscontrolling wird in diesem Zusammenhang verstanden als zukunftsgerichtete Begleitung und Koordination von didaktisch-methodischen und pädagogischen Entscheidungen. (Fehl-)Entwicklungen werden beobachtet, analysiert und rechtzeitig korrigiert. Leistungscontrolling zielt damit auch auf Qualitätsmanagement, Organisationsentwicklung und Ausbildungsevaluation. Man wird beim Leistungscontrolling sicher von engen testtheoretischen Vorstellungen auf „weichere" Beurteilungskriterien abheben müssen, gleichwohl muss aber auch die Entwicklungsbeurteilung grundsätzliche Anforderungen erfüllen um nicht den Anschein der Beliebigkeit zu erwecken:

Leistungs- controlling

– Objektive Beurteilung durch vorab festgelegte einheitliche Kriterien,
– zielgerichtete Beurteilung durch Orientierung an den Lern- bzw. Ausbildungszielen,
– transparente Beurteilung durch strukturierte Verlaufsbeobachtung,
– differenzierte Beurteilung durch Diagnose des persönlichen Ausbildungsstandes,
– systematische Beurteilung durch Nachweis der Qualifikationsentwicklung.

Dialog zwischen Lehrendem und Lernendem

Es wird deutlich, dass sich ganzheitliche Leistungsbeurteilung primär an den Zielsetzungen der Entwicklungsbeurteilung orientiert. Ziel ist es, durch einen kontinuierlichen, zielgerichteten Dialog zwischen Lehrer und Schüler (bzw. Ausbilder und Auszubildenden) die fachlichen, methodischen, sozialen und individuellen Kompetenzen / bzw. Schlüsselqualifikationen im Lernprozess ganzheitlich zu fördern. Diese Beurteilung bildet die Grundlage für eine gezielte Förderung der Ausbildungsentwicklung bis hin zur Prüfung (Abb. 12.8).

12.4.3 Wie soll beurteilt werden?

Mindestanforderung ganzheitlicher Beurteilung

Mindestanforderungen an eine ganzheitliche Leistungsbeurteilung (im Sinne einer subjektorientierten Didaktik) sind, dass Schüler/Auszubildende

– zu Lernbeginn (in einem Lernkontrakt) präzise über die indentierten (übergeordneten) operationalen Lernziele und Beurteilungskriterien informiert werden, respektive diese Ziele selbst **planen** und so die Beurteilungskriterien mitentscheiden,

– im Lernprozess gezielt, d.h. nach vorstrukturierten und mitbestimmten Kriterien beobachtet werden (Fremdbeurteilung) bzw. diese Verlaufsbeobachtung selbst mit **durchführen** (Selbstbeurteilung),

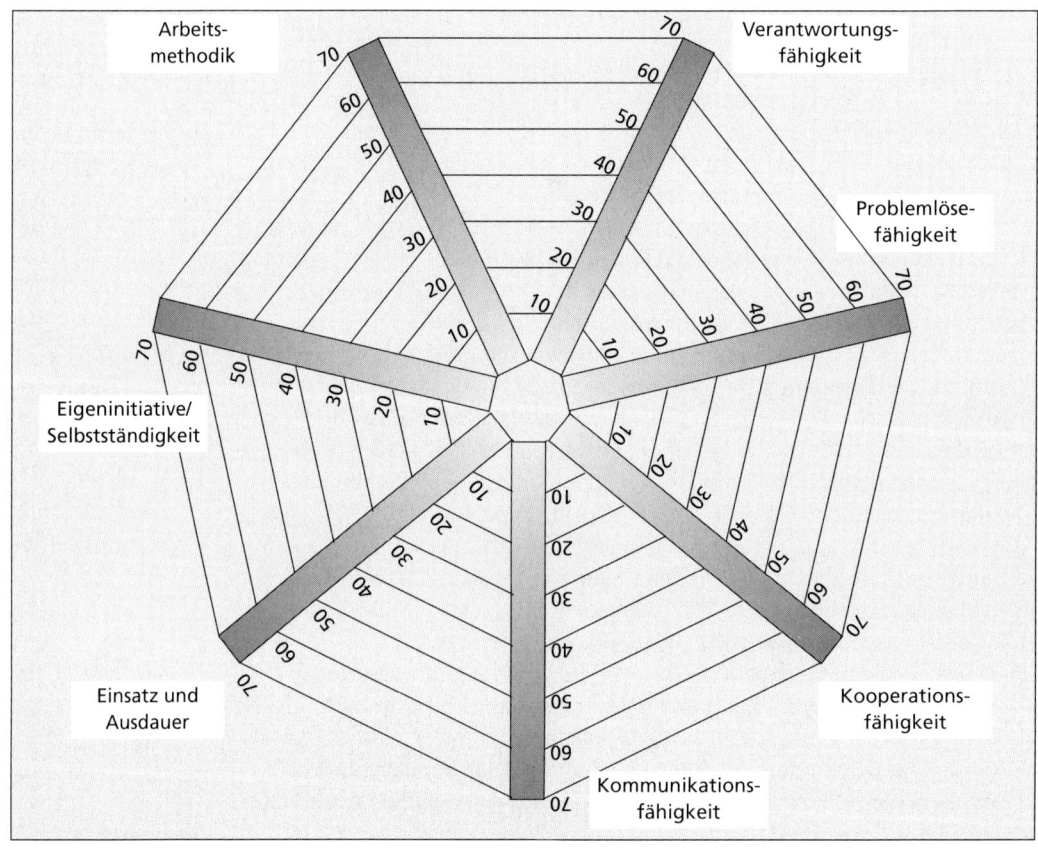

Abb. 12.8: Übersicht über die Einschätzung der Schlüsselqualifikationen

– in der Rückkoppelung ihren Arbeits-, Lern- und Gruppenprozess gezielt reflektieren (Gruppenbeurteilung) und in einem Fördergespräch selbst **(mit-)** **bewerten**.

Ziel ist es, durch einen kontinuierlichen, zielgerichteten Dialog zwischen Lehrer und Schüler (bzw. Ausbilder und Auszubildenden) die fachlichen, methodischen und sozialen Kompetenzen im Lernprozess zu fördern – dazu ist ein regelmäßiges Fördergespräch unabdingbar. Das Fördergespräch hat eine deskriptiv-diagnostische Funktion und eine operativ-prognostische Funktion.
Im Fördergespräch werden der Ausbildungsstand objektiv beschrieben und ggf. Lernschwierigkeiten benannt (deskriptiv-diagnostische Funktion) sowie individuelle Lernhilfen angeboten und zeitlich fixiert (operativ-prognostische Funktion). Lehrer und Lerner müssen dazu gemeinsam einleuchtende Symptome benennen, die auf einen Lernfortschritt schließen lassen. Das Fördergespräch zielt auf den „diskursiven Abgleich" zwischen Selbst-, Fremd- und ggf. auch Gruppenbeurteilung („Triangulation") und ist sinnvollerweise in mehrere Phasen mit spezifischen Gesprächsintentionen gegliedert (vgl. Siemens, 1986):

regelmäßiges Fördergespräch

Gesprächsphasen	Gesprächsinhalte und -intentionen
1. Kontaktphase	Zeitrahmen und Ziele des Gespräches werden vereinbart, es soll Einigkeit und Offenheit im Gespräch erreicht werden.
2. Orientierungsphase	Es wird ein Rückblick auf die zu bewertenden Aufgaben und Arbeitsziele vorgenommen, um den anstehenden „Soll-Ist-Vergleich" vorzubereiten.
3. Analysephase	Auf der Basis der Selbst-, Fremd- und Gruppenbeurteilung wird eingeschätzt bzw. festgestellt, ob die vereinbarten Arbeitsziele erreicht, übertroffen oder nicht erreicht wurden. Eindrücke und Beobachtungen werden offen ausgetauscht und die Ursachen von Erfolg oder Misserfolg ermittelt, etwa die Art der Aufgabenstellung, Arbeitsumstände, Verhalten des Ausbilders/Fachausbilders und des Auszubildenden.
4. Lösungsphase	Folgerungen für die weitere Arbeit werden abgeleitet, indem künftige Aufgaben, längerfristige Ziele, der Verantwortungsbereich, Verbesserungen im Arbeitsverhalten und Führungsverhalten vereinbart werden.
5. Abschlussphase	Übereinstimmende und abweichende Gesprächsergebnisse bzw. Zielvereinbarungen werden klar herausgearbeitet, zusammengefasst und protokolliert. Abschließend wird der Gesprächsverlauf reflektiert um „Spielregeln" (Verbesserungsmöglichkeiten) für künftige Fördergespräche zu ermitteln.

12.4.4 Wie soll geprüft werden?

Referenzpunkt ganzheitlicher Prüfungen ist die Handlungkompetenz des ange-henden Facharbeiters! Wichtigstes Validitätskriterium ist deshalb „Verwen-dungswert bzw. Praxisorientierung der Prüfung". Von daher gilt es, „Prüfungen so zu gestalten, dass sie in ihrer Aufgabenstellung und Durchführung den Ar-beitsaufträgen und -handlungen in der betrieblichen Praxis ähnlich sind" (Alt/Reisse, 1996, 18f). Daraus ergeben sich Konsequenzen für die

Prüfungsanfor-derungen ähn-lich zur Praxis

– **Prüfungsstruktur,** sie darf sich nicht an Detailwissen (auf unterster Taxo-nomiestufe) orientieren, sondern an praxisbezogenen, komplexen Arbeits-aufträgen und Arbeitsabläufen,
– **Durchführung,** hier erweist sich die Verzahnung zwischen einer (betriebli-chen) Arbeitsprobe und der (schulischen) Arbeitsplanung als ein entwick-lungsfähiges integratives (Einstiegs-)Modell, und
– **Bewertung,** die nach ganzheitlichen Gesichtspunkten von Berufsschulleh-rern und Ausbildern, ggf. auch unter Einbeziehung der Selbstbeurteilung durch die angehenden Facharbeiter, gemeinsam durchgeführt wird.

Ziel: internatio-nale Standards

Zielaspekt ist international anerkannte Prüfungsstandards zu erreichen, die auf der Basis einer transnationalen Qualifizierung („Europäischer Bildungspass") zertifiziert werden könnten. Voraussetzung ist die Erstellung eines „Schlüssel-qualifikationskataloges für berufliche Prüfungen", der den Kriterien berufspäda-gogische Relevanz, Operationalisierbarkeit, internationale Bedeutung, rechtliche Begründung und Anwendbarkeit in der Prüfungspraxis genügen würde. Er könnte sich z.B. auf sechs überfachliche Aspekte beziehen (Reisse, 1995, 49):

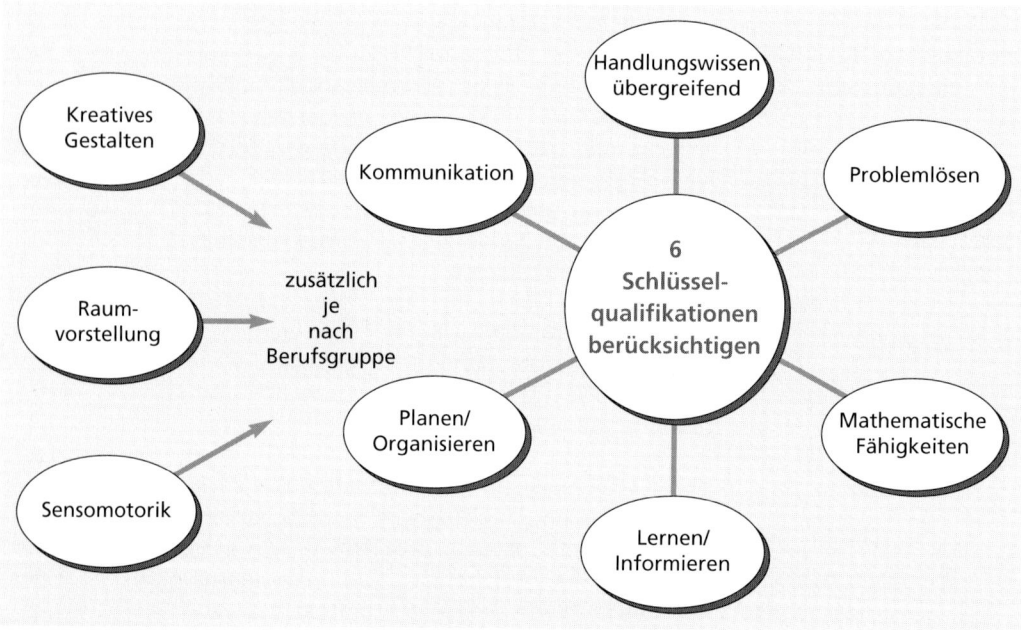

Abb. 12.9: Schlüsselqualifikationen für berufliche Prüfungen (nach Reisse 1995)

- **Handlungswissen** durch Arbeitsaufgaben, für deren Lösung in besonderem Umfang Steuerungs- und Kontrollprozesse notwendig sind
- **Problemlösen** durch komplexe praxisnahe Arbeitsaufträge, die neue Lösungswege erfordern
- **mathematische Fähigkeiten** auf berufliche Aufgaben und Probleme anwenden
- **Lernen und Informieren** durch verschiedenen Methoden der Informationsgewinnung, des selbstständigen Lernens und Arbeitens (Arbeitslernen)
- **Planen und Organisieren** von Arbeitsabläufen
- **Kommunikation** auf unterschiedliche Weise (schriftlich, mündlich, mit Texten, Bildern usw.) und in unterschiedlichen Rollen (als Sender und Empfänger)

Fazit:

Grundvoraussetzung für eine ganzheitliche Abschlussprüfung ist die Neufassung des Berufsbildungsgesetzes (§ 35), wie es die Kultusministerkonferenz bereits 1992 initiiert hat. Die Ausbildungszertifizierung könnte sich dann sinnvollerweise aus drei gleichwertigen Teilen zusammensetzen:

Perspektive einer Ausbildungszertifizierung

- dem **Ausbildungsabschlusszeugnis,** basierend auf einer kontinuierlichen Selbstkontrolle und Entwicklungsbeurteilung im Betrieb,
- dem **Berufsschulabschlusszeugnis,** basierend auf einer kontinuierlichen Selbstkontrolle und Entwicklungsbeurteilung in der Berufsschule, und
- der **öffentlichen Abschlussprüfung**, basierend auf ganzheitlicher Leistungsbeurteilung durch Ausbilder, Lehrer und Prüfungsteilnehmer.

„Gefordert ist von den pädagogischen Entscheidungsträgern (den praktizierenden Berufspädagogen) das selbstbewusste Engagement für Selbstständigkeit und Selbstkontrolle gerade auch in der Prüfung! Und gefordert ist von den politischen Entscheidungsträgern eine klare politische Entscheidung, die verbindliches Recht für einen gleichwertigen und eigenständigen beruflichen Lernweg bis in die Abschlussprüfung hinein setzt" (Schneider, 1991, 117).

Weiterführende Literatur
LEISCHNER, D.: Berufs- und Arbeitspädagogik. Köln 1993.
REISSE, W.: Wie kann man berufliche Handlungskompetenz mit Prüfungen erfassen? In: Bundesinstitut für Berufsbildung (Hrsg.): Neue Berufe – Neue Qualifikationen. 2. BIBB-Fachkongress. Band „Umsetzung neuer Qualifikationen in die Berufsbildungspraxis". Nürnberg 1993, S. 179-183.
SEYFRIED, B.: "Stolperstein" Sozialkompetenz. Was macht es so schwierig, sie zu erfassen, zu fördern und zu beurteilen. Bielefeld 1995.

Stichwortverzeichnis

A
Akkomodation 39
Allgemeinbildung 23
allgemeine Didaktik 86 f.
Analyse, didaktische 82
Anforderungen, künftige 109
antizipatorische
  Bildungstheorie 24
Arbeit, schriftliche 212
Arbeitsanalyse 198
Arbeitslernen 189
Arbeitsprobe 217
Assimilation 39
Ausbildung, berufliche 183
~, betriebliche 184, 190
Ausbildungsabschlussprüfung
  216
Ausbildungsmethoden 198
~, handlungsorientierte 199
Ausbildungsordnung 183
Ausbildungsstruktur 183 f.
Ausbildungs-
  zertifizierung 225
Ausbildungszeugnis 216
Automatisierung 109
Autonomie 23
autoritärer Führungsstil 61

B
Behaviorismus 36 f.
Beobachtung 197
Berliner Schule 94
Beruf als soziales
  Konstrukt 26
berufliche Handlungs-
  kompetenz 31
Berufsbildung, Begriff der 29
Berufsbildungstheorie 22 f.
Berufsschulzeugnis 216
Beurteilung 219
~, ganzheitliche 222
Beurteilungsfehler 215
Beurteilungstypen 215
Bienenkorb 20
Bildungsbegriff 29
bildungstheoretische
  Didaktik 80

Bildungstheorie 22 f., 87
Blitzlicht 20
Bloom (Taxonomie) 153
Bundesinstitut für
  Berufsbildung 183

C
computerunterstütztes
  Lernen 139
curricularer Ansatz 145
Curriculum 113
~, autonomes 115
Curriculumevaluation 149
Curriculumforschung 146
Curriculumrevision 149

D
Dave (Taxonomie) 155
Debatte 20
Didaktik, allgemeine 86 f.
~ bildungstheoretische 80
~, lerntheoretische 94
~, subjektorientierte 97
didaktische Analyse 82
didaktische Modelle 80
didaktische Struktur 165
Distress 72
Dramendreieck 60

E
Emanzipation 23
emanzipatorische
  Bildungstheorie 23
Entdeckungslernen 42
Entwicklungsbeurteilung 221
Erfolgskontrolle 209
Erfolgssicherung 211
Erkennen als Lernziel 156
Erkenntnisperspektive,
  vernetzte 112, 168
Exemplarisches 93

F
Fachdidaktik 103 f.
Fachkompetenz 176, 195, 219
Fachtheorie 120
Feedbackdiagramm 174

Fertigkeit 185
Fish-bowling 20
Flexibilität 25
Fördergespräch 223
Fortbildung 188
Fraktionierung der Arbeit 108
Frankfurter Modell 117
Führungsstil 59
~, autoritärer 61
~, demokratischer 62
~, laisser-faire 62

G
ganzheitliche
  Bildungstheorie 30
ganzheitliche
  Technikdidaktik 105, 112
ganzheitliches
  Lernen 8, 13, 44, 180
Ganzheitlichkeit 171
Gedächtnis 14
Gestaltung 131
Gestaltungsprozess,
  soziotechnischer 167
Gestaltungsspielraum 177
Grundhaltung, dispositive 57
Gruppe 49 f.
Gruppenbildung 55
Gruppendynamik 49 f.
Gruppeninteraktion 63
Gruppenkonflikt 66
Gruppenleiter 65
Gruppenleitung 57
Gruppenmerkmale 51
Gruppenpuzzle 20
Gruppenstruktur 53
Gruppentechniken 20
Gruppen-
  Verlaufsplanung 196

H
Hamburger Modell
  (Didaktik) 96
Handlungsbereiche 116
Handlungs-
  kompetenz 8, 112, 163
~, berufliche 31

Handlungs-
  orientierung 170, 175
Handlungsregulation 40
Handlungssituationen 27
Handlungstheorie 40
Heckhausen (Motivation) 83
Herzberg
  (Motivations-Theorie) 79
Hypertext 141

I
Individualkompetenz 30, 219
Informationsbeschaffung 130
Informatonsverarbeitung 130
inhaltlich-fachliches
  Lernen 10
Interaktion 66
Interaktionsprozesse 128
Interkationsstruktur 176, 178
Internet 143
Ishikawa-Analyse 41

J
Job enlargement 108

K
Kategorien, didkatische 93
Kausalatrribuierung 84
Klausur 220
Kognitionspsychologie 38
kognitiv-motorisches
  Lernen 9
Kommunikation 159
Kommunikations-
  techniken 131
Kompetenz 30, 185
Kompetenzmodell 31, 164
Konditionierung,
  instrumentelle 37
~, klassische 36
~, operante 37
Konfliktlösung 67
Können 180
~ als Lernziel 156
Konstruktivismus 38
Konzeption,
  anreiztheoretische 75
~, bedürfnisorientierte 70
~, humanistische 77
~, kognitive 82
Kooperation 159

Kooperationstechniken 131
Krathwohl
  (Taxonomie) 154
Kreativitätstechniken 131
Kugellager 20

L
Laisser-faire-Stil 62
Lehrerbild 207
Lehrerrolle 59, 178
Lehrgang 198
Lehrmethoden 124
Lehrplan 147, 156
Lehrverfahren 126
Leistungs-
  beurteilung 213, 221
~, ganzheitliche 219 f.
Leistungscontrolling 221
Leittext 198
Leittextmethode 201 f.
Lernartenpyramide 46
Lernaufgaben 116
Lernbegriff 7
Lernen 7, 35 f.
~ am Modell 44
~ lernen 178
~, computerunterstütztes 139
~ ganzheitliches 8 f. 13, 44, 180
~, inhaltich-fachliches 10
~, intuitives 7
~, kognitiv-motorisches 9
~, methodisch-operantes 12
~, methodisch-operatives 12
~, problemorientiertes 43
~, psycho-soziales 12
~, rezeptives 42
~, schulisches 8
~, vernetztes 184
~, vorschulisches 8
Lernerfolgskontrolle 209
Lernkontrolle 208
Lernkultur 9, 110 f.
Lernmethoden 130
Lernorganisation 191 f.
Lernorte 190
Lernplanung 179
Lernprozesse,
  selbstgesteuerte 24
Lernpsychologie 34 f.
Lernspielraum 177
Lernspirale 212

Lernsystem,
  umweltzentriertes 177
Lernsysteme,
  intelligente 141
Lerntechnik 14
lerntheoretische Didaktik 94
Lerntheorie 34 f.
Lernumwelt 181
Lernverhalten 15
Lernzielanalyse 150
Lernzielarten 152
Lernzielbereiche 153
Lernzielbeschreibung 156
Lernziele, affektiv-
  ethische 159
~, methodisch-
  problemlösende 159
~, sozial-kommunikative 159
Lernzielfeld 158
Lernziel-
  operationalisierung 151
Lernzielplanung 160
Lernzielstufen 150
Lernzieltaxonomien 153
Lesen 17

M
Maslow-Theorie 77
McGregor
  (Motivationstheorie) 80
Meinungsbildung 50
Methoden-
  kompetenz 177, 186, 219
Methodik 124 f.
methodische Struktur 168
methodisch-operantes
  Lernen 12
methodisch-operatives
  Lernen 12
Mind-Mapping 18 f.
Mobilität 25
Modell, Lernen am 44
Modelle, didaktische 80
Moderationsmethode 132
Motivation 69 f.
Motivations-Hygiene-
  Theorie 79
Motivationsvariablen 84
Motivstärke 84
Mündigkeit 23
~ berufliche 11

N
Notengebung 213

O
Objektivität 214
Operationalisierung 151
optimale Passung 83

P
Passung, optimale 83
Persönlichkeits-
  entwicklung 11, 26
praktische Prüfung 217
Problemlösung 131, 173, 176
Problemlösungslernen 42
Problemlösungsmatrix 138
Problemlösungsstruktur 44
problemorientierter
  Unterricht 172
problemorientiertes Lernen 43
Problemorientierung 125
Problemstrukturierung 173
programmierter Unterricht 38
Projekt 27, 198
Projektmethode 203 f.
Projektorientierung 125
Prozesse, simultane 43
Prozessmodell der
  Lernmotivation 83
Prozessstruktur 170
Prüfstück 217
Prüfung, praktische 217
Prüfungen, berufliche 216
Prüfungsanforderungen 224
Prüfungsmethodologie 207 f.
psycho-soziales Lernen 12

Q
Qualifikation 25, 185 f.
Qualifikations-
  anforderungen 107, 166
Qualifikationsstruktur 109
Qualifizierung, berufliche 9

R
Reliabilität 214
rezeptives Lernen 42
Robinsohn
  (Curriculumforschung) 148
Rolle 54
Rollenänderung 176

S
Schlüssel-
  qualifikation 27, 188
~, prüfen 218
Schulkritik 8
Schulz (Strukturmodell) 94
Selbstbestimmung 181
selbstgesteuerte
  Lernprozesse 24
Selbstlerntechniken 130
Selbstlerntechniken 17
Selbstqualifizierung 184
Selbstreflexion 45
Selbstständigkeit 110
Sinnlichkeit, neue 11
SMART 151
Sozialerziehung 11
Sozialformen 127
Sozialgestaltung 26
Sozialkompetenz 186, 219
Soziogramm 54
Soziomatrix 53
SQ3R 17
Strress 72
Struktur, didaktische 165
Strukturmerkmale,
  curriculare 118 f.
Strukturmodell
  der Didaktik 94
Strukturmomente,
  didaktische 102
Strukturwandel 24
Sturktur, methodische 168
subjektorienterite
  Bildungstheorie 26
subjektorientierte
  Didaktik 97
Systemdenken 110
Systemtheorie 106

T
Taxonomie 153
Team 52
Technikdidaktik 103 f.
~, erweiterte 117
~, ganzheitliche 105
~, ganzheitliche 112
~ ganzheitliche 123
~, Grundkonzeptionen der 121
~, integrative 166
Technikunterricht 163

Technikverständnis 105
themenzentrierte Interaktion
  (TZI) 62
Themenspeicher 135
TQ3L 20
Training 200

U
Übung 211
Unternehemenskultur 184
Unterricht,
  problemorientierter 172
Unterrichtsformen 128
Unterrichtsmethoden 124
Unterrichtsplanung 98
Unterrichtsstruktur 163 f.
Unterrichtsverfahren 125
Unterrichtsvorbereitung 160
Unterweisung 198
Unzufriedenheit 73

V
Validität 214
Verantwortung 111
Verhaltensdimensionen 153
Verstärkung 37
Versuche 125
Vier-Stufen-Methode 200
Vorgehensplanung 138

W
Weiterbildung 188
Wertanaylse, didaktische 161
Werten als Lernziel 157
Werteschema 75
Wertvorstellung 159
Wiederholung 211
Wir-Gefühl 51
Wissen 180
Wissensstruktur 44

X
X-Y-Theorie 80

Z
Zielplanung 145
Zuhören 20
Zukunftswerkstatt 63
Zweckrationalität 107
Zwei-Faktoren-Theorie
  (Herzberg) 79

Literaturverzeichnis

Achtenhagen, F.: Didaktik des Wirtschaftslehreunterrichts. Opladen 1984

Alt, Ch./Reisse, W.: Qualität in der beruflichen Bildung und speziell bei beruflichen Prüfungen. In: Berufsbildung in Wissenschaft und Praxis, Heft 5/1996, S. 18-20.

Antoni, C.H. (Hrsg.): Gruppenarbeit in Unternehmen. Konzepte, Erfahrungen, Perspektiven. Weinheim 1994

Antons, K.: Praxis der Gruppendynamik. Göttingen, Toronto, Zürich 1992 (5).

Arnold, R.: Berufsbildung. Schneider Verlag, Hohengehren, 1994

Arnold, R.: Theorie betrieblicher Bildungsarbeit – Der besondere Fokus ihrer pädagogischen Begründung. In: BbSch 45 (1993) 4, S. 122-126.

Arnold, R./Lipsmeier, A. (Hrsg.): Handbuch der Berufsbildung. Opladen 1995

Ausubel, D.P.: Psychologie des Unterrichts. 2 Bde, Weinheim 1974

Bandura, A.: Lernen am Modell. Stuttgart 1976

Beck, U./Brater, M.: Berufliche Arbeitsteilung und soziale Ungleichheit. Eine gesellschaftlich-historische Theorie der Berufe. Frankfurt a.M. 1978

Beelich, K.H./Schwede, H.H.: Denken-Planen-Handeln. Vogel Verlag Würzburg 1983

Beriger, P.: Qualitiy Circles und Kreativität. Bern, Stuttgart 1986

Berlyne, D.D.: Konflikt, Erregung, Neugier. Zur Psychologie der kognitiven Motivation. Stuttgart 1974

Bildungskommission NRW: Zukunft der Bildung – Schule der Zukunft. Neuwied 1995

Blankertz, H.: Theorien und Modelle der Didaktik. München 1975 (9).

Bloom, B.S. (Hrsg.): Taxonomie von Lernzielen für den kognitiven Bereich. Weinheim 1972

Bönsch, M.: Üben und Wiederholen im Unterricht. Ehrenwirth Verlag. München 1993

Brassard, W./Helling, K. u.a.: Wege zur beruflichen Mündigkeit: Didaktische Materialien zur integrierten Vermittlung und Förderung von fachlichen Inhalten und Schlüsselqualifikationen in der betrieblichen Ausbildung. Deutscher Studien Verlag, Weinheim 1994

Brater, M./Büchele, U./Fucke, E./Herz, G.: Berufsbildung und Persönlichkeitsentwicklung. Stuttgart 1988

Brater, M.: Ende des Taylorismus – Paradigmenwechsel in der Berufspädagogik? In: Laur-Ernst, U. (Hrsg.) Neue Fabrikstrukturen-veränderte Qualifikationen. Berlin und Bonn 1990. S. 83 - 90.

Bunk, G.: Einführung in die Arbeits- Berufs- und Wirtschaftspädagogik. Heidelberg 1982

Bunk, P./Zedler, R.: Neue Methoden und Konzepte beruflicher Bildung. Beiträge zur Gesellschafts- und Bildungspolitik Nr. 114. Hrsg.: Institut der deutschen Wirtschaft, Köln 1986

Burkhardt, A.: Einführung in die allgemeine Soziologie. München 1972

Buzan, T.: Kopftraining. München 1984

Cohn, R.: Von der Psychoanalyse zur Themenzentrierten Interaktion. Stuttgart 1975

Crott, R.-D./Klüter, H./Waclawek, W.: Innovation durch Richtlinien und Lehrpläne. Die neuen Richtlinien und Landeslehrpläne Nordrhein-Westfalens für die Bauberufe nach der Stufenausbildungsverordnung. In BbSch 47 (1995) 5, S. 175 -178.

Dehnbostel, P.: Auf dem Weg zur hochentwickelten Arbeitsorganisation: Organisationslernen, Gruppenlernen, dezentrale Weiterbildung. Berlin 1994

Dehnbostel P./Holz, H./Novak, H. (Hrsg.): Neue Lernorte und Lernortkombinationen. Bertelsmann Verlag, Bielefeld 1996

Deutscher Bildungsrat: Empfehlungen der Bildungskommission. Strukturplan für das Bildungswesen. Stuttgart 1972 (4. Aufl.)

Döring, R.: Schlüsselqualifikationen – Transferwissen und pädagogische Denkhaltung. In: Zeitschrift für Berufs- und Wirtschaftspädagogik, 91. Band, Heft 2/1995, S. 125-133.

Dubs R., Umwelterziehung. Einflussmöglichkeiten der Berufsschule. Prof. Dr. R. Dubs, St. Gallen, 1984

Endres, W. u.a.: So macht Lernen Spaß. Praktische Lerntips für Schüler. Beltz Weinheim und Basel 1997

Euler, D.: Die Grundlagen des Neuen: Strömungen in der didaktischen Theoriediskusssion. In: Dehnbostel, P./Walter-Lezius, H.-J. (Hrsg.): Didaktik moderner Berufsbildung, Standorte, Entwicklungen, Perspektiven. Bundesinstitut für Berufsbildung, Berichte zur beruflichen Bildung, Heft 186. Bielefeld 1995, S. 190-206

Euler, D./Twardy, M.: Multimediales Lernen. In: Arnold, R./Lipsmeier, A. (Hrsg.): Handbuch der Berufsbildung. Opladen 1995, S. 356-365

Francis, D./Young, D.: Mehr Erfolg im Team. Verlag Windmühle, Hamburg (ehemals Essen) 1982

Freire, P.: Pädagogik der Unterdrückten. Reinbek 1973

Forster, W.: Teams und Teamarbeit in der Unternehmung. Bern und Stuttgart 1978

Gagné. R.M.: Die Bedingungen des menschlichen Lernens. Hannover 1969

Gaudig, H.: Die Schule im Dienste der werdenden Persönlichkeit. Leipzig 1992

Gehm, T.: Kommunikation im Beruf. Beltz Weinheim und Basel 1997

Gesellschaft für Informatik: Schulen an das Netz. Bonn 1995

Golas, H.: Berufs- und Arbeitspädagogik für Ausbilder. 2Bde. Berlin 1994

Groeben, N./Scheele, B.: Argumente für eine Psychologie des reflexiven Subjekts. Paradigmenwechsel vom behavioralen zum epistemologischen Menschenbild. Darmstadt 1977

Gudjons, H.: Pädagogisches Grundwissen. Bad Heilbrunn 1993

Halfpap, K.: Berufliche Handlungsfähigkei – Ganzheitliches Lernen. Anforderungen an das Lehr- und Ausbildungspersonal. In: Pätzold, G. (Hrsg.): Handlungsorientierung in der beruflichen Bildung. Verlag der Gesellschaft zur Förderung arbeitsorientierter Forschung und Bildung e.V. Frankfurt a.M. 1992, S. 139–161.

Harris, T.A, deutsch: Hainer Kober. Copyright. Ich bin o.k. du bist o.k. © 1985 by Rowohlt Verlag GmbH, Reinbek 1985

Heckhausen H.: Förderung der Lernmotivierung und der intellektuellen Tüchtigkeit. In: Roth, H. (Hrsg.): Begabung und Lernen. Gutachten und Studien der Bildungskommission, Bd. 4, Stuttgart 1970, S. 193-228.

Heckhausen, H.: Motive und ihre Entstehung. In: Weinert. F.E. u.a. (Hrsg.): Funkkolleg Pädagogische Psychologie. Frankfurt 1974, S. 133-171.

Heckhausen, H.: Motivation und Handeln. Berlin 1989 (2. Aufl.)

Heimann, P.: Didaktik als Theorie und Lehre. In: Reich, C./Thomas, H. (Hrsg.): Paul Heimann – Didaktik als Unterrichtswissenschaft. Stuttgart 1976, S. 103 ff.

Hentig, H.v.: Die Menschen stärken, die Sachen klären. Ein Plädoyer für die Wiederherstellung der Aufklärung. Stuttgart 1985

Hentig, H.v.: Die Schule neu denken. München und Wien 1993

Heursen, G.: Autonomie und Offenheit als didaktische Kategorien im schulischen und betrieblichen Lernen - Zur Entwicklung der Allgemeinen Didaktik in den letzten drei Jahrzehnten. In: Dehnbostel, P./Walter-Lezius, H.-J. (Hrsg.): Didaktik moderner Berufsbildung, Standorte, Entwicklungen, Perspektiven. Bundesinstitut für Berufsbildung, Berichte zur beruflichen Bildung, Heft 186. Bielefeld 1995, S. 207-222.

Hoberg, G./Vollmer,G.: Streß unter Kontrolle. Stuttgart 1988

Hofstätter, P.R.: Gruppendynamik – Kritik der Massenpsychologie. Reinbek 1957

Jungk, R./Müllert, N.R.: Zukunftwerkstätten. Mit Phantasie gegen Routine und Resignation. Wilhelm Heyne Verlag, Berlin 1990

Kaiser, A./Kaiser, R.: Studienbuch Pädagogik. Frankfurt 1991

Klafki, W.: Didaktische Analyse als Kern der Unterrichtsvorbereitung. In: Die Deutsche Schule, 50. Jg., 10/1958, S. 450.471.

Langmaack, B.: Themenzentrierte Interaktion. Psychologie Verlags Union. Weinheim 1996

Lempert, W.: Berufliche Bildung als Beitrag zur gesellschaftlichen Demokratisierung. Frankfurt a.M. 1974

Lenzen, D. (Hrsg.): Enzyklopädie Erziehungswissenschaft, Bd. 3, Stuttgart 1986

Lipsmeier, A.: Qualifikationsanforderungen des Beschäftigungssystems und Reform der Berufsausbildung. In: Bonz, B./Lipsmeier, A. (Hrsg,): Allgemeine Technikdidaktik – Bedingungen und Ansätze des Technikunterrichts. Stuttgart 1980, S. 49-60.

Lipsmeier, A.: Die didaktische Struktur des beruflichen Bildungswesens. In: Blankertz, H. u.a. (Hrsg.): Sekundarstufe II – Jugendbildung zwischen Schule und Beruf. Enzyklopädie Erziehungswissenschaft, Bd. 9.1, Stuttgart 1982, S. 227-249

Lipsmeier, A.: Didaktik gewerblich-technischer Berufsausbildung (Technikdidaktik). In: Arnold, R./Lipsmeier, A. (Hrsg.): Handbuch der Berufsbildung. Opladen 1995, S. 230-244

Mausolf, W./Pätzold, G.: Planung und Durchführung des beruflichen Unterrichts. Eine praxisorientierte Handreichung. Essen 1980

Mc Gregor, D.: Der Mensch im Unternehmen. Düsseldorf 1973 (3. Aufl.)

Memmert, W.: Didaktik in Grafiken und Tabellen. Julius Klinkhardt, Bad Heilbrunn 1995

Meyer, F.: World – Wide – Web für Schulen. Berlin 1995

Möller, Chr.: Technik der Lernplanung. Weinheim und Basel 1973 (4. Aufl.)

Moreno, J.L.: Die Grundlagen der Soziometrie. Köln 1954

Müller, H.J.: Die Förderung von Selbstschließungskompetenz durch handlungs- und erfahrungsorientierte Modelle in der betrieblichen Bildungsarbeit. In: Arnold, R. (Hrsg.): Lebendiges Lernen. Schneider Verlag, Hohengehren 1996, S. 229-254.

Nashan, R./Ott, B.: Unterrichtspraxis Metall- und Maschinentechnik. Bonn 1995

Neuberger, O.: Theorien zur Arbeitszufriedenheit. Stuttgart 1974

Nölker, H.: Technik und Bildung – Überlegungen zur Problematik und Begründung einer allgemeinen Didaktik der Technologie. In: Bonz, B./Lipsmeier, A. (Hrsg,): Allgemeine Technikdidaktik – Bedingungen und Ansätze des Technikunterrichts. Stuttgart 1980, S. 18-31.

Ott, B.: Die Arbeitszufriedenheit bei Berufsschülern. Ergebnisse einer empirischen Untersuchung. In: Die berufsbildende Schule, 30. Jg., Heft 9/1978, S. 512-518.

Ott, B.: Ganzheitliches Lernen in der technischen Berufsausbildung. Ein lernpsychologisches Strukturmodell. In: Die berufsbildende Schule, 46. Jg., Heft 6/1994, S. 199-204.

Ott, B.: Ganzheitliche Berufsbildung. Theorie und Praxis handlungsorientierter Techniklehre in Schule und Betrieb. Franz Steiner Verlag. Stuttgart 1995

Ott, B.: Strukturmerkmale ganzheitlichen Technikunterrichts. In: Die berufsbildende Schule, 47. Jg., Heft 12/1995, S. 410-417.

Ott, B.: Ganzheitliches und Lebendiges Lernen im Berufsschulunterricht. In: Arnold, R. (Hrsg.): Lebendiges Lernen. Grundlagen der Berufs- und Erwachsenenbildung, Bd. 5. Hohengehren 1996, S. 105-119.

PAL – verschiedene Unterlagen zum Prüfungswesen, IHK Stuttgart

Pampus, K.: Ansätze zur Weiterentwicklung betrieblicher Ausbildungsmethoden. In: Zeitschrift Berufsbildung in Wissenschaft und Praxis, Heft 2/1987, S. 43-51 (Bundesinstitut für Berufsbildung, Berlin)

PETRA – verschiedene Materialien zum Konzept. Siemens AG, München

Popp, W. (Hrsg.): Kommunikative Didaktik. Soziale Dimensionen des didaktischen Feldes. Weinheim 1976

Rauner, F.: Elektrotechnik Grundbildung. Überlegungen zur Techniklehre im Schwerpunkt Elektrotechnik der Kollegschule. Soest 1986

Reisse, W.: Ein prüfungsspezifischer Schlüsselqualifikations-Katalog. In: BWP, 24, 1995/6, S. 47-50.

Robinsohn, S.B.: Bildungsreform als Revision des Curriculum und ein Strukturkonzept für Curriculumentwicklung. Neuwied und Berlin 1967

Ropohl, G.: Eine Systemtheorie der Technik: Zur Grundlegung der allgemeinen Technologie. München 1979

Schad, E.: Das technische Problem und seine didaktische Funktion. Konstanz 1977

Schittko, K.: Ansätze zu einer kritischen Didaktik. In: Die deutsche Schule, 1976, S. 590 ff

Schmayl, W./Wilkening, F.: Technikunterricht. Julius Klinkhardt, Bad Heilbrunn 1995

Schulz, W.: Unterrichtsplanung. München 1980

Schulz v. Thun: Miteinander reden. Reinbek 1981

Siemens: Praxis der Personalführung. Führen von Mitarbeitergesprächen. ZPP 14, München 1986

Straka, G.: Beruflicher Unterricht auf lehr-lern-theoretischer Grundlage. In: Die berufsbildende Schule, 11/1984, S. 656-665.

Stratenwert, W.: Planung und Durchführung der Ausbildung. In: Schmiel, M. (Hrsg.): Berufs- und Arbeitspädagogik: Handbuch für die Praxis der Berufsausbildung. Köln 1977, S. 118 ff.

Stürzl, W.: Lean Production in der Praxis. Paderborn 1992

Tausch, A./Tausch, R.: Erziehungspsychologie. Psychologische Prozesse in Erziehung und Unterricht. Hogrefe Verlag für Psychologie. Göttingen 1977

Töpfer, E./Bruhn,J.: Methodik des Physikunterrichts. Quelle & Meyer Verlag, Heidelberg 1979

Traebert, W.: Technik als Schulfach. VDI Verlag, Düsseldorf

Ulich, E.: Arbeitswechsel und Arbeitserweiterung. In REFA-Nachrichten, Bd. 25/1972, S. 265-278

Ulich, E.: Arbeitspsychologie. Stuttgart 1991

VDI-Verein Deutscher Ingenieure: Technikbewertung – Begriffe und Grundlagen. VDI-Richtlinie 3780. Berlin 1991

Vester, F.: Denken, Lernen, Vergessen. Deutsche Verlags-Anstalt, München 1978

Vollmer, G./Hoberg, G.: Top-Training. Lern- und Arbeitsstrategien. Stuttgart 1988

Weidenmann, B./Krapp, A. u.a. (Hrsg.): Pädagogische Psychologie. München 1986

Westfalen, K.: Praxisnahe Curriculumentwicklung. Donauwörth 1976

Wilsdorf, D.: Schlüsselqualifikationen. München 1991

Zabeck, J.: Didaktik der Berufserziehung. Heidelberg 1984

Zabeck, J.: Schlüsselqualifikationen – Zur Kritik einer didaktischen Zielformel. In: Wirtschaft und Erziehung, 41. Jg., 1989, S. 77-86

Zabeck, J.: Ethische Dimensionen der „Wirtschaftserziehung". In: ZBW, 87. Band, Heft 7/1991, S. 533-562.